Les géants du XXe siècle

Une collection dirigée
par Laurent Joffrin

La liste des ouvrages déjà publiés
par Jacques Attali est en page 317.

JACQUES ATTALI

FRANÇOIS MITTERRAND

BIOGRAPHIE

Le nouvel Observateur Fayard

Conception graphique de la couverture : Dominique Pasquet.
Illustration : © Collection Otzenberg/Magnum.

PRÉFACE

Mitterrand, géant du siècle ? Géant de l'ambiguïté, oui, géant de la ruse, géant de la manœuvre ! Ainsi réagiront sans doute ceux qui n'aiment pas l'ancien président de la République, ceux qui ont toujours tenu le leader socialiste pour un intrigant, un ambitieux sans principes, un Rastignac tombé à gauche par opportunisme, ceux qui disent encore « Mitrand » au lieu de Mitterrand.

Cette hostilité a une origine, même si elle est souvent dictée par l'antagonisme politique d'une certaine bourgeoisie plus que par le souci de l'exactitude historique. C'est un fait que François Mitterrand, personnage brillant plein d'obscurités, onze fois ministre sous la IVe, maréchaliste à l'origine et socialiste sur le tard, fut un artiste du virage politique. Étudiant d'extrême droite, maurrassien de cœur, catholique et nationaliste, jeune homme doué épris de beau style et de littérature, il se retrouve à Vichy en 1941, ce qui fait un drôle de passé pour le futur leader du socialisme français. Fait prisonnier pendant l'offensive allemande, il s'est évadé à la troisième tentative pour rentrer clandestinement en France. Le geste est courageux mais le choix suivant est funeste. Mitterrand aurait pu rejoindre la Résistance. Il préfère le Maréchal et son régime autoritaire et brinquebalant. Il est certes petit fonctionnaire sans grand pouvoir, chargé d'atténuer le sort des prisonniers français. Mais enfin il est aussi un rouage du vichysme antisémite et antirépublicain, auteur d'éloges très orthodoxes de la Révolution nationale publiées dans des revues maréchalistes, suffisamment zélé, en tout cas, pour être présenté au Maréchal et recevoir la francisque, la Légion d'honneur du régime.

Plus qu'une conversion morale, c'est un différend au sein de son association de prisonniers qui le conduit à rompre avec Vichy.

Il se tourne alors vers Londres et la Résistance, emmenant avec lui une grande partie de l'organisation. Il est résistant pendant un an et se retrouve sous-ministre dans le Gouvernement provisoire de 1944, extraordinaire rétablissement pour un ancien vichyste entré en Résistance plutôt tardivement en 1943. Il est élu député à la Libération et rejoint une petite formation de centre gauche qui fait l'appoint dans des majorités successives, ce qui lui ouvre vite les portes du gouvernement. Jeune ministre et personnalité du Tout-Paris, il vise la présidence du Conseil sans jamais négliger les plaisirs de la vie mondaine ni les facilités du pouvoir. Il est sur le point d'arriver à ses fins quand de Gaulle, appelé par les militaires factieux, revient au sommet. Mitterrand se change alors, à travers bien des vicissitudes, en leader de l'opposition de gauche. Bourgeois atlantiste et rétif à toute idéologie, il se fait socialiste pour prendre le contrôle du PS. Il s'allie aux communistes pour les affaiblir et parvient au pouvoir grâce à une Union de la gauche qu'il a rééquilibrée au profit du PS. Il se proposait de rompre avec le capitalisme ; il rompt en fait avec le socialisme français en orchestrant le tournant de la rigueur et l'intégration de la France dans une Europe dominée par le libéralisme. Sous sa direction, la gauche a d'abord nationalisé la moitié de l'industrie et la totalité du système bancaire, avant de se rallier à la logique du marché et à la mondialisation financière. Bref, aux yeux de ses détracteurs, Mitterrand est un caméléon égotiste qui utilise les hommes plus qu'il ne les gouverne, qui passe sans dommage d'une extrémité à l'autre de l'échiquier, un « personnage de roman », selon le mot de Mauriac, si ce roman est celui de l'ambition politique.

Au passage, il traverse des épisodes peu glorieux qui noircissent encore son portrait. Benjamin Stora a bien décrit comment le Mitterrand ministre de la Justice pendant la guerre d'Algérie, qui a la présidence du Conseil en ligne de mire, refuse de proposer la grâce de plusieurs condamnés à mort, non parce qu'il les croit vraiment coupables mais parce qu'un geste de clémence – ou de justice – aurait nui à ses projets d'ascension. Aussi bien, la célèbre affaire de l'Observatoire le montre tout sauf à son avantage. Au lieu d'aller directement à la police comme l'a fait un autre homme politique, il entre dans les combinaisons d'un dénommé Pesquet qui lui propose de monter un faux attentat de l'OAS dans les jardins de l'Observatoire. Le jour dit, Mitterrand sort de chez Lipp et se rend à l'endroit prévu par les conspirateurs.

Il se cache de longues minutes dans un buisson pendant que des comparses mitraillent sa voiture. Le lendemain, le député faussement agressé recueille les témoignages de soutien de toute la gauche avec une touchante simplicité. C'est quand Pesquet, piégeur machiavélique, divulgue les détails de la supercherie que Mitterrand commence à reconnaître – partiellement – la vérité. Or il est clair qu'il a bien prêté la main à une machination tordue destinée à le faire passer pour un martyr de la cause républicaine. Abattu dans un premier temps, il fait front et dénonce violemment le piège dans lequel on l'a fait tomber. Or il aurait pu l'éviter sans dommage s'il avait joué franc jeu. Trop habile, trop cynique, trop manœuvrier : ainsi apparaîtra-t-il pendant de longues années à une grande partie de l'opinion, notamment à gauche.

Il est pourtant un autre Mitterrand, plus cohérent qu'on le dit, dont on peut décrypter les constances à travers le sinueux itinéraire. C'est d'abord affaire de talent. Dès le plus jeune âge, Mitterrand prend conscience de sa supériorité naturelle. Adolescent, il se voit en empereur romain ou en écrivain révéré. Toute sa vie, il agrégera autour de lui une phalange de fidèles admiratifs, fascinés par son esprit ironique et chaleureux, par sa simplicité d'expression et son sens de l'amitié, par sa culture précise et profonde, par sa vision politique d'une redoutable lucidité. Mitterrand est un littéraire. Il a gardé toute sa vie les goûts d'un jeune homme de droite, portant aux nues Chardonne ou Drieu, pourtant franchement collabos, amoureux du style classique, ennemi de l'emphase romantique et des tirades hugoliennes. Il est lui-même doué d'une bonne plume, à la fois sèche et rythmée, souvent trop travaillée, mais qui en eût fait, s'il l'avait voulu, un écrivain tout à fait honorable. Ce talent se double d'un courage et d'une énergie hors du commun. Mitterrand prend des risques, affronte l'adversité, part sans cesse à l'attaque en combattant-né et, surtout, ne renonce jamais, même aux heures les plus noires de sa carrière en dents de scie.

Passé dans la Résistance en 1943, il est le contraire d'un rallié prudent. Au contraire, il accepte tous les dangers de sa nouvelle condition. Il s'en faut de quelques minutes qu'il ne soit pris par la Gestapo au cours d'une de ses missions parisiennes. Ceux qui ne l'aiment pas doivent se souvenir d'une image. Un navire anglais s'approche à l'aube de la côte bretonne, non loin de Paimpol, et largue un canot dont l'unique passager rejoint la plage à la rame, sur un rivage occupé par l'armée allemande, pour se fondre dans un pays dont la police pourchasse sans relâche les résistants. Ce passager, c'est Mitterrand, revenu de Londres pour organiser son mouvement d'anciens prisonniers. Est-ce un hasard si Frenay, le fondateur du réseau Combat, résistant de 1940, suggère à de Gaulle de nommer Mitterrand à un poste subalterne dans le Gouvernement provisoire de la Libération ? L'aurait-il fait, et le Général l'aurait-il accepté, pour un homme à l'itinéraire douteux ? Quoique vichyste pendant un peu plus d'un an, Mitterrand fut un véritable résistant, même s'il s'est engagé plus tard que d'autres. Voilà qui devrait nuancer quelque peu des diatribes qu'on entend si souvent sur «Mitterrand-collabo» ou «Mitterrand-la-francisque».

Après cette première expérience, Mitterrand est un républicain progressiste et le restera toute sa vie. Il est onze fois ministre dans des majorités variables mais orientées plutôt à gauche. Il est président d'un petit parti de centre gauche, qui se fond ensuite dans la Fédération de la gauche démocrate et socialiste, puis dans le Parti socialiste. Il y a des itinéraires plus zigzagants. Anticommuniste à la Libération, il se rapproche lentement du PCF à la fin des années 1950, pour devenir, dans les années 1960, au nom du réalisme, le principal avocat de l'unité de la gauche. En 1965, après l'échec de Defferre, c'est grâce à l'adoubement des communistes qu'il est candidat unique de la gauche. On croit à une équipée sans lendemain. Bon orateur, tacticien hors pair, appuyé sur des principes républicains intangibles, procureur acharné du « coup d'État permanent » et du « pouvoir personnel » depuis la première heure, Mitterrand crée la surprise en mettant le Général en ballottage. Sa fortune politique vient de là. Avec 45 % des voix, Mitterrand a gagné une légitimité populaire. Travailleur infatigable, il ferraille ensuite pendant quinze ans pour réunir la gauche autour de lui, la doter d'un programme cohérent et d'une force électorale qui puisse prétendre à la majorité. En 1971, à la suite d'une manœuvre magistrale, il devient premier secrétaire du PS sans y avoir jamais milité. On croit là encore à une aventure sans lendemain. Opiniâtre, volontaire, néophyte du socialisme qui se pénètre par d'innombrables lectures des classiques de la gauche française, politicien habile qui devient par son talent d'expression l'héritier de Jaurès et de Blum, il surmonte tous les obstacles pour se hisser, à la troisième tentative, jusqu'à l'Élysée.

Mitterrand président est un bourgeois qui n'aime pas la bourgeoisie, un patriote soucieux d'internationalisme, un Européen, même si l'Europe doit être libérale et non socialiste. Il est surtout un Français jusqu'au bout des ongles – « Je fais partie du paysage de la France », dit-il un jour. Dès qu'il a une journée libre, il va de librairie en cathédrale, de cimetière solennel en bistrot gastronomique, goûtant dans une liberté farouchement défendue les plaisirs de l'amitié, de la conversation et de la séduction.

C'est aussi un homme de la Seconde Guerre mondiale, persuadé que seule l'unité du continent peut écarter le spectre toujours menaçant d'un conflit armé et fratricide. Fidèle à sa conversion socialiste dans un premier temps, il applique avec énergie son programme de rupture. Jusqu'au jour où les difficultés financières de la France l'obligent à choisir entre la poursuite du rêve socialiste et les réalités européennes. Mitterrand renâcle, résiste, hésite longuement, mais finit par choisir l'Europe, qui sera désormais sa seule boussole. On lui doit de grandes réformes sociales et sociétales – avec comme emblème l'abolition de la peine de mort réalisée par son ami Robert Badinter –, mais surtout un ancrage douloureux mais constant dans l'Union.

Le livre de Jacques Attali, qui a vécu de longues années dans le bureau qui jouxtait celui du président de la République, rend compte magistralement de cette profonde mais riche ambiguïté, qui n'est pas celle des opportunistes mais bien plus celle des hommes d'État. Ainsi, on pénètre, par la parole restituée, au plus profond d'un esprit ductile et large qui embrasse d'un coup d'œil les méandres tactiques de la vie politique française et ses enjeux historiques.

La foi européenne l'emporte de très loin chez lui dans la deuxième partie de sa présidence. Après le « virage de la rigueur » en 1983, la plupart des grandes décisions de Mitterrand se lisent à cette aune. Il accepte le « marché unique » européen qui scelle l'unité économique du continent. Il forme avec Helmut Kohl un codirectoire de l'Union qui oriente toute la construction européenne. Il abdique même de la souveraineté monétaire de la France en présidant à la naissance de l'euro et en mettant dans la balance du référendum tout le poids de son prestige pour faire accepter le traité de Maastricht.

Ainsi, malgré ses tours et ses détours, François Mitterrand laisse un héritage plutôt limpide. Il a appris le gouvernement à la gauche française, qui végétait avant sa victoire dans une opposition sans fin et qui a maîtrisé à son contact les rouages de l'État, souvent pour le meilleur, parfois pour le pire. L'alternance après Mitterrand est devenue la norme de la démocratie française, alors que la peur suscitée jusque-là par le Parti communiste assurait à la droite un imperium sans fin. Il a donné la priorité à la culture, qui a fait de la France un havre de la création et de la préservation du patrimoine. Il a épousé les évolutions de la société, qu'il s'agisse de la libération de l'audiovisuel ou de l'humanisation de la Justice. Il a poussé à la modernisation de l'économie en réconciliant la gauche avec le marché, même si ces épousailles ont conduit, *in fine*, aux excès de la finance mondialisée. Il a, d'abord et avant tout, arrimé la France à l'Europe, quitte à altérer le socialisme français. En cela, sa contribution à l'Histoire est manifeste. L'échiquier continental n'est plus le même après Mitterrand. Voilà qui valait une place dans le panthéon imaginaire du *Nouvel Observateur*.

Laurent Joffrin

À François Mitterrand,
pour m'avoir permis de servir
la France à ses côtés,
et pour m'avoir appris à juger librement
de tout, y compris de lui-même.

INTRODUCTION

Présider la République française ne s'improvise pas. Il y faut une connaissance approfondie du pays, une passion pour ses habitants, des compétences administratives et juridiques exceptionnelles, une analyse rigoureuse des enjeux stratégiques du temps, une considérable capacité de travail, une grande mémoire, une immense résistance physique. Et aussi du caractère, une grande maîtrise de soi, une faculté d'anticipation, des repères moraux, une disposition à reconnaître ses erreurs et à changer d'avis ; enfin, et peut-être surtout, une vision de la France et du monde, et un projet suffisamment fort pour se permettre d'être indifférent aux critiques en acceptant, si nécessaire, une impopularité provisoire.

François Mitterrand avait tout cela. Quand l'Histoire, dans laquelle il tenait tant à s'inscrire, aura tranché, quand auront été écartées toutes les caricatures qui encombrent encore le regard porté sur son action, il restera non seulement comme le seul chef de l'exécutif français démocratiquement désigné à avoir jamais passé quatorze ans au pouvoir, mais aussi comme celui qui aura donné tout son sens à la démocratie française en faisant naître, à gauche, un parti de gouvernement, et en réussissant l'alternance à quatre reprises. L'Histoire retiendra aussi de lui de nombreux échecs et bien des faiblesses.

Mon propos n'est pas de le juger : je porte ma part de responsabilité dans ses échecs. J'entends ici témoigner, seize ans après sa mort, de ce qu'il fut vraiment, en révélant ce qui ne pouvait l'être de son vivant quand, à sa demande, j'ai publié les trois volumes de *Verbatim*, et en approfondissant les principales révélations déjà contenues dans ces livres. J'entends ainsi non seulement aider au jugement de l'Histoire, mais également faciliter la décision de ceux qui, un jour prochain, auront à choisir le successeur de son successeur.

Il (ou elle) aura à traverser des temps au moins aussi troublés que ceux que vécut François Mitterrand. Certes, quelques-uns des défis auxquels était confrontée la France des années 1980 n'existent plus aujourd'hui : l'inflation a pratiquement disparu, les dévaluations ne sont plus une menace, la centralisation étatique s'est affaiblie, les médias sont beaucoup plus libres, l'affrontement Est/Ouest n'est plus qu'un souvenir, l'alternance est banalisée. Mais les principaux enjeux du nouveau siècle existaient déjà à son époque : le bouleversement technologique, le chômage, l'industrie insuffisamment compétitive, le système éducatif mal adapté, la violence des banlieues, l'enlisement de l'Europe, la surpuissance américaine, le terrorisme, la crise pétrolière, une Afrique à l'abandon, un Moyen-Orient instable, une Asie de plus en plus concurrentielle, les dérèglements du climat, les désordres financiers du monde.

Sur cet homme et son action, bien des questions demeurent sans réponse. Je les aborderai franchement : était-il honnête ? Croyait-il à ses propres discours ? A-t-il menti sur son passé ? Était-il un ancien collabo ? Un antisémite ? A-t-il menti sur sa maladie ? A-t-il exercé le pouvoir pour son seul bénéfice ? S'est-il comporté en monarque ? Était-il complice des « affaires » qui ont jalonné sa présidence ? A-t-il compris les changements à l'Est ? A-t-il tout fait pour retarder la réunification allemande ? A-t-il soutenu les dictateurs d'Afrique ? Porte-t-il une responsabilité dans la tragédie yougoslave et dans celle du Rwanda ? Souhaitait-il vraiment conduire une expérience socialiste ? A-t-il trahi ses engagements ? Peut-il servir de modèle, même partiel, à toute autre tentative pour réformer démocratiquement la société française ? La France a-t-elle tiré profit de son passage au pouvoir ? Quelles leçons faut-il en tirer pour l'avenir ?

Il va sans dire que, de tout ce qui suit, j'ai longuement parlé avec lui. Franchement, parfois même brutalement. Car il nous arriva d'être en très sérieux désaccord, sans que notre amitié fût pourtant mise en cause. Comme il le disait lui-même à mon propos : « De son bureau, de l'autre côté de cette porte, on n'a pas tout à fait le même point de vue sur le parc que du mien. »

CHAPITRE PREMIER
CONQUÉRIR LE POUVOIR

Un soir glacial de mars 1966, dans un cabaret aujourd'hui disparu de la rue Saint-André-des-Arts, La Table du mandarin, François Mitterrand dînait avec une amie. C'était quelques mois après sa première candidature à l'élection présidentielle qui lui avait permis, contre toute attente, à quarante-neuf ans, de mettre le général de Gaulle en ballottage au nom de la gauche rassemblée. À quelques tables de lui, un jeune homme de vingt-trois ans dînait lui aussi. Le spectacle, fait de magiciens et d'acrobates, était de piètre qualité. Mais ce n'était pas sa principale préoccupation, ni la mienne. Nos regards se croisèrent. Je lui souris, il répondit d'un signe de tête. Quand il se leva pour partir, je me dirigeai vers lui et lui glissai que j'aimerais travailler pour lui. Il sourit en enfilant son manteau et me répondit, très aimable : « Eh bien, venez me voir, nous en parlerons. »

J'étais alors étudiant ; j'en avais encore pour quatre ans au moins. Depuis l'adolescence, l'idée que je me faisais de mon avenir était claire : je serais écrivain, réfléchissant sur la société et agissant pour la changer ; ni homme politique ni chercheur en chambre, mais les deux à la fois ; déjà, je détestais choisir. Mais j'avais choisi mon camp : être de gauche, pour moi, ne se discutait pas ; c'était une affaire de famille. Être antigaulliste encore moins, après la désastreuse façon dont avait été gérée la fin de la guerre d'Algérie, pays de mon enfance désormais interdit. Mes ambitions étaient tout intellectuelles et je me serais accommodé d'une opposition politique irréductible, mais non pas d'un retrait du monde. J'avais depuis longtemps un modèle : entre Camus, que mon frère vénérait et dont m'avait plus impressionné *L'Étranger* que *La Chute*, et Sartre, dont j'avais très vite appris à relativiser l'« engagement » en raison de sa passivité sous l'Occupation et de son aveuglement – lui qui avait proclamé qu'« en URSS la liberté est totale » –, j'avais choisi Raymond Aron, qui me paraissait – et me paraît toujours – réunir le meilleur des qualités de l'intellectuel. Déjà, au lycée, je rêvais à haute voix, devant des amis goguenards, de devenir un jour le « Raymond Aron de la gauche ».

Au lendemain de notre rencontre de hasard, je tentai de prendre rendez-vous avec François Mitterrand. Mais comment le trouver ? L'Assemblée nationale ne me fut pas d'un grand secours ; il fallut quelques semaines pour qu'un ami commun, Christian Blanckaert, qui lui servait de rabatteur de talents, organisât une rencontre. Se joignirent à nous mon frère et d'autres jeunes gens qui s'intéressaient à la politique.

Une fois franchi la porte de son appartement de la rue Guynemer et traversé une entrée où trônait un horrible rhinocéros de cuir rouge, François Mitterrand nous expliqua que la seule façon de lui être utile n'était pas de réfléchir, mais d'aller sur le terrain et de prendre une circonscription électorale, en vue des prochaines élections législatives, au nom de la FGDS, Fédération de la gauche démocratique et socialiste (rassemblant toute la gauche non communiste) qu'il présidait. Il avait, ajouta-t-il, plusieurs circonscriptions à nous proposer. Sur un piano demi-queue occupant l'essentiel du salon, il déploya une grande carte de France et répéta : « Je n'ai pas besoin de notes de réflexion ou de programme. J'ai besoin de candidats. Si vous vous engagez, dites-vous que ce sera incompatible avec toute autre distraction. Il vous faudra y consacrer tout votre temps libre. » Puis il se fit plus explicite : « Nous pouvons remporter les élections législatives de 1967. Dans un an, vous pouvez être tous parlementaires. » J'étais déçu : pas question pour moi d'être candidat à la moindre élection, ni même d'adhérer à un parti. Réfléchir, agir, oui, mais sans perdre mon indépendance. Je refusai, cherchant d'autres voies. Plusieurs de mes amis, ce jour-là, acceptèrent l'offre du futur président.

Cette année-là, alors que je préparais le concours de l'ENA tout en enseignant l'économie à l'École polytechnique, les lignes de force de la politique française commencèrent à bouger. Fin décembre 1966, un accord organisa le désistement réciproque des candidats de gauche. Le 22 février 1967, le Premier ministre d'alors, Georges Pompidou, de passage à Nevers, se vit porter la contradiction pendant trois heures par François Mitterrand, chef autoproclamé de l'opposition. Les élections législatives de mars 1967 virent une forte poussée de la FGDS ; la plupart des candidats envoyés à la bataille par François Mitterrand furent élus : Dayan à Nîmes, Dumas à Brive, Rousselet à Toulouse, Mermaz à Vienne, Fillioud à Romans, Estier à Paris. La droite gaulliste ne conserva la majorité que d'un siège. L'alternance était à portée de main, du moins le paraissait-elle. Car, si la droite gaulliste était en recul, personne, au sein de la gauche non communiste, ne voyait comment prendre le pouvoir : le centre penchait à droite et le Parti communiste, avec lequel une alliance de gouvernement semblait alors impensable, monopolisait encore plus du quart des électeurs.

Les opposants au gaullisme s'agitaient et cherchaient des solutions, certains dans des clubs, d'autres dans des partis. Je fréquentai les uns et les autres. Ainsi le club Jean-Moulin où se réunissaient des hauts fonctionnaires, certains d'âge mûr, d'autres plus jeunes, qui refaisaient le monde autour de Pierre Uri et de Simon Nora en se référant à Pierre Mendès France ; le PSU, avec Michel Rocard, que j'appris à connaître et qui voulait en faire le pôle de la gauche anti-étatique et anticommuniste ; et puis le CERES de Jean-Pierre Chevènement, alors jeune conseiller commercial frais émoulu de l'ENA, qui conseillait les candidats sur la meilleure façon de préparer ce concours ; il me proposa de participer aux premières réunions de ce nouveau groupuscule qui, autour de lui, au sein de la vieille SFIO, préparait des programmes dans la perspective d'une accession de la gauche au pouvoir avec les communistes. Cela m'intéressa. Par l'intermédiaire de Jean-Pierre je rencontrai de jeunes hauts fonctionnaires engagés, bien différents de leurs aînés du club Jean-Moulin. (Quinze ans plus tard, nombre d'entre eux dirigèrent des entreprises publiques, sauf ceux qui, lassés d'attendre, étaient passés entre temps à droite.) J'eus le privilège d'assister à quelques réunions surréalistes au cours desquelles Guy Mollet, indéracinable patron de la SFIO, venait expliquer à ces garçons moqueurs que les intellectuels étaient une espèce inutile et qu'il fallait seulement être capable de « faire tourner la ronéo » pour être un bon militant. L'idée alors (1967) de revoir François Mitterrand ne m'effleura pas : il était tout occupé par sa victoire législative et n'avait nul besoin, avait-il dit, qu'on réfléchisse pour lui.

De plus, j'avais beaucoup à faire avec mes cours (comme étudiant à l'Institut d'études politiques et à l'École des mines, et comme enseignant à l'École polytechnique). À la fin de l'année, je passai le concours de l'ENA avant de filer à New York terminer mes études au corps des Mines. Cela retarda le début de mon stage de sous-préfet qui marquait le début de la scolarité de l'ENA et que mes camarades – parmi lesquels Philippe Séguin et Louis Schweitzer – entamèrent pour leur part en janvier 1968.

De retour à Paris à la fin avril 1968, j'expliquai au directeur de stages de l'ENA que je souhaitais effectuer le mien au plus près de Paris pour pouvoir revenir chaque semaine retrouver mes étudiants à l'École polytechnique, rue de la Montagne-Sainte-Geneviève. Il me répondit que l'ENA s'était déjà montrée suffisamment tolérante avec mes excentricités, que j'étais un élève comme les autres et que je prendrais le dernier poste disponible. C'est ainsi que, sans l'avoir cherché, le 1er mai 1968, je fus nommé directeur adjoint du cabinet du préfet… de la Nièvre, département dont François Mitterrand était député et président du conseil général.

Les événements qui suivirent et que chacun connaît, je les vécus comme un sous-préfet fraîchement nommé dans un département rural, à trois heures de Paris en train, et à bien plus encore par de mauvaises routes. Un département sans étudiants ni ouvriers, partagé entre une petite bourgeoisie apeurée et une paysannerie renfrognée. Je ne vis des émeutes parisiennes que celles du vendredi 13 mai où j'étais venu donner mon cours et où je fus pris dans les bagarres de la rue Gay-Lussac. Ensuite, comme la quasi-totalité des Français, je n'en sus que ce qu'en disaient la télévision et les radios, lesquelles décrivaient un Paris à feu et à sang. J'en compris aussi – rare privilège – ce qu'en laissaient deviner les ordres ahurissants adressés aux préfets par le ministre de l'Intérieur de l'époque, Christian Fouchet. C'étaient des messages cryptés que j'étais chargé de décoder en pleine nuit à l'aide d'algorithmes compliqués, et qui demandaient aux fonctionnaires d'autorité de remplir des missions impossibles : « Je vous prie de bien vouloir vous rendre dans toutes les maisons où pourrait se trouver une arme de chasse et d'en démonter le chien de fusil pour éviter que ces armes puissent être mises au service d'une révolution et être retournées contre les serviteurs de l'État… » Des directives qu'il fallait déchiffrer lettre après lettre, sur le coup de trois heures du matin, en se frottant les yeux de sommeil et d'ahurissement…

Ce qui se passait à Paris m'apparut alors comme la tentative magnifique d'une jeunesse, la mienne, qui cherchait à se soustraire aux carcans imposés par les élites de l'immédiat après-guerre encore au pouvoir. Inutile de dire que, dans mon petit coin du Nivernais, j'étais ultraminoritaire !

François Mitterrand était absent du département et je n'entendais que ce que les médias retransmettaient de ses prises de position. Il dénonça d'abord les agressions policières perpétrées contre les étudiants : « Nous qui sommes de gauche, nous considérons que les rapports avec la jeunesse ne doivent pas se fonder sur la force. Si la méthode employée par les étudiants n'est pas la meilleure, cela ne veut pas dire que celle de M. le ministre de l'Intérieur soit bonne. [...] La jeunesse a certes ses torts. Ce n'est pas un âge heureux. Mais une société qui la matraque a toujours tort quand elle n'a pas su lui ouvrir les portes de l'Histoire. »

Le 21 mai, quand la grève générale déclencha une pénurie d'essence, certains préfets, dont celui de la Nièvre, ordonnèrent son rationnement. Je fus chargé de distribuer les précieux tickets et je vis renaître en l'espace de trois jours les combines de la France de la Collaboration : la délation, le marché noir, la corruption.

Personne, au ministère de l'Intérieur, ne répondait plus aux appels du corps préfectoral. L'État avait cessé d'exister. L'hésitation de De Gaulle donna même à certains, en province, le sentiment que l'État n'était plus légitime. Plusieurs hauts fonctionnaires – de ce département comme d'autres – se demandèrent même si, comme en 1940, il n'était pas temps pour eux de refuser de servir un pouvoir discrédité.

Contrairement à beaucoup, je fus donc enthousiasmé par la façon dont, le 22 mai, François Mitterrand se posa en recours, avec calme et sans emphase, lors du débat qui suivit le dépôt d'une motion de censure à l'Assemblée nationale : « Nous affirmons hautement que nous sommes décidés à réclamer les responsabilités du pouvoir [...] pour conclure la nouvelle alliance du socialisme et de la liberté. » Ce qu'il explicita dans une conférence de presse, le 28, dans des termes qui lui furent ensuite terriblement reprochés : « En France, depuis le 3 mai 1968, il n'y a plus d'État, et ce qui en tient lieu ne dispose même pas des apparences du pouvoir [...]. Il s'agit de fonder la démocratie socialiste et d'ouvrir à la jeunesse cette perspective exaltante : la nouvelle alliance du socialisme et de la liberté [...]. Je propose qu'un gouvernement provisoire de gestion soit aussitôt mis en place [dès le départ de De Gaulle] [...]. Qui formera le gouvernement provisoire ? S'il le faut, j'assumerai cette responsabilité [...]. Et qui sera le président de la République ? Le suffrage universel le dira. Mais, d'ores et déjà, je vous l'annonce, parce que le terme éventuel n'est qu'à dix-huit jours, et puisqu'il s'agit du même combat : je suis candidat. »

Je savais, moi, pour le vivre alors de l'intérieur, qu'il avait raison : il n'y avait plus d'État ; et affirmer, comme il le faisait, qu'une alternance était possible renforçait la démocratie. La France n'était plus condamnée à « la droite ou [au] chaos ». Je sus ce jour-là que François Mitterrand serait un jour président de la République, et que je participerais à l'aventure.

Suivirent la vacance de l'exécutif et le voyage à Baden-Baden, le discours radiodiffusé de De Gaulle, l'annonce de la dissolution de l'Assemblée et la grande manifestation gaulliste sur les Champs-Élysées. Puis, tout rentra dans l'ordre. François Mitterrand n'oubliera jamais qu'une crise ne se résout que par son paroxysme.

Lui qu'on n'avait pas vu dans le département de tout le mois de mai y revint pour faire campagne. Même s'il fut l'un des rares hommes de gauche à sauver son siège, sa carrière politique nationale était, aux yeux de beaucoup, terminée. Il abandonna la présidence de la FGDS, bientôt dissoute.

Pendant les sept mois que dura encore mon stage, François Mitterrand vint fort peu à Nevers où siégeait le conseil général de la Nièvre, qu'il présidait encore. Il passa l'essentiel de son temps entre Paris – où ses déclarations de mai avaient fait fuir ses soutiens et multiplié ses ennemis – et sa circonscription de Château-Chinon, son bastion, région austère et secrète aux sombres forêts de chênes, peuplée de lacs embrumés et de paysans muets.

Dès son premier passage à la préfecture, en juin 1968, il me fit savoir d'un clignement d'œil qu'il me reconnaissait. Il me parla peu, ne cherchant jamais à établir une quelconque connivence ; il ne déjeuna que très rarement chez le préfet, soucieux de garder ses distances avec l'État. Comme tout le monde dans la Nièvre, je l'appelais déjà « monsieur le président ». J'étais le collaborateur d'un État qui le combattait, même si le préfet d'alors, Pierre Lambertin, issu de la droite antigaulliste, et le secrétaire général de la préfecture, Pierre Verbrugghe, ouvertement de gauche, le traitaient beaucoup mieux que ne l'aurait souhaité Paris et se refusaient à obtempérer aux pressions des gaullistes locaux. (Quinze ans plus tard, François Mitterrand accordera à l'un le choix de son ultime préfecture et nommera l'autre directeur général de la police nationale.)

François Mitterrand présidait les rares sessions du conseil général en montrant un grand souci de tenir compte de l'avis des élus (il connaissait tout de leur histoire personnelle comme de celle de leurs cantons) et une grande fermeté dans la conduite des débats ; déjà je remarquai que les questions budgétaires l'ennuyaient mais qu'il reprenait vie dès que s'annonçait une joute avec les gaullistes.

En avril 1969, de retour à l'ENA, alors que je rongeais mon frein, de Gaulle démissionna, comme François Mitterrand l'avait prévu, un an plus tôt, au cours de sa conférence de presse si décriée. François Mitterrand étant trop déconsidéré pour être à nouveau candidat, la gauche éclata en morceaux. Le candidat de la SFIO, Gaston Defferre, n'obtint que 5 % des voix ; celui du PSU, Michel Rocard, 3 % ; celui du PC, plus de 20 %. L'ancien Premier ministre Georges Pompidou fut élu au second tour contre le président du Sénat, Alain Poher, avec près de 60 % des voix. En juillet, Guy Mollet s'effaça habilement devant Alain Savary au congrès d'Issy-les-Moulineaux de la SFIO tout en gardant la haute main sur l'appareil. Alain Savary détestait François Mitterrand, qui le lui rendait bien : en 1956, le premier avait démissionné avec panache du gouvernement Guy Mollet quand l'avion du sultan du Maroc, à bord duquel avaient pris place quatre dirigeants du FLN, dont Ben Bella, avait été dérouté sur la France ; le second avait choisi de garder son portefeuille.

François Mitterrand comprit que l'échec de Gaston Defferre et la bouderie de Mendès faisaient de Savary et de lui, à gauche, les derniers rivaux possibles des gaullistes. Il entreprit alors de prendre son rival de vitesse en investissant la vieille SFIO afin de mettre en œuvre l'union de toute la gauche. Nul ne voulait de lui chez les socialistes. Encore moins parmi les communistes, qui préparaient, eux aussi, leur *aggiornamento* par une stratégie à l'italienne pour justifier la prédiction de Malraux : « Entre les communistes et nous, il n'y a rien. »

Je continuais pour ma part à chercher le moyen de me rendre utile au sein de la gauche non communiste. Je rencontrais souvent Pierre Mendès France, dont le pessimisme foncier me déçut. Je voyais aussi souvent Michel Rocard, dont j'admirais la lucidité et l'enthousiasme, mais qui me semblait empêtré dans ses conflits d'appareil et limité par sa haine – ou son mépris, ou les deux ? – envers les socialistes en général et François Mitterrand en particulier.

Je travaillais de plus en plus étroitement avec Jean-Pierre Chevènement au sein du CERES. En juin 1971, lors du tumultueux congrès d'Épinay, François Mitterrand, avec le concours de Pierre Mauroy, de Gaston Defferre et de Jean-Pierre Chevènement, s'empara de la SFIO pour en faire le Parti socialiste en renversant Alain

Savary. Chevènement devint secrétaire national aux études et au programme du nouveau parti et me confia la direction de la commission économique.

Tout en entrant au Conseil d'État, en enseignant l'économie à Polytechnique et en travaillant à mes premiers livres, j'observai la façon dont François Mitterrand, « libre de toute hérédité socialiste et marxiste », donna à son nouveau parti la victoire pour objectif, refusant la distinction opérée jusque-là par Guy Mollet entre un discours maximaliste et une politique conservatrice : « Le programme du parti – ironisait le nouveau premier secrétaire –, que rien ne gêne aux entournures, va jusqu'au bout des principes. Le programme électoral, sous prétexte de réalisme, cherche à ne peiner personne, et surtout pas les maîtres de l'argent. » C'était exactement ce que j'avais envie d'entendre. Enfin, à l'égard des communistes, il posa clairement la nécessité d'une alliance fondée sur un programme électoral, avec un contrat de gouvernement, dans le respect des libertés publiques. Il déclara à *L'Express*, le 21 juin 1971 : « Le socialisme représente la seule réponse aux problèmes du monde actuel [...] ; il s'agit d'un choix qui conduit à mettre fin au système actuel où l'argent est roi, où la propriété des moyens de production détermine le pouvoir politique et où tout le monde n'est qu'apparences. Le socialisme signifie la prise en main collective du destin du peuple par lui-même. » Guy Mollet maugréa : « Mitterrand n'est pas devenu socialiste, il a appris à parler socialiste : nuance ! »

Pour moi, il était moins que jamais question d'approcher François Mitterrand. Devenu le patron de la gauche, je l'imaginais entouré désormais des meilleurs conseillers et je ne me voyais pas tenter de me glisser parmi un entourage dans lequel il n'avait pas cherché à m'attirer. Je continuais à me rendre utile, entre beaucoup d'autres, en travaillant, avec Jean-Pierre Chevènement, de près au programme socialiste, de loin au Programme commun de la gauche, qui fut signé le 26 juin 1972 : texte hybride, mélange de mesures sociales de bon sens, de réformes économiques floues et de logorrhée marxiste. Quarante-huit heures après sa signature, François Mitterrand participa à Vienne à une réunion de l'Internationale socialiste, qui s'inquiétait de cette alliance réalisée en France avec les communistes ; il expliqua : « Notre objectif fondamental, c'est de refaire un grand Parti socialiste sur le terrain occupé par le Parti communiste, afin de faire la démonstration que, sur les 5 millions d'électeurs communistes, trois peuvent voter socialiste. »

Beaucoup de travail restait encore à accomplir pour compléter, préciser, amender le programme de gouvernement de la gauche. Ainsi aidai-je les parlementaires socialistes, alors peu nombreux, à nourrir leurs discours sur l'économie et à répondre aux attaques qui pleuvaient sur leur nouveau programme. Je rédigeai à cette fin une note mensuelle à l'intention de tous les députés, laquelle devait aussi les aider à faire la critique de l'action gouvernementale. Je fis ainsi la connaissance du responsable économique du groupe parlementaire socialiste, André Boulloche, qui m'impressionna plus qu'aucun autre. Polytechnicien, ingénieur des Ponts, entré dans la Résistance dès l'été 1940, arrêté par la Gestapo en janvier 1944, grièvement blessé, incarcéré à Fresnes puis à Compiègne, torturé, envoyé à Auschwitz dont il fut libéré par l'Armée rouge, compagnon de la Libération, ministre de De Gaulle en 1958, c'était un homme rude qui ne se payait pas de mots. Il détestait François Mitterrand – « à cause de la guerre », m'expliqua-t-il, laconique. Plus tard, François Mitterrand me dira que, pour sa part, il « ne lui avait pas pardonné d'avoir légitimé le coup d'État gaulliste de 1958 en entrant, comme Guy Mollet, dans le gouvernement du Général ».

Par ailleurs je voyageais, enseignais, publiais mes deux premiers livres et travaillais sur le troisième quand Georges Dayan, qui s'ennuyait ferme avec moi au sein de la quatrième sous-section du contentieux du Conseil d'État, souhaita me présenter à François Mitterrand.

Ils s'étaient connus à la Sorbonne en 1938 et avaient été réunis pendant la guerre, en métropole puis en Algérie. C'est là que le jeune avocat pied-noir voua sa vie au jeune avocat charentais. Tout aurait dû pourtant séparer le Méditerranéen ouvert et blagueur du Charentais froid et énigmatique. Ce géant d'un humour ravageur et d'une infinie bonté croyait dur comme fer en l'étoile de François Mitterrand. Il était l'un des rares que celui-ci tutoyait, et l'un des seuls à le faire rire. L'un des seuls aussi à savoir qu'il détestait assez les communistes pour considérer l'alliance avec eux comme une ruse provisoire. Son rêve aurait été d'être élu député du IVe arrondissement de Paris, ce qu'il ne réussit jamais à devenir. Le Conseil d'État, où il avait trouvé refuge en 1958, constituait un douillet écrin à sa nonchalance.

En cette année-là – 1973 –, la gauche venait de connaître une extraordinaire progression aux élections législatives en raflant 175 sièges, contre 276 à la droite. De nombreux élus de 1967, battus en

1968, retrouvèrent ainsi leur mandat. En me demandant de rencontrer le premier secrétaire du Parti socialiste, Georges Dayan m'expliqua : « En économie, il est vraiment nul. Il croit tout savoir et n'écoute personne. Il pense que les économistes sont des cuistres. Essayez de lui parler simplement. Peut-être qu'il ne vous jettera pas. »

Je fus donc présenté à François Mitterrand – pour la troisième fois – en novembre 1973, juste après la guerre du Kippour et le premier choc pétrolier, qui bouleversaient l'équilibre géopolitique mondial et, accessoirement, rendaient encore plus discutables les grandes dispositions généreuses du Programme commun de la gauche. Notre rencontre eut lieu à la Mutualité à la faveur d'une pause dans le déroulement d'une réunion du comité directeur du Parti socialiste. Dayan fit les présentations (inutiles) et insista pour que Mitterrand me reçût bientôt chez lui en tête à tête « pour parler d'économie ». François Mitterrand grogna qu'il n'en voyait pas l'intérêt, que tout était au mieux, qu'il savait tout ce qu'il fallait savoir sur le sujet et qu'il lisait naturellement ce que j'écrivais à l'intention des parlementaires socialistes. Peut-être m'en voulait-il d'avoir si longtemps travaillé pour d'autres sans avoir repris contact avec lui. Il ajouta qu'il me recevrait, certes, mais sans fixer de date, et il retourna en séance.

Après ce fiasco, Georges insista sans doute, car, trois semaines plus tard, François Mitterrand me fit donner rendez-vous par son assistante, Marie-Claire Papegay, « pour préparer une émission de télévision. Il aura un quart d'heure, pas plus ».

Un jour du début décembre 1973, je sonnai donc pour la première fois au 22, rue de Bièvre où il venait d'emménager. Je traversai la petite cour pavée et montai à pied les trois étages de l'étroit escalier conduisant au minuscule appentis de Marie-Claire, antichambre qu'il fallait emprunter pour entrer, en baissant la tête, dans la soupente qui tenait lieu de bureau à François Mitterrand. Je ne vis d'abord que des livres posés partout à même le sol ; puis une plaque de verre sur deux tréteaux et trois fauteuils : un pour lui, deux pour les visiteurs. Il semblait pressé, me parla de l'émission du lendemain où il s'attendait à être interrogé sur la crise énergétique, qui, pour lui, se résumait à un accroissement des profits des compagnies pétrolières et à une baisse des salaires. Visiblement, il n'avait pas la moindre idée des profondes conséquences de la mutation qui s'amorçait. J'étais venu avec trois feuilles de papier ; sur chacune d'elles, trois phrases d'une ligne chacune : trois idées à défendre dans son émission – sur l'économie, le social et l'international. Il les prit avec méfiance, me demanda avec impatience de les commenter. Puis il écouta longuement. Posa maintes questions. Marmonna enfin : « Ah, enfin, j'y comprends quelque chose ! » Nous étions restés plus d'une heure et demie ensemble. Ce fut une sorte de coup de foudre intellectuel, de complicité immédiate que rien, jamais, n'allait plus remettre en cause.

À la télévision, le lendemain, il répéta de très longs passages de ce que je lui avais exposé, qu'il n'avait ni noté ni paru écouter plus particulièrement.

Nous nous revîmes plusieurs fois au cours de l'hiver pour préparer des discours, des émissions de radio ou de télévision auxquelles il me demanda à plusieurs reprises de l'accompagner. Des journalistes commencèrent à se demander qui était ce jeune homme qui chuchotait à l'oreille du chef de l'opposition.

Je n'étais pas son collaborateur officiel ni membre de son parti. Je n'étais mentionné dans aucun organigramme. Cette discrétion me convenait. La liberté que me laissait le Conseil d'État me plaisait infiniment ; elle me permettait d'effectuer mes premières missions de conseil pour les Nations unies (dans l'Iran du shah et l'Afghanistan du roi), d'enseigner dans les grandes écoles françaises et d'aller donner mes premiers cours dans des universités américaines. En janvier 1974, je publiai mon troisième livre, réquisitoire contre notre propre enseignement, coécrit avec Marc Guillaume, autre jeune professeur d'économie à Polytechnique ; Françoise Giroud en assura le succès par un éditorial de *L'Express*. François Mitterrand me dit alors : « Ils sont épatants, vos livres, mais je n'y comprends rien, et je suppose que je ne suis pas le seul. Vous avez un goût immodéré pour les termes techniques, les explications mathématiques. Pourtant c'est bizarre : je comprends tout quand vous m'expliquez de vive voix. Vous feriez bien de corriger ça… »

La rentrée parlementaire s'annonçait pour le 3 avril 1974. François Mitterrand m'avait donné rendez-vous pour ce matin-là, à 11 heures, afin de finir de rédiger le discours de politique générale qu'il entendait prononcer contre le gouvernement de Pierre Messmer. Ce serait sa rentrée politique, sa première grande intervention au Parlement depuis la crise pétrolière.

Le 2 avril, à 21 h 58, un communiqué laconique de l'Élysée annonça : « Le président Georges Pompidou est décédé le 2 avril 1974, à 21 heures. »

Le lendemain matin, vers 9 heures, alors que je pensais notre rendez-vous annulé, François Mitterrand me téléphona : « Vous avez sans doute entendu les nouvelles ? Je risque d'être un peu occupé aujourd'hui. Pourriez-vous plutôt venir dans deux jours, mettons vers 10 heures, rue de Bièvre ? » C'est ainsi que j'eus confirmation de ce que toute la presse évoquait déjà : François Mitterrand serait candidat à l'élection présidentielle. Je devinai que je serais modestement associé, d'une façon ou d'une autre, à cette campagne.

Quarante-huit heures plus tard, en pénétrant dans la cour de la rue de Bièvre, j'aperçus, par la fenêtre donnant sur la salle à manger du rez-de-chaussée, tous les dirigeants de la gauche non communiste. Jusque-là, je n'avais vu les visages de la plupart qu'à la télévision. Il y avait Pierre Mauroy, Gaston Defferre, Claude Estier, Georges Dayan, Pierre Bérégovoy, Pierre Joxe, entre beaucoup d'autres. Marie-Claire Papegay, la secrétaire de François Mitterrand, descendue du troisième étage, me demanda de les rejoindre. J'entrai dans la salle juste à temps pour entendre François Mitterrand annoncer : « J'ai donc décidé de confier la direction financière de la campagne à André Rousselet, la publicité et la propagande à Claude Perdriel, le programme à Jacques Attali, qui dirigera mon état-major. »

Je ne devinais pas qu'à compter de cette minute, et pendant dix-sept ans, il n'allait quasiment plus se passer un seul jour, samedi et dimanche compris, sans que nous nous voyions ou à tout le moins nous nous parlions, et ce en général quatre ou cinq fois dans la même journée.

Saisi de stupeur, j'entendis à peine Gaston Defferre bougonner : « Attali, c'est qui ? » Moi, je ne pensais sur l'instant qu'à mes obligations de haut fonctionnaire, au devoir de réserve qui m'interdisaient en principe d'accepter une telle charge, et au pseudonyme que j'allais devoir prendre pour le faire (car il n'était évidemment pas question de refuser).

À la fin de cette réunion, François Mitterrand me demanda de rester avec lui. Longtemps nous marchâmes tous deux en rond dans la cour exiguë de son minuscule hôtel particulier. Il m'expliqua pourquoi il m'avait fait confiance et ajouta, avec un sourire un peu triste : « Pompidou est mort trop tôt. La gauche monte dans le pays, mais pas encore assez. Les gaullistes vont mentir, tricher. Ils voleront les voix des DOM-TOM et les votes par correspondance. Chaban-Delmas ne passera pas le premier tour. Au second tour, j'aurai 13 millions de voix ; Giscard en aura 250 000 de plus, car il prendra les voix du centre. » C'était la première fois que j'entendais dire qu'il y avait quelque chose comme 26 millions d'électeurs en France...

Une semaine plus tard, à l'issue de leurs congrès extraordinaires respectifs, le Parti communiste et le Parti socialiste désignèrent François Mitterrand candidat unique de la gauche. Le même jour, Giscard annonça à Chamalières sa propre candidature. Le lendemain fut publié l'organigramme de l'état-major de campagne du candidat de la gauche. François Mitterrand fut le premier surpris de découvrir que l'un de ses directeurs de campagne, un dénommé Simon Ther, lui était totalement inconnu. Je lui expliquai que c'était là mon pseudonyme. Il sourit : « Parce que vous vous croyez dans la Résistance ? » Le lendemain, naturellement, le pseudonyme était éventé par la presse et on n'en parla plus. Le devoir de réserve n'avait plus cours.

Ce soir-là, je demandai à l'accompagner à l'un de ses premiers meetings en province. Ce fut au Havre, puis à Caen, dans la même soirée. Ce n'était pas encore le temps des avions privés ni celui des résidences officielles. Aussi fîmes-nous la route en voiture, à l'arrière d'une vieille DS conduite par un militant dévoué. Durant le trajet de Paris à Caen, il me demanda de lui raconter ma vie, ce qui ne fut pas très long. Nous évoquâmes La Table du mandarin, la rue Guynemer, la Nièvre. Il m'interrogea sur mon judaïsme et sur la façon dont ma famille avait traversé la guerre. Je lui expliquai que, dans l'Alger de mon enfance, on n'avait que peu souffert de la Shoah : un oncle, dentiste en Bretagne, dénoncé, pris, gardé, convoyé par d'autres Français, ne rencontrant pas un seul Allemand jusqu'à Auschwitz, dont il n'était pas revenu. J'ajoutai que mon père, communiste, avait fait partie du petit groupe de Juifs « indigènes » qui avaient organisé l'arrivée des Américains à Alger en novembre 1942, et qu'il avait dû attendre encore un an pour que la nationalité française lui fût rendue, la veille de ma naissance. François Mitterrand m'expliqua que justement, le jour de ma naissance, lui aussi se trouvait à Alger pour y rencontrer le général de Gaulle, qui venait de remplacer l'amiral Darlan et le général Giraud dans les projets des Américains. J'en profitai pour glisser qu'avant de commencer vraiment à travailler avec lui j'avais justement deux questions à lui poser sur sa propre vie : l'affaire dite de l'Observatoire et celle de la francisque. Il me répondit longuement, sans le moindre embarras, sur l'une et sur l'autre.

Sur la première question, sa version de ce jour-là est celle qu'ont corroborée depuis lors les historiens : il s'était fait berner par un faux tueur à gages, Robert Pesquet, militant de l'Algérie française, qu'il avait « couvert » parce qu'il l'avait cru menacé de mort. L'accusation d'avoir monté lui-même un faux attentat, qui lui collait encore à la peau, l'ulcérait. Il pensait que Michel Debré était derrière cette machination, tout comme le dirigeant gaulliste avait été un peu plus tôt, me dit-il, derrière l'affaire du Bazooka, à Alger : « N'oubliez jamais ça : les gaullistes sont des factieux, des gangsters. Ils feront tout pour garder le pouvoir ! » Il me confia aussi tout le mal qu'il pensait de Pierre Mendès France, qui ne l'avait pas défendu, en ces occasions, tout comme il ne l'avait pas défendu lorsqu'il était ministre de son gouvernement, au moment de l'affaire des fuites, quand François Mitterrand avait été accusé à tort d'être un agent soviétique par un préfet d'extrême droite qu'il venait de révoquer.

Sur la seconde question, celle de la Collaboration, on ne savait presque rien à l'époque, si ce n'est que son nom apparaissait sur une liste de bénéficiaires de la francisque. D'aucuns disaient, sans apporter de preuves, qu'il avait occupé un poste officiel à Vichy. La version qu'il me livra ce jour-là fut celle qu'il répéta à tout un chacun jusqu'à ce qu'en 1994 le livre de Pierre Péan révèle la vérité. Il me narra d'abord ses trois évasions : transféré du camp de prisonniers de Lunéville, arrivé en Allemagne en août 1940, affecté à différents commandos ; évadé en mars 1941, repris au bout de trois semaines, puis ré-évadé en novembre 1941 d'un camp central ; repris et mis dans un camp de transit à la frontière allemande, entre Metz et Sarrebruck, d'où il s'évada douze jours plus tard, arrivant dans « la France occupée par les Allemands à la fin de 1941, au mois de décembre, dans un pays coupé en deux ». Il me parla alors de la Résistance sans rien énoncer de précis sur sa propre participation aux combats pour la Libération avant l'automne 1943 : « Je ne pouvais choisir que le combat. Je suis allé, en France, dans toutes les provinces ; je n'avais pas d'identité, puisque j'étais évadé. J'ai eu des faux papiers par un mouvement d'anciens combattants. Je suis allé plusieurs fois voir mon père en Charente, en traversant la ligne de démarcation dans l'autre sens. En novembre 1942, quand les Allemands sont entrés en zone libre, j'étais un hors-la-loi, puisque j'étais un évadé de guerre. J'ai donc été amené à vivre la vie des hors-la-loi. Je suis allé en Angleterre, de là à Alger, puis de nouveau en Angleterre. Quand ils m'ont donné la francisque, j'étais à Londres ; c'était une excellente façon de me couvrir, alors que j'animais un réseau de résistance. Je suis ensuite revenu en France au début de

1944, alors que de Gaulle m'offrait de rester à l'abri, à Londres ou à Alger, et j'ai participé à la Libération de Paris. J'ai changé trente-six fois de nom. Mais mon nom de guerre le plus connu, c'était Morland. Mon nom en Angleterre, qui m'a été donné par la France libre, c'était Monnier. À un moment, je me suis appelé Basly : c'est quelqu'un qui avait existé. Après la guerre, j'ai retrouvé au moins quarante fausses cartes d'identité. J'étais toujours né à Dieppe, parce que, à Dieppe, l'état civil avait été bombardé ; il avait brûlé ; ce n'était donc pas vérifiable. »

Il venait à peine de clore cette longue confidence quand nous arrivâmes au Havre devant l'entrée d'une très grande salle. Il monta à la tribune : l'homme fin, subtil, parlant à voix basse, qui venait de me raconter sur le ton de la confidence la guerre pendant deux heures d'horloge, était aussi un grand orateur. Sans notes, hormis quelques mots griffonnés au dos d'une enveloppe, dans la voiture, juste avant d'entrer en scène, il se transforma en un formidable improvisateur, forgeant ses phrases quelques fractions de seconde à peine avant de les prononcer ; il parla avec lyrisme du changement, des nouvelles conditions de vie des ouvriers, des nationalisations, de la peine de mort...

Nous logeâmes à Caen chez des amis de François Mitterrand, de ceux que j'appris ensuite à connaître, découvrant en ces occasions qu'il y avait dans bien des villes et des villages de France des gens qui le respectaient et espéraient en lui.

Pendant le voyage de retour, le lendemain matin, il me raconta ses relations avec le Parti communiste : « Ne vous y trompez pas, entre eux et moi c'est un duel à mort. Je veux les détruire. Et eux aussi ! » Il me raconta la façon dont Georges Marchais, au début de 1972, avait voulu le discréditer en lui proposant de le rencontrer en secret, à la veille d'une réunion des deux partis pour la préparation du Programme commun. Marchais avait beaucoup insisté sur le caractère secret de ce rendez-vous et avait suggéré de se retrouver dans une chambre de service appartenant à un célèbre avocat communiste. François Mitterrand avait hésité puis avait accepté et était allé au rendez-vous. S'étonnant que rien d'important n'y eût été dit, il s'en ouvrit le soir même aux autres dirigeants socialistes. Bien lui en prit, car, le lendemain matin, Georges Marchais ouvrit la réunion plénière par un tonitruant : « Comme je le disais hier soir à François Mitterrand... » qui l'aurait discrédité s'il n'en avait pas rendu compte au préalable aux autres négociateurs socialistes.

S'ouvrit alors la campagne présidentielle. Elle dura six semaines. Installé avec l'équipe de campagne au quatrième étage de la tour Montparnasse alors à peine achevée, sans doute vécus-je là une des plus belles périodes de ma vie en politique, parce que ce fut celle de toutes les découvertes.

Tout était nouveau pour nous, y compris pour le candidat : les médias, la publicité, les interviews, les débats, le courrier, les programmes catégoriels. Ce fut la première campagne présidentielle moderne, avec les traits de celles que nous connaissons aujourd'hui. J'embarquai avec moi dans cette aventure des amis, qui devinrent ensuite mes collaborateurs les plus précieux : Erik Orsenna, Yves Stourdzé, François Stasse, Jean-Claude Boulard, Alain Boublil, Jean-Louis Bianco, entre bien d'autres. Je découvris un dirigeant socialiste avec qui se noua une amitié que rien, jamais, n'allait démentir : Pierre Bérégovoy. D'autres amitiés encore virent là le jour et durent encore : Claude Perdriel, André Rousselet, Serge Moati, Régis Debray, Jack Lang, Robert Badinter. J'y entraînai aussi un de mes amis de jeunesse retrouvé à Sciences politiques, Laurent Fabius ; j'avais suivi son évolution à l'ENA et lui avais conseillé de me rejoindre au Conseil d'État dès sa sortie de l'École, au printemps 1973.

Je décidai aussi Michel Rocard à venir avec nous. Il hésita en raison de son aversion pour François Mitterrand, qu'il croyait réciproque. Je les fis se rencontrer ; l'entrevue se passa très bien. Michel se plia à notre discipline et son apport dans cette campagne fut considérable, même s'il y était pratiquement interdit de parole. Il rédigea en particulier avec moi le programme économique du candidat ; celui-ci prenait de très notables distances avec le Programme commun et fut considéré comme un pas vers plus de réalisme.

François Mitterrand venait peu à son siège de campagne. Il était constamment en meeting et je ne le voyais que pour préparer les visites importantes, les grandes interviews, les textes programmatiques sectoriels, les conférences de presse ou les émissions de radio.

Avant le premier tour, les sondages étaient encore très incertains ; les débats à la radio furent houleux : deux face-à-face avec Chaban, deux autres avec Giscard, arbitrés par des journalistes aux ordres du pouvoir, posant des questions biaisées en présence d'un public soigneusement filtré, hostile et bruyant. François Mitterrand parvint à faire plus que bonne figure, même en économie, où la question du coût de son programme était devenue centrale. Il commençait à ne plus s'estimer battu d'avance : « Les gaullistes ne peuvent pas se permettre de laisser le pouvoir à Giscard. Il est mortel pour eux, peut-être plus encore que moi. Ils feront donc tout pour être en tête au premier tour. Mais si certains gaullistes, comme ce Chirac, trahissent pour soutenir Giscard au premier tour, j'ai une petite chance d'être élu, car les autres gaullistes pourraient alors vouloir le faire battre au second. » Après un silence, il ajouta : « Et si Giscard n'est pas en tête, j'ai les moyens de lui donner un bon coup de main. » Voulait-il dire par là qu'il pouvait faire du tort à Chaban, qu'il appréciait et tutoyait depuis longtemps ? Je ne cherchai pas à en savoir plus.

Le 5 mai, au soir du premier tour, Giscard, soutenu par Jacques Chirac, devança de loin Chaban. François Mitterrand obtint pour sa part le score inattendu de 43,24 %. La victoire était possible, décrétèrent tous les experts. François Mitterrand, lui, n'y croyait pas : « Certains gaullistes vont m'aider, mais la plupart sont de la racaille ralliée à Giscard pour le temps de l'élection. Ils truqueront les voix des DOM-TOM et les votes par correspondance. Cette élection est une mascarade. Et on appelle ça une démocratie ! »

Vint alors le débat télévisé entre les deux candidats présents au second tour, le premier du genre. Il opposait un jeune ministre habitué des caméras à un chef de l'opposition habitué des meetings. François Mitterrand se refusa à la moindre répétition, malgré l'insistance de Serge Moati et de Stellio Lorenzi. Pour lui, l'important était d'être lui-même. S'il accepta tous les meetings en province, il ne procéda à aucune préparation particulière, sinon qu'il fit âprement négocier le choix des deux journalistes et la forme de la table. Pourtant, à deux jours du débat, pris d'une inquiétude soudaine, il décida de s'isoler dans la propriété d'André Rousselet, près de Paris. Nous étions trois avec lui : notre hôte, Jean-Pierre Cot, alors jeune professeur de droit, et moi. Ce fut une très mauvaise idée : toute la tension de la campagne retomba. Au matin du débat, il tint même à aller se promener dans la forêt voisine, occasion de m'expliquer que je ne connaissais rien à rien puisque j'étais incapable de nommer aucune des essences d'arbre. Puis, après un déjeuner beaucoup trop gastronomique, il voulut faire une sieste avant de rentrer à Paris. Elle lui fut fatale. Il arriva sans ressort au studio 101 de la Maison de la radio. Il perdit ce débat par manque d'énergie bien plus que sur la phrase de Giscard qui marqua tant les esprits (« Vous n'avez pas le monopole du cœur »), expression révélatrice de ce qu'était à l'époque la droite, pour qui le sens de la justice se réduisait au « cœur » : réflexion de châtelain.

François Mitterrand fut élu par la France métropolitaine et battu par les DOM-TOM et les votes par correspondance : avec 12 738 000 voix contre 13 082 000 à Valéry Giscard d'Estaing, soit, à quelques milliers de voix près, très exactement ce qu'il avait prévu deux jours seulement après la mort de Georges Pompidou. Il n'oubliera jamais cette victoire volée qui le poursuivit tout au long des batailles suivantes. Quatorze ans plus tard, le 16 mars 1988, juste avant le début de sa quatrième campagne présidentielle, il me le répétera : « En 1974, j'aurais été élu s'il n'y avait pas eu les DOM-TOM, les votes par correspondance et les votes des Français de l'étranger. J'ai toujours regretté de n'avoir pas gagné alors. C'était le moment : j'étais jeune et tout aurait été différent. »

Le lundi suivant cette défaite de 1974, lors d'un repas réunissant son équipe de campagne, il nous bouleversa tous en expliquant que la bataille continuerait, que la gauche serait un jour victorieuse, mais sans doute sans lui. Puis il vint à moi et me dit en souriant : « Ce n'est donc pas cette fois-ci qu'on aura des ministres de trente ans. » C'était alors mon âge, comme ça avait été le sien aux débuts de la IVe République. S'il avait été élu et s'il me l'avait demandé, j'aurais, comme je l'ai fait plus tard, refusé d'être ministre : ce n'était pas ce qui m'intéressait dans l'action publique.

Les années qui suivirent furent celles de l'incertitude. Il était évident qu'un jour la gauche gagnerait ; mais il était tout aussi probable que Giscard serait réélu. Nous avions devant nous, semblait-il, quelque quatorze années au moins d'opposition. François Mitterrand aurait alors soixante-douze ans et serait évidemment trop vieux. Il le savait mais ne parvenait pas à s'y résoudre. Renoncer, c'était laisser son œuvre se défaire, laisser les communistes reprendre du terrain, laisser les « médiocres » – les « barbares », disait-il – s'affronter au sein du parti qu'il venait de fonder et, il en était intimement persuadé, le détruire. La question de sa propre succession devint ainsi son obsession.

Un jour de décembre 1974, dans l'avion qui nous conduisait à une réunion des responsables de l'Internationale socialiste au 10, Downing Street, dans le bureau de Harold Wilson, alors Premier ministre britannique, il me questionna : « Nous allons perdre les législatives de 1978. Et 1981 c'est trop loin, je serai beaucoup trop vieux pour être candidat pour la troisième fois. C'est fini, pour moi.

Qui voyez-vous pour me succéder ? » Je protestai : « Personne ! Vous avez le temps. Nous pouvons gagner en 1978 ; et en 1981 vous ne serez pas trop vieux. » Il m'interrompit : « Vous n'y pensez pas ! En 1981 ? J'aurai soixante-cinq ans, l'âge de la retraite ! Je serai un vieillard ! Qui voyez-vous à ma place ? » Cédant à ses questions, alors que nous atterrissions à Londres, je lâchai : « Un jour, dans longtemps, Rocard, qui nous a rejoints... » Il sourit : « Votre ami Rocard ? Il ne pourra jamais ! Personne ne comprend rien à ce qu'il dit, et il est trop lié à la gauche mondaine qui se plaît tant dans l'opposition. » Puis il m'observa et murmura en bouclant sa ceinture : « Je me demande combien de successeurs je vais user sous moi... » Je compris alors qu'il ne renoncerait jamais et que ses réflexions sur un éventuel retrait n'étaient qu'une façon, à la Volpone, de jauger la fidélité de ses amis.

Dans le long hiver de l'opposition, il nous fallut nous occuper : colloques, assises, voyages, congrès, élections cantonales, municipales puis législatives furent notre quotidien, avec en toile de fond le conflit sur la nature de la gauche et sur le nom de celui qui devait en être le champion. Même si je me refusais toujours à jouer les hommes politiques professionnels, nous nous vîmes ou nous téléphonâmes tous les jours. Le Parti socialiste emménagea dans un immeuble étriqué de la place du Palais-Bourbon où j'occupai à temps partiel un petit bureau qui jouxtait le sien. Je passai par ailleurs l'essentiel de mon temps entre le Conseil d'État, mes cours, mes livres et des missions de conseil à l'étranger.

Le choix de l'hymne socialiste nous fut une agréable distraction. François Mitterrand retint une mélodie de Mikis Theodorakis et me demanda de faire composer des paroles. Je m'adressai à trois amis : Herbert Pagani, Étienne Roda-Gil et Michel Jonasz, qui s'y appliquèrent volontiers et écrivirent de très jolis textes. François Mitterrand choisit le premier.

À partir de 1975, obsédé par la crainte de voir ses proches rallier le camp de Michel Rocard – que toute la « nouvelle » gauche et la presse présentaient comme son successeur naturel –, il réunit sa garde rapprochée chez lui, rue de Bièvre, pour un petit déjeuner tous les jeudis matin. Il y avait là Georges Dayan, Pierre Joxe, Claude Estier, Georges Fillioud, Lionel Jospin, Jack Lang, Jean Poperen, Louis Mermaz, Paul Quilès, Roland Dumas, Pierre Bérégovoy et moi. Pour lui, qui détestait les réunions, celle-là fut une contrainte à laquelle il se plia avec entêtement. Nous traitions tous les sujets, hormis le seul qui nous intéressait : le convaincre de rester à la tête du PS jusqu'à la prochaine élection présidentielle. Nous ne savions pas qu'il avait déjà décidé d'être candidat, mais qu'il avait besoin de savoir, ou de vérifier, si nous serions là, auprès de lui.

Pour ma part, même si Michel Rocard était un ami – ce que n'était pas encore François Mitterrand –, et même si j'avais tout fait pour lui faire quitter le PSU afin de nous rejoindre, je ne m'imaginais pas une seconde trahir François Mitterrand. D'abord parce que trahir n'est pas mon genre ; ensuite parce que, depuis les premiers jours de notre rencontre, je pensais qu'il avait l'étoffe d'un chef d'État alors que Michel Rocard ne me paraissait pas l'avoir encore. De fait, tout les séparait : l'âge, la culture, l'environnement personnel, l'ascendant et, par-dessus tout, la relation à la politique. Pour Rocard, elle était affaire collective, sociologique. Pour François Mitterrand, elle était individuelle, historique. Rocard construisait son projet sur la méfiance envers l'État et la haine du communisme ; Mitterrand, sur le rassemblement de toute la gauche et la prise de contrôle de l'État. Rocard, quoique protestant, trouvait ses valeurs et ses alliés dans le moralisme catholique ; pour Mitterrand, qui avait tant gardé de son éducation religieuse, le catholicisme social était le pire ennemi. L'un, Rocard, attirait des gens de gauche qui ne voulaient pas vraiment du pouvoir ; l'autre, Mitterrand, ceux qui ne voyaient pas de raison de faire de la politique, si ce n'est pour le prendre. L'un et l'autre voulaient affaiblir, voire détruire le Parti communiste, mais l'un en l'affrontant, l'autre en s'alliant avec lui. À certains moments je fus même, entre les deux camps de plus en plus hostiles, la seule passerelle. Quinze ans plus tard, François Mitterrand me reprochera même avec la plus parfaite mauvaise foi de l'avoir poussé à choisir « votre ami Rocard » comme Premier ministre...

Durant toutes ces années, un seul quitta ce groupe du jeudi matin : Georges Dayan, l'ami de toujours, mourut sur la table d'une opération peut-être non nécessaire, laissant François Mitterrand inconsolable. Un seul y entra : Laurent Fabius.

Après l'élection présidentielle de 1974, j'avais demandé à Laurent de devenir le secrétaire de la commission économique que je présidais toujours et qui tentait de faire évoluer le programme du Parti socialiste vers plus de réalisme. Peu loquace, méfiant, doutant de tous, surtout peut-être de lui-même, conscient à la fois de sa valeur et de ses limites, très attachant pour qui savait apprécier cette pudeur, Laurent décida très tôt de jouer sa vie sur une ambition unique : la présidence de la République. L'économie, qu'il maniait très bien, ne lui suffisait pas ; je l'entraînai alors dans une aventure qui décida de son destin.

Pendant sa campagne de 1974, François Mitterrand s'était engagé à soumettre au vote du Parlement un projet de charte des libertés et des droits des Français qui serait jointe au préambule de la Constitution. Comme, après la défaite, la droite nous bombardait de critiques sur le caractère totalitaire de la société que nous voulions construire avec les communistes, il fut décidé de créer un comité, animé par Robert Badinter, pour préparer cette charte des libertés. Il s'agissait de réfléchir aux libertés modernes du citoyen face aux développements techniques et scientifiques, de réagir aux nouvelles formes d'oppression et de formaliser de nouveaux droits, comme celui de disposer de son propre corps. Des dizaines de personnes – philosophes, juristes, économistes, poètes, peintres – acceptèrent d'y collaborer. Quand il fallut synthétiser les centaines de contributions reçues pour un livre que nous avions décidé d'intituler *Liberté, libertés*, un petit groupe se constitua : Élisabeth et Robert Badinter, Régis Debray, Michel Serres, Roger-Gérard Schwartzenberg et moi nous retrouvâmes chaque dimanche soir dans la cuisine des Badinter pour en discuter. Il nous fallut bientôt une plume pour tout relire. Je suggérai le nom de Laurent Fabius, que nul dans ce cercle ne connaissait alors ; il fit merveille. Le livre, qui reçut un large écho, lui doit beaucoup.

Quelques mois plus tard, alors que se préparaient les élections municipales de 1977, un brillant juriste attaché au groupe parlementaire socialiste, Michel Charasse, me proposa de devenir le premier adjoint d'un maire, Tony Larue, qui aspirait à se retirer et souhaitait laisser sa mairie et sa circonscription de député à un jeune que le parti lui recommanderait. Michel Charasse insista : « C'est pour toi ! Une circonscription en or, tout près de Paris ! Dans un an, tu es député, à coup sûr et pour toujours. C'est ton intérêt : François Mitterrand n'aime pas ceux qui n'affrontent pas le suffrage universel. » Je refusai, expliquant à un Charasse incrédule que je ne voulais pas être parlementaire, que mon ambition était celle d'un écrivain ; je lui suggérai de proposer cette circonscription à un de mes amis parmi ceux qui m'assistaient, le meilleur d'entre eux, Laurent Fabius. C'était la circonscription du Grand-Quevilly dont il est aujourd'hui encore l'élu.

Peu après, sur le conseil de Robert Badinter, Laurent devint également chef de cabinet de François Mitterrand ; désormais, la politique l'occupait à plein temps. Lui et moi aurions pu alors devenir rivaux. Cela ne se produisit pas : nos ambitions étaient par trop éloignées, et notre amitié trop profonde. Robert Badinter et moi plaisantâmes avec François Mitterrand à propos de ce nouveau « normalien sachant écrire » qui correspondait si bien à ce que de Gaulle avait trouvé en la personne de Georges Pompidou. Nous nous demandâmes également s'il aurait le même sort. François Mitterrand me dit : « Il est comme Pompidou. Il sait comment écrire, mais pas encore quoi écrire. Il y arrivera. C'est un homme d'action et de caractère. Il a l'art des formules et ce n'est pas un intellectuel. Et pour moi c'est un compliment ! »

Vint alors la préparation des élections législatives de 1978. Elle requérait une « actualisation » du Programme commun : un second choc pétrolier avait rendu particulièrement ardu le financement des avancées sociales qu'il comportait. François Mitterrand me demanda de conduire avec Pierre Bérégovoy les négociations face aux communistes sur la partie économique de ce programme, avec un seul mandat : conclure, mais sans céder sur l'essentiel. Après de longues tractations, face à Fiterman, Marchais, Herzog et Kanapa, les ultimes batailles portèrent sur deux sujets : le montant du SMIC, que les communistes voulaient porter à 2 400 francs par mois, ce que des membres de la direction du budget du ministère des Finances (qui travaillaient clandestinement pour nous) estimaient difficile à financer, et le sort des filiales des entreprises dont la nationalisation était prévue par le Programme commun et que le Parti communiste entendait aussi nationaliser, ce qui aurait, par contagion, conduit à exproprier l'essentiel de l'économie française. Je tins bon sur les deux points jusqu'à ce que François Mitterrand me demandât de céder sur le premier : « Vous n'allez quand même pas faire échouer l'Union de la gauche pour 100 francs par mois ! » Il ne céda pas, en revanche, sur le second, dont il percevait bien l'engrenage stratégique. Je compris alors que, s'il accédait un jour au pouvoir, il saurait se montrer intransigeant sur les principes et souple sur la conjoncture. Cela me convenait.

Un soir de septembre 1977, alors que les négociations avec les dirigeants communistes et radicaux tournaient au vinaigre, place du Colonel-Fabien, Paul Laurent, numéro deux du PC, nous raconta, de sa voix inimitable à la diction très lente, une histoire qu'il annonça comme particulièrement hilarante : « Le camarade Lénine était en exil en Suisse. Il travaillait beaucoup. Aussi ses camarades l'emmenèrent-ils admirer le paysage du Cervin. Ils marchèrent longtemps. Près du sommet, tout le monde attendit la réaction du grand homme face à la beauté du paysage. Après un long silence, Lénine dit : "C'est lamentable ! C'est vraiment lamentable !" Chacun de s'étonner. On demanda au camarade Lénine de s'expliquer : Comment pouvait-il dire cela d'un si beau panorama ? Il répondit : "Oh, pardon ! Je pensais à la social-démocratie !" » Un silence pesant s'installa. Les regards se tournèrent vers François Mitterrand, qui éclata de rire. C'était la première fois que je le voyais pouffer dans son mouchoir, d'un rire que rien ne semblait pouvoir arrêter.

Quelques heures plus tard, au cours de cette même soirée, les négociations furent rompues, justement sur cette question des filiales des entreprises promises à la nationalisation. Toute sa stratégie était par terre : la gauche ne pouvait gagner sans les communistes. En quittant la réunion, François Mitterrand m'entraîna hors des caméras. Nous marchâmes dans la nuit. Je le supposai effondré. Il ne l'était pas du tout : « Ne vous en faites pas. Tout cela n'a aucune importance. Vous verrez, les communistes reviendront négocier, car ils ont besoin de nous aux élections législatives. Ils sont dans la nasse. Nous tomberons d'accord avec eux sur un programme minimal, puis nous romprons à nouveau. Ensuite ils reviendront et soutiendront le candidat de la gauche en 1981. Le peuple le veut ; ils le savent. Ils ne peuvent pas trahir la classe ouvrière. Ne vous inquiétez pas pour ces claquements de porte. C'est comme l'arrivée de l'homme sur la Lune : on en parle beaucoup la première fois, mais, après, quand il y retourne, on en parle moins, puis plus du tout… »

Pendant cette période incertaine qui va de 1974 à 1978, notre connivence intellectuelle se transforma en amitié ; c'est ainsi, en tout cas, qu'il la qualifie dans la seule interview qu'il ait jamais donnée sur notre relation. Nous voyageâmes ensemble en Europe, aux États-Unis, en Israël et ailleurs. Il vint souvent dîner chez moi, tout comme j'allais chez lui, rue de Bièvre, les dimanches soir. Je découvris alors en lui le fabuleux conteur qui savait faire vivre les légendes campagnardes, les turpitudes des élus, les particularités de la carte électorale, jusqu'au canton le plus reculé, et qui aimait mimer, avec Georges Dayan, la conversation entre Hitler (Dayan) et Daladier (Mitterrand) à Munich…

Je découvris aussi l'écrivain ; la rédaction minutieuse des éditoriaux destinés à *L'Unité* occupait l'essentiel de ses matinées et il en fit un livre, *La Paille et le Grain*, publié en 1975, qui fut un succès de librairie. À cette occasion, son passage à l'émission littéraire de Bernard Pivot fut une révélation pour beaucoup. J'ai toujours pensé que si ce livre était paru avant l'élection présidentielle de 1974, il aurait déplacé les 150 000 voix qui lui avaient fait défaut. J'accompagnais aussi le François Mitterrand bibliophile dans des librairies, où nous passions des heures à caresser de belles reliures et à feuilleter des éditions rares. Je connus enfin le François Mitterrand sportif avec qui, chaque mardi matin, je pris l'habitude de jouer au tennis dans un garage de la rue Saint-Jacques.

Par-dessus tout, il y avait le François Mitterrand amoureux de la France. Je l'entendis si souvent expliquer à cette époque : « La France est un pays très riche, même si les Français, eux, pour la plupart, ne le sont pas. Ne vous inquiétez pas pour les réformes que nous pourrions faire. Elles sont marginales à côté de celles que la France pourrait supporter. Notre vraie limite, ce ne sont pas les finances, c'est l'état d'esprit des Français, si conservateurs, si difficiles à faire évoluer. Et ceux qui se disent communistes sont parmi les plus réticents au changement ! »

Puis vinrent les législatives de mars 1978, difficiles et tendues, précédées d'une obscure controverse sur une éventuelle cohabitation et d'une bataille de chiffonniers sur le coût des propositions économiques des socialistes. Comme je l'avais fait en 1974, je dirigeais cette campagne, sur le plan programmatique, cette fois avec Pierre Bérégovoy, qui assurait la relation avec les candidats et le parti.

Étant alors le seul dirigeant de cette campagne à ne pas être candidat aux élections (j'avais réussi, par une manœuvre inavouable, à éviter la circonscription du XIVe arrondissement de Paris que François Mitterrand me destinait), je passais mes soirées à sillonner le pays pour soutenir un ami ou un autre : tantôt en Arles dans un cinéma avec Michel Vauzelle, tantôt dans un autre en Maurienne avec Jean-Pierre Cot…

Au matin du jeudi 16 mars, à trois jours du second tour, alors que la victoire semblait s'éloigner, je réalisai que j'avais accepté d'être à la fois, dans la même soirée, à Belfort pour soutenir Jean-Pierre Chevènement et à Chartres avec Georges Lemoine. Croisant, ce matin-là, dans l'Assemblée quasiment déserte, André Boulloche, je lui fis part de mon dilemme. Il me proposa de me remplacer à Belfort, tout près de sa propre circonscription de Montbéliard où il devait rentrer : « Ça m'arrange. Je serai chez moi plus tôt. » Il prit donc l'avion privé qui m'avait été réservé et je partis pour l'Eure-et-Loir. Pendant que je parlais, ce soir-là, à Chartres, j'appris que l'avion d'André Boulloche, pris dans une tempête, s'était écrasé. Grièvement blessé, lui qui avait traversé l'enfer d'Auschwitz, il trouva la force de marcher dans la neige avant de succomber, juste avant l'aube, dans une forêt du Jura. Il n'avait que soixante-deux ans.

De ma vie je n'avais ressenti pareille douleur. Jamais non plus je n'ai oublié le remords d'avoir survécu à sa place. Ni la certitude, ancrée alors en moi, qu'il fallait désormais que chaque minute de ma vie fût digne de ce décret du ciel.

Les obsèques d'André Boulloche eurent lieu à Montbéliard en présence de toutes les notabilités de gauche venues à bord du même train le lundi qui suivit le second tour.

Et la défaite.

Une nouvelle défaite qui, aux yeux de beaucoup, sonnait le glas de la carrière politique de François Mitterrand. Certes, le Parti socialiste était devenu pour la première fois le premier parti de France avec 23 % des voix, mais les critiques fusaient contre le « vieux » chef. Au soir du second tour, Michel Rocard avait déclaré, dans un texte très élaboré : « La gauche vient de manquer un nouveau rendez-vous avec l'Histoire, le huitième depuis le début de la Ve République. C'est une immense tristesse qui nous atteint ce soir. » Puis il avait incité le « peuple » de gauche à ne pas perdre espoir. Jean-Marie Domenach, directeur de la revue *Esprit*, qui haïssait François Mitterrand, écrivit dans *Le Quotidien de Paris* : « La gauche n'a pas encore trouvé son niveau. Elle avait visé trop bas, comme Michel Rocard l'a reconnu. » Le 3 avril, dans son « Bloc-notes » de *L'Unité*, François Mitterrand commenta rageusement : « Puisqu'il était dit que nous devions gagner, c'est donc nous qui avons perdu. Dénombrons nos échecs. En 1973, dernières élections législatives, le Parti socialiste avait obtenu 19 % des voix. En 1978, il n'en rassemble plus que 23 %. Fort de 41 députés en 1968 et de 88 en 1973, le Parti socialiste n'en compte que 102 en 1978. Dans l'intervalle, il est tombé de 640 à 874 conseillers généraux, et de 2 500 maires à 4 000, dont 81 pour les communes de plus de 30 000 habitants au lieu de 41. Auprès de nous, nos vainqueurs ont, admettons-le, meilleure mine ! »

La plupart des commentateurs, dans la presse dite de gauche comme dans celle de droite, en profitèrent pour tenter de le pousser dehors et d'en finir une bonne fois avec l'Union de la gauche ; se multiplièrent les articles et les éditoriaux assassins sur son âge (soixante-deux ans) et son incompétence : il était définitivement démodé. Bien plus tard, quand ces mêmes journalistes firent la cour au président Mitterrand, celui-ci aimait à leur citer de mémoire, à voix basse, des extraits de leurs écrits les plus insultants remontant à cette période-là.

Le 19 septembre 1978, sur Europe n° 1, Michel Rocard enfonça encore le clou : « Sans doute un certain style politique, un certain archaïsme sont condamnés. Il faut parler plus vrai, plus près des faits. » « Archaïsme » : le mot fit très mal; la fin de la carrière politique du député de la Nièvre semblait scellée.

Pourtant le petit groupe du jeudi tenait bon. Parfois François Mitterrand nous annonçait qu'il ne se voyait pas candidat contre l'opinion, et nous passions alors la matinée à le contredire. Certaines fois, boudeur et las, dépressif, même, il ne descendait même pas du troisième étage, et nous cherchions entre nous la meilleure façon de lui remonter le moral. Puis il reprenait courage, comptait ses alliés, défiait ses ennemis, faisait le tour des provinces : tout ne tenait qu'à son verbe, il le savait.

Quand s'ouvrit le congrès de Metz, en avril 1979, la partie semblait perdue pour lui et gagnée pour Michel Rocard, qui venait de contracter une entente avec l'allié de toujours de François Mitterrand, Pierre Mauroy. À la tribune, les orateurs débattirent de principes (« le plan ou le marché? ») cependant qu'en coulisse les clans ne s'opposaient que sur une seule et unique question : qui serait le candidat des socialistes en 1981 ? Laurent Fabius prononça un discours qui fit jubiler François Mitterrand en pourfendant Michel Rocard d'une formule péremptoire (« Entre le plan et le marché, il y a le socialisme ! »).

Au soir du congrès, contre toute attente, François Mitterrand conserva la direction du Parti grâce à une alliance de dernière minute avec le CERES. Il proposa à Laurent Fabius le poste de porte-parole du Parti. À moi, le secrétariat national aux études, chargé de la préparation du programme des futures élections présidentielles. Laurent accepta. Je refusai une fois encore : pas question pour moi de perdre ma liberté de parole et d'écriture. Là-dessus, rien de changé depuis notre première rencontre. Jean-Pierre Chevènement accepta à ma place cette responsabilité.

Cette victoire de congrès ne modifia en rien l'ambiance qui régnait à Paris : tous les médias lui enjoignaient de se retirer. Les unes les plus haineuses, les plus insultantes se succédaient. Michel Rocard et ses amis ne résistaient à aucun coup bas. François Mitterrand lisait et relisait les éditoriaux les plus cruels, posait ostensiblement sur son bureau les caricatures les plus blessantes, comme s'il s'en repaissait, et y puisait la force de continuer. Je découvris sa capacité à encaisser les coups et même, d'une certaine façon, sa délectation à en recevoir.

À l'automne, une nouvelle tentative de rapprochement avec le Parti communiste échoua. Il n'y accorda guère d'importance. Début 1980 (en même temps que je fondais par ailleurs Action contre la faim et que je publiais mon septième livre), j'entrepris de constituer les équipes de la future campagne, convaincu que François Mitterrand serait à nouveau candidat. Il me laissa faire. Parmi les rares hauts fonctionnaires qui se portèrent volontaires pour m'aider (la plupart des technocrates de gauche se tournaient vers Michel Rocard), je retins deux jeunes gens fraîchement sortis de l'ENA : François Hollande et Ségolène Royal, qui m'avaient impressionné par leur clarté d'esprit, leur humour, la vigueur de leur conviction et de leur engagement. Je gardais le contact avec Michel Rocard, que François Mitterrand considérait comme une marionnette aux mains de la droite et des communistes, ligués pour l'empêcher de transformer ses succès électoraux en victoire politique.

À l'automne, à ma demande, les deux rivaux acceptèrent de se rencontrer afin de définir une procédure destinée à ce que l'un s'effaçât en faveur de l'autre. Rocard se rendit un matin rue de Bièvre, vers les 11 heures. François Mitterrand m'ayant demandé de venir une heure plus tard, je croisai, repartant, un Rocard enchanté de son entrevue : « Enfin nous nous sommes compris ! J'ai pu lui expliquer tout ce que je veux faire. Je ne suis pas certain qu'il sera candidat contre moi. » Quelques minutes plus tard, François Mitterrand me fit un tout autre récit de l'entretien : « D'abord, comme d'habitude, je n'ai rien compris à ce qu'il m'a raconté. Et, comme je m'ennuyais beaucoup en l'écoutant, je me suis mis à jouer avec une feuille de papier, que j'ai froissée. J'en ai fait une boule avec laquelle j'ai joué avec ma règle. J'ai fait une fausse manœuvre et la boule de papier est tombée sur le sol, entre mon bureau et lui. Eh bien, savez-vous ? Il s'est mis à quatre pattes pour la ramasser… » Il n'eut pas besoin d'en dire davantage : j'avais compris. Il l'avait testé et avait mesuré leurs forces : Michel Rocard n'était décidément pas un adversaire à sa mesure. L'ascendant était une arme politique.

Alors qu'en apparence la bataille entre François Mitterrand et Michel Rocard semblait tourner à l'avantage du second, un étrange personnage vint s'immiscer dans leur dispute : Michel Colucci, dit

Coluche. La violence des critiques de cet acteur de café-théâtre contre le président sortant lui faisait plus de mal qu'aucun discours émanant de la gauche. Quand le comique annonça sa candidature à l'élection présidentielle, nombreux furent ceux qui pensèrent tenir là un moyen d'en finir avec François Mitterrand. Quelques petits maîtres de la gauche mondaine soutinrent la candidature du clown de génie et lui proposèrent des alliances compliquées dans l'espoir d'attirer sur eux des miettes de sa gloire. François Mitterrand observait cela avec distance et rage. Il n'en voulait pas à Coluche, qui l'amusait beaucoup et qui ne le critiquait jamais, si ce n'est avec humour. En revanche, il ne pardonna jamais au *Nouvel Observateur* d'avoir, le 8 novembre 1980, la semaine où il déclara sa candidature, mis en couverture une photo de Coluche en habit de président, alors que, le 19 octobre précédent, date à laquelle Michel Rocard avait présenté la sienne, une photo de celui-ci en chef de l'exécutif avait fait la une.

Un seul, dans ce milieu de stratèges à la petite semaine, ne prit jamais au sérieux la candidature du saltimbanque : Michel Colucci lui-même. Car, contrairement à tout ce qui fut dit alors – et qui se dit encore –, Coluche n'eut jamais sérieusement l'intention d'être candidat à l'élection présidentielle. Je le découvris en le rencontrant, à l'automne 1980, à l'initiative de France Gall et de Michel Berger, au cours d'un dîner à l'issue duquel nous devînmes inséparables, en vertu de la magie des contraires, après nous être traités réciproquement de « menteurs ». Étrange connivence, immédiate et définitive. Le dimanche suivant cette première rencontre, Coluche vint chez moi m'informer qu'il n'avait encore recueilli aucune signature de maire, qu'il ne chercherait pas à en obtenir, qu'il ferait tout pour faire battre Giscard et que, pour lui, le seul président possible était François Mitterrand : « C'est pas un pauvre, ni même un ancien pauvre ; il n'a pas vécu du même côté du périphérique que moi, mais je l'ai écouté, je l'ai observé, et j'ai confiance en lui. » À partir de ce jour, il ne me cacha rien de sa prétendue campagne, et nous décidâmes ensemble des thèmes de ses attaques. Que de dirigeants socialistes – soi-disant proches de François Mitterrand – se sont trahis en allant alors médire de lui auprès de Coluche qui me le rapportait en s'esclaffant ! Comédie humaine…

Rocard se retira. Le 24 janvier 1981, la convention nationale du Parti socialiste, réunie à Créteil, ratifia la candidature de François Mitterrand, qui choisit Lionel Jospin pour lui succéder à la direction du PS, bien décidé à ne pas la reprendre s'il était battu. Un Jospin dont Mitterrand disait alors qu'il était « le seul à ne pas passer sous la table quand les communistes élevaient la voix »...

Le 3 février, Jacques Chirac – trahissant Giscard comme il avait trahi Chaban sept ans plus tôt – annonça sa propre candidature pour « arrêter le processus de dégradation qui condamne notre pays au repliement ». Les sondages donnaient François Mitterrand très largement battu par le président sortant. Pourtant, j'étais convaincu de son élection. Je pariai même sur elle un enregistrement de l'intégrale des *Quatuors* de Beethoven avec le directeur d'un des principaux instituts de sondage. Un soir du début mars, alors que nous étions seuls, plus tard que d'habitude, dans son bureau et que les sondages ne le créditaient que de 48 % des voix, je posai à François Mitterrand cette question : « Vous allez être élu. Moi, en tout cas, j'en suis sûr. Mais en avez-vous vraiment envie ? » Il sourit et répondit étrangement : « Je fais ça pour vous... pour vous tous. Moi, vous savez, je pourrais avoir d'autres priorités en ce moment... »

La bataille contre la droite fut frontale sur tous les sujets. Lorsque François Mitterrand prit parti pour les radios libres, qui tentaient illégalement de briser le monopole des médias d'État, la police vint défoncer les portes de celle du Parti socialiste, Radio Riposte, installée sur les toits de la vieille maison, cité Malesherbes, et celles d'autres comme RFM, animée par Coluche et NRJ, petite station musicale dirigée par un groupe d'amis.

En mars, la campagne électorale commença mal pour la gauche, identique à celle de 1974, mais avec un peu d'enthousiasme en moins. On avait un sentiment de déjà-vu. La présentation du programme – résumé en 110 propositions – et de l'équipe de campagne de François Mitterrand, alignée lugubrement derrière lui, dans un hôtel parisien, tourna au désastre.

Puis, le 14 mars, un événement qui aurait dû l'achever décida de son élection : son passage à « Cartes sur table », alors la plus importante des émissions politiques de la télévision. L'émission était terminée, le candidat s'attendait à voir défiler le générique de fin lorsque l'un des journalistes lui demanda ce qu'il ferait de la peine de mort s'il était élu. Un sondage venait d'être publié, donnant plus de 60 % d'opinions en faveur de son maintien. Le candidat répondit qu'il connaissait ce chiffre, mais que, dût-il le payer d'une défaite, il ne pouvait que répondre en conscience que, oui, il abolirait la peine de mort.

Dans les jours qui suivirent, les intentions de vote changèrent. Les attaques de Jacques Chirac contre le président sortant y contribuèrent beaucoup.

Au lendemain d'un premier tour sans surprise qui ne donna que 28 % des voix à Giscard, les sondages annoncèrent pour la première fois François Mitterrand comme possible gagnant. Je réunis chez moi quelques membres de l'état-major de campagne (dont Pierre Joxe, Jacques Fournier et Nicole Questiaux) pour transformer le programme du candidat en projets de lois et de décrets. Ce travail considérable fut mené à bien en dix jours.

Il fallut également préparer le débat télévisé du second tour. Ce qui fut, là aussi, comme une redite. Robert Badinter, Serge Moati, Régis Debray et moi revisionnâmes, consternés, le débat de 1974. Notre candidat avait manifestement fait plus de fautes que nous ne l'avions mesuré à l'époque. Pour ne pas commettre les mêmes erreurs, il décida de rester à Paris. L'après-midi du débat, au lieu de faire une sieste, ce qui lui avait été fatal sept ans plus tôt, il révisa des fiches construites autour de citations de Jacques Chirac fustigeant les erreurs du président sortant. Il était obsédé par le souci de ne pas répondre à la question qui occupait alors toute la presse : s'il était élu, nommerait-il des communistes au gouvernement ? Il n'avait encore rien décidé, si ce n'est de ne jamais le faire si leurs voix se révélaient indispensables pour constituer une majorité parlementaire à l'issue des élections législatives qui suivraient sa propre élection : ne jamais dépendre d'eux.

En fin d'après-midi, juste avant le débat, nous abandonnâmes les fiches pour une promenade sur les quais, tout près de chez lui, au pied de Notre-Dame. Je le sentais détendu – trop, peut-être. Il badinait : « Il suffirait de faire match nul. Pas besoin de s'inquiéter beaucoup. » Je lui répondis que ce ne serait pas si simple. Le débat risquait bel et bien d'inverser la tendance. « Vous pensez à 1974 ? J'ai fait des progrès depuis, non ? Je maîtrise la télévision. Il y faut des phrases courtes. J'y arriverai. » Il se mit alors à me dire le plus grand bien du président sortant, de sa gestion, de sa tactique (« Personne n'aurait pu faire mieux dans cette crise mondiale »). Je m'inquiétai et, en forçant le trait, lui dis tout le mal qu'on pouvait penser du bilan de ce septennat. Il sourit : « Vous croyez, vraiment ? » Je m'insurgeai : « Comment allez-vous vous opposer à lui si vous l'admirez ? Méfiez-vous ! C'est un chasseur aux abois. Il est capable d'employer les armes les plus sordides contre vous. » Il s'éloigna un peu de moi, contempla Notre-Dame, revint sur ses pas et me répondit en me regardant droit dans les yeux : « Ne vous inquiétez pas : s'il va trop loin, j'ai mes arguments. » Lesquels ? Il n'ajouta rien de plus. Je repensai au dossier qu'il m'avait dit avoir sur Chaban, sept ans plus tôt.

Un peu plus tard, dans la voiture qui nous conduisait au lieu du débat, nous repensions lui et moi au même trajet parcouru sept ans plus tôt : rencontrerait-il au bout le même échec ? Il feuilletait un mince dossier. Dedans, des fiches qu'il avait lui-même préparées, de son écriture ronde et aiguë à la fois, avec sa sempiternelle encre bleue. J'entrevis quelques photos : c'était sûrement ça, ses « arguments ».

Nous pénétrâmes, comme sept ans plus tôt, dans le studio 101 de la Maison de la radio. Cette réédition avait des allures de mauvais rêve. Il me sourit : « Cette fois, je vais faire attention au maquillage. » Un haut fonctionnaire, chargé par la commission électorale de tirer au sort l'ordre dans lequel les deux candidats prendraient la parole, me glissa dans la bousculade : « Vous préférez qu'il parle le premier, ou qu'il conclue ? – Qu'il conclue. » Le sort en décida ainsi... Hasard ? Manipulation ? Je n'ai jamais su ni cherché à savoir. Le débat, dont nous craignions tout, ne changea rien : aucune phrase choc, aucun argument définitif. Les sondages, qui le donnaient gagnant avant, n'en furent pas modifiés.

Le 10 mai, jour du vote, qui devait être un moment si intense, se déroula lui aussi comme une répétition de la journée vécue sept ans auparavant. La journée se traîna, pluvieuse. À 17 heures, rue de Solférino, se retrouvèrent les principaux dirigeants de la campagne : il y avait là Jospin, Lang, Quilès, Poperen, Fabius, Estier, Mauroy, Bérégovoy, Dumas et moi. Tous ceux – sauf Georges Dayan, disparu l'année précédente – qui, depuis mai 1974, se réunissaient les jeudis matin, rue de Bièvre, pour préparer ce moment-là, sans trop y croire. Une bande de copains, rassemblés par un idéal et par leur confiance en un homme, s'apprêtait à prendre le pouvoir dans une conjoncture on ne peut plus difficile : 14 % d'inflation, 1,5 million de chômeurs, 40 milliards de déficit extérieur, une monnaie attaquée par la spéculation, et rien pour espérer : ni de l'Europe, en crise ; ni de la situation internationale, mobilisée par la guerre froide.

Autour du grand bureau du premier secrétaire du Parti socialiste, sur lequel trônait un unique combiné téléphonique, on attendit. Les instituts de sondage allaient appeler. Nul n'ignorait que, sauf énorme surprise, François Mitterrand serait, dans les deux heures, président de la République française. Chacun des présents pensait que, le lendemain, lui-même serait peut-être quelque chose dans le gouvernement de la France. Le premier gouvernement de gauche depuis 1936. À cet instant précis, pourtant, aucun n'osait croire à l'évidence.

Le téléphone sonna enfin. Il était 18 h 20. Lionel Jospin, le plus prompt, décrocha. On entendit une voix – celle de Jérôme Jaffré, de la SOFRES : « François Mitterrand est élu : 52 %. Aucune erreur possible. » Le silence se prolongea, puis ce fut l'explosion. On s'embrassa... Ai-je vraiment vu Jospin pleurer ? Lionel appela le nouveau président à Château-Chinon. Longue attente avant de l'obtenir au bout du fil.

– Voilà, c'est sûr, vous êtes élu.

Long silence. Il était déjà au courant mais feignit l'ignorance.

– Quelle histoire, hein !... Quelle histoire !

Il y avait sûrement, dans son esprit, une majuscule à ce dernier mot.

Puis il eut quelques phrases simples pour nous donner rendez-vous rue de Solférino, vers minuit. Et il dut s'interrompre, dit-il, « pour finir son pensum » – rédiger sa première déclaration télévisée : « Au-delà des luttes politiques et des contradictions, c'est à l'Histoire qu'il appartient maintenant de juger chacun de nos actes... »

L'histoire, l'Histoire... C'était donc bien à l'Histoire qu'il pensait.

La préfecture de police s'empressa de venir aux ordres. Lang, Quilès et Jospin déclenchèrent la fête imaginée depuis deux semaines à la Bastille. Des instants surréalistes suivirent. À 19 heures, Dalida appela du Koweït, où elle était en tournée, pour s'informer du résultat. Quelques privilégiés apprirent ainsi l'élection de François Mitterrand par un coup de téléphone en provenance du golfe Persique.

L'élu, lui, était en route pour la capitale. Il n'était plus notre candidat, mais le président de tous les Français. Il n'était plus celui que nous espérions voir élu, mais celui dont chacun espérait qu'il lui confierait une responsabilité dans l'aventure qui commençait. Et nous comprîmes au même moment que le premier pouvoir de cet homme serait le même que celui de tout chef, depuis l'aube des temps : distribuer des titres, des fonctions, des rôles.

Il n'en joua pas : dès son arrivée rue de Solférino, il annonça les choses avec simplicité, sans mesquinerie ni mascarade. Pierre Mauroy apprit ainsi qu'il serait Premier ministre dans onze jours.

Pierre Bérégovoy découvrit, déçu, qu'il ne serait que secrétaire général de la présidence de la République. D'autres, dont j'étais, restèrent dans l'expectative.

Une étrange période commença, au cours de laquelle une équipe improvisée, désignée par le candidat, autour de Pierre Bérégovoy, organisa la passation des pouvoirs, sans relation avec le président élu, qui refusa de s'en mêler, et sans contact avec le perdant, trop anéanti pour y penser.

Le matin du 11 mai, au milieu du flot de commentaires que les radios déversèrent sur son élection, il entendit que Coluche avait été bousculé par quelques manifestants en sortant du siège du Parti socialiste où il était venu passer quelques moments à mon invitation. Il lui écrivit quelques lignes qu'il confia à un motard de la République, désormais à ses ordres devant sa porte, chargé de les déposer rue Gazan. Michel me fit aussitôt porter une réponse. Lui qui n'écrivait jamais devait penser qu'en cette journée historique tout devait être consigné. En fin de matinée, je reçus donc du comédien, rédigée à l'encre verte, la missive suivante : « Cher Jacques, Mitterrand m'a envoyé un petit mot charmant ; je vais lui répondre de cette plume pour le remercier. J'espère, "comme tout le monde", que cette fois j'aurai l'occasion de le rencontrer ; en tout cas, si vous croyez que je peux vous être utile, je me mets à votre disposition, quelle que soit la besogne, avec la discrétion et le dévouement de rigueur. [...] Je suis bien content de votre victoire. J'ai confiance en vous. »

Je montrai cette lettre à François Mitterrand. Pour la première fois depuis que je le connaissais, je crus lire sur son visage une émotion. Nous parlâmes de ce qui l'attendait. Il me dit : « Ce sera très difficile, vous le savez bien. Les Français seront vite déçus. Il faudra agir très vite, dissoudre l'Assemblée et faire toutes les réformes promises. Les financiers du monde entier se ligueront contre nous pour nous pousser à la radicalisation ou à la trahison. Il faudra naviguer entre les deux. Après, la croissance emportera tout, car la crise ne durera pas sept ans. Le plus difficile sera de choisir les hommes pour gouverner. » Il s'inquiétait : il avait quitté son dernier poste gouvernemental, vingt-cinq ans plus tôt, sans jamais avoir été président du Conseil ; aucun d'entre nous n'avait la moindre expérience ministérielle, excepté Gaston Defferre. Aucun, même, n'avait la moindre expérience administrative : seul Jacques Delors avait travaillé dix ans plus tôt au cabinet de Jacques Chaban-Delmas, et Claude Cheysson était alors commissaire européen. Nous ne connaissions rien, en particulier, de la façon dont s'exerçait le pouvoir à l'Élysée. Et personne, parmi l'équipe sortante, n'était disposé à nous informer de quoi que ce soit.

Je lui montrai le dossier dans lequel étaient rangés les projets de lois et de décrets transcrivant son programme : abolition de la peine de mort, décentralisation, autorisation des radios libres, relance économique et sociale, contrôle des changes, nationalisations, retraites. Le collectif budgétaire, préparé depuis deux mois par une bonne moitié de la direction du budget, s'y trouvait annexé : une relance de 30 milliards de francs, soit la moitié de celle du gouvernement de Jacques Chirac en 1975. Il refusa de l'ouvrir : « Ce sera au gouvernement de voir ça. » Sa conception du pouvoir était arrêtée : le gouvernement gouvernerait ; lui présiderait.

Toutes ces années d'attente, et aucune trace d'impatience ! Plus tard, à ma grande surprise, à mon irritation, même, au beau milieu d'une situation difficile, il irait ostensiblement se réfugier dans une chambre d'hôtel ou une pièce tranquille de l'Élysée pour lire Zola, Maupassant ou Barbey d'Aurevilly.

Il refusa même d'écouter lorsque je lui expliquai que le directeur du Trésor, Jean-Yves Haberer, m'avait fait demander ses instructions pour la défense du franc, très attaqué depuis le premier tour. « Que Giscard et Barre décident. Je ne suis en charge de rien jusqu'au 21 mai. » Il ajouta incidemment : « Vous m'accompagnerez au G7 à Ottawa, en juillet, n'est-ce pas ? » C'est ainsi que j'appris que j'aurais peut-être un rôle dans la suite des événements. Mais, pour l'heure, rien de plus sur le sujet. Et la conversation en revint sur le dépôt de trois roses au Panthéon, qu'il préparait minutieusement.

Le 21 mai – jour de la passation du pouvoir –, il ne s'intéressa qu'à cette cérémonie alors que toute la presse spéculait sur une éventuelle dévaluation du franc. Le matin même, Michel Rocard avait conseillé à Pierre Mauroy, qui venait de s'installer à Matignon, de dévaluer ou de faire flotter la monnaie « pour prendre du champ ». Mauroy téléphona à François Mitterrand, arrivé à l'Élysée, et lui demanda l'autorisation de dévaluer. Le nouveau président refusa : « On ne va pas mêler les genres ni brouiller les images. Cela peut attendre une semaine. » Le Premier ministre proposa alors d'instaurer le contrôle des changes. François Mitterrand accepta et descendit au rez-de-chaussée pour la cérémonie d'intronisation au cours de laquelle il dut prêter serment devant Roger Frey. (« Que cet homme soit devenu président du Conseil constitutionnel et que ce soit devant lui que j'aie à prêter serment dit tout de ce régime : des gangsters, des mafieux, des hommes de main ! »)

Le choix qu'il fit, ce jour-là, de la pièce qui allait devenir son bureau était également révélateur de sa conception de la présidence. Il hésita quelques heures. Un des salons du rez-de-chaussée, où il avait toujours connu les deux présidents de la IVe République, Auriol et Coty ? Cela lui rappelait tant de souvenirs, et c'était si pratique, ce rez-de-chaussée... Celui qu'avait choisi Giscard, au premier étage, à l'angle ? Trop petit. Celui qu'avait choisi de Gaulle, tout à côté ? Il n'en aimait ni les issues, ni l'exposition, ni les meubles. Et la perspective d'occuper le même bureau que le Général l'agaçait. Il s'y résigna néanmoins.

Puis ce fut le déjeuner, et le café servi sur la terrasse. Le délicieux Paul Guimard me glissa : « Dépêche-toi de finir, la salle est louée pour l'après-midi ! » Chacun se sentait en effet perçu en ces lieux comme un parvenu. (Plus tard, les diplomates diront à l'un de leurs collègues, démis de ses fonctions pour incompétence unanimement reconnue : « Te rends-tu compte, mon pauvre ami, même les socialistes t'ont trouvé vulgaire ! »)

Au début de l'après-midi, le président me fit appeler au premier étage. Il n'aimait décidément pas l'Élysée et me demanda – sans m'avoir encore dit si je jouerais un rôle quelconque dans la suite des événements – de réfléchir en secret à un déménagement aux Invalides : « Aucun chef d'État en Europe n'a une maison aussi petite. Et la France doit être fière des institutions de sa République. Il faut déménager. De Gaulle voulait aller à Vincennes, mais c'est trop triste. Les Invalides, ce sera très bien. Et puis, ici, un coup d'État est si facile. Si quelqu'un veut entrer avec de mauvaises intentions, c'est très simple. » Je devinai alors qu'il se voyait parfois dans les habits d'Allende, convaincu que l'armée ou d'autres n'accepteraient pas ce qu'il représentait, ni *a fortiori* ce qu'il comptait faire. Beaucoup, à l'extrême gauche, pensaient d'ailleurs que la « révolution prolétarienne » ne se produirait qu'après qu'un coup d'État militaire aurait renversé l'Union de la gauche.

Ce projet de déménagement ne suscita plus tard aucun enthousiasme du côté du ministère de la Défense dont tant de généraux occupaient, et occupent encore, de magnifiques appartements de fonction à l'ombre du dôme des Invalides. Le projet dut vite être oublié.

En feuilletant, cet après-midi du 21 mai, les messages de félicitations qui s'entassaient sur son bureau, le nouveau président réfléchit à voix haute devant moi : « Oui, cela va être dur. Très vite, la droite va se reprendre, et les illusions de la gauche vont se dissiper. Et puis l'armée… Il faut dissoudre tout de suite l'Assemblée. Rocard est contre ; il veut que la droite renverse d'abord un gouvernement que je nommerai. Nous perdrions alors les élections ! Les juristes ne comprennent jamais rien à la politique ! On ne peut pas attendre. Le temps joue contre nous. L'opinion sera vite déçue. Tout sera alors possible. Il faut nous donner au plus vite les moyens de gouverner ; sinon, l'enthousiasme retombera, on ne pourra pas installer nos réformes et nous échouerons. »

Il s'arrêta longuement sur un télégramme qu'il me tendit : les félicitations du roi d'Espagne, Juan Carlos. (J'appris plus tard que le monarque espagnol ne supportait pas les conseils insistants qu'il recevait de Valéry Giscard d'Estaing.)

– Comme c'est gentil ! J'aimerais lui parler. Vous pouvez voir ça ?

Je passai à côté, dans le secrétariat encore vide dont le pupitre téléphonique m'était étranger. Tâtonnant, je trouvai une touche sur laquelle était écrit le mot « standard ». J'appuyai dessus et m'entendis dire, à mon propre amusement :

– Bonjour ! Le président de la République souhaiterait parler au roi d'Espagne…

La réponse vint, calme et claire, d'une voix masculine :

– Je vous le passe sur quel poste ?

Tel fut mon premier contact avec les fonctionnaires de l'Élysée. Si très peu d'erreurs furent commises, cette année-là, c'est que s'y trouvaient des femmes et des hommes qui, à l'exemple de ce standardiste, surent parfaitement assurer la continuité de l'État.

Un peu plus tard dans l'après-midi, François Mitterrand me demanda d'aller déposer une rose sur la tombe de Léon Blum au moment où lui-même en déposerait trois autres sur celles de Jean Moulin, de Victor Schœlcher et de Jean Jaurès. Il me dit : « Prenez un photographe : il faut que cela se sache. Je l'ai peu connu. J'ai été dans son dernier gouvernement, en 1947. Il était déjà comme mort. C'était fascinant à observer. »

Le lendemain, vendredi 22 mai, beaucoup de mes collaborateurs de la campagne se répartirent les bureaux du palais bien avant d'être officiellement confirmés à leur poste. En fin d'après-midi, le président me fit revenir de chez moi où j'attendais, un peu boudeur, de ses nouvelles. Il me demanda d'être son « conseiller spécial » et m'expliqua : « Vous occuperez le bureau d'à côté » – celui où se tenaient les aides de camp sous de Gaulle et le Conseil des ministres sous Pompidou. Il précisa : « Vous ne dépendrez que de moi et vous aurez accès à tous les ministres, à tous les collaborateurs. Vous pourrez vous saisir et me saisir de tout. En politique étrangère comme en politique intérieure. » Il ajouta : « Vous resterez ici aussi longtemps que moi. Et ne renoncez pas à écrire. Aérez-vous, voyagez ! » Il poursuivit en souriant : « Prenez des collaborateurs. Choisissez qui vous voulez, vous êtes tout à fait capable de faire ça. » Puis il hésita et finit par lâcher : « La seule chose dont je vous demande de vous méfier, ce sont les femmes. Oui, je parle sérieusement : les femmes ! Elles sont attirées par les gens qui ont du pouvoir, et elles sont prêtes à tout pour s'en approcher. Elles feront tout pour s'approcher de vous. Méfiez-vous, méfiez-vous ! »

Je m'installai dans la magnifique pièce voisine du bureau présidentiel où se trouvait une table dessinée jadis pour le Premier consul et qui fut le meuble de travail de tous les présidents de toutes les Républiques jusqu'à la fin de la IVe. François Mitterrand vint m'y rejoindre et m'expliqua que Vincent Auriol y avait fait installer un magnétophone pour enregistrer toutes ses conversations. Afin de vérifier, il ouvrit les deux tiroirs du bureau ; l'un d'entre eux était en effet beaucoup plus court que l'autre, sans doute pour y loger l'appareil. Il ajouta : « Moi, je ne procéderai pas ainsi : je vous demande de tout noter – et puis de tout publier, le moment venu. » J'étais donc appointé mémorialiste…

Le lendemain matin – un samedi –, François Mitterrand réunit pour la première fois ses premiers collaborateurs dans son bureau. Il y avait là Pierre Bérégovoy, André Rousselet, Michel Vauzelle, Nathalie Duhamel, Hubert Védrine, Michel Charasse, Jean Glavany, Jacques Fournier, Jean-Claude Colliard et moi. Nous parlâmes des attributions des uns et des autres. Lui, qui nous connaissait tous depuis de longues années, conclut ainsi : « Vous êtes là pour me dire ce que vous pensez de ce que fait le gouvernement, pas pour agir à sa place. Ceci est d'ailleurs votre première et dernière réunion avec moi. Chacun de vous est mon collaborateur direct. Je ne veux pas non plus de réunion entre vous sans moi. Vous n'avez pas d'existence juridique, vous ne pouvez pas parler en mon nom, sauf si je vous en donne l'ordre exprès. »

À partir de ce moment, nous avons travaillé ensemble, lui et moi, pendant encore dix ans, jour après jour. Cette fois, non plus dans l'espérance du pouvoir, mais dans son exercice. Si surprenant, si décevant, si exaltant.

CHAPITRE II
GOUVERNER

Personne n'échappe à son enfance. Si la mienne m'a fait de gauche et nomade, la sienne le fit de droite et terrien. Elle lui fit aussi découvrir sa passion de gouverner.

Dès nos premières rencontres il me parla de cette période de sa vie, durant l'entre-deux-guerres, avec ses grands-parents, en Charente, avant qu'il fût envoyé comme pensionnaire à Saint-Paul d'Angoulême, un collège diocésain de prêtres séculiers. Il ne voyait alors ses parents qu'une fois par semaine et pour les vacances. Son père avait quitté son poste de chef de gare à Angoulême pour reprendre la vinaigrerie familiale.

Ses études lui laissèrent un souvenir inoubliable. Non du fait de la qualité de ses professeurs, mais par leur enracinement dans la société française. « Beaucoup de professeurs, mais pas tous, étaient des prêtres, des prêtres paysans ; ce n'était pas une école de pensée ni même une méthode d'enseignement ; c'étaient des gens simples qui nous parlaient de la vie simple des gens d'alors. » Il aimait à décrire une jeunesse solitaire avec pour seuls compagnons quelques rêves de grandeur : « Je passais du temps au grenier, d'où l'on voyait loin au-dehors. Je haranguais intérieurement un peuple invisible. Déjà je me voyais en chef. » C'est là, dans cette solitude peuplée d'une foule d'admirateurs, qu'il découvrit la passion de gouverner, forgea son ego et son ambition, s'inventant des destins et se rêvant tour à tour en martyr et en maître du monde. Il m'expliqua un jour : « Si j'ai eu des idées dans la vie, je n'en ai jamais eu d'aussi fortes qu'à quinze ans… Je m'y suis rêvé en orateur, en ministre, en libérateur. J'y ai forgé un idéal… Je puise dans l'enfance la plus large part des réserves dont je dispose. » Aux yeux de sa famille, il passait pour « distrait, rêveur, sensible aux critiques, susceptible », me confia-t-il un jour

– ensuite, relisant les épreuves du premier tome de *Verbatim* où j'avais reproduit cette confidence, il raya le mot « susceptible »...

Au fil de nos promenades, il aimait à rappeler le souvenir de sa mère plus que celui de son père, et celui de ses grands-parents plus que celui de ses parents. De ses sept frères et sœurs il ne parlait jamais. Il ne dissimulait pas qu'il était issu d'un milieu de droite. Même si ses parents étaient républicains, toutes les valeurs prônées et cultivées dans son enfance étaient de droite : méfiance à l'égard de la ville (« Un enfant qui vit à la campagne vieillit mieux qu'un citadin »), fascination pour ceux qui ont de l'argent et mépris pour ceux qui en gagnent, passion pour la nature et la terre, peur du changement, haine de la guerre. Il serait d'ailleurs peut-être resté toute sa vie dans ce camp-là s'il n'avait choisi – j'y reviendrai – de rejeter successivement les deux hommes qui l'incarnèrent : Pétain et de Gaulle.

Puis ses grands-parents et sa mère moururent, le faisant se résigner à l'idée que sa propre vie serait brève. Il quitta la campagne pour Paris, où il entama son droit, étudiant pauvre logeant dans un foyer de frères maristes au 104, rue de Vaugirard, et la solitude urbaine relaya celle de la campagne. « Je me suis senti perdu, tout petit au bas d'une montagne à gravir. J'étais sans identité, dans un monde indifférent, dans des conditions d'âpreté, de solitude qui exigeaient de ma part la mobilisation de toutes mes ressources pour la lutte et la conquête... » Il écrivit des articles dans des revues de droite et distribua des soupes chaudes aux chômeurs. Il ne conservera guère d'amis de son enfance charentaise, sinon Guillain de Bénouville ; seulement des amis de sa jeunesse parisienne. D'abord quelques compagnons de la rue de Vaugirard (François Dalle, André Bettencourt), puis des condisciples de la faculté de droit (tel Georges Dayan). Puis ceux de la guerre, mêlant ceux de l'armée, des camps de prisonniers, de Vichy et de la Résistance. Parmi eux Patrice Pelat, Jean-Paul Martin, Marguerite Duras, Edgar Morin, Robert Antelme, entre bien d'autres dont on aura à reparler... Puis vinrent ceux de la IVe République, tels Gaston Defferre, Maurice Faure et Edgar Faure ; ceux de la Convention des institutions républicaines, dont Charles Hernu, Roland Dumas et André Rousselet. S'y ajoutèrent ceux de la Nièvre, de Cluny, des Landes et, plus rares, de la capitale, au premier rang desquels Élisabeth et Robert Badinter dont il fit ses confidents les plus proches et de fréquents compagnons de voyage. Quelques hommes de mystère, tel François de Grossouvre.

Bien plus tard, en petit nombre, ceux du Parti socialiste : Jack Lang, le fidèle et brillant juriste ; Pierre Bérégovoy, le subtil négociateur politique ; Pierre Mauroy, le plus sensible des alliés. Puis, parmi les plus solides : Emmanuelli, Charasse, Joxe. Enfin, par la suite, Pierre Bergé, Pascal Sevran, Bertrand Delanoë, Jean Riboud.

Rares, très rares étaient ceux qui le tutoyaient : Edgar Faure, Georges Dayan, Patrice Pelat étaient de ces privilégiés. Quand des militants socialistes le lui proposaient, il répondait, glacial : « Si vous voulez. »

Avec ses amis il aimait les retrouvailles régulières et les anniversaires. C'était une façon pour lui d'organiser des rituels, de renouer symboliquement avec la vie cyclique de son enfance ; de se rassurer, aussi, en marquant qu'il avait pu traverser une année de plus. Il y eut ainsi dans sa vie de très nombreux rendez-vous réguliers de ce genre, dont le plus connu était celui de la colline de Solutré, en Bourgogne, où se retrouvaient, pour le dimanche de Pentecôte, ses compagnons de la Résistance, cercle vite élargi auquel je fus convié à partir de 1976. C'était encore, à l'époque, un magnifique rendez-vous d'amitié, délaissé des médias, à l'ordonnancement immuable : dîner à Cluny le samedi, dans la maison familiale de Danielle, si chaleureuse ; marche le lendemain jusqu'au sommet de la colline, suivie d'un déjeuner dans une auberge, toujours la même, avec le même menu. Le lendemain, visite du château de Cormatin où l'on parlait de Lamartine, avec parfois une promenade jusqu'à Taizé ou Cluny.

Il y avait aussi les dîners du dimanche, rue de Bièvre, et les rendez-vous du lac Chauvet, ou d'autres. Il y retrouvait son monde, ses mondes, rassemblés autour de lui. Des mondes qui ne se rencontraient pas. Chacun de ses amis ne connaissait qu'une petite partie de lui : « Personne ne connaît de moi plus d'un tiers, me dit-il un jour en souriant. Ce n'est pas que j'aie des choses à cacher, mais je suis comme ça. Et je n'aime pas les gens transparents. » Pourtant, de ses amis il aimait tout savoir, posant des questions qu'il n'aurait pas supporté qu'on lui adressât, et s'irritant, d'un geste ou d'un regard, quand on hasardait à son sujet une remarque trop indiscrète.

De fait, rien ne lui était moins supportable que d'être envahi par les autres.

Son amitié était entière et il ne la reprenait jamais : qui entrait dans le cercle n'en sortait plus. Tout ami sérieusement malade reçut sa visite. Il n'écoutait jamais sans réagir une critique faite sur un membre de son premier cercle : un ami avait toujours raison. Sauf, évidemment, celui qui le trahissait ; ses colères étaient alors froides, cinglantes, rarement publiques. L'indifférence était sa façon de détester ; l'oubli, sa manière de faire du mal ; le silence, sa façon de dire du mal. La pire critique qu'il pouvait alors proférer était : « Il m'a déçu. » Et, surtout : « Lui ? Ne m'en parlez jamais plus. » J'ai entendu assez souvent ces deux phrases pour savoir qu'elles ont ruiné – rarement sans motif – bien des espérances.

Son élection ne l'éloigna pas de ses amis, mais fort rares furent ceux qu'il associa à l'exercice du pouvoir. Là, il n'eut plus autour de lui, pour l'essentiel, que des collaborateurs.

Les collaborateurs

Il ne supportait pas l'idée d'avoir besoin d'aide ; il détestait que qui que ce soit puisse lui être indispensable. Dès qu'il le pouvait, il éloignait celui qui avait cru pouvoir se prétendre irremplaçable. Il m'expliqua d'ailleurs un jour : « Il ne faut jamais admirer ses collaborateurs. Ça finit toujours par leur donner des idées. »

Dans son entourage, il faisait une nette distinction entre les techniciens – qu'en général il ne connaissait pas et ne cherchait pas à connaître –, les politiques – qu'il renvoyait au plus vite devant le suffrage universel – et les rares amis devenus des collaborateurs dont l'incompétence déclenchait parfois des catastrophes sans qu'il se fâchât. Il exigeait de ceux de ses collaborateurs qui n'étaient pas de sa tribu qu'ils fussent de celle de l'un de ses fidèles, et il me laissa en particulier choisir un grand nombre d'entre eux.

Ses principaux collaborateurs étaient des marginaux choisis comme tels pour leur capacité à s'opposer au point de vue des « services » (ainsi appelait-il l'administration). Il prisait l'intelligence, mais plus encore le caractère : « L'intelligence ? C'est la chose du monde la mieux partagée. La volonté et le bon sens, ça, c'est plus rare. » Il confondait volontiers originalité et ingéniosité, créativité et singularité. Une idée fausse, si elle lui semblait iconoclaste, le séduisait bien plus qu'une idée juste, si elle était admise par la majorité. Il se méfiait en particulier des hauts fonctionnaires : « Conformistes, incapables d'écrire en français, coupés du peuple, réactionnaires ! »

À son arrivée à l'Élysée, la topographie des lieux traduisit ces principes : autour de lui, au même étage, trois hommes – trois « marginaux », chacun à sa façon : André Rousselet, Pierre Bérégovoy et moi. Chacun reflétait une de ses facettes : André Rousselet était son homme de confiance dans le monde des affaires, l'intime de toutes les batailles passées, occupant – il le savait – le bureau qui aurait dû échoir à Georges Dayan. Pierre Bérégovoy, le politique, ex-employé de Gaz de France, au courant de tout ce qui se tramait au sein de la gauche, d'un dévouement absolu, d'une subtilité redoutable. Le troisième, moi, était censé incarner son obsession de la modernité. L'équipe d'André Rousselet était chargée des affaires privées et des médias. Celle de Pierre Bérégovoy, des rapports avec le gouvernement. La mienne, des sommets internationaux et d'« avoir des idées » sur tous les sujets. Quand, en juin 1982, André Rousselet partit diriger Havas et créer Canal +, il fut remplacé par son adjoint, Jean-Claude Colliard, puis par Gilles Ménage. Bérégovoy, qui s'ennuyait, entra alors au gouvernement, au ministère des Affaires sociales. François Mitterrand me proposa de le remplacer comme secrétaire général tout en me suggérant de ne pas le faire : « Vous pouvez prendre son poste si cela vous intéresse, mais, à votre place, je ne le ferais pas. Cela consiste à recevoir évêques et préfets, et vous vous ennuieriez. Choisissez plutôt qui vous voulez pour occuper ce poste. Je vous laisse faire. Il sera votre collaborateur et vous vous occuperez de l'essentiel. » Il nomma donc secrétaire général celui que je lui proposais, un de mes collaborateurs arrivés à l'Élysée en juin 1981 avec Pierre Morel, Ségolène Royal et François Hollande : Jean-Louis Bianco, un ami d'enfance que j'avais entraîné dans notre aventure. Le président ajouta : « Désormais, vous assisterez à toutes les réunions ; tous les documents passeront par vous ; tous, dans la maison, dépendront du secrétaire général, sauf vous, qui ne dépendrez que de moi et devrez avoir accès à tout. » Il insista pour que je sois également le porte-parole du Conseil des ministres : « Seulement pour quelques mois, en attendant que je trouve un ministre pour le faire. » Plus rien d'essentiel ne fut modifié dans ce dispositif dans les dix années qui suivirent.

Mon rôle auprès de lui était si particulier que beaucoup eurent du mal à l'admettre. Et je ne fis rien pour l'expliquer. La plus connue et la plus marginale de mes activités fut d'être son « sherpa ». Ce surnom avait été donné par la presse anglaise au collaborateur de chaque chef d'État qui préparait le sommet du G7. Cela me conduisait à assister à une réunion secrète par mois, quelque part dans le monde, avec mes homologues, pour suivre l'application des décisions du sommet précédent et préparer celles du suivant. Cela m'amenait aussi à faire d'innombrables autres voyages, très brefs, pour rencontrer en son nom des chefs d'État ou des proches de chefs d'État. Et à négocier – parfois trois jours sans dormir – les conclusions des sommets. En dehors de cette activité très particulière, j'assistais à toutes les réunions qu'il avait, à Paris ou ailleurs, avec des chefs d'État étrangers, aux Conseils des ministres, aux Conseils de défense et Conseils restreints et à ses rencontres avec les dirigeants socialistes. De plus, je l'accompagnais dans tous ses voyages hors de France. Je voyais enfin les notes qui allaient vers lui ou en revenaient. Je devais aussi tout relever par écrit pour en rendre compte ultérieurement dans le livre qu'il voulait me voir écrire. Il me demandait souvent : « Vous avez noté ça ? Et ça ? »

La prise de notes, dans les rencontres à l'étranger, était un art difficile. Il fallait être rapide, clair, pour pouvoir se relire, tout en gardant l'esprit assez vif pour se mêler de la conversation. Le fait que François Mitterrand avait besoin d'un interprète me facilita les choses. Ce fut d'ailleurs pour moi l'occasion de la plus grande peur de ma vie professionnelle. Le 28 mai 1985, sur un bateau croisant sur le Bodensee, le lac de Constance, lors de sa première rencontre approfondie avec le chancelier Helmut Kohl, la discussion fut d'une extrême confidentialité sur les questions nucléaires. À la fin de la conversation (à laquelle je fus, comme d'habitude, seul à assister), les deux hommes virent longuement les journalistes, puis nous repartîmes vers Paris. Dans l'avion qui nous ramenait, je réalisai que j'avais oublié mes notes sur le bateau. Si un journaliste les avait trouvées et publiées, cela aurait provoqué un drame épouvantable. On peut comprendre dans quel état j'étais en arrivant quand, au pied de l'avion, un responsable du service de sécurité vint me chuchoter : « Ne vous inquiétez pas. Nos hommes ont trouvé vos notes juste avant qu'un journaliste allemand ne mette la main dessus. » Le lendemain, je mis au point un système de notation que j'étais seul à pouvoir décrypter.

François Mitterrand n'aimait pas changer de collaborateur et n'organisait jamais le départ de quelqu'un ; je ne me souviens pas d'un seul collaborateur qu'il ait limogé, même s'il en avait parfois l'envie et le faisait savoir. Après sa réélection, il m'annonça même qu'il souhaitait renouveler la moitié de son cabinet, ce qu'il s'abstint de faire : « Vous n'imaginez pas les strates qui peuvent s'accumuler en sept ans. Quand les gens restent sept ans dans les mêmes fonctions, ce n'est pas sain » – oubliant justement qu'il venait lui-même de passer sept ans à l'Élysée…

Il respectait ses collaborateurs, n'annotant jamais leurs messages de mentions désobligeantes. Il n'appréciait cependant pas qu'ils se prissent trop au sérieux ou s'exprimassent trop fort en son nom. Il renvoya par exemple un jour à Erik Orsenna, devenu son conseiller culturel, un projet de discours avec cette remarque : « Pour qui me prenez-vous ? Pour qui vous prenez-vous ? » Il aimait à découvrir en eux des gens qui porteraient plus loin sa propre trace. Pour cette raison il les choisissait souvent très jeunes, en faisait des parlementaires, puis des ministres, en sorte de former une génération de femmes et d'hommes politiques qui lui devrait tout. « Pour laisser une trace dans le pays, il me faudra durer au pouvoir et former une génération qui, dans trente ou quarante ans, se souviendra encore d'avoir travaillé avec moi. » De fait, onze de ses collaborateurs à l'Élysée deviendront ministres.

Il était obsédé à l'idée que ceux qui l'entouraient ne sachent pas résister à des influences néfastes : les femmes, l'administration, la flatterie, l'argent... Quand tel ou tel y succombait, il le lui reprochait rarement, préférant en parler à d'autres dans l'espoir que son grief reviendrait à l'intéressé.

Il ne jouait jamais l'un de ses proches contre l'autre, et, quand l'un de ses collaborateurs se plaignait de critiques qu'il estimait avoir essuyées (« Ils font tout pour me démolir à vos yeux... »), il répondait : « J'en prends, j'en laisse... »

Les courtisans

Il avait un don rare pour percer à jour ceux qui cherchaient à obtenir quelque chose de lui et se jouait avec gourmandise des flatteurs sans pour autant toujours les écarter. Quand un quémandeur se présentait, il voyait déjà l'ennemi se profiler : « De deux choses l'une : ou je refuse de lui rendre service, et il me haïra ; ou je lui rends service, et il me haïra encore plus. » Un jour de juin 1988, recevant à déjeuner des collaborateurs qui venaient d'être élus députés, il leur expliqua : « À partir d'aujourd'hui, votre rôle principal consistera à décrocher la Légion d'honneur pour des gens qui vous auront supplié de la leur obtenir et qui, une fois qu'ils l'auront eue, chercheront à se brouiller avec vous pour se prouver à eux-mêmes que vous n'y étiez pour rien. »

Contrairement à ce qu'on a pu écrire, la vie à l'Élysée n'était pas celle d'une cour. Ni par la façon dont le président traitait ses collaborateurs ou le personnel ni dans l'attitude qu'il exigeait des autres à son endroit. Si le propre d'une cour est d'organiser une noria de favoris se disputant les faveurs du prince en échange de flatteries, François Mitterrand ne le permettait jamais. La plupart du temps, il réagissait mal à ces requêtes et ne cédait jamais à une demande de ce genre émanant d'un ami ou d'un collaborateur ; il était particulièrement mécontent quand il apprenait que l'un ou l'autre s'était « servi » en laissant croire que c'était avec son accord.

De plus, pour qu'il y ait cour, il faut qu'il y ait une mise en scène permettant de distinguer les favoris des disgraciés ; toute vie de cour est un spectacle. Or l'Élysée n'en était pas un, parce que le président n'y habitait pas et que, pendant les horaires de bureau, il ne voyait pratiquement jamais personne en réunion, mais travaillait en solitaire. De fait, il n'aimait pas l'Élysée, en parlait comme d'une prison et en partait dès qu'il pouvait. Il y dormait le moins souvent possible et n'y dînait presque jamais. Pour lui qui préférait les bistrots et les écaillers, la cuisine de l'Élysée, si raffinée, était un supplice. Jamais il n'y donnait rendez-vous avant 9 h 30 (horaire des petits déjeuners de travail) ni après 18 heures (horaire des remises de Légion d'honneur). Jamais de réunion tardive ni de dîner de travail. Il s'absentait fréquemment de l'Élysée, en général pendant deux heures après le déjeuner, pour une « promenade de santé » dont j'étais souvent le compagnon. Nous allions alors à pied dans Paris, entourés d'une escouade quasi invisible de gardes du corps. Les Parisiens s'habituèrent vite à le croiser, et jamais personne ne l'importuna.

Il n'avait donc rien d'un monarque dans son existence quotidienne. Sauf en une sorte de circonstances : les voyages.

Là, il était d'abord d'une soumission absolue au protocole. Le seul fonctionnaire de haut niveau qu'il conserva de son prédécesseur à l'Élysée fut justement le chef du protocole, dont la principale mission était d'organiser les voyages à l'étranger. Dans ces voyages, jamais aucune colère, aucune émotion publique ; il se faisait un point d'honneur d'être à l'heure à toutes les obligations et fulminait quand l'un de ses hôtes, à Paris, ne montrait pas la même politesse. Une seule fois il manqua aux obligations protocolaires d'un voyage à l'étranger : le jeudi 8 juillet 1982 à Budapest ; un dîner officiel nous attendait alors que la France devait, à la même heure, rencontrer à Séville l'Allemagne en demi-finale de la Coupe du monde de football. Il me demanda de faire annuler le dîner sous prétexte d'aller écouter des violons dans un restaurant tsigane… où j'avais pris soin de faire installer des téléviseurs. Ce fut un petit scandale dans la

Hongrie de Kádár. Nous soupâmes entourés de violonneux que nous écartions le plus possible des écrans. Michel Jobert, furieux de se voir imposer pareille excursion, tourna ostensiblement le dos au match pendant que François Mitterrand se passionnait pour cette rencontre d'anthologie. Quand un joueur français fut grièvement blessé par le gardien de but allemand, il fut le seul à garder son calme et nous intima l'ordre de ne pas protester devant les photographes qui nous mitraillaient.

Là, en voyage, le phénomène de cour se manifestait à plein. Cela commençait par l'établissement de la liste des invités, chacun intriguant pour y figurer ou y faire figurer des amis. Cela continuait par la fixation de l'ordre protocolaire sur le livret de voyage, remis à chaque invité, qui conditionnait l'attribution des voitures dans les cortèges, les places à table, les chambres dans les hôtels, les grades dans les décorations, et surtout l'importance des cadeaux. Le président, qui validait cette liste établie par le service du protocole, y jetait un coup d'œil distrait. J'ai vu certains ministres ou invités faire demi-tour à l'aéroport pour une place qu'ils estimaient indigne d'eux sur ce livret.

Il y avait ensuite les repas à bord de l'avion présidentiel. Le président faisait alors appeler deux ou trois personnes dans le petit salon situé à l'avant de l'appareil, reproduisant à l'identique ce que Saint-Simon a raconté du petit souper du Roi-Soleil : chacun espérait y être convié et observait avec envie ceux qui l'étaient. Pourtant, ces déjeuners ou dîners étaient en général toujours réservés aux mêmes, et il n'en fit jamais l'instrument d'un caprice ou d'une mise en valeur de nouveaux favoris. Veillant à ne pas donner l'impression d'un monarque en déplacement avec sa cour, il ne commit qu'une fois une erreur de ce genre : c'était en juin 1987, au retour d'un sommet du G7, à Venise. Soucieux comme toujours d'échapper à la nourriture servie à bord de l'avion qui devait le ramener, se plaignant comme à chaque vol de l'« effroyable qualité des plateaux-repas : toujours du saumon, du foie gras, et pas bon, en plus ! J'aurais dû prendre des sandwiches de Chez Lulu », il avait acheté des cerises sur un marché de San Giorgio ; ravi de son emplette, il commença à les manger juste après le décollage, vers 13 heures. C'était un petit avion de huit places ; le ministre des Finances de l'époque, Édouard Balladur, Élisabeth Guigou et moi partagions la cabine présidentielle. Le voyant savourer ses cerises, le steward n'osa pas proposer ses plateaux-repas. Au bout d'une heure, alors que l'atterrissage approchait, il vint néanmoins nous proposer timidement de déjeuner. François Mitterrand se rendit alors compte qu'il mangeait seul devant nous depuis le décollage, qu'on allait se poser dans vingt minutes et que nous avions peut-être faim. Il demanda qu'on servît un plateau à ceux qui le souhaitaient. Avec un sourire indéchiffrable, Édouard Balladur murmura : « Je vous remercie : je viens d'assister au souper du roi, cela me suffit ! », le président sourit et nous abandonna à regret ses dernières cerises.

Insensible aux flatteries de ses proches, il cédait rarement aux courtisans de passage. Ils étaient pourtant innombrables, ceux qui venaient le porter aux nues pour en obtenir quelque avantage : une grâce judiciaire, un poste, une Légion d'honneur, une invitation, une amnistie fiscale. La réponse était en général négative, ce qui pouvait susciter des haines farouches. Ainsi celle d'un écrivain bruyant et brouillon, Jean-Edern Hallier, qui se découvrit après 1981 le meilleur de nos amis, le plus fidèle de nos soutiens. Il m'appelait alors tous les matins, juste avant 7 heures, pour me témoigner son admiration devant mon œuvre littéraire (« Je ne vois pas pourquoi on pourrait oser prétendre qu'Hugo écrit mieux que toi... »), et pour exiger dans le même souffle la direction d'une chaîne de télévision. Il écrivit des lettres enflammées au président et lui fit savoir par tous les canaux possibles son « admiration infinie » (tout en réclamant encore sa nomination au poste dont il se pensait le destinataire naturel). Comme elle ne venait pas, il l'exigea, puis menaça le président de chantage par un intermédiaire : « Ou vous me donnez la présidence d'une chaîne de télévision ou je publie un livre qui dévoile l'existence de votre fille... » Pour mettre les choses au point, le chef de l'État l'invita à déjeuner en ma présence et répondit calmement, et avec ironie, par la négative, à toutes ses avances. (« Vous êtes le Roi-Soleil... Je ne vois pas quel monarque laissera une trace plus grande dans l'histoire de France... Et je compte bien écrire pour le faire savoir. Vous avez illuminé notre siècle... Je le ferai dire dans toutes les émissions de la chaîne quand vous m'en aurez confié la direction... ») François Mitterrand refusa tout net : « Vous êtes parfois un excellent écrivain. Vous devriez vous en tenir là. » En remontant au premier étage après ce déjeuner, le président soupira : « Je n'aurais pas dû vous inviter à ce déjeuner. Il vous en voudra d'avoir assisté à son humiliation. À partir de maintenant, vous allez devenir son pire ennemi. Juste après, quand il aura vraiment compris qu'il n'obtiendra rien de moi, ce sera mon tour. » Et ce fut son tour après le mien : après qu'il eut monté une cabale contre un de mes livres, Jean-Edern Hallier pourchassa de sa haine le président. Celui-ci fit tout – jusqu'à ordonner des écoutes illégales – pour empêcher la publication d'un livre dont le tort principal aurait été de révéler, avant qu'il ne l'ait décidé lui-même, l'existence de sa fille.

Les journalistes

Quand il lisait des articles le traitant de « monarque » et parlant de sa cour, François Mitterrand entrait dans une fureur qui attisait encore son dédain pour la presse. Il la connaissait fort bien pour l'avoir fréquentée depuis la IVe République ; il en pénétrait tous les réseaux et en suivait les intrigues. Souvent, avec la plus parfaite mauvaise foi, il professait un grand mépris pour les journalistes, en particulier ceux de la presse écrite et davantage encore, parmi ceux-ci, pour les éditorialistes politiques. Rares furent ceux pour qui il n'eut pas, à un moment ou à un autre, des propos très sévères, en général injustes.

Rencontrant des journalistes, il lui arrivait de leur faire des confidences qui devenaient des éditoriaux dont les signataires ne voulaient pas reconnaître qu'ils leur avaient été inspirés ou même dictés par lui. En général, ce genre de lune de miel ne durait pas. Quand les critiques émises contre lui revenaient, il faisait tout pour donner le sentiment de n'attacher aucune importance à ces articles que, pourtant, il se délectait à lire afin de s'en plaindre. Il en nourrissait sa volonté de se battre et y puisait ses ressources de polémiste. Il lui arriva même de souhaiter rencontrer quelqu'un qui venait d'écrire sur lui les pires horreurs. Je me souviens en particulier d'un déjeuner mémorable avec Louis Pauwels : François Mitterrand avait beaucoup aimé *L'Amour monstre*, le deuxième roman du directeur du *Figaro Magazine*, qui le débinait chaque semaine. Le président en parla magnifiquement à son auteur. Littéraire, la conversation fut brillante et sincère. Après ce déjeuner, qui dura quatre heures, Louis Pauwels continua de le critiquer mais sans plus jamais l'insulter.

Le seul éditorialiste qu'il respectait et dont il lisait avec attention les articles – en me demandant chaque fois comment répondre à ses critiques – était Raymond Aron, dont les réquisitoires impitoyables contre le Programme commun et l'alliance avec les communistes le marquèrent beaucoup. Jamais, depuis la mort de ce maître, en octobre 1983, je ne l'ai vu prendre aussi au sérieux le point de vue d'un éditorialiste.

Quand les choses allaient mal, que l'opinion publique était maussade, il disait souvent : « Il y a à Paris deux cents journalistes qui veulent ma perte ! » Il les traitait tour à tour de « prétentieux », d'« incapables », de « faibles », de « médiocres », de « minables » d'une « ignorance crasse », d'« employés du capital », et même, pour certains, d'« agents de la CIA ». Il détestait particulièrement les journalistes de gauche, soit parce qu'il les pensait acharnés à sa perte, soit parce qu'il les jugeait incapables de comprendre son action. Il se moquait surtout de ceux qui, après l'avoir poursuivi de leurs critiques les plus péremptoires durant toutes ses années d'opposition, étaient devenus, depuis son élection, les plus courtisans, se faisaient inviter dans les voyages officiels ou envoyer en mission. Au moment de chaque décollage, François Mitterrand faisait mine de s'inquiéter et de regarder par le hublot de l'avion en interrogeant l'un ou l'autre de ses collaborateurs, reprenant cette ritournelle qui l'amusait beaucoup : « Faites bien vérifier la piste... Ils sont sans doute couchés en travers pour qu'on les emmène ! »

Pour ce qui est de l'audiovisuel, il avait gardé des décennies gaullistes l'idée que les « speakers » de la télévision, qui n'était alors que d'État, étaient des salariés du régime. Aussi, dans l'opposition, faisait-il tout pour ne pas leur plaire : ne pas être à l'heure, ne pas céder à la passion du scoop. Quand il devint président, ce fut pire encore : il avait été élu contre eux et il n'avait à leur égard aucune considération ; il ne voyait donc aucune raison de chercher à les séduire. Sa première stratégie consista donc à laisser remplacer des salariés gaullistes ou giscardiens par des salariés socialistes. Pareille pratique était évidemment vouée à l'échec ; il reconnut avoir commis une faute et commença à laisser surgir des journalistes audiovisuels plus ou moins indépendants dont le talent joua un rôle d'abord secondaire, puis significatif dans leur carrière.

Après deux ans passés à l'Élysée, il fit même l'effort d'apprendre à mieux se comporter devant une caméra, dans ses discours comme dans ses interviews. Plusieurs personnages jouèrent un rôle clé dans cette évolution : deux hommes de télévision, d'abord, Stellio Lorenzi et Serge Moati ; puis deux publicitaires, Jacques Pilhan et Gérard Colé, qui partageaient son dédain vis-à-vis des médias et ne cherchaient que la meilleure façon de les instrumentaliser pour s'adresser directement à l'opinion par-dessus la tête des journalistes.

Son mépris de la presse se trouva renforcé par un épisode qui le marqua durablement et qui est demeuré pratiquement inconnu.

En septembre 1982, alors que la droite se réveillait de son échec de l'année précédente et commençait à le critiquer avec véhémence, en particulier sur les difficultés économiques rencontrées, il enrageait de voir la gauche muette, incapable de répliquer. Un jour de décembre 1982, alors que nous étions à Athènes, il me demanda : « Votre ami André Bercoff, qui a rédigé avant les élections ce livre si drôle de politique-fiction sous un pseudonyme – Commynes, n'est-ce pas ? –, ne pourrait-il pas en écrire un autre avant les élections municipales de mars prochain ? Un livre qui dirait sur la droite ce que ne disent ni les journalistes dits de gauche ni les socialistes ? » J'en parlai à André, qui suggéra d'écrire la critique de son propre camp par un homme politique de droite masqué sous le pseudonyme de Caton. Le président donna son feu vert : « Tâchez de garder ça secret. Vous imaginez si on apprenait que c'est moi qui suis à l'origine de ça ? » L'accord fut passé avec Claude Durand, P-DG de Fayard. Je demandai à François Hollande, alors mon adjoint à l'Élysée, de fournir à André Bercoff toutes les informations non confidentielles qui lui seraient utiles pour nourrir son pamphlet. Cinq personnes en tout étaient donc au courant : le secret pouvait être gardé. Le livre parut sous le titre *De la reconquête* en janvier 1983 et connut un bon succès de librairie. Les journalistes se demandèrent qui pouvait bien se cacher derrière le pseudonyme romain : on parla d'Alain Peyrefitte, de Raymond Barre, de Giscard, entre bien d'autres. La presse loua cette virulente critique de la droite qu'aucun journaliste n'aurait osé signer. Caton devint même l'éditorialiste d'un hebdomadaire, *VSD*, et fustigea la droite dans des interviews accordées à des journaux de droite qui le portaient aux nues. Il écrivit un jour : « Chirac peut se permettre de montrer qu'il n'a pas peur d'être le Premier ministre de François Mitterrand face auquel il n'a pas besoin de prouver son hostilité ; après tout, il a bien été le Premier ministre de Giscard, et l'on sait l'amour fou qui liait le Castor corrézien au Pollux de Chamalières… » François Mitterrand riait aux éclats en le lisant. À Paris, la recherche de la véritable identité de Caton atteignit son paroxysme. *Le Figaro* encensa cet « homme de droite qui avance encore masqué ». Caton donna même des interviews à la radio avec une voix déformée : celle de François Hollande ! Beau scandale si on avait alors appris qu'un collaborateur du président participait à cette mascarade ! Je m'en inquiétai. François Mitterrand s'en amusa : « Ne vous angoissez pas, ils sont trop bêtes. Personne ne trouvera jamais. »

Personne, en effet, ne trouva jamais. Caton publia ensuite un second volume avec un succès à peu près égal ; puis, brûlant de faire connaître son exploit, accepta l'invitation de Bernard Pivot : une chaise vide lui fut réservée dans l'émission littéraire la plus importante du moment. Des photographes attendaient Raymond Barre et virent arriver, navrés, l'humoriste. Personne – hormis l'auteur d'un article de *Libération* qui se plut à souligner qu'André Bercoff était de mes amis –, ne fit le lien avec le président. François Mitterrand grommela ce soir-là : « Vous voyez bien : les journalistes n'ont pas de passion particulière pour la vérité. Ils aiment à la fabriquer pour faire un scoop, pas à enquêter sérieusement, objectivement. »

En définitive, la presse exerça pourtant une influence très positive sur son action. Elle l'aida à prendre conscience des évolutions – même injustes – de l'opinion. Il le savait d'ailleurs fort bien et consacrait chaque jour plus d'une heure à sa lecture. En particulier, les éditorialistes qu'il aimait tant à taquiner ou à maudire lui furent d'un inestimable secours pour comprendre le pays et orienter son action. Jamais il ne leur en sut gré.

Les écrivains

Il appréciait la proximité des romanciers plus que celle d'autres artistes : « Je ne crois pas que l'on puisse conduire des millions d'hommes en restant à l'abri d'interrogations morales et esthétiques, en n'ayant pas quelques critères de jugement et d'action. Pour moi, il est donc important de vivre dans un milieu où l'on débat de ces choses et, sans mélanger les genres, de ne pas séparer ces deux mondes : intellectuel ou artistique et politique. » Il conviait des écrivains à la plupart de ses déjeuners libres et en invitait à tous ses voyages. Parmi eux, d'abord, Marguerite Duras, dont il avait été le chef de réseau au printemps 1944 (ainsi qu'elle l'a écrit dans *La Douleur*), Françoise Sagan, Michel Tournier, Michel Déon, François-Marie Banier, entre bien d'autres. Il voulait leur parler littérature quand eux rêvaient de débattre avec lui de politique. Les romanciers s'émerveillaient de leur propre présence en si puissante compagnie. D'aucuns, faussement naïfs, demandaient qu'il leur contât de hauts faits d'armes, des conquêtes, des croisades, des cataclysmes. Ils applaudissaient à des évocations ou à des notions en général fort éloignées de leurs propres œuvres. Lui aimait leur expliquer les grandes batailles du moment, leur décrire des personnages qu'il avait rencontrés, des situations insolites qu'il avait traversées et qu'il pensait dignes de figurer dans un roman. Espérait-il qu'ils feraient de lui un personnage de leurs futures fictions, comme Tolstoï avec le tsar ? Beaucoup quémandèrent, pour eux ou leurs proches, quelque Légion d'honneur, voire d'autres avantages plus tangibles, et d'abord fiscaux : l'imagination des écrivains est de ce point de vue sans bornes. Certains, comme Françoise Sagan, tentèrent même de se mêler d'affaires industrielles aux enjeux colossaux. La plupart d'entre eux refusaient d'admettre que ce prince tout-puissant pût être limité dans ses générosités par quelque contrainte que ce fût. Jamais, pourtant, le président n'accorda à ma connaissance à l'un d'eux le moindre passe-droit ; souvent il me confia la charge désagréable de leur dire non.

François Mitterrand n'éprouvait en revanche aucune attirance pour les essayistes. Jamais il n'eut la moindre affinité ni pour un François Furet, ni pour un Michel Foucault, ni pour tant d'autres qui, selon lui, ne comprenaient pas – ou ne voulaient pas comprendre – sa stratégie politique. Il disait d'eux, avant son élection : « Ces gens-là, qui ont presque tous été communistes, m'en veulent de ne jamais l'avoir été. En réalité, ils préféreraient que le Parti communiste reste tout-puissant et domine la gauche pour pouvoir la critiquer et se poser en recours moral, en seuls opposants. Mon élection serait la fin de leur fonds de commerce : si je gagne, le Parti communiste ne serait plus l'ogre et déclinerait, et ils n'auraient plus le monopole de la parole de la gauche démocratique. Ma défaite est donc pour ces gens-là une question de vie ou de mort. »

Après son élection, il ne fit rien pour s'en rapprocher. Les seuls qu'il défendait étaient les plus attaqués (ainsi Bernard-Henri Lévy, dont il admirait l'œuvre et qu'il soutenait contre toutes les critiques), les historiens dont il recherchait la conversation (Pierre Miquel, Fernand Braudel, Maurice Agulhon), quelques sociologues, dont Pierre Bourdieu, et les grands médecins, qui le fascinaient plus que tout.

Il aimait aussi les amuseurs, dont Coluche, qu'il rencontrait souvent. Au début, le président l'intimidait beaucoup. Un soir, il l'accueillit chez moi d'un : « Je vous ai beaucoup aimé dans *Tchao Pantin.* » Coluche, plein de trac, répondit : « Ah ? c'était pas un bon film. » François Mitterrand le coupa : « Vous avez tort de refuser un compliment. Vous risquez de ne pas en entendre d'autre de ma part de toute la soirée ! » Michel en parut pétrifié. François Mitterrand vint alors l'interroger sur sa façon de parler en scène et sur ses techniques de comique. Coluche se détendit et l'interrogea en retour sur les risques de guerre et les grands équilibres stratégiques. Le président lui répondit avec le même sérieux qu'à un chef d'État ; la qualité des questions le justifiait.

Certains de ces artistes avaient parfois le plus grand mal à s'exprimer en sa présence. Je me souviens d'un déjeuner à l'Élysée avec Yehudi Menuhin qui le fit beaucoup rire, le génial violoniste n'ayant pu placer un mot : chaque fois que le président posait une question au maestro, c'était sa femme qui répondait à sa place. S'en apercevant, François Mitterrand se mit à poser des questions de plus en plus précises sur l'art du violon et sur ses concerts d'enfant prodige, mais elles ne permirent pas davantage au virtuose de donner son point de vue.

Il n'avait pas de goût particulier pour les musiciens, les peintres, les sculpteurs. De fait, la musique, sous toutes ses formes, lui était parfaitement étrangère. Seules trouvaient grâce à ses yeux les chanteuses, de Barbara à Maurane, découverte lors d'une représentation spéciale de *Starmania* organisée à l'Élysée à l'occasion d'un somptueux dîner donné pour Lady Di et le prince Charles. Son choix était éclectique, ses rencontres parfois étranges. La cantatrice Julia Migenes-Johnson vint ainsi plaider (en vain) pour Ron Hubbard, le patron de l'Église de scientologie, qui souhaitait obtenir l'autorisation de s'implanter en France. Joan Baez vint interpréter dans son bureau ses nouvelles chansons et troubla de ses vocalises une réunion que j'avais dans le mien avec un ministre américain de passage. Barbara, magnifique et timide, vint expliquer qu'elle souhaitait agir contre le sida en mobilisant médias et publicitaires pour contribuer à infléchir les comportements ; les ministres de l'époque firent naturellement tout – en vain – pour l'en dissuader ; François Mitterrand, lui, lui ouvrit les portes.

Les femmes

Même s'il m'avait demandé de me méfier des femmes, et même s'il ne partageait pas toujours leurs luttes, il adorait travailler avec elles sans jamais montrer le moindre soupçon de ségrégation.

À l'Assemblée puis à l'Élysée, il fut d'une très grande courtoisie avec ses collaboratrices, sans jamais céder à leurs charmes ni trop faire état du sien. Ses quatre assistantes, si respectées par lui, l'adoraient tout en plaisantant ses défauts avec une lucidité attendrissante. De Nathalie Duhamel, son attachée de presse, il appréciait la sûreté de jugement. D'autres, comme Laurence Soudet, la fidélité et la discrétion. De certaines que j'entraînai à son cabinet, comme Ségolène Royal ou Anne Lauvergeon, l'énergie et la sagacité. D'autres encore, telle Élisabeth Guigou, la compétence. D'aucune, jamais, il ne fit une favorite à aucun des sens que ce mot eût pu revêtir.

Des très rares femmes dirigeantes du parti, il respectait l'avis et le poids : ainsi de Marie-Thérèse Eyquem à Yvette Roudy. Il ne souscrivait pourtant pas à toutes leurs luttes, et on verra plus loin qu'il fit même tout pour ne pas faciliter le remboursement de l'IVG par la Sécurité sociale. Plus que toutes les autres, Édith Cresson le fascinait par son originalité intellectuelle, sa capacité à contredire ses collaborateurs, son refus de prendre un non pour une réponse, toutes qualités qu'il appréciait aussi chez les hommes.

Parmi les femmes politiques étrangères qu'il rencontra, celle qu'il admirait le plus était Margaret Thatcher. Même s'ils ne parlaient pas la même langue et ne se retrouvèrent donc jamais en tête à tête, même si tout l'opposait à cette ingénieur chimiste ultralibérale, entre eux se noua une rare relation de séduction et de connivence. Dès leur première rencontre, il fut attiré chez elle par sa force de conviction et son charme indéfinissable. Il me dit alors d'elle : « Elle a les yeux de Staline et la voix de Marilyn Monroe. » Il observait avec fascination la façon dont elle écrasait ses ministres et ses collaborateurs, en particulier au cours d'un déjeuner aux Chequers – la résidence secondaire des Premiers ministres britanniques – où elle ne laissa pas ses deux principaux ministres, Geoffrey Howe et Nigel Lawson, placer un traître mot. La Dame de fer, qui s'attendait à détester cet allié des communistes, ce littéraire qui ne s'intéressait pas à l'économie, tomba à son tour sous son charme intellectuel et découvrit en lui un allié fidèle. Elle n'oublia jamais le coup de téléphone qu'il lui passa – au matin même de l'attaque des îles Malouines par les Argentins – pour lui dire – le premier et un des seuls parmi les chefs d'État du monde entier, et contre l'avis du Quai d'Orsay – la solidarité de la France. Il l'informa en détail des caractéristiques de celles de nos armes dont disposaient les Argentins, en particulier les Exocet. Il donna l'ordre de faire voter la France avec les Britanniques à l'ONU, quelles que fussent les réactions des capitales d'Amérique latine. Quand Claude Cheysson vint le lui reprocher, il lui dit : « Vous n'étiez pas à Londres pendant la guerre ! » Quand elle lui annonça l'envoi de toute la flotte britannique pour reprendre l'archipel, il me dit : « À sa place, j'en ferais autant », ajoutant : « Je l'admire et je l'envie d'avoir une chose si passionnante à faire. » Bien plus tard, la Dame de fer m'exposa à quel point elle avait apprécié les risques politiques qu'il avait ainsi pris : « Aucun autre président français n'aurait fait cela pour la Grande-Bretagne. Il croit en des valeurs simples, comme moi. Et l'Alliance, comme l'Europe, est une valeur simple. » Elle fut aussi la seule, parmi ses partenaires étrangers, à qui il s'ouvrit de la stupéfiante dérobade américaine à Beyrouth, secret encore bien gardé que je révélerai plus loin. Elle fut également, comme on le verra, sa confidente, d'une grande communion de points de vue, dans la gestion des relations avec l'URSS, même si la tactique à ce sujet les sépara à plusieurs reprises. Leurs seuls motifs d'affrontement furent le sort qu'elle réserva aux prisonniers de l'IRA – qui se laissaient mourir de faim pour obtenir le statut de prisonniers politiques –, l'Afrique du Sud – dont l'apartheid ne la gênait pas outre mesure – et la construction européenne ; il fut alors avec elle aussi brutal qu'il l'aurait été avec un homme, au point même, on le verra, de la faire pleurer lors du sommet de Fontainebleau, où elle céda sur une question budgétaire majeure. Ainsi, quand, un peu plus tard, elle déclara dans un toast, au cours d'un dîner : « Je vous remercie de m'avoir cédé à Fontainebleau, car cela a permis de débloquer l'Europe », il lui répliqua : « Je ne voudrais pas polémiquer avec vous sur le mot "céder". L'essentiel est que vous le croyiez. » Margaret Thatcher l'interrompit : « C'est un fait indiscutable. Moi je suis rationnelle, même en politique. » Avec grand calme, il conclut : « C'est bien. Mais la vie, elle, ne l'est pas. »

Quand elle fut chassée du 10, Downing Street après plus de dix ans d'exercice du pouvoir par un complot interne à son propre parti, il la regretta : « C'était un adversaire, mais elle avait au moins une vision. L'impopularité ne lui faisait pas peur. Je m'entendais finalement très bien avec elle. » Une « vision » et l'indifférence aux critiques : c'était ce à quoi il reconnaissait un chef d'État.

Dans sa sphère privée, deux femmes jouèrent un rôle majeur : Danielle et Anne. Ceux qui étaient admis dans la famille de la rue de Bièvre, dont je faisais partie, n'étaient pas admis dans celle de la rue Jacob qui devint ensuite celle de l'Alma, immeuble appartenant à l'État où vécurent Anne Pingeot et leur fille Mazarine. Étant un invité régulier du dîner dominical de la rue de Bièvre et de la si chaleureuse maison de famille de Danielle, à Cluny, je n'eus pas à fréquenter l'autre. Il ne me parla donc jamais de sa fille née en 1974, et que je croisais pourtant souvent depuis sa prime enfance. Parfois la présence de cette seconde famille se faisait sentir sans qu'il cherchât à la cacher, comme s'il voulait me faire comprendre qu'il savait que je savais : il jouait avec des jouets dans sa voiture, m'expliquant que la relation d'un père avec une fille peut être parfois plus forte qu'avec un fils ; il me demandait d'acheter pour lui des jeux, des ordinateurs pour enfant, sans me préciser pour qui ; il me laissait entendre qu'une conservatrice de musée n'était pas pour rien dans son désir d'organiser le transfert du ministère des Finances hors du Louvre. Je ne m'étonnais pas de voir cette seconde famille aussi protégée que la première : ce n'était là qu'une des mesures de protection nécessaires au président de la République, où qu'il allât et dans tout ce qui le touchait. On ne pouvait y voir aucun passe-droit.

Une seule fois, dans une circonstance peu commune, il transigea devant moi avec cette règle. C'était en juin 1982, pendant le sommet de Versailles, dans une situation dramatique dont je reparlerai plus loin : la crise financière nous avait conduits à prévoir une dévaluation pour la semaine suivante ; les Américains voulaient nous imposer de rompre toute relation économique avec l'URSS, et les Israéliens s'apprêtaient à entrer dans Beyrouth. Le premier soir de ce sommet, pendant que je négociais, dans une salle du château, un communiqué fort difficile avec mes homologues étrangers tout en suivant avec Matignon la mise au point du programme d'accompagnement de la dévaluation, François Mitterrand débattait avec ses homologues de l'attitude à adopter face à la nouvelle situation au Liban. À minuit il me fit prévenir qu'il voulait me voir d'urgence dans sa chambre aménagée, pour le temps du sommet, comme pour ses invités, au Trianon. Je m'y rendis en pensant que nous allions parler du projet de communiqué final ou de la dévaluation à venir. Mais non ; il avait déployé sur un bureau un immense plan de table fait de 300 petits cartons disposés en ovale : celui du dîner du lendemain, dans la galerie des Glaces, qui devait clore le sommet.

Nous passâmes plus de deux heures – tout en parlant du Liban et de la dévaluation – à déplacer les petits cartons pour qu'une certaine dame, identifiée par un pseudonyme, pût participer au dîner sans être vue par une autre ni à l'aller, ni à la sortie, ni pendant le repas. Ce qui entraîna bien des entorses au protocole. Un ambassadeur du Canada et un ministre italien n'ont sûrement jamais réalisé à côté de qui ils soupèrent ce soir-là.

Un homme libre

François Mitterrand s'aimait beaucoup. À l'aise avec lui-même, il avait une grande conscience de sa culture, de son habileté tactique, de son propre jugement et de sa mémoire. Il me raconta un jour s'être souvent livré à l'exercice suivant : battre un jeu de cinquante-deux cartes, les faire défiler devant lui et les nommer ensuite dans l'ordre. Je le voyais donner fréquemment la preuve de cette mémoire, en préparant un entretien avec un chef d'État par la lecture rapide d'une très longue note, ou lors des remises de Légion d'honneur : il survolait dans son secrétariat les dix ou douze biographies de deux pages des récipiendaires, juste avant de descendre dans le grand salon où il les récitait de mémoire comme s'il connaissait intimement les plus minces exploits de ses hôtes. C'était pour lui comme un défi, une façon de vérifier sa bonne forme intellectuelle.

Sûr de lui, il avait le sentiment qu'il lui appartenait de fixer les normes morales de son action – « pas vu, pas pris » – et il ne se méfiait pas de lui-même. Il prisait par-dessus tout sa liberté et détestait se sentir en dette – financière ou morale – vis-à-vis de qui que ce soit. Rien ne pouvait le mettre plus mal à l'aise que de se croire obligé de faire quelque chose ; même si une action imposée était raisonnable, il faisait tout pour l'éviter ou la retarder, comme pour se prouver à lui-même qu'il n'était tenu par rien, ni par personne. Il n'aimait pas mentir, mais il répugnait à dire l'entière vérité : pudeur, secret, masque étaient chez lui des biais pour rester libre. Il disait : « Il est permis de ne pas être maladroit. » Étrange prouesse, pour un homme public, que de conserver tant de secrets exigeant de sa part un contrôle de soi de tous les instants. Ce goût de l'indépendance allait jusqu'à ne jamais porter de montre, pour ne pas être soumis au temps, et à avoir assez d'argent liquide dans ses poches pour affronter une longue grève des banques.

Depuis l'enfance, il se savait rancunier et conservait très longtemps le souvenir du mal qu'on avait pu lui faire. Il se croyait poursuivi par de nombreux ennemis et se pensait menacé, maudit, ensorcelé, à la veille d'un attentat ; il accepta d'être protégé sans trop croire à l'efficacité de ses anges gardiens : « Contre cela on ne peut rien, il faut le savoir, mais sans que cela tourne à l'obsession. » Il ne faisait rien pour se rendre populaire, abhorrant même cette idée. Il voulait convaincre les foules, pas les séduire ; alors qu'en privé, à l'inverse, il ne cherchait qu'à séduire, jamais à convaincre. Il haïssait l'image que les Français avaient de lui, véhiculée par les médias, les biographes et ses adversaires politiques : démodé, archaïque, menteur, dissimulateur, intéressé, « florentin » (cet adjectif tant employé à son propos le faisait rire : « Pour moi, c'est un compliment »). Il savait que ses idées en faisaient fuir plus d'un ; qu'il ne serait jamais considéré que comme un traître par les bourgeois et un intrus par la classe ouvrière. Il se vantait de ne recueillir l'approbation que de 2 % des patrons, et, quand il était de bonne humeur, il disait : « De Gaulle, Pompidou et Giscard d'Estaing faisaient dans l'unanimisme, ce qui n'est pas mon cas. Je suis plus "typé". » Il pensait que ce trait le servirait plutôt.

Son idée de la France

Il parlait beaucoup de la France ; plus que des Français, qu'il considérait avec ironie et tendresse, ainsi qu'avec une conscience aiguë ce qui pouvait les séparer les uns des autres socialement, culturellement, politiquement. Il les savait amoureux des révolutions et rétifs aux réformes. Aussi pensait-il qu'il fallait parfois les mettre face à la crise pour leur faire comprendre les limites du possible. Avec un sang-froid peu commun, dans des cas extrêmes dont on reparlera, il osa même provoquer une crise pour « purger », disait-il, une utopie.

De la France il aimait infiniment la langue, la littérature, les paysages, et l'histoire, dont il connaissait jusqu'aux plus infimes détails. Il pensait que son pays était une très grande puissance que rien ne pouvait atteindre, mais qu'elle s'était souvent fourvoyée, divisée. Marqué par l'entre-deux-guerres et par la défaite de 1940, il voyait dans cet effondrement le produit de la « destruction des valeurs morales collectives, d'une désagrégation de l'esprit pendant laquelle chacun vivait dans l'inconscience ». Il aimait la France avant tout comme une union de provinces dont il adorait les paysages, les forêts, les églises, les cimetières, les villages, les soirées passées à raconter des histoires, la soupe tenant lieu de dîner, la force des traditions, la longue trace des générations, la solidité des amitiés, l'argent qu'on hérite. Ses amis avaient des racines, un terroir ; ses relations, elles, étaient plutôt nomades. De Paris, qu'il rêvait de conquérir, il haïssait la superficialité des rapports humains, l'argent qu'on gagne, le pouvoir des bureaux, les carrières trop convenues, les vies trop publiques. Il surveillait les humeurs de la grande métropole, craignant ses révoltes, mais n'en retenait que ce qu'en aimaient en général les notables provinciaux : arpenter ses rues, dîner avec des comédiennes, bavarder avec des libraires, se rendre à l'aéroport pour partir loin.

Une idée provinciale avait plus de chances de le séduire qu'une idée parisienne : elle était à ses yeux plus sûre, plus solide, plus concrète. Ses écrivains favoris étaient eux aussi des provinciaux (Chateaubriand, Lamartine, Barbey d'Aurevilly, Chardonne), voire des inclassables (Casanova). Il n'aimait ni Malraux, ni Aragon, ni Proust, trop « parisiens » à son goût. Il s'attardait sur la peinture d'avant *Les Demoiselles d'Avignon*. Il ne croyait pas à l'influence de Paris sur le pays profond. Il lisait plus les journaux de province que les éditoriaux parisiens. Un élu de la capitale l'intéressait rarement ; un élu provincial, toujours.

Il n'aimait du monde que ce qui lui rappelait la province française : les villes-États (Florence, Venise, Séville, Bruges). Il préférait les pays qu'on peut atteindre par la route à ceux qui exigent de traverser les mers. Aussi était-il un Européen. L'Égypte et la Terre sainte étaient les stations extrêmes sur ses itinéraires. Rien de l'Amérique ne le touchait : ni la langue, ni la musique, ni l'architecture. Seule, en ce qu'elle a de provinciale, la littérature : Steinbeck, Dos Passos, Styron.

Laisser une trace

Convaincu de l'absurdité de la condition humaine (il la comparait souvent aux passagers d'un avion faisant la fête alors que l'appareil fonce droit sur une montagne), il était convaincu qu'une déflagration nucléaire était inévitable. Pourtant, il agissait comme s'il était certain que l'histoire de France serait encore longue et était obsédé par la trace qu'il y laisserait. C'était même son principal sujet de conversation avec moi, sa préoccupation de tous les instants, son premier critère de décision en tout domaine. Bien avant d'être élu à la présidence, il avait cherché à replacer son action et ses textes dans l'histoire millénaire de ce pays. Il passa par exemple beaucoup de temps à relire les comptes rendus de ses interventions au Parlement et à les remettre en forme pour ne pas laisser de lui quelque propos malhabile. « Les historiens en feront leur miel », disait-il quand je l'adjurais d'en finir.

De fait, nul ne peut comprendre François Mitterrand s'il ne connaît son rapport aux mots, pour lui la seule forme respectable d'éternité. Si lire sans cesse – trois à cinq livres par semaine – était pour lui la meilleure façon de s'extraire des palais, écrire était la façon la plus sûre de se retrouver, de se rassembler et de laisser de soi une vraie trace : « Cela oblige à s'enfermer en soi-même, à s'arracher à la pression désordonnée des choses et des êtres autour de soi, et de l'actualité, pour découvrir sa propre réalité, celle qu'on veut laisser après soi. Ce travail de maturation, je ne l'accomplis que par l'écriture. »

Écrire lui était pourtant difficile ; il détestait commencer, traînait jusqu'au tout dernier moment ; l'urgence lui était nécessaire pour s'y mettre. Il n'aimait jamais les premières versions de ses textes et s'acharnait à rechercher le mot juste, à traquer les répétitions et les vocables trop rares ; lecteur passionné du *Littré* et du *Robert*, il était féru d'étymologie. Il regrettait de ne pas avoir eu le temps de devenir un véritable écrivain, ce qu'il ne pensait pas être. En particulier il se désolait de n'avoir jamais mené à bien le livre qu'il avait en tête sur la Florence des Médicis, et celui, regretté pardessus tout, sur le coup d'État de Louis Napoléon Bonaparte, dont il savait tout.

Un social-démocrate exigeant

Avant de devenir social-démocrate, c'était un républicain. Candidat à Paris, à gauche, en juin 1946, il fut élu au centre droit, en novembre de la même année, dans la Nièvre, où il battit un communiste. Authentique défenseur de la colonisation et de l'Algérie française, il bascula à gauche par refus du gaullisme et des puissances d'argent qui l'appuyaient : « L'adhésion au Parti socialiste n'a nullement signifié pour moi un ralliement au marxisme, mais le moyen, pour la gauche, de parvenir au pouvoir, le moyen aussi de ramener le communisme à son vrai niveau. » Il renoua alors avec les valeurs du stalag, sa première expérience de vie communautaire : « Je crois avoir davantage appris de ce commando refermé sur lui-même que des maîtres de mon adolescence. Je ne dirai pas que nous avions bâti le phalanstère idéal, mais je n'ai pas connu de communauté plus équilibrée que celle-là... C'est là que j'ai commencé à remettre en cause de façon fondamentale notre société. »

Il détestait le modèle soviétique et craignait ce qu'il en adviendrait si on l'importait en France : « La faiblesse du système socialiste, c'est le système bureaucratique. Alors, en France, l'alliance de la tradition nationale et du socialisme, cela devient terrible ! » Il appréciait Marx beaucoup plus que le marxisme : « Marx, fidèle à ses analyses économiques, pensait que c'est là où il y avait le plus d'ouvriers que la lutte des classes avait le plus de chances d'être menée à bien, parce que cette lutte suppose des armées de prolétaires. Et pourtant, c'est surtout dans les pays où une révolution agraire était nécessaire, dans les sociétés rurales, qu'il y a eu beaucoup de communistes. C'est l'Armée rouge qui a gagné au communisme une partie de l'Europe centrale et de l'Europe de l'Est en trouvant là des pays en état de révolte ambiante par le besoin d'une réforme agraire. »

S'il était parfois tenté par un discours extrême et s'il était habité par la tentation léniniste – ou plutôt par une sorte de nostalgie révolutionnaire : aller au bout des choses, quoi qu'il en coûte –, il n'y céda point : « Nous aurions pu être léninistes, bien plus radicaux, et ne pas faire de compromis avec nos adversaires. Mais, naturellement, c'est impossible : il faudra se contenter de nos résultats. La social-démocratie peut transformer durablement les choses. La radicalisation conduit à la dictature : alors il vaut mieux s'abstenir ! Je me sens social-démocrate, c'est-à-dire que je ne tente jamais une réforme lorsque je suis sûr qu'elle échouera… »

Dans une France conservatrice où la gauche était durablement minoritaire et ne pouvait l'emporter qu'à la faveur d'une division de la droite, son rêve social-démocrate se limitait à la redistribution des revenus et à quelques nationalisations. En particulier celle des banques, dont il espérait beaucoup, et celle de l'eau, de la santé, des pompes funèbres et des sols, qu'il n'osa jamais entreprendre. Pour lui, un programme audacieux ne pouvait réussir sans une gestion courageuse : « L'hégémonie du conservatisme dans les idées ne peut être combattue que par son refus dans la gestion. »

À une journaliste norvégienne, il résuma mieux que jamais l'image qu'il voulait qu'on gardât de sa présidence : « Ce qui s'est passé depuis mon élection de 1981 représente la plus longue expérience vécue par la France sous la conduite des forces progressistes inspirées par le socialisme. Ce n'est pas une révolution, mais une véritable redistribution des valeurs et des priorités nationales et internationales. À l'intérieur, développement du savoir et de la recherche, formation plus approfondie et plus méthodique des femmes et des hommes, refus des exclusions, garantie des libertés, déploiement de la culture, relance des droits sociaux, diffusion des responsabilités, décentralisation, mise au pas du libéralisme sauvage, cette jungle moderne. »

Gouverner

La politique était sa passion ; je ne l'ai jamais entendu formuler le regret de ne pas avoir exercé une autre activité, si ce n'est celle d'écrivain. Il ne fut avocat que quelques années, sans passion, au début de la décennie 1960. Une seule fois il me dit : « S'il n'y avait pas eu la guerre, j'aurais voulu être conseiller d'État, mais je pense que gouverner était plus intéressant. » Il estimait que la politique était un vrai métier et détestait y voir mêler des amateurs. Quand on lui parlait de la « société civile », il s'agaçait : « "Société civile" ? Y a-t-il une société qui ne soit pas civile ? Les hommes politiques professionnels sont-ils des militaires ? »

Il aimait à dire que le pouvoir est une drogue qui rend fou quiconque y goûte, qui corrompt quiconque s'y installe, qui détruit quiconque s'y complaît, qui pousse à confondre renommée et réputation, gloire et célébrité, reconnaissance et révérence, curiosité et admiration. Il pensait que son exercice conduisait à cesser de douter, à perdre tout esprit critique, à ne plus être soi, à croire en l'illusion de disposer de quelque chose comme un gage d'éternité, c'est-à-dire d'impunité. Bref, à être, au sens propre du mot, « aliéné ». Jamais pourtant il ne reconnut que ces traits pouvaient s'appliquer à lui-même, même s'il avait assez de recul pour savoir qu'on pouvait parfois, à juste titre, les lui prêter.

Il était fâché qu'on le jugeât opportuniste, prêt à tout pour conquérir puis conserver le pouvoir : « J'ai été ministre pendant sept ans et demi… Puis, pendant vingt-quatre ans, je n'ai pas été au gouvernement, je n'ai pas remis les pieds dans un palais officiel. Alors, quand on me taxe d'opportunisme… »

Sa décision de tenter d'être élu un jour président de la République remontait à loin et était passée par une très longue ascèse : « Dès que de Gaulle annonça en 1961 que l'élection du président de la République aurait lieu au suffrage universel – j'étais alors au Sénat, rejeté par tous –, j'ai su que je serais candidat un jour. Pourtant je n'avais pas d'appuis, pas de soutiens, pas d'argent, et j'avais plus d'adversaires que d'amis. Mais je le voulais. En 1965, personne ne voulait de moi, personne ne s'attendait à moi. Je n'ai annoncé ma candidature que deux mois seulement avant l'élection, alors que personne n'osait se présenter contre de Gaulle. Il faut savoir forcer son destin ; sinon, on n'en devient jamais le maître. »

Un jour de 1987, alors que je lui demandais s'il ne valait pas mieux pour lui ne pas se représenter l'année suivante et se remettre à écrire, il me coupa d'une voix agacée : « Les responsabilités nous envahissent, c'est vrai. Mais, sans elles, qu'est-ce qu'on s'ennuie ! Vous le savez bien, d'ailleurs. »

Il aurait sans doute préféré gouverner dans un cadre institutionnel différent, moins monarchique que celui de la Ve République, mais il pensait qu'il ne servait à rien de tenter d'amender la Constitution puisque toute réforme serait rejetée par le Sénat, dont l'approbation était nécessaire. Résigné à l'élection du président au suffrage universel qui lui donnait sa chance de devenir chef d'État, il considérait que le meilleur système serait celui d'un mandat présidentiel de sept ans non renouvelable. Il se garda bien, pourtant, de se l'appliquer à lui-même – on verra plus loin sous quel prétexte. De même, quand il réfléchit à l'introduction du quinquennat, il me dit, juste après sa réélection en 1988 : « Introduire le quinquennat maintenant serait de la folie. Cela déchaînerait une vague d'ambitions. Il n'y a pas de rétroactivité des lois, mais, moralement, je serais obligé de me l'appliquer à moi-même. Or j'ai bien l'intention de terminer mon septennat. En revanche, un référendum sur le sujet, en 1992 ou 1993, n'est pas exclu. » Il ne le fit pas.

Il considérait que le président n'avait à exercer de compétences que sur les grands enjeux relevant de sa souveraineté. La cohabitation – qui débuta en 1986 et ne cessa pratiquement plus jusqu'à la fin de son second mandat – l'amena à en préciser les limites : la défense, la politique étrangère, le respect des institutions. Le reste, tout le reste dépendait pour lui de la majorité parlementaire et du gouvernement qui en était issu.

Il laissa donc beaucoup de liberté à ses ministres. « Le gouvernement doit gouverner, et l'Élysée doit rester en retrait. Je laisse à Mauroy les mains libres. Les ministres doivent être les vrais patrons de leur administration. » L'annotation la plus fréquente qu'il portait sur les notes de ses collaborateurs était : « Laisser les ministres décider ». Mais il ne se faisait guère d'illusions : « Il n'y a qu'un quart de bons ministres. Ce n'est déjà pas si mal… Il y a trop de professeurs dans le groupe socialiste à l'Assemblée. Ils ne sont pas à l'image de la France. » Parmi ses Premiers ministres, celui qu'il apprécia par-dessus tout fut Pierre Mauroy, suivi de Pierre Bérégovoy et de Laurent Fabius.

Le Parlement restait pour lui le premier pouvoir, celui dont le gouvernement tirait sa légitimité ; il tenait à ce qu'il reflétât la réalité du pays : « La IVe République a souffert par excès de pouvoir législatif. En même temps, cela rendait le métier intéressant, puisque les parlementaires pouvaient renverser le gouvernement ! En 1958, on est peut-être allé trop loin dans l'autre sens, mais il est très difficile de trouver un équilibre. [...] Dans le choc des pouvoirs, il s'agit en définitive de savoir qui décide... Ce n'est pas moi qui ai dépouillé le Parlement de ses prérogatives, c'est de Gaulle ! Il lui a ôté le droit de fixer son ordre du jour, l'initiative des lois et des sessions extraordinaires ; il l'a privé de tout droit, y compris même du droit de regard en matière internationale et de la possibilité d'amender le budget. La procédure du vote bloqué, c'est lui. Toutes les lois importantes qu'il a fait voter, tous les choix fondamentaux qu'il a fait enterrer l'ont été en contraignant le Parlement. Mais, lorsqu'il s'agissait de lui, c'était bien. Et quand c'est moi – qui ménage pourtant bien plus les élus –, on appelle ça une "dérive monarchique" ! »

À propos du système électoral, il jugeait qu'« il n'y a pas de bon système. Il faut en changer de temps en temps. [...] Les Français ont fait tout de travers. Ils ont accru la faiblesse de l'exécutif de la IVe République par la proportionnelle, et ils ont renforcé le pouvoir de celui de la Ve par le scrutin majoritaire [...]. Il faut que le scrutin soit enfin égal. La gauche a souffert d'un déni de justice en 1962, en 1967, en 1968 et plus encore en 1978 où elle constituait la majorité. [...]. La représentation proportionnelle, c'est limiter la casse. Le scrutin majoritaire, c'est jouer le tout pour le tout. » Il pensait que le scrutin majoritaire était faussé par le découpage des circonscriptions : « L'intérêt des socialistes est de choisir un système simple, car s'ils donnent l'impression de se défendre par des moyens juridiquement compliqués, ils y perdront. C'est ce qui m'éloigne de la proportionnelle à deux tours, qui aurait ma faveur, mais qui est un système trop compliqué. [...] J'ai été élu pour la première fois à la proportionnelle, système qu'avait choisi le général de Gaulle à la Libération. De 1958 à 1981, j'ai survécu au système majoritaire. J'ai toujours préféré, pour ma part, le scrutin d'arrondissement qui oblige le député à connaître sa circonscription et crée un lien très fort entre les électeurs et l'élu. Je n'aime pas cette idée de voter pour un parti, sans même connaître le nom ni le visage de celui qui nous représentera au Parlement. L'idée serait sûrement de pouvoir combiner les avantages des deux. Mais c'est bien compliqué. De toute façon, dès qu'on touche au système, les Français sont persuadés que c'est de la magouille. Et on ne va pas s'amuser à changer de loi électorale tous les trois jours... » Aussi instaura-t-il la proportionnelle en 1986 mais laissa-t-il la droite rétablir le scrutin majoritaire en 1987, et il n'y toucha plus durant son second septennat.

S'informer

Son obsession, pour gouverner, était de s'informer sans cesse ; il accueillait souvent ses amis par : « Qu'est-ce qu'on dit aujourd'hui autour de vous ? » Savoir avant les autres était pour lui une condition de survie. Les secrets qui hantaient sa propre vie le poussaient à vouloir connaître ceux des autres. Ses sources étaient innombrables : des notes, des rencontres, des journaux. Il écoutait un peu la radio, tôt le matin, mais ne regardait guère la télévision. Il voyait énormément de gens de tous les milieux.

Une fois élu, il passa deux heures par jour, en fin d'après-midi, à lire tous les télégrammes diplomatiques reçus à la présidence, y compris ceux qui ne lui étaient pas directement destinés, ainsi que toutes les notes émanant des ministres et de ses collaborateurs, qu'il annotait souvent ligne à ligne.

Le ministère de l'Intérieur l'intéressait plus que les autres ; il en savait tout et suivait en détail les nominations des moindres sous-préfets, les notes produites par tous les services – dont les fiches d'écoutes téléphoniques. Je les voyais parfois circuler dans de grandes enveloppes non fermées sur lesquelles apparaissait le nom de François Mitterrand. Je ne les ouvrais jamais, me bornant parfois à discerner à l'intérieur des feuilles de papier pelure de couleur ; si je savais qu'y étaient glissés des comptes rendus d'écoutes, c'est qu'un jour il m'en montra un dans lequel un des interlocuteurs – un terroriste – parlait de moi. Jamais ne m'effleura l'idée que ces écoutes pouvaient être réalisées autrement que de façon légale, par les services officiels des ministères et à leur demande.

Réunir

Gouverner, pour beaucoup d'hommes de pouvoir, passe par la convocation de réunions : plus elles sont nombreuses, peuplées et longues, plus s'affirme le statut de celui qui les préside. Lui, au contraire, dans l'opposition comme au pouvoir, les détestait.

Avant 1981, François Mitterrand était tenu d'assister à d'interminables réunions de parti au cours desquelles il avait l'art consommé de ne pas intervenir – jusqu'à ce que tous se lassent. Quand il s'y ennuyait trop, un signe d'énervement – comme de pianoter sur la table – ne trompait personne. C'est ce qu'il fit ce jour de mars 1981 où Jacques Séguéla, devenu son ami et son publicitaire, vint présenter le slogan de « la Force tranquille » à tous les dirigeants socialistes, lesquels le rejetèrent avant que lui-même ne l'approuvât.

À l'Élysée, il réduisit les réunions au strict minimum : le Conseil des ministres était une cérémonie ; chacun y lisait son texte pendant que le président rédigeait son courrier et que circulaient de petits billets. Il ne levait en général la tête que pour répondre au ministre des Affaires étrangères et fixer en ce domaine la ligne de la France, démontrant toujours une connaissance approfondie des enjeux du moment. Les conseils restreints, qu'il accepta avec réticence, furent vite supprimés, sauf ceux de la Défense, durant lesquels il énonçait ses orientations, longuement mûries en solitaire, sans admettre le débat.

Quelques rares autres réunions survécurent un temps : il recevait chaque lundi soir le secrétaire général du gouvernement avec le secrétaire général de l'Élysée, venus proposer l'ordre du jour pour le Conseil des ministres du mercredi suivant. Le mardi, il petit-déjeunait avec le Premier ministre, le secrétaire général de l'Élysée et le premier secrétaire du Parti socialiste. Le mercredi matin, avant le Conseil, il voyait le Premier ministre, d'abord avec les deux secrétaires généraux, puis en tête à tête. À l'issue du Conseil, il déjeunait avec les principaux hiérarques du PS qu'il recevait de nouveau le jeudi au petit déjeuner, cette fois sans le Premier ministre. Le vendredi après-midi, il voyait le ministre des Finances et le premier secrétaire du PS. À cela s'ajoutaient parfois des conseils restreints et – une seule fois – un séminaire gouvernemental.

Il m'avait demandé d'assister à toutes ces réunions et à tous ces repas qu'il finit par supprimer l'un après l'autre : d'abord le petit déjeuner du jeudi, puis le déjeuner du mercredi, puis les conseils restreints, enfin le petit déjeuner du mardi. Ne furent maintenues pendant le second septennat que des réunions d'urgence sur des sujets de nature essentiellement militaire (Liban, Irak, otages), plus pour faire approuver son point de vue que pour décider.

Décider

Il ne décidait jamais en réunion, ni même en tête à tête, mais toujours seul, dans son bureau, par écrit. Il fallait toujours confirmer l'orientation d'un entretien par ce moyen sous peine d'être désavoué. Nombre de ses collaborateurs ou de ses ministres eurent à regretter d'avoir pris une conversation pour une consigne.

L'essentiel de son pouvoir se manifestait par l'annotation quotidienne de dizaines de parapheurs, de notes, de lettres, de requêtes, de décrets, de lois, de grâces, d'avis, d'études, de rapports de police, de suggestions, de demandes émanant de tous les horizons, filtrés ou non par ses conseillers et ses assistants. Il ne se plaignait jamais de la longueur d'une note. Ses commentaires écrits, qui valaient décision, étaient en général très clairs : « oui » ou « non ». Quand il répondait « vu », cela signifiait « non ». La réponse était parfois assortie d'analyses très détaillées. Il était rarement énigmatique, comme il le fut par exemple en répondant à Jack Lang, qui contestait la loi de décentralisation transférant une partie du budget de son ministère aux régions : « Oui, mais en souplesse, car la loi est là. Récupérer le plus de fonds possible pour l'État me paraît nécessaire. Agir cependant avec prudence… »

Une autre façon de décider – toujours par écrit – était d'adresser des lettres à ses ministres pour laisser une trace de ses consignes. Souvent, croisant l'un d'eux, il disait : « Où en êtes-vous dans la mise en œuvre de ma lettre ? »

Parfois il intervenait sur des sujets de compétence gouvernementale qui lui tenaient à cœur, et s'en arrogeait la maîtrise : ainsi des grands travaux (le Louvre, le ministère des Finances à Bercy, l'Opéra de la Bastille, la grande arche de la Défense, la Grande Bibliothèque à Tolbiac) dont il suivait les progrès dans les moindres détails. Parfois il agissait de même sur des sujets mineurs qu'on lui signalait au hasard de rencontres. Par exemple, au retour d'un déjeuner en région parisienne, il m'écrivit : « Je m'intéresse au tracé dans les Yvelines du futur TGV Ouest, tracé qui se moque de la tranquillité de plusieurs villages, alors qu'au début de la plaine de la Beauce il y a toute la place qu'on veut. Que Jean Auroux soit saisi au plus tôt et me propose une solution conforme à mes vœux. Je vous en donnerai le détail. » La forêt de Saint-Germain, menacée d'être traversée par une autoroute, fut l'objet de la même sollicitude entêtée et salvatrice. Il défendit de la même façon la dotation budgétaire du consulat français d'Alep, celle de telle sous-préfecture, de tel monument situé dans une zone rurale. Il obtint ainsi d'un ministre de la cohabitation, Albin Chalandon, qu'il ne défigurât pas, par l'érection d'une prison, la vue que chacun pouvait avoir depuis la basilique de Vézelay, un des sites qu'il préférait au monde.

Lorsqu'il avait pris une décision, il tenait à ce que son exécution fût extrêmement rapide. Mais, quand une crise s'annonçait, il aimait à la laisser durer pour tirer le meilleur de son paroxysme.

Il pensait que la principale qualité d'un chef d'État n'était pas le courage, mais l'indifférence. Il croyait en la vertu de l'impopularité et en celle des crises : « Les Français doivent mesurer concrètement l'impossible pour évoluer vers le souhaitable. » Mais aussi à la nécessité de faire rêver : « Exercer le pouvoir, c'est donner de l'espoir. »

Bien que le droit de nommer ait été de tout temps la principale prérogative d'un chef, il ne s'y intéressait que peu, sauf pour tous les postes du ministère de l'Intérieur, les principaux postes des ministères de la Défense, des Affaires étrangères et de la Culture. Les nominations aux postes économiques et sociaux lui étaient indifférentes. Il connaissait fort peu les hauts fonctionnaires et ne cherchait pas à les rencontrer. Il disait détester l'ENA, même si ses principaux collaborateurs et la majorité de ses Premiers ministres en étaient issus.

En matière économique et sociale, il n'aimait pas négocier. Il n'avait aucune familiarité avec les syndicats ni avec le patronat. « J'ai de l'admiration pour la CGT, ce sont les seuls sérieux, bien souvent. » Il appréciait aussi FO mais se méfiait de la CFDT ; il s'amusa beaucoup le jour où Pierre Mauroy lui rapporta qu'Edmond Maire, alors secrétaire général de ce syndicat, lui avait confié : « Nous n'avons que 20 % de membres qui votent à droite à la CFDT. Et, pour une grande organisation, ce n'est pas assez ! » Il incita ses gouvernements successifs à négocier avec les partenaires sociaux ; il répétait souvent : « Le discours gouvernemental doit s'appuyer sur trois idées-forces : informer, négocier, innover. Il faut introduire la négociation comme un nouveau style de la vie collective française à tous les niveaux. [...] Nos travailleurs ne se sentent pas assez responsables. Le gouvernement n'a pas su associer les travailleurs aux décisions. »

En matière internationale, il avait, au contraire, la passion et le génie de la négociation. Dans les réunions de l'Union européenne et du G7, il savait nouer les alliances, prendre son temps, accepter la rupture, puis proposer les termes d'un compromis. Il disait qu'on n'obtenait un bon prix que pour ce qu'on était prêt à ne pas acheter.

En politique étrangère comme en politique intérieure, il pensait qu'un homme d'État devait être comme un joueur d'échecs jouant plusieurs coups d'avance. Il passait beaucoup de temps à esquisser les scénarios des années à venir. Dès le 29 mai 1981, il m'expliqua : « Mon septennat se déroulera en trois phases : une brève période d'euphorie, une longue période difficile et une fin plus facile, car, enfin, la crise ne peut pas durer encore sept ans ! » Dès ce jour-là il se savait menacé d'une cohabitation, mais il disait : « Après une victoire de la droite en 1986, il peut y avoir cristallisation autour du Parti socialiste, et l'élection d'un socialiste en 1988 est possible. On doit avoir un moral de vainqueurs si on intègre l'idée que notre défaite en 1986 n'est qu'une péripétie. » En 1988, il s'employa à éloigner l'un après l'autre tous ceux qui pouvaient le concurrencer, ruinant toutes les chances de la génération qui le suivait – celle de Michel Rocard – en s'appuyant sur la suivante – celle de Laurent Fabius.

Les relations avec les partis

Le Parti socialiste était sa chose. Il l'avait fabriqué, le connaissait dans ses moindres détails, ayant, dans l'opposition, passé d'innombrables soirées au sein de chaque fédération et la plupart de ses dimanches à présider ses diverses instances. Il le voyait comme la structure indispensable à la démocratie, le pivot de l'alternance, le point de rassemblement de toute la gauche, même s'il lui paraissait impossible qu'il rassemblât jamais plus du tiers du corps électoral. Pour lui, ce devait d'abord être un parti d'élus. Une fois au pouvoir, il se déclara déçu par ce parti peuplé de « médiocres », « d'imbéciles doublés de paresseux », « d'instituteurs incapables de vendre une boîte de sardines ». Il pestait souvent : « Tout ce que fait le gouvernement tourne au ridicule, au burlesque, parce que nul ne sait le mettre en valeur. L'incapacité du parti à désigner autre chose que ses plus mauvais éléments comme candidats me fascine : le processus de SFIOisation a recommencé. Il faudrait presque tout reprendre à partir de clubs pour que de meilleurs candidats soient désignés. » Et puis encore : « Dès que la presse se déchaîne, ils passent presque tous sous la table… »

Si, en juin 1981, il souhaita la victoire absolue aux élections législatives du Parti socialiste pour ne pas dépendre du Parti communiste, il regretta qu'elle fût trop large ; sept ans plus tard, il expliqua clairement à l'opinion qu'il n'en voulait pas, au grand dam de Michel Rocard…

Il éprouvait beaucoup de respect pour les militants du Parti communiste et le plus grand mépris pour ses dirigeants qu'il pensait télécommandés depuis Moscou. Leur faible qualité intellectuelle l'étonnait, à quelques exceptions près comme Roland Leroy ou René Andrieu, qui le haïssaient l'un et l'autre, et Jack Ralite, qui l'admirait. Le Parti communiste était pour lui une sorte de dinosaure qui n'avait plus de raisons d'exister : « Les communistes ont introduit dans le socialisme un poison totalitaire. C'est incompatible avec le "socialisme humanitaire", avec la tradition de Jaurès, de Blum. L'Église romaine a appris la discipline aux catholiques qui, ainsi habitués, ne discutent pas les ordres d'une autre Église. Le passage d'une partie de notre société du catholicisme pratiquant au communisme militant a sans doute exigé beaucoup de déchirements, mais pas un changement de nature. [...] En France, le communisme a atteint un niveau exagéré, en partie en raison de son attitude héroïque pendant la guerre. Les avoir dans le gouvernement leur fait perdre leur originalité, puisqu'ils sont associés aux socialistes dans toutes les décisions. Ils devraient donc être de moins en moins capables de rallier des voix au-delà des communistes. [...] Le Parti communiste ne comprend que la force. Il fonctionne toujours comme ça : combien de divisions ? Il faut lui parler fermement. On ne peut faire ami-ami avec des gens dont il est évident qu'ils cherchent avant tout à nous perdre... Dans les élections, ils ont besoin de nous en raison du système. C'est pourquoi ils tiennent tant au système proportionnel qui les dégage de nous. Si le Parti socialiste perd vingt villes, le Parti communiste risque d'en perdre trente ou quarante. Le Parti socialiste peut vivre avec vingt villes de moins, le Parti communiste ne le peut pas. Ça, c'est un langage qu'il comprend ! »

Ce qu'il pensait de De Gaulle

Quand on évoquait de Gaulle devant lui, jamais il n'approuvait quoi que ce fût de son prédécesseur. Quand un ministre proposait de donner le nom ou l'effigie du Général à un bâtiment, à un navire ou à un billet de banque, il refusait d'un haussement d'épaules accompagné d'un : « C'est trop tôt. »

De fait, il détestait le Général depuis ce jour de novembre 1943 où, à Alger, le chef de la France libre lui aurait demandé de laisser la direction du mouvement des prisonniers de guerre à son neveu en échange d'une sinécure : « En 1940, de Gaulle a accaparé une Résistance dont il n'était qu'une facette, détruisant autant qu'il pouvait la Résistance de l'intérieur. Il a tout fait pour éliminer les grands résistants de l'intérieur, en les couvrant d'honneurs à Londres, ou peut-être même, dans certains cas, en les laissant se faire éliminer physiquement. Il combattait plus la Résistance de l'intérieur que les Allemands. Moi, quand je suis arrivé à Alger, il m'a offert un poste de député pour m'empêcher de rentrer en France. J'ai évidemment refusé. »

Il aimait rappeler qu'en septembre 1944, lorsque de Gaulle le nomma dans le premier gouvernement de la Libération parce qu'il ne pouvait faire autrement, ses premiers mots, en l'apercevant, furent : « Encore vous ! »

François Mitterrand pensait que de Gaulle était « un dictateur dans l'âme, et qu'en 1958 il avait fait un coup d'État ». Dans un pamphlet publié en 1964, *Le Coup d'État permanent*, il écrivait : « Après avoir inspiré une conjuration politique et exploité une sédition militaire, il a renversé l'ordre établi mais décadent qui s'appelait quand même la République… Comme le premier des Bonaparte, [de Gaulle] ne voulait tenir la couronne que de lui-même et l'arracha des mains qui l'offraient à son front. Comme le second des Bonaparte, il ne désirait qu'un seul consentement au geste omnipotent, le consentement populaire. Dûment conditionné par les recettes éprouvées du plébiscite napoléonien, le suffrage universel opina. » Et encore : « J'appelle le régime gaulliste dictature parce que, tout compte fait, c'est à cela qu'il ressemble le plus, parce que c'est vers un renforcement continu du pouvoir personnel qu'inéluctablement il tend, parce qu'il ne dépend plus de lui de changer de cap […]. Je veux bien, par complaisance, appeler ce dictateur d'un ton plus aimable : consul, podestat, roi sans couronne. » Puis vient ce jugement terrible sur la Constitution, qu'il aura à défendre quinze ans plus tard : « La Constitution, ce chiffon de papier qui porte la signature de 18 millions de Français, de quelle main impatiente le général de Gaulle n'arrêtera-t-il pas de la froisser ! D'abord il s'emparera corps et biens du pouvoir exécutif et réduira le gouvernement à la fonction d'un agent subalterne. Ensuite il isolera le Parlement dans un ghetto d'interdits, il lui ôtera les trois quarts de sa compétence législative, il lui arrachera la quasi-totalité de sa compétence constitutionnelle, et, pour achever l'ouvrage, il le livrera aux risées d'une propagande totalitaire en faisant moquer ses sursauts impuissants. Enfin il se débarrassera des derniers contrôles importuns qui risquent de gêner sa marche vers l'absolutisme : Conseil constitutionnel qu'une poignée d'avoine fera rentrer à l'écurie ; Conseil d'État qu'on musellera ; magistrature qu'on évincera. Alors ne restera debout, face au peuple abusé, qu'un monarque entouré de domestiques : nous en sommes là. »

Il y avait pourtant entre les deux hommes bien des points communs : l'un et l'autre avaient rêvé d'incarner la France ; l'un et l'autre surent montrer au monde une de ses meilleures images. Le premier permit aux Français de se croire résistants alors qu'ils avaient dans l'ensemble accepté la Collaboration ; le second leur permit de se croire réformateurs alors qu'ils étaient dans leur grande majorité conservateurs. Sans doute François Mitterrand enrageait-il, de surcroît, en pensant que de Gaulle laisserait une plus grande place que lui dans l'Histoire.

Il détestait les gaullistes plus encore qu'il ne haïssait de Gaulle. Il les voyait comme un clan de gangsters, d'hommes de main ayant fait main basse sur l'État et ayant verrouillé tous les pouvoirs. « Le RPR, ce sont des hommes de violence qui piétinent les institutions qu'ils ont fondées. Ils ont trahi les hommes ; maintenant, ce sont les institutions qu'ils trahissent. » Il ne faisait aucune distinction entre eux et l'extrême droite, et, quand surgit le Front national, il n'y vit qu'une excroissance du gaullisme : « L'extrême droite était dans la droite ; le RPR et l'UDF se la partageaient. Maintenant qu'elle en est sortie, ils ont un concurrent. » Il pensait que Le Pen, qu'il méprisait, avait encore beaucoup d'émules parmi les gaullistes et dans l'armée : ainsi, quand *Libération* publia les témoignages de cinq Algériens accusant Le Pen d'avoir participé à des tortures en 1956 et 1957, il éclata : « Qui était avec lui dans ces régiments ? Beaucoup de généraux d'aujourd'hui !... »

Contrairement à ce qu'on lui a tant reproché, à aucun moment, à ma connaissance, il ne chercha à renforcer le Front national pour affaiblir la droite parlementaire. Il s'opposa au contraire brutalement, devant moi, à tous ceux qui, dans son camp, caressèrent cette idée : « Tous ceux qui, dans l'histoire de France, ont fait la politique du pire ont perdu la vie ou le pouvoir. »

Il pensait seulement que les idées du Front national étaient aussi celles de la droite classique, et qu'il fallait les combattre également. De fait, c'est après son départ du pouvoir que l'extrême droite connut une réelle progression.

Pour lui, la plupart des centristes étaient également des gens de droite dont la gauche n'avait rien à attendre : « Si vous voulez savoir ce qu'est un homme politique, ne regardez pas sa tête, mais ses pieds, c'est-à-dire son ancrage électoral. Leur circonscription les élit à droite ou à gauche. Le centre n'est qu'une posture petite-bourgeoise. » Et quand, en 1988, Michel Rocard souhaita en faire entrer certains au gouvernement, il eut la même attitude que sept ans auparavant vis-à-vis des communistes : oui, mais à condition de ne pas dépendre d'eux. « On ne va tout de même pas se traîner aux pieds des centristes ! Si j'accepte leurs propositions, ils nous lâcheront dès que la situation deviendra difficile. [...] Ce qu'ils nous demandent, en fait, c'est d'attendre le moment où nous serons devenus fragiles pour nous avoir à leur main. C'est ce que j'ai dit à M. Giscard d'Estaing qui croit, depuis la défaite à l'élection présidentielle de Chirac, être redevenu le patron de la droite : je préfère que le sort du gouvernement soit dans ma main plutôt que dans la sienne. Je souhaite vraiment que nous rassemblions tous ceux qui peuvent l'être autour des valeurs démocratiques, ce qui exclut certains, mais laisse une large place aux autres. [...] Cela pourra choquer certains esprits doctrinaires, mais je tiens à ce rassemblement face aux menaces qui pèsent sur la démocratie. »

Ses relations avec l'argent

Contrairement à ce que laissèrent entendre bien des polémistes, ce n'était pas un homme d'argent. Il se plaignait souvent de cette accusation : « On dit que je suis un homme d'argent ! Je n'ai rien à moi ! Si j'avais seulement perçu 10 % des droits d'auteur sur tous les livres qui ont été écrits pour dire que je suis un homme d'argent ! »

Il était comme ces aristocrates pour qui gagner de l'argent était vulgaire, alors qu'en posséder était respectable. Il me rapporta souvent son incapacité à se faire payer ses honoraires d'avocat par ses clients les plus fortunés pendant les brèves années où il exerça ce métier. Il aimait en particulier se rappeler cet Italien qu'il sauva de la prison, qui vint pleurer dans son bureau pour demander un report de règlement de ses honoraires, et qui, sortant avec lui de leur rendez-vous, lui proposa de le déposer... avec sa Rolls !

Il n'aimait pas non plus dépenser, sauf dans des choses qui restent : vieilles reliures, vieilles granges, un étang, des vêtements solides. Sa haine de l'argent s'assortissait d'un refus des contraintes économiques. Il en retenait aisément les chiffres, les faits, les raisonnements, mais ne s'y intéressait pas : pour lui l'économie n'était qu'une donnée annexe, pas une science exacte ; avec elle, tout et son contraire pouvaient être dit. Il la soupçonnait même d'être une invention de la droite et de hauts fonctionnaires conservateurs pour limiter la marge de manœuvre du pouvoir politique. Et ce n'était pas pour rien dans sa détestation de Rocard. Il est vrai que celui-ci faisait de sa compétence en la matière une arme politique surdimensionnée. On verra d'ailleurs plus loin que cette compétence autoproclamée ne se vérifia pas dans l'action.

Il connaissait très peu de patrons et refusait d'en fréquenter. Un seul, on ne peut plus particulier, Jean Riboud, était de ses amis.

Inspecteur des finances, grand résistant, survivant de Buchenwald, patron d'un grand groupe américain, Jean était un homme de gauche très exigeant qui tenta de jouer, on le verra, un rôle majeur dans la politique économique du pays. Un seul autre patron, très différent du précédent, exerça de l'influence sur François Mitterrand : Antoine Riboud, frère du premier ; autodidacte, provincial, aucunement résistant, plutôt centriste, c'était lui aussi un très grand chef d'entreprise et un visionnaire que François Mitterrand aima fréquenter sans jamais voir les deux frères ensemble.

Des autres patrons, il avait une vision caricaturale : « Beaucoup considèrent que le chômage est un mal nécessaire. Une sorte de saignée pour préserver le corps : leur capital. » Les présidents du CNPF (ancien nom du MEDEF) furent pour lui des rencontres obligées, jamais des rencontres intéressées. Il se flattait d'être impopulaire auprès des dirigeants d'entreprise ; pourtant, tout en les critiquant, il fit très vite le chemin qui le conduisit à glorifier l'entreprise et à tout faire pour la promouvoir, comme une structure nécessaire à la mise en œuvre du progrès technique et social : « Nous avons un capitalisme sans imagination dans l'esprit et sans audace dans l'action. Et beaucoup d'entrepreneurs qui n'entreprennent pas ! Il y a une toute petite minorité de grandes et moyennes entreprises qui méritent tous les éloges, mais le reste ne suit pas. Les médias critiquent le gouvernement ; mais ce n'est pas lui qui fabrique, ce n'est pas lui qui vend ! Ce n'est pas lui qui assure l'après-vente par où nous péchons le plus ! Cela se passe dans la tête. On reste chez soi et, si on part, on aime bien revenir pour passer un week-end tranquille en France. Tenez : on me reproche de faire beaucoup de voyages. Eh bien, moi, chaque fois, ça m'ennuie. Mais enfin je ne suis pas un vendeur, ce n'est pas mon métier !... »

Je ne l'ai jamais entendu parler du financement des partis, dont il devait s'occuper avec d'autres, sauf pour dire que le Parti socialiste avait certainement dû faire des bêtises, comme les autres. « Autour de la politique, il y a toujours des gens douteux : c'est un milieu que j'évite d'approcher depuis quarante ans. » Pis encore, il haïssait ceux de ses amis qui tentaient d'utiliser leurs relations avec lui pour faire de l'argent. Pour cette raison il cessa même de voir le plus ancien de ses compagnons, Roger-Patrice Pelat, un ex-ouvrier rencontré pendant la guerre, membre du même réseau de résistance, qui lui avait fait rencontrer Danielle Gouze, sa future femme.

Il regrettait qu'on fît plus à la gauche le reproche d'affairisme qu'à la droite « qui s'en est mis plein les poches, beaucoup plus que nos amis ». Puis il ajoutait : « Il faut d'ailleurs relativiser tout ça. Richelieu, Mazarin, Talleyrand ont pillé des trésors. Qui s'en souvient ? »

Décider contre ses amis

Il lui arrivait d'avoir à affronter des amis ou des proches. Ces affrontements étaient parfois brutaux. Dans certains cas, il cédait. En d'autres, il usait de détours complexes pour imposer ses décisions et faire échouer les choix de ses propres amis.

Lorsqu'il fut question de mettre en œuvre le remboursement par la Sécurité sociale de l'IVG, il s'opposa à une des femmes qu'il respectait le plus, Yvette Roudy, avant de lui céder. Quand, le 3 mars 1982, celle-ci annonça qu'une loi allait autoriser ce remboursement, le président protesta : « Je n'ai pas autorisé cette décision, je suis contre cette banalisation de l'avortement, et vous ne me forcerez pas la main ! » Lorsque, la semaine suivante, Pierre Mauroy confirma cette décision, François Mitterrand lui adressa la lettre la plus sévère qu'il lui écrivît jamais : « Je viens de prendre connaissance de votre exposé d'hier sur les droits nouveaux de la femme. J'y vois le premier dissentiment sérieux entre nous dans la conduite du gouvernement. Non seulement plusieurs de mes mesures par vous annoncées me paraissent contestables et en tout cas inopportunes, mais encore et surtout je ne puis accepter ni la méthode suivie – la nature et l'objet des Conseils interministériels – ni votre volonté d'imposer des décisions que je récuse et à propos desquelles je vous ai fait connaître mes réserves. Cette situation, source de conflits institutionnels et politiques, ne saurait durer sans dommage pour le pays. Je souhaite que nous en parlions sans tarder. » Six mois plus tard, pourtant, après avoir reçu Yvette Roudy à trois reprises, il laissa faire et parapha le décret obligeant tous les établissements hospitaliers publics à pratiquer des IVG et entérinant le remboursement de l'IVG par la Sécurité sociale. Il s'opposa ensuite tant qu'il put à l'extension de la durée pendant laquelle cette IVG était autorisée. Je ne l'ai jamais entendu inclure cette réforme parmi celles qu'il mettait à l'actif de son action. Je pense même qu'en son for intérieur il y était resté très hostile.

De même il affronta Pierre Joxe, qui s'opposait à son désir d'amnistier les généraux compromis dans les affaires de l'OAS en 1962. Il appréciait particulièrement ce brillant haut fonctionnaire, fils de Louis Joxe – le négociateur des accords d'Évian – et petit-fils de Daniel Halévy ; il en avait fait un homme clé de son dispositif et il lui confia en 1981 la présidence du groupe socialiste au Parlement avant d'en faire un ministre très important. Quand François Mitterrand voulut mettre en œuvre l'amnistie générale accordée aux participants à la guerre d'Algérie, il souhaita l'étendre aux généraux putschistes. Joxe s'insurgea, considérant qu'il s'agissait là d'« une injure personnelle faite à sa famille ». François Mitterrand tenta de le convaincre : « Ne soyez pas naïf! De toute façon, ils n'ont pas été plus "Algérie française" que Michel Debré ou Michel Poniatowski ! » Joxe ne céda pas. François Mitterrand se fâcha : « Vous ne comprenez rien ! L'extrême droite est aujourd'hui à l'intérieur du RPR. Et, pendant la guerre d'Algérie, Debré et Massu ont fait pire que les généraux félons. » Pourtant, contre François Mitterrand, Joxe obtint l'exclusion des généraux du bénéfice de l'amnistie par 266 députés socialistes sur 289.

Enfin, et surtout, François Mitterrand réussit à s'opposer à la mise en œuvre d'une de ses propres promesses électorales, la quatre-vingt-dixième de ses cent dix propositions, sur la nationalisation de l'école privée, s'opposant en cela à tous ses amis qui la défendaient. Déjà, lors de l'élaboration de cette proposition, il avait montré qu'il restait fidèle à la ligne de sa jeunesse et qu'il ne souhaitait pas qu'on remît en cause par la force de la loi le droit de chacun à recevoir une éducation privée. Quand il fut question, en 1980, de définir le projet relatif à l'enseignement, il remplaça le terme « nationalisation » par la formule : « Un grand service public unifié et laïque de l'Éducation nationale sera constitué. » Mais il y était en fait hostile. Juste avant son élection, il déclarait encore : « Quand j'étais enfant, ma mère, qui était une catholique fervente et ouverte au débat, me disait : "Tu sauras plus tard qu'il n'y a que des guerres de religion…" Je me demande si cet aveu d'une femme simple, dans cette petite ville tranquille de l'Ouest français, ne portait pas sa pertinence, s'il n'y a pas au total, dans l'histoire de l'humanité, une somme effroyable qui ne s'expliquerait que par la permanence des guerres de religion, c'est-à-dire la volonté d'imposer sa foi, son dogme, la foi considérée comme un instrument de pouvoir. » Il pesa chaque mot de la lettre qu'il envoya entre les deux tours de l'élection présidentielle de 1981 aux parents d'élèves de l'enseignement privé : « Ce grand service public de l'éducation aura vocation d'accueillir tous les établissements et tous les personnels – soit le résultat d'une négociation et non d'une décision unilatérale. J'entends convaincre et non contraindre. » Il trouvait certes excessives les réactions de l'épiscopat à la réforme, somme toute limitée, proposée par les socialistes, et il détestait qu'on appelât « libre » une école qui n'était que « privée ». (« L'école "privée" n'est pas plus libre qu'une autre ! »)

Mais il s'opposa surtout, à cette occasion, à son prédécesseur abhorré à la direction du Parti socialiste, Alain Savary, dont il avait fait un ministre de l'Éducation nationale. Les deux hommes ne cessaient de diverger sur tous les sujets. François Mitterrand lui refusa en particulier la suppression des mentions au baccalauréat et une réforme de l'enseignement supérieur qui aurait aboli le grade de professeur ; Savary, quant à lui, lui refusa tout ce qu'il demandait. Le président lui laissa donc proposer de mettre un terme à l'existence de l'école privée mais trouva le moyen de faire échouer là-dessus son propre camp.

Il demanda d'abord à une de ses sœurs, Geneviève Delachenal, très active au sein du mouvement catholique, de rassurer en secret l'épiscopat. Ensuite, quand Savary présenta son projet (intégration des écoles privées dans un établissement d'intérêt public, obligation pour l'État et les communes de financer ces écoles, intégration des maîtres du privé dans le secteur public), le président le laissa faire, s'attendant au chaos. Et il eut lieu. D'un côté, les parents d'élèves du privé protestèrent en masse. De l'autre, quatre cents municipalités de gauche refusèrent de payer leur contribution aux écoles privées. Mitterrand lança alors à Savary : « Je vous l'avais bien dit. C'était une querelle inutile. Je vous croyais plus adroit ! » En juin 1983, contre l'avis du président et avec l'aval de Pierre Mauroy, le ministre fit adopter sa loi par l'Assemblée nationale en première lecture. Restait à franchir les obstacles du Sénat et du Conseil constitutionnel. François Mitterrand était encore convaincu qu'on ne sortirait pas du « bourbier scolaire ». Il dit à Pierre Mauroy : « C'est une illusion de croire un compromis possible. Il n'y en a pas. Le Sénat et le Conseil constitutionnel rejetteront votre texte. Cette loi est inconstitutionnelle, elle nous fera perdre les élections de 1986, et la droite l'annulera. Je ne vois pas bien à quoi il sert de faire des réformes qui n'entreront jamais en vigueur. » Il rencontra alors secrètement monseigneur Vilnet pour le rassurer : « Le projet Savary n'est pas le mien », et il ne fit rien pour éviter l'échec de négociations entamées entre les deux parties en décembre 1983. En janvier 1984, il laissa le gouvernement refuser le financement des écoles privées rebelles et s'amusa devant moi de voir les manifestations catholiques reprendre et le Parlement paralysé par 84500 amendements émanant de la droite. Essayant quand même d'éviter le pire, il rédigea lui-même un texte de compromis que les extrémistes laïcs du PS firent à leur tour échouer, en mars 1984, en exigeant d'y introduire l'interdiction de créer des maternelles privées là où il n'en existe pas de publiques. Les socialistes étaient divisés. Certains, comme Laignel, poussaient à l'affrontement. D'autres, comme Mauroy et Jospin, au compromis. Aucun ne voulait renoncer complètement.

François Mitterrand décida dès lors de revenir à sa stratégie initiale : laisser la crise s'approfondir, puis proposer un référendum sur le sujet, qui aurait certainement conduit à enterrer le projet. Cela impliquait au préalable d'organiser un premier référendum pour réformer la Constitution afin qu'il soit ensuite possible d'en faire d'autres sur tous les sujets, dont celui de l'école. Il mit l'idée au point avec l'un de ses conseillers, Michel Charasse, persuadé que cette succession de référendums n'aurait jamais lieu et que le projet de loi sur l'école privée serait définitivement abandonné. Quand, le 4 mars 1984, 500000 partisans de l'enseignement privé manifestèrent à Versailles, il fit remarquer aux dirigeants socialistes, réunis pour le traditionnel déjeuner du mercredi : « L'opinion est contre vous, il vous faudra bien en tenir compte. Savary ne comprend rien à rien. Et ce n'est pas nouveau. Il est entêté, borné, il confond principe moral avec sectarisme. » Lorsque Mauroy s'inquiéta de la réaction des déçus de la gauche (« Il faut éviter de créer un cocktail explosif entre les déçus de la laïque et les déçus de la fonction publique »), le président exposa clairement sa stratégie aux dirigeants socialistes : « Une manifestation d'un million de personnes à Paris contre votre projet, même si elle tourne mal, permettrait de trouver une porte de sortie honorable. » En avril 1984, il évoqua devant les mêmes dirigeants socialistes l'éventualité d'un référendum sur le sujet. À la Pentecôte 1984, à Solutré, il m'expliqua laconiquement ses intentions, en me disant : « Ne vous inquiétez pas : je sais arrêter ça. » Un peu plus tard, s'adressant à Mauroy et à Savary, le président ne parlait plus que de « votre projet » avec mépris : « L'école catholique existe en France depuis des siècles. Et c'est tant mieux. Ce n'est pas un problème qui se réglera en une génération. Votre projet est bien naïf. » Il ajouta, à l'intention du Premier ministre : « Ne soutenez pas Savary. Il va dans le mur. »

Pierre Mauroy était alors inquiet : il était aphone ; les médecins du Val-de-Grâce étaient venus lui annoncer qu'il avait un cancer, puis qu'il n'avait rien. Il continua pourtant de soutenir Savary pendant tout le mois de juin. Le 12 juillet 1984, au cours d'un déjeuner particulièrement austère avec les socialistes, alors que se déroulaient des manifestations monstres, François Mitterrand expliqua de nouveau : « L'opinion n'est pas avec vous sur l'école privée. C'est devenu un très grave problème politique. La conjuration se resserre. Il faut changer de plan. [...] Si on continue comme ça, les élections de 1986 se joueront là-dessus, et nous serons battus. Faut-il forcer le destin et faire voter une loi qui serait ensuite annulée, pour l'essentiel, par le Conseil constitutionnel ou par la droite revenue au gouvernement ? » Le soir même, il annonça à la télévision le retrait de la loi sur l'école privée de l'ordre du jour du Parlement et sa décision de faire un référendum visant à réformer la Constitution et autoriser un autre référendum sur le statut de l'école privée. Entendant ce discours, Savary décida de démissionner et pressa Pierre Mauroy de le suivre. Le Premier ministre refusa.

Le lendemain, le président du Sénat suggéra au chef de l'État de faire réformer la Constitution par le seul Parlement réuni en Congrès, « puisque chacun est d'accord pour rendre possible ce référendum sur l'école ». Le président refusa net : « Pour réformer la Constitution, ce sera un référendum ou rien. » Poher proposa également qu'une fois la Constitution amendée le Conseil constitutionnel donnât un avis préalable sur la constitutionnalité de tout projet soumis à référendum et que le président ne pût passer outre qu'avec l'appui des deux Assemblées – ce qui était, en fait, une façon subtile de conférer un droit de veto au Sénat. Le président refusa tout aussi net : « Ce n'est pas lui qui a trouvé ça tout seul. Il a d'ailleurs eu du mal à me l'expliquer. » Il me confia ensuite : « Voilà comment j'aime gouverner. En choisissant le terrain, sans me le laisser imposer. Nous étions encerclés. Nous sommes sortis. En France, on ne règle les problèmes qu'avec des crises. Et il faut aller au paroxysme avant de les résoudre. Mais on ne sort jamais sans pertes. Savary devait partir. Pas Mauroy, sauf s'il se solidarise avec cette tête de cochon. J'espère vraiment qu'il restera. Le Sénat aurait bien voulu me voir violer la Constitution en faisant le référendum sur l'école sans réforme constitutionnelle ; je n'ai pas voulu. Il faut tout régler en août, en enterrant le projet, et entretenir le regret d'un référendum sur l'école. Il ne faut pas, dans le texte de projet de loi sur le référendum, de pétition de principe : aucun exposé des motifs. Si cette réforme de la Constitution passe, je n'accepterai jamais de référendum ni sur le rétablissement de la peine de mort ni sur la réforme de la loi électorale. Mais ce référendum n'aura jamais lieu, et on en restera là. L'objectif est d'en sortir pendant cette session extraordinaire ou au plus tard le 15 octobre. Il faudra ensuite régler les problèmes des contrats simples, des maternelles et des maîtres. Ensuite il faudra faire des gestes politiques en direction de la classe ouvrière. Il me faut des propositions sur l'emploi avant un mois. »

Le samedi suivant, 14 juillet, lors de son interview télévisée dans les jardins de l'Élysée, il confirma le retrait de la loi Savary : « La loi dite Savary disparaît dès lors que le processus référendaire est engagé au niveau parlementaire. » Mauroy vint vers moi dans la cohue de la réception et me parla des ultimes arbitrages du budget 1985 et de la menace des communistes de démissionner. Puis il ajouta : « J'ai mal entendu, je n'avais pas de téléviseur. Qu'est-ce qu'il a dit, tout à l'heure, sur la loi Savary ? Elle est "retirée", ou elle "disparaît" ? » Je lui confirmai qu'elle disparaissait. « S'il a dit ça, je dois partir. » Au président, au fond du parc, il fit part de son intention de démissionner. Le président insista : « Restez, on va faire la campagne du référendum ensemble. » Pierre Mauroy savait bien qu'il n'y aurait pas de campagne de ce genre, mais il accepta de réfléchir. Le soir même, le président m'appela depuis Latche pour me demander d'étudier la formulation de la question à poser lors du référendum. « J'espère bien, ajouta-t-il, que votre travail sera inutile. Si le référendum n'a pas lieu, je m'en moque ; au contraire, ça m'irait très bien. J'ai lancé un ballon de rugby, je ne souhaite pas que l'adversaire le ramasse. » Le lendemain, Mauroy confirma sa démission ; le président la refusa derechef : « Restez, on a encore beaucoup de choses à faire ensemble. » Mauroy maintint sa décision, qu'il lui envoya par fax (c'était la première fois que cet instrument était utilisé par des membres du gouvernement). François Mitterrand n'insista plus mais en éprouva beaucoup de tristesse : « C'est le moment le plus pénible de mon septennat. » Il confirma à Delors qu'il l'envoyait à Bruxelles et me demanda d'appeler Fabius pour lui confier Matignon. Il n'y eut jamais de référendum sur l'école privée.

Les communistes sortirent du gouvernement. « C'était prévisible, me dit Mitterrand, la rigueur est intolérable pour eux. Nous sommes en train de réussir économiquement, on ne peut leur céder. J'ai dit à Fabius de ne rien négocier, de ne rien céder. » Au total, le Parti communiste, représenté au gouvernement par quatre excellents ministres, n'aura eu, en trois ans, qu'un préfet, deux sous-préfets, un recteur, quatre directeurs d'administration centrale, la présidence de la RATP, celle des Charbonnages de France et de deux petites banques.

Ainsi gouvernait-il. Ainsi changea-t-il la vie des Français.

CHAPITRE III
CHANGER LA VIE

Beaucoup reprochent aujourd'hui encore à François Mitterrand d'avoir choisi comme slogan pour le Parti socialiste, en 1973, un rêve impossible, rimbaldien : « Changer la vie. » Je ne crois pourtant pas qu'on puisse lui faire cette critique ; bien avant d'accéder au pouvoir, il avait conscience qu'il ne réaliserait pas la totalité des attentes et des idéaux de la gauche. Pour lui, « changer la vie » signifiait quelque chose de très concret : améliorer de manière durable la vie quotidienne, souvent si difficile, de millions de gens. Et il le fit. Il faut avoir oublié ce qu'était la France des années 1960 et 1970 pour ne pas reconnaître que, même s'il ne régla pas, et de loin, tous les problèmes des Français, en particulier celui du chômage, il contribua, par son action depuis 1981, à transformer en profondeur et pour le mieux la société française et la vie de la plupart des Français. Si bien que l'essentiel des réformes réalisées pendant les trois premières années de son premier mandat ne fut jamais remis en cause, ni lors des cohabitations qui émaillèrent ses deux septennats ni après son départ de l'Élysée.

Réussir l'alternance

La première réussite de François Mitterrand – celle dont il était sans doute le plus fier – fut d'avoir maintenu la gauche au pouvoir une législation entière pour la première fois dans l'histoire de France. Avant lui, aucune expérience de gauche en France n'avait en effet duré plus de deux ans. À son arrivée à l'Élysée, il me dit : « Depuis la première Révolution française, celle de 1789, la gauche n'a été au pouvoir que quatre fois. En 1848, quatre mois. En 1870, deux mois, et à Paris seulement : la Commune. En 1936, un an. Donc, on peut dire que depuis 1789 et les années qui ont suivi, le premier gouvernement de la gauche qui peut gouverner durablement, c'est le nôtre. Pour la première fois en deux cents ans ! » Il savait que du succès de cette expérience dépendait son renouvellement ultérieur ; il me répétait souvent, dans les premiers mois : « Ma première priorité est que mon passage au pouvoir ne soit pas le dernier de la gauche. Il faut, bien sûr, réaliser nos réformes, mais il faut avant tout tenir et réussir pour que l'Histoire garde le souvenir d'une gauche efficace au pouvoir. D'une gauche qui tient ses promesses sans ruiner le pays. Je n'aurai vraiment réussi que le jour où un autre socialiste que moi sera élu président de la République. »

Jusqu'à son arrivée au pouvoir, le fonctionnement de la Constitution de la Ve République n'avait jamais été mis pleinement à l'épreuve : à aucun moment, depuis 1958, la droite n'avait quitté les palais nationaux. Et voici que François Mitterrand, dont la présidence, selon l'opposition, annonçait le chaos, présida sans drame à quatre alternances dans des conditions de plus en plus apaisées tout en engageant des bouleversements considérables, à l'époque fort décriés, même dans son propre camp, et aujourd'hui incontestés.

De fait, pour moi, l'essentiel de l'empreinte dont il marque encore aujourd'hui le pays est manifeste dès 1984. À partir de ce moment et jusqu'en 1986, la priorité accordée à la construction européenne l'emporta sur les réformes internes et en limita la portée. Ensuite, et pratiquement jusqu'à la fin de son second mandat, il se trouve en situation de cohabitation : d'abord avec Jacques Chirac, puis avec Michel Rocard, puis – après une période de confusion avec Édith Cresson et de faiblesse avec Pierre Bérégovoy – avec Édouard Balladur.

En trois ans, « changer la vie »

Pour réussir cette première alternance, il sut tout à la fois réaliser très rapidement les réformes principales, écarter les demandes les plus extrêmes, éviter de déraper dans une conduite autarcique de l'économie. À cette fin, il sut choisir les hommes, former les cadres, gérer le temps. C'est lui, et lui seul, qui décida d'organiser sur-le-champ les élections législatives, contre l'avis de la plupart de ses conseillers juridiques qui lui suggéraient d'attendre que le Parlement élu en 1978 renversât son gouvernement. C'est lui, et lui seul, qui imposa le lancement, dès la convocation de la nouvelle Assemblée, des réformes majeures prévues par son programme, y compris celles qui risquaient de desservir la gauche, comme la libération des médias et la décentralisation. C'est lui, et lui seul, qui eut le courage, une fois ces principales réformes engagées, de ne pas se laisser entraîner, comme beaucoup de ses fidèles le lui conseillaient, vers des mesures plus extrêmes, mais de tourner l'essentiel de ses efforts vers la construction de l'Europe.

À son arrivée à l'Élysée, François Mitterrand demanda à tous ses proches de veiller à ne pas se gargariser de grands mots tels que « révolution », « grand soir », « socialisme » ou « autogestion ». Pour lui, il était plus urgent d'agir. À ses yeux, toute réforme qui ne serait pas réalisée sans délai ne le serait jamais. La déception des électeurs pourrait alors entraîner un renforcement de la droite et la surenchère des communistes. Aussi mit-il en œuvre au plus vite son programme dans l'espoir, plusieurs fois réitéré au cours des premières semaines, que l'effet s'en ferait sentir avant la fin de son mandat, et qu'il serait complété par le retour de la croissance. À ces conditions, un second mandat deviendrait possible.

C'est très exactement ce qui se produisit.

L'ampleur des réformes des trois premières années fut considérable ; il en surveilla lui-même la mise en œuvre dans ses plus infimes détails. Il choisit avec le plus grand soin les membres du gouvernement parmi ceux dont il avait éprouvé le caractère dans l'opposition, écartant élégamment les vieux caciques et promouvant ceux des plus jeunes dont l'expérience administrative lui paraissait assez solide. La plume à la main, il relut tous les projets de lois et de décrets, imposa à ses ministres des audaces qu'ils n'avaient pas toujours, vite absorbés qu'ils étaient par la routine de leurs administrations.

Longue est la liste de ces réformes, si contestées lorsqu'elles furent promulguées, et qui, après lui, n'ont jamais été remises en cause par aucun gouvernement, de droite comme de gauche. Trop souvent oubliées, perçues comme des évidences, négligées, elles forment le socle de notre présent et n'auraient pas été mises en place sans lui. Il faut donc en dresser un bref inventaire. Elles composent le portrait de ce qu'un homme a voulu, a rendu possible et a réalisé.

En matière sociale, les inégalités étaient alors considérables : la moitié des ouvriers ne partaient pas en vacances ; 700 000 salariés travaillaient plus de quarante nuits par an ; les trois quarts des fils de cadres supérieurs, contre seulement 4 % des fils d'ouvriers, entraient à l'université ; près du quart des jeunes sortaient sans formation du système scolaire ; l'espérance de vie était d'à peine soixante-dix ans pour les hommes, et de beaucoup moins chez les ouvriers, qui, pour la plupart, mouraient dans les cinq ans suivant leur départ à la retraite. Contre nombre de groupes de pression, y compris dans son camp, François Mitterrand imposa la retraite à soixante ans, la semaine de trente-neuf heures, la cinquième semaine de congés payés, l'amélioration des conditions de travail, un rééquilibrage des rapports entre locataires et propriétaires, et, pour les travailleurs étrangers, la carte de résident valable dix ans et renouvelable de plein droit. Ce qui transforma la vie de beaucoup de gens, qui purent enfin disposer d'un peu plus de temps pour leur propre usage tout au long de leur vie.

Comme il estimait ne pas pouvoir modifier la Constitution (en raison du refus du Sénat, qu'il pensait inévitable), la « grande affaire du septennat » fut la décentralisation. En bon élu de province, il avait trop souffert du joug des préfets de la Nièvre pour ne pas souhaiter attribuer aux élus l'intégralité du pouvoir exécutif local. Il nomma d'ailleurs à Matignon et à l'Intérieur les maires de Lille et de Marseille, tout aussi décidés que lui à en finir avec la toute-puissance de Paris. Ce fut un chantier gigantesque qui passa par 26 lois et 250 décrets dont il récrivit lui-même de très nombreux articles, souvent contre certains de ses ministres – qui s'inquiétaient de voir fondre les moyens de leurs administrations, et contre ses amis politiques qui s'attendaient à voir cette révolution donner le pouvoir à la droite dans la quasi-totalité des régions. Il leur répondait : « C'est l'honneur de la gauche de vouloir des réformes, même lorsqu'elles ne lui profitent pas. Sans le vote des femmes, la gauche eût été au pouvoir dès 1946. Et pourtant Léon Blum a approuvé cette réforme. La décentralisation pose le même problème, et il faut y donner la même réponse. » Ancien président d'un conseil général, il refusa – à tort, à mon sens – de conférer aux régions le pouvoir de coordonner les départements. Il compléta la décentralisation des institutions par la réforme du mode de scrutin pour les élections locales et par celle du statut de la fonction publique territoriale, laquelle put ainsi devenir une administration de haut niveau. Puis il imposa un peu plus tard deux décisions qui modifièrent profondément la vie politique du pays : la limitation du cumul des mandats, en 1985, et l'organisation enfin légale du financement des partis politiques, en 1990.

En matière de mœurs, il facilita aussi la vie de beaucoup en traduisant en règles de droit un certain nombre de rêves que nous avions échafaudés des nuits entières en rédigeant *Liberté, libertés*, six ans plus tôt. Il permit ainsi l'abolition des discriminations visant les homosexuels – à l'époque, l'homosexualité était encore un crime relevant du Code pénal – et développa massivement les droits des femmes jusqu'à accepter – avec réticence, on l'a vu – le remboursement de l'interruption volontaire de grossesse par la Sécurité sociale.

Il décida d'abord seul, chacun le sait, l'abolition de la peine de mort, souvent présentée comme la seule marque positive de son passage au pouvoir. Avec l'aide précieuse de Robert Badinter – le plus fervent des abolitionnistes avant 1981 –, il réussit d'abord à obtenir que le Sénat la vote aussi, ce qui la rendait pratiquement irréversible. Au demeurant, Jacques Chirac la vota lui aussi. Mais, s'il est vrai que cette mesure mit fin à une survivance de la barbarie, d'ailleurs encore populaire dans le pays, son action, de loin, ne se réduit pas à elle. Dans le domaine de la justice, même s'il ne fit pas ensuite tout ce qui était nécessaire pour améliorer le système carcéral et les conditions matérielles de fonctionnement des tribunaux, ni sur la récidive, il imposa l'abrogation de nombreux textes contraires aux droits de l'homme, telles les lois « anticasseurs » et « sécurité et liberté ». Il fit supprimer la Cour de sûreté de l'État et les tribunaux permanents des forces armées. Il fit instaurer le droit au recours individuel devant la Cour européenne des droits de l'homme, fit approuver la création d'une peine d'intérêt général, favorisa l'accélération de la réparation des préjudices, le renforcement des droits des victimes, l'accès à la justice des plus défavorisés, le renforcement du contrôle judiciaire.

En matière d'éducation, il imposa une réforme de l'enseignement supérieur, une loi-programme sur l'enseignement technique et professionnel, la création des ZEP, une pédagogie différenciée, des groupes de niveau par matière, l'autonomie des établissements, une transparence de la vie lycéenne, des moyens financiers et humains supplémentaires et la prolongation de la scolarité. Il donna de nouveaux moyens et de nouvelles lettres de noblesse à la recherche, qui devint enfin une priorité budgétaire majeure. Il critiqua cependant – sans s'y opposer – l'objectif fixé par Jean-Pierre Chevènement (80 % des jeunes d'une classe d'âge devaient devenir bacheliers) : « Qu'est-ce qu'on va faire de tous ces bacheliers ? On a aussi besoin de boulangers ! »

En matière audiovisuelle, il mit fin au monopole d'État sur la radio et la télévision tout en sachant pertinemment que cette réforme – comme la décentralisation – servirait davantage la droite que la gauche. Alors qu'en 1981 la France vivait encore recroquevillée sur trois chaînes publiques contrôlées par le pouvoir, envoyant sa police saisir les quelques dizaines de modestes radios pirates, François Mitterrand autorisa (contre l'avis de ses propres amis et des entreprises de la presse écrite qui craignaient tous de voir surgir de grands groupes audiovisuels) la création de plus de 1600 radios privées et de deux nouvelles chaînes de télévision. Il y autorisa la publicité, favorisa le développement du câble et du satellite. Il imposa cette mutation contre l'avis de Pierre Mauroy, opposé à la publicité audiovisuelle, et contre Laurent Fabius, opposé à la création de Canal+. Même s'il détestait l'idée de voir tel ou tel jeune loup user de l'argument de la liberté pour constituer de grands groupes, et s'il méprisait ces gens qui mettaient en avant les « jeunes » pour arrondir leur propre patrimoine, il fit tout pour libérer les ondes, affirmant que « derrière ces quelques personnages qui vont faire fortune, il y a la jeunesse ». En juillet 1985, devant le Conseil des ministres, il résuma ainsi cette politique : « J'ai voulu personnellement, et contre l'avis de beaucoup d'entre vous, casser le monopole de la télévision et de la radio [...]. Il n'est pas heureux que l'expression "audiovisuelle" soit réservée aux chaînes publiques. L'idéologie dont je m'inspire rejoint celle des journalistes et des intérêts capitalistes. [...] Sur le plan pratique, pendant que nous parlons, se posent des câbles, se préparent des satellites. La France, demain, recevra des images, des dizaines, des centaines d'émissions en provenance de l'étranger. [...] Pour sauver le service public, il faut le faire cohabiter avec la télévision privée. Il n'y a pas de regrets à avoir dans cette évolution, pas plus qu'il n'y a de regrets à avoir devant la vie et devant la mort [...]. Les choses se feront de toute façon, la technique l'impose. Je sais qu'en prenant cette décision j'ai froissé des convictions et des intérêts très proches. Nous sommes obligés de tenir compte du pouvoir de l'argent. Il y a une petite chance qu'il laisse place à l'idéologie que vous représentez. » Il n'avait qu'un seul regret : « En 1974, des centaines de journalistes ont été chassés à l'arrivée de Giscard. En 1981, vingt-cinq ou vingt-six personnes, dont certaines très connues, ont été évincées – à tort. Je regrette d'avoir laissé faire, mais pouvais-je l'empêcher ? » Pour éviter que de tels faits ne se reproduisent, il créa la Haute Autorité, censée assurer la neutralité des nominations dans le secteur public, mais qui ne réussit pas à imposer son crédit moral.

En matière culturelle, il bouleversa profondément le paysage : en instaurant le prix unique du livre, qui sauva l'édition et le commerce de la librairie ; en imposant un quota d'œuvres françaises dans les médias, sauvant ainsi la musique et le cinéma français (pour ce dernier, il créa en outre de nouveaux mécanismes de financement). Il doubla le budget de la Culture dès la première année, et tripla celui des musées en trois ans. Au ministre Jack Lang, si proche de lui, il donna mission de permettre à tous les Français de « cultiver leur capacité d'inventer et de créer, d'exprimer librement leurs talents et de recevoir la formation artistique de leur choix ». En province (où furent affectés plus des deux tiers des crédits des grands travaux), il permit la création d'une École nationale de danse à Marseille, d'une École nationale de la photographie en Arles, d'un Centre de la bande dessinée à Angoulême. Pour ses grands travaux, il imposa une nouvelle génération d'architectes : Jean Nouvel pour l'IMA (Institut du monde arabe), qu'il installa quai Saint-Bernard, Ieoh Ming Pei pour le Louvre, Carlos Ott pour l'Opéra de la Bastille, Johann Otto von Spreckelsen pour la grande arche de la Défense, Dominique Perrault pour la Bibliothèque nationale de France. Celui de ces grands travaux auquel il tenait vraiment le plus, et dont il m'avait parlé dès 1978 de façon quasi obsessionnelle, fut l'extension du musée à tout le palais du Louvre en lieu et place du ministère des Finances. Il y passa des jours et des nuits, choisissant lui-même le projet de pyramide de Pei, en mesurant l'effet à toute heure du jour et de la nuit à l'aide d'une maquette grandeur nature, allant mille et une fois sur le chantier, combattant les manœuvres de ses ministres des Finances successifs, de gauche comme de droite, qui firent tout pour ne pas quitter les somptueux bureaux qu'ils y occupaient.

Certaines des autres réformes majeures furent d'abord contestées, reportées puis rétablies. Ainsi des améliorations des conditions de travail dans les usines ou de la création de l'impôt sur les grandes fortunes dont il aurait voulu qu'il fût plafonné pour éviter qu'il ne devienne confiscatoire, et dont il imposa (contre Fabius) qu'en fussent exclus les œuvres d'art et (contre Delors) l'outil de travail.

Certaines autres réformes, qui furent ensuite irrémédiablement remises en cause par la droite, jouèrent, pendant la brève période où elles furent en vigueur, un rôle décisif dans la reconstruction de l'économie. Ainsi des nationalisations, si décriées encore aujourd'hui, mais qui sauvèrent de la faillite la plupart des grandes entreprises françaises. Entrèrent en effet dans le secteur public cinq sociétés industrielles, trente-six banques et deux compagnies financières, à quoi il convient d'ajouter une prise de participation majoritaire dans d'autres entreprises majeures de l'aéronautique, de la sidérurgie et de l'informatique. Comme François Mitterrand mettait un point d'honneur à ce que les procédures fussent impeccables et les indemnisations irréprochables, d'interminables débats au Parlement furent suivis de longs contentieux portés devant le Conseil constitutionnel. Les nationalisations ne devinrent vraiment effectives qu'en février 1983. Hormis la CGE (Compagnie générale des eaux), Saint-Gobain et deux ou trois banques, les entreprises concernées se révélèrent en situation de quasi-faillite : en l'absence d'un marché financier efficace, elles n'avaient pas trouvé d'actionnaires privés à la hauteur de leurs besoins. Si Valéry Giscard d'Estaing avait été réélu, la plupart d'entre elles auraient sans doute dû être démantelées ou vendues par morceaux à l'étranger. Le nouveau gouvernement dut donc d'abord trouver des milliards pour combler leurs déficits et les restructurer, c'est-à-dire licencier. En trois ans furent menées à bien de courageuses opérations de modernisation de la chimie, de l'informatique, du téléphone et de la sidérurgie. Ce fut une tragédie sociale et un succès industriel. Plus tard, François Mitterrand se dira fier des nationalisations industrielles et déçu par celles des banques – celles-ci, selon lui, « continuant à n'en faire qu'à leur tête ». Preuve ultime de la réussite de ces mesures : les mêmes entreprises furent privatisées en 1986 à une valeur très supérieure à celle de leur nationalisation. Preuve de l'échec de ces privatisations : malgré la création par la gauche, à partir de 1984, d'un véritable marché financier moderne, ces entreprises (sauf une : Saint-Gobain) ont toutes été depuis lors vendues à l'étranger ou ont disparu. L'État leur avait donc sauvé la vie pour un temps; et bien des actionnaires de l'époque doivent leur fortune actuelle aux contribuables d'alors...

Aucune de ces multiples réformes n'aurait été réalisée sans l'insistance opiniâtre du chef de l'État, sans son attention de tous les instants, sans son souci de faire respecter par ses ministres l'obligation de tenir les promesses faites. En définitive, contrairement aux procès d'intention qui lui furent faits, jamais il ne remit en cause ses engagements, pas même lors du prétendu « tournant » de 1983.

Le faux « tournant »

Une des plus grandes erreurs reprochées, comme une antienne, à François Mitterrand est d'avoir tourné le dos en 1983 à ses promesses et d'avoir renoncé à ses réformes pour se plier au diktat du marché. Il s'agit là d'une contrevérité absolue. Le prétendu « tournant » de 1983 fut en fait l'occasion d'une confirmation des réformes engagées en 1981, avec, de surcroît, la mise en œuvre et la réussite d'une politique sur laquelle nul n'attendait la gauche : celle de la désinflation et du rééquilibrage de la balance des paiements. Le prix à payer fut certes de renoncer pendant deux ans à augmenter le pouvoir d'achat des salariés et de laisser s'installer le chômage ; mais toute autre politique se serait soldée à court ou à moyen terme par un prix bien plus élevé.

Il n'y aurait eu « tournant » que si François Mitterrand avait choisi d'annuler l'une ou l'autre de ses réformes, de ne pas tenir l'une ou l'autre de ses promesses, ou s'il avait tourné le dos à la construction de l'Europe. Tout au contraire, une fois accomplies les réformes promises et stabilisée l'économie, il se concentra sur la construction de l'Europe, convaincu que les progrès politiques, économiques et sociaux du pays passeraient désormais par la mise en place d'une Union européenne puissante. D'une dévaluation, la troisième, mesure jusque-là vécue comme un signe d'échec, il parvint à faire une manifestation de courage et de vertu.

L'histoire de ce faux « tournant » mérite d'être contée en détail ; elle en dit long sur la façon de décider de François Mitterrand : le sérieux dans l'analyse, la capacité à changer d'avis, le temps laissé au temps, la rigueur dans la mise en œuvre des résolutions, le souci de bien choisir les hommes, la domination du politique sur l'économique, la volonté de conserver les mains libres... Cette crise culmina au mois de mars 1983 avec dix jours de folie pendant lesquels il changea virtuellement par trois fois de politique et quatre fois de Premier ministre... pour finir par ne changer ni la première ni le second !

Dès son élection, François Mitterrand savait que la conjoncture économique risquait de jouer contre lui, car l'héritage était très lourd : une inflation de plus de 14 % par an, un déficit extérieur supérieur à 50 milliards de francs, une monnaie surévaluée, un chômage touchant 1 849 000 personnes (il aurait fallu créer chaque année 230 000 emplois nouveaux pour qu'il n'augmente pas). Par ailleurs, la situation internationale n'était guère encourageante : croissance très faible et taux d'intérêt élevés.

Au cours des deux premières années, aucune des réformes de structure décidées n'étant encore en phase opérationnelle, le chômage ne pouvait être endigué et réduit que par la croissance. Celle-ci semblait possible : tous les experts internationaux prédisaient que la récession mondiale était en passe de s'achever et que les taux d'intérêt allaient baisser. Il était envisageable de relancer l'économie sans craindre d'être à contre-courant du reste du monde. Dès son arrivée au pouvoir, en même temps qu'il mettait en œuvre les réformes structurelles promises, François Mitterrand décida une première dévaluation pour prendre acte des déséquilibres antérieurs à son arrivée, et une modeste relance économique socialement très ciblée, inférieure de moitié à celle décidée cinq ans auparavant par le président Giscard d'Estaing et le Premier ministre Jacques Chirac. Cette relance passa par une hausse du SMIC (10 %), des allocations familiales (25 %), des allocations logement et du minimum vieillesse, et par la création progressive de 55 000 emplois publics. Les calculs du ministère des Finances et des instituts internationaux démontrèrent que, compte tenu de l'amélioration attendue dans l'environnement international, cette relance entraînerait une croissance de la production et une baisse du chômage sans aggravation des déficits extérieurs. Malgré ces prévisions optimistes, et par prudence, dès le mois de juin 1981, à la demande du président, le Premier ministre adressa une lettre à tous ses ministres pour leur recommander la plus grande rigueur dans la préparation du budget de 1982 : « Le président de la République a clairement marqué son intention de ne pas accroître de façon significative la pression fiscale globale et de maintenir le découvert budgétaire dans des limites compatibles avec les possibilités de financement. Vous devrez donc faire preuve d'une grande rigueur dans le choix des mesures nouvelles que vous proposerez. Vous envisagerez systématiquement toutes les possibilités d'économies de nature à gager une fraction aussi importante que possible d'entre elles. » La situation semblait sous contrôle.

Or il se trouva que les experts internationaux s'étaient lourdement trompés : la croissance internationale fut cette année-là bien plus faible que prévu, et les taux d'intérêt restèrent élevés. Aussi, dès le début de 1982, la relance entraîna une croissance des importations, une baisse des exportations et l'affaiblissement de la monnaie. Jacques Delors vint même annoncer au président que l'estimation du déficit budgétaire pour l'année allait passer de 95 à 130, voire à 150 milliards. François Mitterrand s'étonna : « 40 % d'écart ? Excusez du peu ! Il était très louable que le gouvernement tienne rapidement mes engagements. Encore eût-il été opportun qu'il mesurât dès le début où cela nous conduirait, et le dise ! »

Le franc fut de nouveau attaqué. En mars 1982, il devint évident qu'une deuxième dévaluation et des coupes budgétaires seraient nécessaires. Jacques Delors proposa d'agir au plus vite. En accord avec le directeur du Trésor, Michel Camdessus, François Mitterrand préféra attendre la fin du sommet du G7 dont il allait être l'hôte, en juin, à Versailles. Non qu'il en espérât une quelconque amélioration de l'environnement international ou une baisse des taux d'intérêt – les autres « sherpas » n'avaient jamais laissé la moindre illusion là-dessus –, mais pour ne pas brouiller, par une décision majeure de politique intérieure, l'image de la première grande réunion internationale tenue à Paris sous sa présidence. Il fut donc décidé de préparer calmement cette deuxième dévaluation. François Mitterrand me demanda que l'on veillât à ce que le programme d'accompagnement soit, me dit-il alors, « socialement juste. Que cela ne soit pas le prétexte, pour le ministre des Finances, de reprendre tout ce que l'on a déjà donné. Et que personne ne me propose de revenir sur la moindre conquête sociale ». Soucieux de réussir au plus vite cet assainissement financier pour qu'il ne pèse pas sur les élections législatives à venir, il imposa une mesure radicale : la rupture, sans négociation avec les syndicats, du lien entre salaires et prix. « Quitte à le faire, décidons-le vite pour que cela fasse effet au plus tôt ; et on le fera pendant quatre mois, et non pas trois. »

Cette deuxième dévaluation, le 13 juin, juste après le sommet de Versailles, et davantage encore son plan d'accompagnement furent politiquement catastrophiques. La gauche et la droite se liguèrent pour crier à la trahison. François Mitterrand espérait que ce serait la dernière mesure de ce type et que les entreprises publiques relanceraient bientôt l'investissement, la croissance et l'emploi. Il s'adressa en ce sens au Premier ministre au début de l'été 1982 : « Je vous demande de vous assurer que les dirigeants des entreprises publiques sont conscients des responsabilités qui sont les leurs dans cette période et de vérifier qu'ils s'emploient à réaliser au plus tôt leurs programmes d'investissement. [...] Je vous demande de mettre en œuvre immédiatement toutes les mesures qui pourront se révéler utiles à la reconquête de notre marché intérieur et au freinage des importations. »

Mais, pendant tout l'été 1982, les dernières discussions sur les nationalisations empêchèrent ces entreprises devenues publiques d'investir. L'emploi ne s'améliora pas ; le déficit extérieur s'aggrava ; les réserves de devises s'effondrèrent. Les pires charlatans vinrent proposer des prêts à des taux usuraires. Dès la rentrée de 1982, une troisième dévaluation, assortie de nouvelles coupes budgétaires, s'imposait.

François Mitterrand se fâcha : à deux reprises son Premier ministre, son ministre des Finances et moi-même lui avions assuré que la dévaluation serait la dernière, et voilà que nous osions venir lui expliquer qu'il en fallait une troisième ? Il refusa ; d'autant plus que, dans son esprit, il aurait dû alors se séparer de Pierre Mauroy, ce dont il ne voulait à aucun prix.

Aussi chercha-t-il quelle autre politique pouvait être menée, bien décidé à en confier la conduite au même Premier ministre. Quatre de ses proches (Jean Riboud, Laurent Fabius, Gaston Defferre et Pierre Bérégovoy) vinrent alors lui proposer un remède miracle : sortir du système monétaire européen, faire flotter le franc (comme flottaient le dollar ou la livre) de telle sorte que l'évolution de son cours ne constitue plus un traumatisme politique, et qu'il ne soit plus nécessaire de maintenir des taux d'intérêt élevés. La mesure aurait permis d'alléger les charges des entreprises et de mener la politique industrielle volontariste tant attendue. Les quatre « mousquetaires » en question étaient aidés dans la définition de leur proposition par trois personnages peu communs, qui demeurèrent longtemps masqués : Jean-Jacques Servan-Schreiber, qui faisait miroiter à François Mitterrand les merveilles à attendre de l'informatique individuelle et de l'essor des sciences cognitives ; Jean Denizet, directeur des études à la Banque de Paris et des Pays-Bas, expert monétaire fort respecté, et Jean-Pierre François, banquier suisse à la réputation incertaine, à qui la presse d'extrême droite prêta plus tard le rôle imaginaire de gestionnaire des prétendus comptes secrets que François Mitterrand aurait détenus dans d'innombrables banques suisses...

Le choix offert à François Mitterrand était limpide : soit dévaluer, c'est-à-dire ralentir provisoirement la croissance pour lutter contre l'inflation et le déficit extérieur ; soit flotter, c'est-à-dire se couper du reste du monde pour ne plus dépendre des importations et faire baisser les taux d'intérêt. Les deux options entraînaient une baisse provisoire du pouvoir d'achat et une chute plus durable de l'emploi. La première impliquait de maintenir des taux d'intérêt élevés ; la seconde, de rompre nos relations monétaires internationales, en particulier avec l'Europe. La première permettait la poursuite de la construction européenne sans remettre en cause les réformes déjà accomplies ; la seconde impliquait un virage proprement « léniniste » conduisant à renoncer aux projets européens.

Au début de l'automne, François Mitterrand commença à recevoir en fin d'après-midi les tenants de l'« autre politique ». D'abord en ma présence, puis sans moi, qui m'y opposais. En novembre, il fut convaincu du bien-fondé de cette nouvelle politique mais décida de ne la mettre en œuvre qu'au lendemain des élections municipales de mars 1983, afin de ne pas perturber les électeurs par un tel changement de pied. Au même moment, affolé par les déficits extérieurs qui se creusaient et par les sorties de devises qui s'accéléraient encore, Jacques Delors vint proposer à François Mitterrand un nouveau plan de rigueur qui permettrait, selon lui, d'éviter une troisième dévaluation. Le président refusa, sans lui dire qu'il avait déjà décidé de s'engager dans une politique exactement inverse.

Alors qu'approchaient les élections municipales, une crise politique vint s'ajouter à la crise financière : largement alimentés par les tenants de l'« autre politique » – qui se faisaient appeler « visiteurs du soir » –, les médias annoncèrent la mise en place imminente de cette politique, attisant davantage encore la spéculation contre le franc.

Pendant ce temps, François Mitterrand se faisait au Bundestag, on le verra, le chantre de la coopération militaire franco-allemande et de la construction européenne...

Jacques Delors vint à nouveau plaider contre le flottement de la monnaie, comme je le faisais de mon côté jour après jour avec les experts de l'Élysée (« En cas de sortie du système monétaire européen, la dépréciation du franc par rapport au dollar augmenterait d'au moins 20 milliards de francs le déficit cette année »). Nous insistâmes jusqu'à l'irriter : « J'ai compris, pas besoin de le répéter ! » Pierre Mauroy abonda dans le même sens : « Contrairement aux apparences premières, le flottement du franc ne crée pas plus de liberté d'action ; il accroît les contraintes dans l'exacte mesure où il dégrade notre commerce extérieur et nos prix. » Bérégovoy et Fabius plaidèrent en sens inverse. Rocard, se rangeant dans le camp du flottement, ajouta publiquement qu'un « tour de vis » serait nécessaire au lendemain des municipales, ce qui n'encouragea pas les électeurs à se déplacer pour voter socialiste... François Mitterrand donnait, comme toujours, à chaque visiteur le sentiment d'avoir décidé en sens contraire de la thèse qu'il venait lui présenter. C'était pour lui la meilleure façon de poser des questions.

Le vendredi 4 mars, deux jours avant le premier tour du scrutin municipal, la fuite des capitaux s'accéléra encore. La lecture biquotidienne de la feuille de change était un calvaire pour ses rares lecteurs (le président ne la consultait pas). Jacques Delors demanda alors au chef de l'État l'autorisation d'essayer d'obtenir sans délai une réévaluation unilatérale du mark, laquelle éviterait à la fois le flottement et la dévaluation. François Mitterrand refusa : « On ne fera rien avant le second tour des municipales, soit le 13, dans dix jours. Débrouillez-vous ! »

Le 6 mars, le premier tour fut, comme prévu, un désastre : la gauche n'était plus majoritaire en voix dans le pays et toutes les grandes villes s'annonçaient perdues. Le président fut particulièrement chagriné par le mauvais score de Defferre à Marseille : « S'il est battu dimanche, il devra quitter le gouvernement. J'en serai très triste. Il est le seul à connaître quelque chose au fonctionnement de la machine gouvernementale… » Les experts électoraux expliquèrent que c'était moins sur la dégradation de la situation économique que sur sa capacité à résoudre les sous-produits de la crise (insécurité, urbanisation inhumaine, pauvreté et surtout immigration) que la gauche avait été jugée ; que c'était moins à cause de la faible mobilisation de son électorat traditionnel qu'en raison de l'indifférence des jeunes qu'elle avait perdu ; que c'était moins la fronde des non-salariés que le mécontentement des cadres qui expliquait ses piètres résultats dans les grandes villes. Je revins à la charge contre le flottement qui s'annonçait, en lui montrant en quoi il était incompatible avec son discours au Bundestag.

Au Conseil des ministres de l'entre-deux tours, Pierre Mauroy s'en prit à ceux qui avaient annoncé, à la veille des élections, un « tour de vis », c'est-à-dire à Michel Rocard et à la CFDT. Lors du déjeuner qui, comme chaque mercredi, réunissait ses proches (au menu, ce jour-là, huîtres, potée bourguignonne et fromage blanc), François Mitterrand risqua un pronostic : trente villes perdues. « Comment réussir lorsqu'on trouve dans notre camp les premiers à dire que cela ne marche pas ? Nous n'avons pas la confiance de notre propre milieu. Il n'y a rien à attendre des paysans, il ne faut rien leur demander. Il faut être plus agressif à l'égard de la droite. » Chacun devinait que ces propos annonçaient une tout autre politique.

Le dimanche suivant, le 13 mars, le second tour des municipales fut moins mauvais qu'annoncé. L'opposition gagna, comme prévu par le président, trente villes de plus de 30 000 habitants. Mais Édith Cresson prit Châtellerault, et Gaston Defferre fut réélu ; ces deux victoires masquèrent un tant soit peu l'ampleur de la défaite.

Il était impossible d'attendre davantage : la spéculation contre le franc vidait nos réserves de charges à grande vitesse. Le moment choisi par le président pour imposer le tournant de sa politique était arrivé.

Au lendemain du second tour, le lundi 14, il convoqua Pierre Mauroy : « À partir de demain soir au plus tard, en prévision du Conseil européen de lundi prochain, tout va s'agiter. Une décision monétaire, quelle qu'elle soit, apparaîtra comme prise sous la pression de l'événement. Il faut donc décider dès aujourd'hui. Proposez-moi demain un gouvernement resserré, avec une politique nouvelle fondée sur le flottement du franc. » Pierre Mauroy refusa net : « Je ne sais pas faire. Je ne suis pas l'homme d'une telle politique. Je ne sais pas conduire sur verglas. » Le président en fut plus surpris que furieux : pour la première fois, Pierre Mauroy lui résistait. Un peu plus tard dans la journée, le Premier ministre revint lui apporter une lettre de démission et confirma son refus en usant d'une autre métaphore : « Ce serait comme faire une ascension difficile sans corde de rappel. Je ne sais pas faire. Avec le flottement, la France deviendrait un gigantesque Portugal. » De fort mauvaise humeur, le président lui demanda de réfléchir encore ; puis il réfléchit lui-même et, le lendemain, ne voulant pas dépendre de la décision d'un autre – fût-il son plus fidèle lieutenant politique –, il demanda à Jacques Delors de prendre la tête du gouvernement et de mener la politique de flottement. Le ministre des Finances refusa à son tour. François Mitterrand était comme enragé. Pierre Bérégovoy comme Laurent Fabius crurent l'un et l'autre leur heure arrivée.

Et pourtant, ce soir-là, lorsque je fis connaître au président l'état dramatique de nos réserves (elles ne permettaient plus de tenir au-delà de quinze jours), il commença à se montrer sensible aux arguments que Mauroy, Delors et moi lui ressassions depuis des semaines, comme la plupart des techniciens de l'Élysée : « Et si le flottement ne faisait que rendre la rigueur moins juste socialement ? » Puis il me déclara : « On dit que j'hésite. Non, je réfléchis. Moins longtemps que de Gaulle ne l'a fait avant de refuser de dévaluer, en novembre 1968. Vous étiez dans la Nièvre, à l'époque. Vous vous souvenez ? La France me saura gré de prendre mon temps pour prendre la bonne décision. »

Sentant que le président était peut-être disposé à changer d'avis, j'obtins son accord pour communiquer l'état dramatique de nos réserves à deux des principaux tenants du flottement, Laurent Fabius et Gaston Defferre. Informés, l'un et l'autre basculèrent en faveur de la dévaluation. Avaient-ils été convaincus par ce chiffre dérisoire ou avaient-ils senti que François Mitterrand était en passe de changer d'avis ?

Le mercredi 16 mars 1983, nouveau coup de théâtre : Pierre Mauroy vint dire à François Mitterrand qu'il acceptait de rester Premier ministre et de mettre en œuvre le flottement ! Il demandait seulement qu'avant de mettre en œuvre la nouvelle politique il lui fût permis d'essayer d'obtenir des Allemands une forte réévaluation du Deutsche Mark. François Mitterrand hésita, puis accepta : une réévaluation de la monnaie allemande n'aurait pas les mêmes conséquences politiques qu'une dévaluation du franc. Dans la nuit, Delors alla négocier avec les Allemands en les menaçant du flottement, dont ils craignaient qu'il n'entraînât une réévaluation excessive de leur propre monnaie. Delors échoua néanmoins : les Allemands refusèrent de réévaluer le mark si le franc ne dévaluait pas un peu.

Ce soir-là, François Mitterrand dînait chez moi en compagnie de Laurent Fabius. Le président était furieux de se retrouver dans l'impasse, et plus encore d'avoir eu à demander une faveur à un pays étranger. Je craignais que, face à l'intransigeance allemande, il ne prît au mot Pierre Mauroy et ne décidât le flottement dans la nuit.

Il ne le fit pas et commença même à ne plus exclure une dévaluation du franc en complément d'une réévaluation du mark. Mais avec quel Premier ministre ? « Mauroy est usé. Il aurait pu mener une autre politique, mais il ne sera pas crédible pour continuer la même. Si on flotte, il reste. Si on dévalue, il devra partir. »

Le lendemain, jeudi 17, les dernières devises s'évanouirent ; le président reçut alors Bérégovoy et lui demanda de « penser à la formation d'un gouvernement dans le cadre du maintien dans le SME ».

Mauroy, Delors, Fabius, Bérégovoy : quatre Premiers ministres possibles. Pour deux politiques opposées.

Le dimanche 20 au matin, à la veille d'un sommet européen réuni à Bruxelles, le président envoya Delors y négocier avec pour consigne d'accepter une dévaluation. La crise monétaire allait ainsi se régler. Restait à choisir un Premier ministre. En fin d'après-midi, alors que je le raccompagnais rue de Bièvre, nous restâmes un moment à bavarder dans la voiture, devant sa porte. Reprenant la énième conversation sur le sujet, il me demanda : « Et si nous n'étions pas dans le SME, me recommanderiez-vous d'y entrer maintenant ? » Excellente question. Longue réponse de ma part, que j'espérais convaincante, où j'évoquai la construction de l'Europe, alors totalement paralysée, qui redeviendrait possible.

Le lendemain matin, lundi 21, la négociation des ministres des Finances se termina par une réévaluation de 5,5 % du mark et une dévaluation de 2,5 % du franc français et de la lire italienne. Compromis raisonnable, très bien négocié par Jacques Delors. Les devises revinrent dans les caisses. La crise financière était terminée.

La crise politique, elle, était à son comble : qui allait conduire la poursuite de la même politique ? Comment répondre aux critiques qui parlaient de « faillite du pays » ? Dans l'avion qui nous conduisait ce matin-là au sommet européen de Bruxelles, le président m'expliqua : « J'hésite entre Jacques Delors et Pierre Bérégovoy. Pas Mauroy. Certes, Bérégovoy était contre la dévaluation, mais il est bien plus politique que Delors. De toute façon, tout cela n'est pas grave. La France est riche. La crise passera. J'en profiterai pour rebondir ; parfois, il faut fabriquer des crises pour résoudre les problèmes. Regardez de Gaulle partant à Baden-Baden en mai 1968. Vous vous souvenez ? »

À Paris, ce jour-là, Jacques Delors et Pierre Bérégovoy ne se mirent d'accord ni sur la politique économique à mener ni sur un partage des postes : Delors se voyait à Matignon tout en gardant le contrôle des Finances ; Bérégovoy s'imaginait lui aussi à Matignon et tout-puissant aux Finances. Seul point d'accord entre eux deux : aux Finances, surtout pas Fabius, qui se voyait lui aussi à Matignon. Quant à Pierre Mauroy, il faisait ses valises.

La journée la plus folle fut celle du lendemain, mardi 22. Aux premières heures du jour, avant même la fin d'un Conseil européen qui n'avait pu régler aucun des innombrables contentieux encombrant l'agenda européen, François Mitterrand quitta Bruxelles. À 10 heures, retrouvant Pierre Mauroy à Villacoublay, il lui lâcha : « C'est fini, pour vous. Je suis obligé de nommer un nouveau chef de gouvernement. » Il s'abstint de lui dire qui.

La pression des médias était énorme : qui serait le nouveau Premier ministre ? Quel serait le programme d'accompagnement de la troisième dévaluation ? N'était-ce pas la crise finale tant annoncée, qui chasserait la gauche du pouvoir ?

François Mitterrand réunit alors les trois candidats à Matignon (Bérégovoy, Fabius, Delors) avec Jean-Louis Bianco pour un bref déjeuner à l'Élysée. Bérégovoy enrageait de voir rejetée la politique qu'il avait proposée. Fabius espérait que le président lui saurait gré de son changement de camp. Delors, lui, se savait incontournable en raison de son image – méritée – de rigueur et d'efficacité. Ils ne parlèrent donc de rien. Après le café pris en silence, il les reçut successivement en tête à tête dans un des salons du rez-de-chaussée.

À Jacques Delors, reçu le premier, il déclara qu'il « envisageait de lui proposer le poste de Premier ministre » ; Delors accepta avec empressement. Mais, quand François Mitterrand lui demanda de prendre Fabius aux Finances, il refusa : même s'il était nommé à Matignon, il souhaitait garder les Finances (il détestait Fabius, qui, comme ministre délégué au Budget, n'avait cessé d'empiéter sur son territoire). Delors aurait voulu ajouter qu'il n'en faisait pas une condition *sine qua non*, mais il ne prononça pas les mots. Le président le quitta sans lui répondre et reçut ensuite Bérégovoy à qui il annonça, sans lui fournir la moindre explication, qu'il allait... reconduire Pierre Mauroy ! Puis ce fut le tour de Laurent Fabius, auquel il apprit que Mauroy serait reconduit et que lui-même n'aurait pas les Finances. Fabius demanda alors l'Industrie. François Mitterrand accepta et lui laissa entendre qu'il deviendrait peut-être un jour Premier ministre.

Le président remonta ensuite dans son bureau et m'appela pour me rapporter toute l'histoire. J'abandonnai dans mon bureau Henry Kissinger – à qui je venais d'expliquer que nous allions changer de Premier ministre !... – pour entendre le président me dire, avec une sorte de colère rentrée : « Vous vous rendez compte : Delors voulait garder les Finances en plus de Matignon ! Je ne veux pas me mettre dans les mains d'un seul homme. Je ne ferai pas comme Giscard avec Barre. Je garde Mauroy ; je l'appelle pour le lui dire ! Appelez Delors, dites-lui qu'il est numéro deux du gouvernement. Fabius sera à l'Industrie au sens large. Arrangez ça... » Il posa la main sur le combiné et ajouta en souriant : « Alors, on y va ? »

Je téléphonai à Jacques Delors pour lui annoncer la nouvelle. Il me répondit : « J'en étais sûr ! Le président m'en veut. Je lui ai dit des choses désagréables. Si je ne suis pas Premier ministre, je veux rester ministre de l'Économie et des Finances, mais avec, en plus, le Plan et le Budget. – C'est d'accord. – Et la DATAR (Délégation à l'aménagement du territoire et à l'action régionale) ? – Non, je pense que c'est Fabius qui doit l'avoir, avec l'Industrie. C'est plus cohérent. – Encore lui ! »

À 16 h 45, Pierre Mauroy revint à l'Élysée, toujours sa lettre de démission en poche ; il traversa mon bureau, comme ahuri : « Mais qu'est-ce qui se passe, Jacques ? Qu'est-ce qui se passe ? – Le président va te le dire. »

Pierre Bérégovoy, qui attendait encore dans le salon du rez-de-chaussée où le président avait tenu ses entretiens d'après déjeuner, monta me voir. Je l'informai du résultat : il restait ministre des Affaires sociales. Il était plein de rage : « Je l'avais prévu ! François Mitterrand n'était pas prêt à prendre le risque. Tant pis ! Cette politique échouera, on sortira du SME, et, dans six mois, je serai Premier ministre ! »

À la fin de cette folle journée du 22 mars 1983, le gouvernement fut enfin constitué sans changement majeur. Max Gallo devint porte-parole du gouvernement et me remplaça pour rendre compte des délibérations du Conseil des ministres; François Hollande quitta l'Élysée pour devenir son directeur de cabinet.

Tard dans la soirée, alors que les télévisions repliaient leur matériel dans la cour, le président me dit : « Tout cela n'est pas une tragédie, et je ne vois pas de raison de s'affoler. Si je parlais maintenant de "sueur" et de "larmes", je n'aurais plus rien à dire dans le cas où une vraie tragédie nous arriverait !… On dit que j'ai hésité. Mais, lors du refus de la dévaluation par de Gaulle en novembre 1968, ce fut bien autre chose : la légèreté du processus de décision, l'inconséquence des ministres, l'abondance des confidences à la presse furent sans commune mesure avec ce qui se passe aujourd'hui. »

Trois jours plus tard, le premier Conseil du troisième gouvernement Mauroy adopta le plan de rigueur de Jacques Delors. Ce n'était qu'une prorogation, sans aucun changement de cap, de celui mis en place en juin 1982 : augmentation du prix des vignettes, de la taxe sur l'alcool et le tabac et du forfait hospitalier, emprunt forcé, réduction des stocks pétroliers, contrôle des changes, limitation des devises autorisées aux touristes français partant à l'étranger. Il va sans dire que l'opinion ne l'accueillit pas par des cris d'enthousiasme. L'impopularité atteignit même des sommets. Les syndicats crièrent à la trahison, les patrons à la faillite. C'était un « tournant », affirma la presse, alors que ce n'était que l'approfondissement de la rigueur décidée dès septembre 1981, sans reniement d'aucune des promesses de mai ni renoncement à aucune des réformes structurelles de juin de la même année. Ce soir-là, François Mitterrand me confia qu'il était certain que les élections de 1986 étaient d'ores et déjà perdues. « Gouvernons au mieux, sincèrement, puisque tout est joué… »

Le grand succès

Cette troisième dévaluation fut un succès magistral. Elle compléta efficacement les deux premières et, dès janvier 1984, l'assainissement de l'économie fut perceptible : le franc se stabilisa, la dette extérieure fut ramenée à 54 milliards de dollars, soit 11 % du PIB, et, une fois déduites nos réserves de change, 1,8 % du PIB, c'est-à-dire moins que celle des États-Unis et de tous les autres pays européens, exception faite de la RFA ! L'OCDE (Organisation de coopération et de développement économique) jugea cette dette « modeste ». La France fut admise dans le club fermé des « meilleures signatures du monde » avec le Japon, les États-Unis et l'Allemagne. Certes, depuis 1981, le montant de notre dette extérieure avait doublé en dollars ; mais, sous le septennat précédent, il avait été multiplié… par huit !

Le prix de cette politique ? Une légère baisse du pouvoir d'achat et de l'investissement pendant un an, mais, surtout, la poursuite de l'aggravation du chômage au même rythme que depuis dix ans. Sur les mêmes critères, le bilan eût été bien pire si l'« autre politique » avait été mise en œuvre.

Pour lutter contre le chômage – qui devint son obsession –, François Mitterrand fit le choix de moderniser l'industrie, et d'abord le nouveau secteur public, devenu enfin opérationnel. Ce fut très douloureux, en particulier pour la sidérurgie lorraine alors en plein recul, faute d'investissements. Il le fit sans état d'âme. Comme « on ne peut pas saigner la nation pour la seule Lorraine, exposa François Mitterrand au Conseil des ministres, il faut mettre les chômeurs en formation et faire un plan d'urgence pour la conversion industrielle ». Et même : « Il faudra procéder à des licenciements lorsqu'ils seront nécessaires. On ne pourra le cacher par des emplois artificiels… Cela ne me choque pas que les entreprises privées bénéficient de la relance de l'investissement. » Il s'étonna qu'on s'étonnât de ce qu'il glorifiât l'entreprise : « J'ai toujours dit, depuis 1972, qu'en dehors du secteur public il fallait développer le secteur privé et la création d'entreprises. Le secteur public est un outil et non une fin en soi… Finalement, la gauche a réalisé la plus grande mutation des mentalités qui soit : la promotion de l'esprit d'entreprise, ce que la droite n'aurait jamais osé faire. Nous ne sommes pas en train de récupérer des valeurs de droite, mais, au contraire, de réhabiliter l'esprit d'entreprise, la prévision à long terme, la valorisation des capacités créatrices de tous les hommes. »

En février 1984, devant l'avalanche de critiques émanant pour l'essentiel de la gauche, François Mitterrand exhorta le gouvernement à se montrer fier des résultats de son action : « Il faut dire à chaque Français d'être fier de ce bilan. Depuis 1981, le pouvoir d'achat moyen des Français a augmenté de 5,3 %, l'inflation a baissé de moitié, l'épargne populaire n'a plus perdu de pouvoir d'achat alors qu'avant elle perdait de 5 à 10 % par an. Le déficit extérieur a été divisé par trois. On peut créer une entreprise en un mois au lieu de six il y a trois ans. La France est le troisième exportateur mondial, le deuxième, même, par habitant. Cinq cent mille personnes, les plus pauvres, ont été exonérées de l'impôt sur le revenu. Plus de mille radios locales ont été autorisées. À vous d'expliquer tout cela. Ne soyez pas complexés ! Votre bilan est très bon ! »

Un peu plus tard, il expliqua à ses visiteurs qu'à ses yeux il n'y avait pas eu de « tournant » : « Nous aurions changé si nous avions remis en cause les nationalisations, ou la décentralisation, ou les lois sociales. Oui, si certaines de mes promesses de mai 1981 avaient été abandonnées. Ce n'est pas le cas. Simplement, nous avons pris des mesures pour vivre une parenthèse. [...] Quand auront disparu les éditorialistes qui se sont tant trompés et qui continuent pourtant, sans vergogne, à donner des leçons, l'Histoire reconnaîtra que nous avons réussi sur tous les sujets, sauf l'emploi. Pour l'emploi, il aurait fallu être ce que je ne peux pas être, c'est-à-dire léniniste. » Il ajouta : « J'aurai été le président de l'entrée de la France dans la compétition économique moderne. On ne touchera pas à mes réalisations sociales. Les acquis de la gauche me survivront. J'aurai transformé quelques données fondamentales de notre vie en société. »

Il reconnaissait seulement s'être trompé pour ce qui était de la sidérurgie : « On va me dire : "Vous faites comme votre prédécesseur." Que répondre ? Tout le monde s'est trompé sur la sidérurgie. Cette erreur, je l'ai commise en même temps que tous les autres, de droite comme de gauche. »

Car, pour rétablir l'emploi, rien ne marchait. Les restructurations mettaient des centaines de milliers de gens à la rue. Il espéra en vain dans la création de postes dans le secteur public, qui employait désormais le quart des salariés mais qui devait lui-même se restructurer. Il chercha partout des idées et crut avoir trouvé la solution miracle quand, un jour de mai 1984, Olof Palme, à Stockholm, lui parla des emplois d'utilité collective attribués à des jeunes ; ils devinrent, en France, les TUC. Rien n'y fit : le taux de chômage resta très élevé.

En juillet 1984, comme on l'a vu, il dut se résoudre, la mort dans l'âme, à se séparer de Pierre Mauroy et nomma Laurent Fabius Premier ministre. Il voulait ainsi passer le relais à la génération des plus jeunes de ses compagnons.

L'obsession de François Mitterrand fut alors de faire croître le pouvoir d'achat de tous, salariés et chômeurs, non plus par la hausse des salaires ou des allocations chômage mais par la baisse de l'inflation et de l'impôt. Il déclara que « trop d'impôt tue l'impôt », décida l'allégement de la TVA sur les produits alimentaires, celui de la taxe professionnelle et la débudgétisation des grands travaux. Pour les plus riches, il demanda qu'on compense une majoration des droits de succession par la suppression de l'ISF (impôt sur la fortune) pour le patrimoine constitué par l'outil de travail. Afin de faire baisser l'impôt, il poussa à la recherche d'autres sources de financement pour la Sécurité sociale et les entreprises publiques et privées. Aussi incita-t-il à organiser le marché des capitaux ; ce n'est donc pas, comme on l'a si souvent dit, par conversion au libéralisme qu'il organisa les marchés financiers, mais dans le but de réduire les subventions publiques aux entreprises ainsi que les impôts. Au printemps 1986, juste avant les élections législatives, il put lever le contrôle des changes : le franc était devenu une monnaie forte.

Nommé au ministère des Finances en juillet 1984 (après que François Mitterrand eut réussi le tour de force de faire désigner Jacques Delors à la présidence de la Commission européenne, alors que c'était le tour d'un Allemand), Pierre Bérégovoy, qui avait prédit l'échec de la troisième dévaluation, fut l'architecte de son succès.

De toutes ses réformes, celles dont le président était le plus fier étaient celles qui avaient changé concrètement la vie des gens : la retraite à soixante ans, la réforme des conditions de travail, etc. Mais quand, au printemps 1984, l'architecte Roland Castro lui écrivit une jolie missive d'indignation – « Mes pérégrinations actuelles me font mesurer notre impopularité, notamment parmi les forces vives de la nation [...]. Qu'avons-nous fait pour elles ? » –, François Mitterrand me transmit sa lettre avec, griffonné sur une feuille qu'il avait jointe, ceci : « Répondre dès aujourd'hui sur cette base :

1 – l'action de Badinter ;
2 – la politique culturelle ;
3 – les radios libres ;
4 – la politique des banlieues ;

5 – l'ouverture européenne ;
6 – la Haute Autorité ;
7 – les droits des femmes ;
8 – la politique à l'égard des immigrés ;
9 – la politique à l'égard du tiers-monde : la France y est le pays le plus populaire et le plus respecté ;
10 – la formation des jeunes ;
11 – la décentralisation, etc.

« Et, malgré cela, les "forces vives" sont contre nous ? Que veulent-elles ? »

C'est, à ma connaissance, la seule hiérarchisation qu'il fit des grandes réformes accomplies entre 1981 et 1984. Aucune autre réforme, après, n'eut la même importance.

Réussir la deuxième alternance : cohabiter

Ce redressement, ainsi que le changement de la loi électorale instaurant au dernier moment un scrutin proportionnel, permit à la gauche de limiter les dégâts en mars 1986.

Au soir de cette défaite relative, alors que quelques collaborateurs se désolaient dans mon bureau en se goinfrant de petits-fours, le président nous confia : « Si nous avions pu faire dès septembre 1981 ce que nous avons fait en mars 1983, les finances se seraient assainies plus vite et nous aurions peut-être gagné aujourd'hui. Mais nous ne pouvions achever l'assainissement de l'économie qu'après avoir tenu nos promesses et réformé les structures du pays. Cette défaite était donc le prix à payer pour "changer la vie". J'en suis donc fier. Vous verrez, les Français ne m'en tiendront pas longtemps rigueur. »

Premier président de l'alternance, il lui fallut expérimenter la cohabitation, dernière figure inédite de la Constitution. Un chef de l'exécutif impopulaire pouvait-il et devait-il rester au pouvoir face à une majorité parlementaire hostile ? La plupart des dirigeants de droite – dont Jacques Chirac – pensaient et affirmaient qu'il serait vite contraint de démissionner ; et ils avaient bien l'intention de tout faire pour l'y pousser.

François Mitterrand, lui, entendait d'abord tout faire pour « bien terminer son mandat ». Il ne voulait pas qu'on lui reprochât d'avoir entravé l'action du gouvernement et espérait qu'au bout de deux ans la droite décevrait assez pour permettre l'élection à la présidence d'un homme de gauche : lui, évidemment.

Obsédé par l'idée de ne pas quitter la vie politique sur un échec, décidé à ne se représenter que si sa réélection était assurée, il ne fit rien non plus pour faire surgir un successeur, convaincu qu'il pourrait seul, le cas échéant, battre la droite. Et persuadé en particulier que Michel Rocard, le plus populaire des socialistes, avait un tempérament trop minoritaire, trop sectaire, pour réussir. De plus, ses performances peu convaincantes en tant que ministre du Plan puis de l'Agriculture avaient renforcé François Mitterrand dans le sentiment que Michel Rocard n'avait pas le caractère nécessaire pour exercer la présidence.

Décidé à ne pas céder aux provocations, le président entendit défendre bec et ongles ses prérogatives : « Après le 16 mars, je serai moralement à Rambouillet. Mais il est évident que je m'occuperai et contrôlerai tout ce qui touche à la sécurité de la France. »

La première décision qu'il eut à prendre fut le choix d'un Premier ministre. Il pensa d'abord que « les chefs de la droite refuseraient Matignon pour organiser une sorte d'*impeachment* ». Puis, quand d'innombrables candidatures se furent fait connaître à lui par de multiples canaux, il songea avoir le choix : « Je pourrais atténuer la défaite en prenant comme Premier ministre un homme de droite important qui les trahirait pour pouvoir être candidat aux présidentielles de 1988. » Quand il devint évident que Jacques Chirac ferait tout pour empêcher ses différents rivaux d'aller à Matignon, les dirigeants socialistes que le chef de l'État réunit à deux reprises (dans la salle à manger du ministère des P et T...) le pressèrent de ne pas choisir le chef des gaullistes. Il leur expliqua alors qu'il ne pouvait faire autrement : « Chirac sera le plus dur, mais il ne faut pas biaiser avec l'obstacle. Il faut prendre le risque, avaler la pilule. La droite la plus dure doit gouverner. Mais Chirac est-il capable d'être Premier ministre dans les circonstances actuelles ? Sera-t-il capable de surmonter les contradictions de sa majorité ? Rien n'est moins sûr. » Surtout, ne pas choisir Chirac, c'était le laisser se poser en recours et lui donner une chance de plus de gagner les prochaines présidentielles. François Mitterrand ajouta : « Ce sont les six premiers mois qui seront les plus durs. Chirac voudra me pousser à la faute [...]. Nul ne pourrait me forcer à démissionner. Je reste donc maître du moment de la crise. De toute façon, ils échoueront ; leur popularité est déjà trop basse. » Et quand je lui demandai : « Et s'il quitte Matignon et interdit à quiconque de sa majorité d'y aller ? », il me répondit en riant : « Qu'il essaie, j'en connais six qui iraient ! »

Dès qu'il eut nommé Jacques Chirac, il expliqua à Henry Kissinger, de passage à Paris et qu'il prenait de plus en plus comme un confident à même de faire connaître ses idées aux dirigeants américains : « Ils ont le contrôle de tout, sauf de l'essentiel. Et, sur ce qu'ils contrôlent, ils ne feront rien que d'accessoire. » Un peu plus tard, il ajouta : « Le Premier ministre devrait comprendre que la SNCF, c'est lui, et que l'armée, c'est moi ! »

Il refusa de nommer Giscard d'Estaing au Quai d'Orsay (« Il est candidat à tout par nature »). Il s'interrogea sur le choix d'André Giraud à la Défense (« C'est là qu'on va voir si un major de l'X peut être intelligent »). Un soir, il résuma devant moi les discussions en cours sur la formation du gouvernement : « Chirac a parlé d'Aurillac à la Coopération. Pour le Quai d'Orsay, il propose Giscard, que j'ai refusé. J'ai évoqué Chaban, Bettencourt, Lipkowski ou un diplomate de carrière. Chirac n'en veut pas. Pour la Défense, il m'a proposé Léotard. J'ai refusé. Pour la Justice, il pense à Larcher ou à Dailly. J'ai répondu que celui-ci risquait de poser problème. J'ai ajouté : "Vous avez tort de mettre des chefs de parti dans votre gouvernement. Ils vous critiqueront quand même." Lecanuet n'aura rien : Chirac l'a évoqué juste pour que je l'écarte. Pasqua, m'a-t-il dit, sera à l'Intérieur. Dans ce cas, je l'ai prévenu que plus personne, ni à l'Élysée ni au gouvernement, n'osera encore se servir du téléphone ! Chirac m'a répondu : "Écoutez, je m'en porte garant, vous n'aurez rien à redouter de Charles Pasqua." » De fait, avec Pasqua, il cultivait une certaine connivence. Au cours d'un des premiers Conseils des ministres, au sujet d'un texte proposé par le ministre, lui aussi ancien résistant, il plaisanta : « À propos de la carte d'identité infalsifiable que vous voulez instaurer, je signale que je suis le seul, ici, avec le ministre de l'Intérieur, à avoir falsifié des cartes d'identité ! »

S'il apprécia certains ministres – comme Philippe Séguin, Alain Carignon et Édouard Balladur – qui se comportaient correctement avec lui, il détesta l'ensemble du gouvernement, en particulier la garde rapprochée du Premier ministre : « On peut dire que c'est un clan, si l'on veut être aimable, un gang, si l'on est désagréable [...]. J'en ai assez de la vulgarité et de l'impudeur de certains de ces gens-là. Il faut les laisser gouverner parce qu'ils vont échouer. »

Un soir de mars, à l'issue du premier Conseil des ministres de la cohabitation, auquel je continuais d'assister, il me dit, tendu et lugubre : « Cela s'annonce comme la période la plus pénible de ma vie. Je ne veux pas discuter leurs lois. Je ne me battrai que sur l'essentiel. Pourquoi les socialistes ne sont-ils pas plus offensifs ? Ah, si j'étais député de l'opposition, je saurais quoi dire ! »

Le président laissa donc Jacques Chirac entièrement libre de mener la politique intérieure qu'il avait proposée aux électeurs. En particulier, il l'autorisa à procéder à toutes les nominations qu'il jugea nécessaires. Mais, dès le mois de juin, la « chasse aux sorcières », les évictions et les « placardisations » prirent des allures d'« épuration ». Le président refusa en particulier la démission du chef d'état-major, le général Saulnier, et se désola du renvoi de certains patrons d'entreprises publiques : « Nommer M. Lévêque au Crédit Lyonnais, c'est mettre un militant à la tête d'une grande banque ! Il n'y aura plus aucune sécurité pour les clients. Je suis moi-même au Crédit Lyonnais depuis de longues années ; je vais être obligé de changer de banque ! »

Crises aux sommets

Dès son arrivée à Matignon, le Premier ministre se montra à la fois courtois et brutal avec le président, qu'il semblait ouvertement considérer comme quantité négligeable. Il tenta d'emblée de rogner sur les prérogatives diplomatiques présidentielles en invoquant l'article 20 de la Constitution selon lequel « le gouvernement détermine et conduit la politique de la nation ». (« Alors, vous comprenez, la diplomatie, c'est aussi la politique de la nation. ») François Mitterrand lui répondit, narquois et glacial : « Bien sûr, il y a l'article 20, mais il y a aussi les autres ! Il ne faut pas avoir une courte vue. Vous oubliez les autres : l'article 5, le 14, le 15, le 52, le 53. Moi, je ne les oublie pas : la Constitution forme un tout. »

La première crise sérieuse porta sur le rôle du Premier ministre lors des sommets européens et du G7. Cette bataille d'apparence protocolaire recouvrait en fait un enjeu très important, celui de savoir si, aux yeux du reste du monde, le président restait le chef de la diplomatie et de la défense. Jusque-là, le chef de l'État assistait seul (avec son « sherpa ») aux séances restreintes des réunions à sept ; aux séances élargies, les ministres des Affaires étrangères et des Finances le rejoignaient. Le Premier ministre n'y venait jamais, et pas davantage aux sommets européens. Jacques Chirac exigea pourtant de faire partie des délégations à ces sommets, ce que François Mitterrand accepta – « car cela donne du poids à la délégation française, et cela ne me gêne pas ». Quand le Premier ministre demanda à partager la direction de la délégation, le président hésita à refuser et à provoquer une crise, convaincu que le pays lui donnerait tort ; puis, sur ma suggestion, il se ravisa et reconnut l'importance de l'enjeu : s'il acceptait, plus personne ne penserait de par le monde qu'il était encore en charge de la politique étrangère de la France. Il s'opposa dès lors aux multiples tentatives du Premier ministre pour faire placer deux fauteuils dans les salles réservées aux séances restreintes. Ce manège passa par bien des ruses et des coups bas de part et d'autre. Le président raconta peu après à des amis socialistes : « Lorsque j'apprends que, par des négociations directes avec les gouvernements étrangers, Matignon essaie d'obtenir qu'à ces sommets la France jouisse d'une sorte de représentation bicéphale, je dis au Premier ministre : "Vous pouvez essayer tout ce que vous voulez, pour moi ce sera non. Je ne tiens pas à voir la France ridiculisée." D'ailleurs, cela m'amuse, car, à chaque fois qu'il négocie avec un gouvernement étranger, celui-ci m'envoie son ambassadeur pour me demander si je suis bien d'accord. »

Le premier de ces sommets, celui du G7, à Tokyo, un peu plus d'un mois après les élections de mars 1986, fut un moment d'affrontement extrême : le Premier ministre fit tout pour y être traité à égalité avec le président. Pour m'y opposer, je bénéficiai de la neutralité de mes partenaires habituels, « sherpas » des autres pays, qui observaient avec une curiosité amusée cette lutte franco-française. Peu après, François Mitterrand résuma l'histoire en quelques mots : « Juste avant le sommet du G7 à Tokyo, en avril 1986, Jacques Chirac s'est bien rendu compte, en étudiant le déroulement du sommet agréé entre "sherpas", que tout tournait autour du chef de la délégation, et qu'il ne pouvait y en avoir qu'un. Comme il s'en inquiéta devant moi ("Qu'est-ce que je vais faire pendant ce temps-là ?"), je lui répondis que le plus simple serait qu'il ne vienne pas. Vous savez ce qu'il m'a répondu ? "Ah non ! Maintenant que j'ai dit que j'y allais…" C'est très révélateur du comportement de Chirac. Le pire est qu'il a dit cela devant plusieurs témoins… »

Deux mois après Tokyo, le Conseil européen, réuni à La Haye, fut tout aussi difficile. Puis, là encore, Chirac céda. Les sommets ultérieurs furent plus calmes. Les règles fixées étaient admises ; en cas de cohabitation, elles sont encore appliquées aujourd'hui.

« Un seul pilote dans l'avion »

Première mauvaise surprise : le diplomate choisi d'un commun accord comme ministre des Affaires étrangères, Jean-Bernard

Raimond, se révéla un militant RPR. Il fut donc extrêmement difficile d'obtenir du Quai d'Orsay communication des plus importants télégrammes diplomatiques. Malgré cette difficulté, le président conserva le contrôle de la diplomatie. Il ne permit pas au Premier ministre de prendre la moindre initiative en matière de politique étrangère, de défense et d'Europe (dont la dimension de politique intérieure aurait pu justifier une compétence à tout le moins partagée). Ainsi, quand Jacques Chirac lui proposa d'accepter que la France ralliât le programme de « guerre des étoiles » lancé par Reagan (« C'est une de mes promesses électorales »), François Mitterrand refusa abruptement pour des raisons qu'on évoquera au chapitre suivant : « La France n'y participera pas aussi longtemps que je serai là. Si vous insistez, je ferai un référendum là-dessus, et je le gagnerai. »

Plusieurs autres conflits de pouvoir éclatèrent devant des tiers. Dans les tout premiers mois, au cours d'un Conseil de défense réuni à l'Élysée, le Premier ministre voulut montrer devant un parterre de ministres, de chefs d'état-major et de hauts fonctionnaires, tous de droite, qu'il était en charge de la stratégie nucléaire. Il proposa de compléter les sous-marins lanceurs d'engins par d'autres armes à plus faible rayon d'action. Le président refusa et n'accepta que de moderniser les fusées à long rayon d'action qui se trouvaient déjà ensilées sur le plateau d'Albion, en Provence. Comme s'il concluait la réunion, Jacques Chirac expliqua alors qu'il « décidait d'installer de nouvelles fusées sur le plateau d'Albion ». Très calmement, François Mitterrand le reprit : « Vous voulez dire que vous me suggérez d'installer de nouvelles fusées à Albion ? » Jacques Chirac grommela : « Oui, c'est ça. » François Mitterrand conclut : « J'espère bien. » Un haut fonctionnaire reprit alors la parole pour tenter de plaider à nouveau pour les fusées à courte portée. Le président l'interrompit brutalement et lâcha, devant une assistance hostile et glacée : « C'est moi qui décide. Ce que j'ai dit est la limite de ce que j'accepte, point final. La séance est levée. » Devant tous les chefs militaires, le conflit de compétence et de légitimité était réglé.

De même, en 1987, lorsque, entre le chancelier allemand et le président Mitterrand, il fut décidé de rendre publiques les négociations amorcées en secret entre leurs collaborateurs sur la future monnaie commune et la création d'une brigade européenne, Jacques Chirac prétendit devant la presse en être l'initiateur. François Mitterrand remit les choses au point avec une précision millimétrique : « Lorsque le chancelier et moi avons, il y a quelques mois, songé à développer les liens entre nos pays sur le plan de la défense et de la sécurité, nos représentants, qui ont préparé ces discussions, avaient déjà, surtout à l'instigation des délégués français, pensé qu'il convenait d'insérer les problèmes militaires dans le cadre d'une action politique. C'est ainsi qu'il nous a semblé qu'un développement parallèle pouvait avoir lieu sur les plans économique et financier. Parallèle, mais pas forcément identique. C'est pourquoi M. le Premier ministre français et moi-même, nous en avons discuté au cours des jours précédents, et lui comme moi avons pensé que c'était une donnée importante de ce qu'il convenait de faire. Et c'est ainsi que la question a été posée et résolue. »

En sortant de la conférence de presse, il me mit la main sur l'épaule : « C'est bien comme ça que vous aviez négocié avec les Allemands, n'est-ce pas ? J'espère que les journalistes vont enfin comprendre qu'il n'y a qu'un seul pilote dans l'avion ! »

Une crise sous ordonnances

Alors qu'il n'avait pas l'intention de se mêler de politique intérieure, le président y fut entraîné : Jacques Chirac lui demanda en effet l'autorisation de gouverner par ordonnances, c'est-à-dire sans soumettre au préalable ses textes au Parlement. Aux termes de la Constitution, une loi devait habiliter le gouvernement à édicter des ordonnances dans un domaine précis, et ces ordonnances devaient être signées par le président, puis soumises au Parlement, qui en débattait *a posteriori*. En répondant favorablement, François Mitterrand s'engageait donc à parapher des ordonnances de droite. Il décida de ne pas s'y opposer : il l'avait déjà accepté de Pierre Mauroy et il ne voulait pas que Jacques Chirac puisse lui reprocher un jour d'avoir provoqué son échec. Mais il refusa d'inclure dans la loi d'habilitation certains domaines : « Je ne veux pas me trouver dans le cas de refuser de signer des ordonnances ; ce serait créer des conflits. Il y en a assez sans qu'on en crée à plaisir. Je suis obligé d'accepter le principe des ordonnances, d'abord parce que c'est prévu par la Constitution, ensuite parce que je l'avais accepté des gouvernements précédents. Mais j'exige simplement que cette procédure soit limitée. J'espère que cet engagement sera tenu. »

Ce fut l'occasion de la première joute verbale majeure entre les deux hommes, qui faillit tourner à la crise de régime. Le 9 avril 1986, le Premier ministre vint lui remontrer que, juridiquement, le président ne pouvait refuser de signer une ordonnance. François

Mitterrand répliqua : « Quoi que vous pensiez, si je ne veux pas d'une ordonnance, je ne signerai pas. » Chirac protesta : « Si vous ne voulez pas l'approuver, il faudra voter en Conseil des ministres. » François Mitterrand riposta : « Pas du tout ! Pour voter là-dessus, il faudrait d'abord l'inscrire à l'ordre du jour, et celui-ci est de ma seule compétence. Vous me dites que l'article 13 de la Constitution précise que le président de la République ne peut que signer les ordonnances que le gouvernement lui propose, même s'il n'est pas d'accord. Mais vous trouverez toujours d'autres éminents juristes pour jurer du contraire. » Il poursuivit, péremptoire : « J'ajoute que tout le monde pourrait bien me dire que je dois signer, si je ne veux pas signer, je ne signerai pas ! » Se reprenant, il précisa d'un ton plus conciliant : « Par exemple, je signerai l'ordonnance sur le mode de scrutin, sauf bien entendu si le découpage est particulièrement inique. D'abord parce que les Français sont dans l'ensemble favorables au scrutin majoritaire ; ensuite, parce que je me vois mal engager un débat public sur le découpage électoral (sauf si celui-ci est vraiment scandaleux). » Il refusa en revanche d'inclure dans la loi d'habilitation des ordonnances remettant en cause la protection sociale : « À la rigueur, j'admets que la réforme de l'ANPE puisse être envisagée par ordonnance, mais aucune mesure concernant le travail des jeunes, qui permettrait indirectement une modification du SMIC ou de l'autorisation préalable de licenciement, ne pourra figurer dans une ordonnance. »

Jacques Chirac sembla accepter sans trop rechigner ces limitations. Mais quand le président refusa que soient privatisées par ordonnance les entreprises nationalisées en 1945, la bataille politique, très violente, faillit dégénérer en crise.

En mai, dans son bureau, le président expliqua ses raisons au Premier ministre : « Je ne signerai pas une ordonnance qui inclurait des nationalisations datant de 1945 : elles renvoient au programme du Conseil national de la Résistance, à une ancienneté de quarante ans qui entérine l'appartenance au patrimoine national. » Chirac lui répondit, menaçant : « Si vous ne signiez pas, ce serait très ennuyeux, car ce serait contraire à la Constitution. Et moi, cela m'ennuierait beaucoup que le président de la République ne respecte pas la Constitution. » Le président l'interrompit : « Écoutez, occupez-vous de vos affaires ; moi, je m'occupe des miennes ! »

Il enrageait en me rapportant ce dialogue : « Ses amis sont en train de constituer des "noyaux durs", comme ils disent, en privatisant à bas prix des entreprises que les contribuables ont sauvées de la faillite. Ils paient ainsi leurs dettes politiques et espèrent obtenir en retour les moyens de gagner les élections présidentielles dans deux ans. Mais ça ne marchera pas comme ça ! »

Le bras de fer dura trois mois. Le 11 juillet, la crise atteignit son paroxysme quand le président reçut un projet d'ordonnance fixant la liste de 65 entreprises privatisables parmi lesquelles figuraient des entreprises nationalisées en 1945. François Mitterrand fulmina devant moi : « Le choc est inévitable. Je vais prendre le pays à témoin. La discussion de ce texte peut venir en Conseil des ministres s'ils le veulent, ce n'est pas le Conseil qui signe les ordonnances, c'est moi. Et je ne signerai pas ! On va donc dans le mur. »

Trois jours plus tard, il confirma son refus publiquement, à la télévision, dans son interview, devenue de routine, le jour de la fête nationale. Dans l'après-midi, la plupart des conseillers de Jacques Chirac le pressèrent de démissionner pour provoquer une élection présidentielle anticipée. Le Premier ministre, qui savait que François Mitterrand ne démissionnerait pas, refusa et demanda à Édouard Balladur de publier une déclaration apaisante dans l'après-midi.

Ce soir-là, à la fin du journal télévisé – qu'il regardait, fait très rare, dans son bureau, en ma compagnie –, le téléphone sonna. C'était Jacques Chirac, qui commença par lui demander s'il voulait mettre un terme à la cohabitation. Le président répondit, d'un ton très calme et poli dans un long monologue déjà en partie cité dans *Verbatim* : « Je ne le souhaite pas. Mais j'accepte les conséquences de ce que je fais. Je ne vous en veux pas. Vous faites ce que vous croyez devoir faire. Je reconnais que ce n'est pas facile pour vous sur le plan parlementaire. Mais si, dès le début, vous étiez passé par la loi, ce serait peut-être fait aujourd'hui. Je vous avais dit que je ne signerais pas la dénationalisation des entreprises nationalisées en 1945. Je ne céderai pas. Si vous passez devant le Parlement, je puis exercer une influence sur mes amis pour que cela ne traîne pas trop. Bien sûr, vous allez encore me dire que je tire les ficelles des socialistes. Mais c'est tout ce que je peux faire. [...] Vous avez des convictions. Admettez que je puisse en avoir. Je ne céderai pas. Je vous laisse réfléchir. On ne me fera pas faire ce qui est contraire à ma conviction politique la plus intime. Au-delà du nécessaire affrontement politique, je n'ai rien contre vous. Si cela doit mettre un terme à l'expérience, eh bien, je le regretterai. [...] Je n'attends rien de l'opinion publique. Je suis libre de toute obligation.

Je n'aspire à rien, sauf à bien finir mon mandat. Cela dit, qu'il y ait une crise, je m'y attendais depuis le premier jour, depuis les élections du 16 mars. Et comme cela fait quatre ans que je prévoyais les résultats du 16 mars... […] Si vous estimez qu'une crise est inéluctable, je l'accepte. Mais je ne la souhaite pas. » Le Premier ministre répondit avec aigreur : « Certains me poussent à démissionner pour provoquer une présidentielle anticipée. » François Mitterrand répondit, placide : « L'élection présidentielle est inscrite dans les faits dès lors que nous avons eu les résultats du 16 mars. À vrai dire, c'est déjà une sorte de miracle que nous ayons tenu quatre mois. Je vous avais prévenu. Vous ne m'avez pas cru. Mais il n'y aura pas de présidentielle anticipée. C'est moi qui peux dissoudre le Parlement. Et je n'ai pas l'intention de démissionner. » Et il mit fin à la conversation en lâchant un : « Réfléchissez-y. »

Long silence. Lui et moi savions que cet échange risquait d'ouvrir une crise de régime, mais le président me parut confiant : « On va voir ce qu'il va faire. Il changera trois fois d'avis, puis il cédera... Ce n'est pas un mauvais type ! »

C'est ce qui se passa. Le lendemain, Jacques Chirac l'appela à deux reprises et proposa une modification de l'ordonnance qui renvoyait la privatisation d'entreprises nationalisées en 1945 au vote d'une loi et ajoutait des mesures de protection contre toute sous-évaluation et tout risque de mainmise étrangère. Le président conclut : « Avec Chirac, la corde se tend toujours, mais elle ne casse jamais. Il y a désormais divers scénarios possibles : le plus probable est que ce Parlement fasse un jour tomber le gouvernement. Je nommerai alors un Premier ministre socialiste, puis je démissionnerai. »

Pour se représenter ? Il ne répondit pas.

Deux occasions d'indignation

Depuis le 10 mai 1981, obsédé par l'idée de clore sa carrière par une défaite, François Mitterrand était décidé à ne se représenter que si les circonstances rendaient une victoire quasi certaine. Il laissait certes entendre qu'il serait peut-être candidat, mais c'était pour ne pas perdre de son influence et sans en avoir encore complètement décidé : « Si je ne suis pas candidat, nos amis s'égailleront comme une volée de moineaux. Il faut donc laisser entendre que je suis candidat ; sinon, mon pouvoir se délitera. Mais je ne serai vraiment candidat que si une vague de demandes s'organise autour de moi. »

À partir de 1982, il hésita face à la profonde impopularité qui frappait la gauche tout entière. Quand s'annonça la cohabitation et que s'amorcèrent les luttes internes au Parti socialiste entre Laurent Fabius, Lionel Jospin et Michel Rocard, il se fâcha : « Je ne suis pas tenu d'assurer l'avenir du PS. Si le parti se divise, c'est tant pis pour lui... Je ne me vois pas mourir à l'Élysée. » Il ajoutait, ironique : « Je ne veux pas être candidat. Je ne veux pas l'être ! Mais si je veux être élu, il faudra bien être candidat. »

Deux affrontements conduisirent le président à se présenter pour écarter ce qu'il appelait de plus en plus le « clan gaulliste ». Plus que ses amis, ce sont ses adversaires qui le décidèrent à retourner au combat.

La première de ces crises majeures eut lieu les 4, 5 et 6 décembre 1986, lorsque plusieurs centaines de milliers de personnes manifestèrent à Paris et dans les principales villes de France pour le retrait total d'un projet de réforme de l'enseignement supérieur. Quarante et un manifestants furent hospitalisés, l'un eut la main arrachée, un autre perdit un œil, vingt policiers furent blessés ; un étudiant de vingt-deux ans, Malik Oussekine, trouva la mort. Le lendemain, Louis Pauwels provoqua un scandale en stigmatisant les jeunes manifestants dans *Le Figaro Magazine* : « Ce sont les enfants du rock débile, les écoliers de la vulgarité pédagogique, les béats de Coluche et Renaud [...], une jeunesse atteinte d'un sida mental. » À ses amis socialistes qui le pressaient de se solidariser avec les étudiants, François Mitterrand répondit : « N'allez pas trop vite. Cela peut les servir. Les Français n'aiment pas l'agitation. Le réflexe sécuritaire profite toujours à la droite. Je n'oublie pas qu'après Mai 68 il y eut juin 68. »

Dans la soirée du samedi suivant, au paroxysme de l'agitation, Jacques Chirac demanda à être reçu par le chef de l'État pour lui annoncer qu'il maintiendrait l'essentiel du texte contesté. En attendant le président, le Premier ministre s'installa un moment dans mon bureau et épilogua d'un ton décontracté : « Les manifs vont s'effondrer. Et vos amis en seront pour leurs frais. Voilà ce qui arrive quand on essaie de récupérer un mouvement ! Avec les étudiants, pas la peine de faire de la surenchère comme font les socialistes ; pour les tenir, il suffit de leur payer un journal. » À l'issue de l'entretien, après avoir tout refusé au président, le Premier ministre retira l'intégralité du projet de loi. François Mitterrand n'oublia pas cette façon de tenter de passer en force sans le moindre état d'âme.

Il fut aussi très choqué par la privatisation de TF1, qu'il n'avait pas prévue et qui lui sembla scandaleuse : « Le système audiovisuel français a été complètement déséquilibré par la privatisation de TF1, et le secteur public a cru nécessaire d'imiter le secteur privé dans sa médiocrité. »

Il n'était pourtant pas encore tout à fait décidé à se représenter. Quand, à l'automne 1987, Michel Rocard laissa entendre qu'il le serait (« Ma candidature ne s'oppose en rien à celle de François Mitterrand, puisque je préfère travailler sur le probable plutôt que sur l'exceptionnel »), François Mitterrand l'approuva : « Rocard seul peut être le candidat de tout le Parti. Il est le plus ancien. Et je n'ai aucune animosité contre lui. Je sais bien qu'il n'est pas de notre sensibilité, de notre filiation historique. Mais c'est un homme intelligent. Il a fait ses preuves. Il peut prétendre à de hautes fonctions. »

Puis il bascula.

Deux prises d'otages

C'est fin 1987, quand les sondages commencèrent à montrer que Raymond Barre n'avait plus aucune chance de devancer Jacques Chirac au premier tour, et après que la droite eut géré, d'une façon qui le révulsa, deux prises d'otages, l'une au Liban, la seconde en Nouvelle-Calédonie, qu'il prit la décision d'être à nouveau candidat. Le comportement de Michel Rocard, très violemment hostile à son égard, finit de le convaincre.

Au Liban, certains, dans la mouvance des preneurs d'otages, voulaient notamment obtenir la libération de cinq terroristes condamnés à la prison à perpétuité pour une tentative d'assassinat visant un ancien Premier ministre iranien. François Mitterrand définit alors l'attitude de la France : « Tout faire, sauf céder. » Peu avant les élections législatives de mars 1986, alors que six Français étaient détenus au Liban, il chargea notre ambassadeur à Tunis, Éric Rouleau, de demander aux Palestiniens basés dans la capitale tunisienne d'intervenir. Il apprit de l'OLP, puis de ses contacts en Iran, que la droite française avait convaincu Téhéran d'agir en sorte de repousser la libération des otages au lendemain des élections, car, rapporta l'ambassadeur, la droite avait fait des propositions « plus avantageuses » que le gouvernement en place. Et, pour bien confirmer le sens du message, des bombes explosèrent dans Paris : le 3 février, dans la galerie du Claridge ; le 4, à la librairie Gibert-Jeune ; le 5, à la FNAC Forum, faisant au total vingt blessés. Puis d'autres engins explosèrent à bord du TGV Paris-Lyon, le 17 mars, faisant dix blessés, et dans la galerie Point-Show, le 20 mars, sur les Champs-Élysées, faisant deux morts et vingt-huit blessés.

Au lendemain des élections de mars 1986, les otages ne furent pas davantage libérés. En septembre, les preneurs d'otages se firent plus pressants : une nouvelle série d'attentats revendiqués par un Comité de solidarité avec les prisonniers politiques arabes et du Proche-Orient, réclamant la libération de trois terroristes détenus en France, fit onze morts et cent cinquante blessés à Paris.

Puis plus rien.

Près d'un an plus tard, en mai 1987, la DST informa le ministre de l'Intérieur qu'elle tenait un interprète de l'ambassade d'Iran à Paris, Wahid Gordji, pour l'un des responsables de ces attentats. Un magistrat, Gilles Boulouque, chargé de plusieurs affaires de terrorisme, réclama son audition. Gordji refusa de sortir de son ambassade ; en manière de représailles, des Français furent pris en otages à Téhéran.

Jacques Chirac voulut alors échanger l'interprète iranien contre quelques-uns des otages au Liban et contre les Français retenus à Téhéran. Mais, pour procéder à cet échange sans violer la légalité, il fallait que cet homme fût lavé de toute accusation de terrorisme ; pour le président, il était évident que le gouvernement ferait tout pour que rien ne soit reproché à Gordji afin qu'un échange puisse se faire avec un ou deux otages français. Mais était-il possible qu'un juge considère Gordji innocent après l'avoir fait désigner par la police comme chef d'un réseau terroriste ?

À la mi-juin, au cours d'une réunion tenue dans le bureau du président, Charles Pasqua déclara devant Jacques Chirac : « Gordji est une plaque tournante, pour la France et l'Europe, des agents iraniens. Nous disposons d'écoutes téléphoniques, d'émissions de radio vers Téhéran, et d'informations de services étrangers. » Son adjoint au ministère de l'Intérieur, Robert Pandraud, le contredit : « Nous sommes entre nous : dans le dossier, il n'y a pas grand-chose, et je pense que le juge le libérerait. » Le ministre des Affaires étrangères, Jean-Bernard Raimond, lança une terrible accusation : « Vous m'avez parlé de preuves… Mais ces preuves, je ne les ai jamais vues ! On m'a toujours tenu à l'écart, on ne me dit rien ! Ces preuves, avouez que vous les avez détruites !… Bon, je m'arrête, j'ai dit ce que j'avais à dire. » Un silence embarrassé s'installa parmi les ministres. Décision fut prise d'organiser l'audition de Gordji par le juge au Palais de justice, puis, si rien n'était retenu contre lui, de l'expulser.

Le président me dit, à l'issue de cette réunion : « Je ne sais pas s'il va tenir jusqu'à demain ou même cette nuit ! Ils doivent être en train de se réunir, de décider tout autre chose que ce dont nous venons de convenir. Ils vont faire en sorte que le dossier soit vide, vous allez voir... »

Le 2 juillet, par provocation, Gordji se montra aux journalistes reçus à l'ambassade comme interprète du chargé d'affaires iranien lors d'une conférence de presse... consacrée à son propre cas ! Le président demanda au gouvernement de rompre les relations diplomatiques avec l'Iran. Le Premier ministre tergiversa. Le président supputa qu'il ne voulait pas rompre parce qu'il devait être en train de négocier avec le gouvernement de Téhéran.

Le 8 juillet, le président résuma en ces termes une réunion qui venait de se tenir dans son bureau : « À 9 h 15, je trouve le Premier ministre très flambard à propos de l'Iran, me disant : "Il faut rompre les relations diplomatiques dans les quarante-huit heures !" À 10 h 45, il recule : "Il faut rompre avant la fin de la semaine." Trois minutes plus tard, à peine M. Raimond a-t-il formulé l'hypothèse de se contenter de déclarer *persona non grata* le chargé d'affaires iranien qu'il s'y rallie. Une demi-heure plus tard, il dit : "Il faut attendre un peu, puisque l'Algérie s'en occupe." Sur le contenu du dossier, ils se contredisent pareillement. Le Premier ministre est vraiment toujours le même ! [...] Il fait des mouvements de menton dans son style habituel ("En aucun cas il ne saurait être question de..."), mais cela ne préjuge en rien de ce qu'il fera en définitive... »

Le Premier ministre venait de déclarer avec aplomb au président : « Il est quasi certain que le juge n'inculpera pas Gordji, et on pourra l'échanger contre deux de nos otages au Liban. » Devinant que c'était là l'état des négociations menées à son insu avec l'Iran, le chef de l'État refusa : « Une telle négociation n'est envisageable que si tous les otages, sans exception, sont libérés. Encore faudrait-il être sûr que l'Iran contrôle les preneurs d'otages, ce qui n'est pas établi. » Et, comme il aimait à le faire régulièrement, il remit au Premier ministre une lettre dans laquelle il résumait sa position. Jacques Chirac refusa de la prendre : « Je préfère renoncer complètement. Vous allez faire capoter la négociation. » François Mitterrand l'avait piégé. Il sourit : « Vous ne m'avez jamais informé qu'il y avait une négociation... »

Une semaine plus tard, le 14 juillet, à la télévision, le président réaffirma que Wahid Gordji devait se soumettre à la loi : « La justice française estime devoir entendre cet Iranien parce qu'il est soupçonné d'avoir pris part – à quel degré, je n'en sais rien – à des actions terroristes en France... Il y a suffisamment de soupçons pour qu'il ait été appelé à s'expliquer. » Trois jours plus tard, François Mitterrand convoqua le Premier ministre pour lui imposer la rupture des relations avec l'Iran dont Matignon ne voulait toujours pas. Dans l'avion qui le ramenait de Latche, où il avait passé la fin de semaine, il nota sur une feuille de papier ce qu'il comptait dire au Premier ministre. Il écrivit :

Deux scénarios
A. Rupture
1 – Annoncer que nos agents sont interdits de départ ;
2 – saisir les institutions internationales (dont la CEE) d'une plainte contre l'Iran, État terroriste ;
3 – commencer d'ouvrir le dossier du terrorisme iranien ;
4 – retenir un nombre d'agents iraniens égal à celui des nôtres empêchés de revenir.
B. Pas de rupture
1 – Au terme de l'ultimatum iranien, l'Iran réclamera Gordji contre le retour des Français avec la même fermeté ;
2 – nous aurons montré de la faiblesse et serons dans une situation pire.

Le Premier ministre arriva à l'Élysée, ce matin-là, 17 juillet, avec un projet de communiqué, prudent et ambigu, stipulant : « Le processus de rupture des relations diplomatiques est engagé. » François Mitterrand le modifia pour en faire une décision : « La France décide de rompre dès maintenant les relations diplomatiques avec l'Iran. »

Après cette rupture, la négociation, dont l'Élysée était exclu, sembla s'enliser. La rupture des relations diplomatiques avec l'Iran avait dû remettre en cause des accords dont nous étions désormais exclus. Le siège de l'ambassade d'Iran à Paris dura encore cinq mois. Le 29 novembre 1987, Wahid Gordji quitta enfin l'ambassade pour être entendu par le juge Boulouque, lequel estima n'avoir pas reçu communication par la police « de charges devant entraîner son inculpation ». Gordji fut aussitôt conduit au Bourget, direction Karachi, où il fut échangé contre le consul de France à Téhéran.

François Mitterrand devina que le gouvernement avait aussi négocié, sans son accord, l'échange de ce terroriste contre certains des otages français. Mais combien ? et quand ? « Ils ont préféré oublier qu'il était un terroriste pour pouvoir organiser l'échange. Vous allez voir, ça se passera à la veille du second tour des présidentielles ! Ce sont des mœurs de voyous, ils ne l'emporteront pas au paradis ! »

Au même moment, une autre prise d'otages vint alourdir l'atmosphère : le gouvernement de Jacques Chirac avait décidé de faire voter une loi remettant en cause les droits fonciers des Kanak en Nouvelle-Calédonie. En Conseil des ministres, le président prévint que cette décision allait entraîner de la violence : « Si j'étais au Parlement, je voterais contre cette loi. Je vote donc moralement contre. Mais c'est à vous qu'appartient l'initiative, et vous avez une majorité. Plaise au ciel que les conséquences ne soient pas telles que le racisme, la violence, tellement proches, redeviennent présents, quels que soient ceux qui gouvernent. »

Le seul capable de « les battre »

Dès lors, il n'eut plus qu'une idée en tête : ne pas laisser « ce clan » l'emporter. Après avoir, en 1981, assuré l'alternance en vainquant au deuxième tour la vieille droite antigaulliste, il voulut cette fois mener bataille contre le gaullisme et la gagner : « Je n'ai pas envie de m'incruster. Mais savoir que c'est le plus grand plaisir que je pourrais leur faire me gâcherait ma retraite ! [...] Si je suis candidat, ils ne vont pas m'épargner. Ils seront orduriers. Mais, si je ne suis pas candidat, ils ne m'épargneront pas davantage. » Sa décision fut prise en secret en décembre 1987, quand il fit réserver par Lionel Jospin des panneaux d'affichage pour avril et mai 1988.

Et, pour justifier sa candidature, il prétendit que, décidément, sept ans c'était trop court : « Avant d'être élu, je pensais que sept ans, c'était bien assez, qu'en sept ans je pourrais faire bouger, évoluer le pays. Et puis, une fois en place, j'ai mesuré tous les obstacles qu'il fallait surmonter, contourner, le plus terrible étant la résistance passive de l'Administration, rétive au seul mot de changement. » Comme il n'imaginait pas une seconde de laisser la place à Michel Rocard, il ajouta, féroce : « Franchement, vous imaginez un face-à-face Barre-Rocard ? » Sur quoi il épilogua encore : « Rocard est trop fragile. Il ne battra jamais Chirac. »

Surgit aussitôt le dilemme qui allait empoisonner tout son second mandat : était-il un monarque demandant une prolongation de son règne ou un socialiste proposant un programme à son camp ?

Il commença en janvier 1988 à préparer sa candidature et à fourbir ses arguments contre Chirac : « Il n'a qu'une ambition : se faire élire pour colmater une partie des brèches qu'il a lui-même ouvertes. Son programme est simple : "Élisez-moi, je vais réparer mes erreurs !" Ainsi, il dit : "J'ai réduit d'un tiers les crédits de la recherche, je vais les augmenter. J'ai supprimé la chaîne musicale, je vais la recréer. J'ai réduit le pouvoir d'achat des allocations familiales, je vais l'augmenter. J'ai créé 100000 chômeurs, je vais réduire ce chiffre. J'ai rendu déficitaire la Sécurité sociale, je vais l'assainir. J'ai creusé un déficit extérieur industriel, je vais y remédier. J'ai diminué le nombre des enseignants, je vais l'augmenter, etc." Autrement dit : "Votez pour moi et on remet les pendules à zéro..." » Et encore : « En 1981, Chirac était trop jeune. En 1988, il sera trop âgé. » Enfin : « Chirac court vite, mais il ne sait pas vers où. »

Sur son âge, qu'on lui jetterait à la figure (il avait soixante-douze ans), il prépara une réponse : « Ils disent que je suis vieux. Ce n'est pas faux. Mais j'ai rencontré beaucoup de jeunes crétins dans ma vie, et je sais une chose : on a l'âge de son projet... »

Seulement voilà : lui-même n'en avait pas.

Un candidat sans projet

Dès avril 1987, alors que je m'inquiétais de l'éventualité d'une candidature sans projet, il me répondit : « Les Français sont las des projets, des programmes, des promesses... » Une fois décidée sa candidature, il m'en parla, à la mi-décembre 1987, me demandant de garder le secret. Il ne m'évoqua jamais alors ce qu'il voulait faire s'il était élu. Il hésita d'ailleurs longtemps à se présenter en tant que président « au-dessus des partis » ou comme socialiste. En février 1988, il trancha : « Mes publicitaires souhaitent que j'annonce ma candidature depuis l'Élysée, que je ne descende pas dans l'arène. Ce serait une faute. Celle que j'ai reprochée en 1981 à Giscard, et qui l'a perdu. Un président doit retrouver l'humilité du candidat au moins le temps d'une campagne. Mais laissez-les dire, ils verront bien ! »

Il n'était plus habité par aucune ambition particulière : ni recomposer la gauche, ni renationaliser l'industrie, ni décentraliser davantage le pouvoir politique, ni modifier les institutions. La réforme ? « Les Français au fond n'en veulent pas. Même le mot leur fait peur ! » Il ne croyait plus guère à l'action. Pas même contre le chômage. Les bastilles à prendre, les défis à relever lui semblaient appeler des efforts trop grands et trop complexes pour relever d'une simple volonté présidentielle : ainsi redonner vie aux banlieues, repenser et refondre la Sécurité sociale, humaniser les administrations, faire reculer l'intolérance et l'exclusion, réussir à instaurer l'égalité des chances. Il ne voulait plus « changer la vie » mais, au mieux, accompagner les énormes transformations à l'œuvre, notamment en Europe et, par contrecoup, dans le tissu social français. Je l'ai dit, j'étais très réticent devant cette candidature. J'essayais à la fois de lui donner des idées de projets et de l'alerter sur les risques d'un échec au bout d'un deuxième septennat. En vain. Contrairement à notre pacte de mai 1981, je commençais à penser que je ne resterais pas à l'Élysée aussi longtemps que lui.

Il continua à jouer de coquetterie sur son âge et en fit même un argument de campagne. Le 17 mars 1988, juste avant d'annoncer officiellement sa candidature, il plaisanta avec les leaders des mouvements étudiants : « Soixante-douze ans... J'ai pris sept ans de plus. À vrai dire, ceux qui m'entourent ont pris sept ans de plus aussi ; et, pour certains, c'est sept ans de trop ! On parlait des barons du gaullisme, il y a maintenant les barons du socialisme. » Puis : « À mon âge, il y a des choses qu'on ne sent plus, qu'on ne sait plus traduire. Beaucoup dépend de votre génération. » Comme pour leur faire croire qu'il songeait à faire l'impasse sur toutes les générations intermédiaires, non seulement celle de Rocard, mais aussi celle de Fabius.

Juste avant d'annoncer sa candidature, il s'en voulait à lui-même, me sembla-t-il, de se représenter. Comme si quelque chose encore le retenait de franchir le pas. Le 22 mars 1988, sur Antenne 2, quelques instants avant de faire part de sa décision, il lança à l'un de ses collaborateurs : « Vous savez, rien n'est encore décidé ! Donnez-moi une seule bonne raison de me présenter... » En voyant l'interpellé rester bouche bée, il conclut : « Vous voyez bien ! »

Craignant pour lui, j'abondai dans le même sens : « En effet, pourquoi vous présenter ? Aucun projet ne vous anime plus. Au surplus, quatorze ans, c'est beaucoup trop long : vous finirez par être détesté... Vous risquez une fin de septennat terrible. » Il me regarda de travers : « Ah bon ? Vous pensez que je ne suis plus bon à rien ? » Puis il s'en fut annoncer sa candidature : « Je veux que la France soit unie, et elle ne le sera pas si elle est prise en main par des esprits intolérants, par des partis qui veulent tout, par des clans et par des bandes qui exercent leur domination sur le pays au risque de déchirer le tissu social et d'empêcher la cohésion sociale. »

Après des semaines d'inaction qui désespéraient ses collaborateurs, laissant le Parti socialiste mener campagne sans candidat ni programme, il rédigea une *Lettre aux Français* qui fut diffusée à 3 millions d'exemplaires ; elle contenait une belle méditation sur la société française, mais aucun programme concret.

Le 8 avril, à Alain Duhamel, un des plus lucides observateurs de la vie politique du pays, qui avait qualifié sa *Lettre* de « rose très pâle », il répliqua : « Lorsque je préfaçais les programmes socialistes, vous hurliez tous au révolutionnaire irresponsable. Aujourd'hui que j'ai adouci mon trait, vous m'accusez d'avoir trahi. Vous n'êtes pas logique. Mais cherchez-vous à l'être ? Il est faux de dire que j'ai changé. Mes convictions sont les mêmes. Mais j'ai appris que la réalité résistait à la volonté politique. Voyez : en 1982, nous avons nationalisé le crédit. Eh bien, à quoi cela nous a-t-il servi ? Nous n'avons pas eu pour autant un gramme de pouvoir en plus… »

La clé du débat

Dans les derniers jours de la campagne, juste avant le premier tour, il lança enfin les socialistes au combat. Le 13 avril, réunissant les dirigeants du parti au siège de sa campagne, avenue Franco-Russe, il lança, exaspéré : « Arrêtez de vous morfondre, essayez d'exister ! Qui a dit qu'il ne doit pas y avoir de banderoles du PS dans la campagne ? » Acerbe, Jospin – qui lui avait dit vouloir quitter la direction du PS après la campagne – répondit : « Les responsables de la communication à l'Élysée. » Tout le problème de cette campagne était là : une équipe de communication qui ne voulait pas que le PS s'approprie le candidat ; une opinion qui attendait qu'on l'enthousiasme ; un président qui se savait déjà réélu et ne trouvait comme sujet de controverse avec la droite que le droit de vote des étrangers aux élections locales…

Les tracts et les affiches – sur lesquels le poing et la rose réapparurent – fleurirent. « Incroyable ! grinça Pierre Joxe avec humour. On se croirait en campagne électorale ! » Dans *Le Monde*, Jean-Yves Lhomeau écrivit : « Il ne reste plus qu'à attendre que M. Mitterrand prononce le mot "socialisme". Même "gauche" suffirait à faire sensation… »

Puis, juste après le premier tour, qui laissa face à face le Premier ministre et le président sortant, vint le débat télévisé avec le même rituel qu'en 1974 et 1981 : la même promenade dans l'après-midi, les mêmes fiches classées par ordre alphabétique faisant le point sur chaque problème, mais avec une très notable différence : François Mitterrand était en colère contre son rival. À leur arrivée sur le plateau, les candidats eurent du mal à se serrer la main. Au commencement du débat, Jacques Chirac refusa d'appeler son contradicteur « Monsieur le président ». François Mitterrand répondit : « Comme vous voudrez, Monsieur le Premier ministre. » L'ascendant était pris et l'hôte de Matignon finit par se résoudre à l'appeler « Monsieur le président ». Lorsque l'on en vint à aborder l'affaire Gordji, François Mitterrand affirma que Chirac avait fait expulser un terroriste sans fournir au juge les preuves de sa culpabilité : « Je suis obligé de dire que je me souviens des conditions dans lesquelles vous avez renvoyé en Iran M. Gordji après m'avoir expliqué, à moi, dans mon bureau, que son dossier était écrasant et que sa complicité était démontrée dans les assassinats qui avaient ensanglanté Paris à la fin 1986. »

Jacques Chirac : « Est-ce que vous pouvez dire, en me regardant dans les yeux, que je vous ai dit que nous avions les preuves que Gordji était coupable de complicité ou d'action dans les actes précédents, alors que je vous ai toujours dit que cette affaire était du seul ressort du juge, que je n'avais pas à savoir [...] ce qu'il y avait dans ce dossier [...] ? Pouvez-vous vraiment contester cette version des choses en me regardant dans les yeux ? »

François Mitterrand : « Dans les yeux, je la conteste. Lorsque Gordji a été arrêté et lorsque s'est déroulée cette affaire du blocus de l'ambassade, avec ses conséquences à Téhéran, c'est parce que le gouvernement nous avait rapporté ce que nous pensions être suffisamment sérieux : comme quoi il était l'un des inspirateurs du terrorisme de la fin 1986. »

Ce que dit dans sa seconde intervention François Mitterrand – légèrement différente de la première – reflète très exactement ce qu'avait exposé le ministre de l'Intérieur, dans son bureau de l'Élysée, en présence du Premier ministre, un an auparavant.

Après le débat, un ami vint me rapporter que Chirac avait confié à quelques-uns de ses proches : « Je ne savais pas que Mitterrand me détestait autant. » En fait, le président lui trouvait du charme, de l'énergie, de la volonté, une réelle connaissance du pays. Toutes qualités gâchées, selon lui, par l'esprit de clan et un goût immodéré de l'improvisation.

Le dimanche qui suivit le débat, soit le 1er mai, circulèrent des rumeurs annonçant la libération des derniers otages français au

Liban. François Mitterrand ne s'inquiéta pas : « Qu'ils les libèrent ! J'en serai très heureux. Et cela ne déplacera pas une voix. »

Au même moment, en Nouvelle-Calédonie, la situation prenait un tour dramatique. Comme François Mitterrand l'avait prévu, les réformes provocatrices décidées par le gouvernement entraînèrent des manifestations indépendantistes et même une prise d'otages de gendarmes dans une grotte de l'île d'Ouvéa. Le président écrivit à Jacques Chirac pour interdire toute opération d'envergure, en particulier tout usage de l'armée sans son accord préalable. François Mitterrand me dit : « Il va tenter un coup de force. C'est affreux, indigne. Politiquement, il croit y gagner. Si ça tourne bien, il pense qu'on dira que c'est grâce à lui. Et, si ça se termine mal, que je serai tenu pour responsable d'avoir tardé à le laisser agir. À six jours du deuxième tour ! Les Français ne sont pas si bêtes… »

Le lendemain, le 2 mai, le président répéta qu'il ne voulait pas d'intervention de l'armée en Nouvelle-Calédonie sans son accord, exprès : « La Nouvelle-Calédonie est en France. L'armée n'a pas à y intervenir. » Le 3, Jacques Chirac insista : « Les otages sont en danger de mort. Vous en porterez la responsabilité. Il faut donner l'assaut. » Alors à Strasbourg, François Mitterrand donna un accord de principe, mais demanda à être tenu au courant des préparatifs de l'opération et à donner lui-même le feu vert. Il enrageait : « Voyez ce qui se passerait si ces gens-là gagnaient ! »

Le 4 mai, dans l'après-midi, le président syrien Hafez el-Assad lui annonça par téléphone que les otages français encore détenus au Liban allaient être relâchés dans la soirée. Partagé entre la joie et la colère, François Mitterrand me dit : « Qu'est-ce que je vous avais dit quand Gordji est parti ? Il avait monté ça ce jour-là ! Et il a donné – ou promis quoi en échange ? S'il le faut, nous crierons : "Vive Chirac !" Mais s'il cherche à exploiter cette libération sur le plan électoral, il le paiera cher. » À 20 h 20, l'AFP annonça en effet la libération à Beyrouth des trois derniers otages français détenus au Liban par des extrémistes chiites pro-iraniens. François Mitterrand, qui n'avait pas été prévenu, m'appela : « Cela n'aura aucun impact électoral », puis dicta une déclaration : « La libération de MM. Marcel Carton, Marcel Fontaine et Jean-Paul Kauffmann me remplit de joie. »

Le jeudi 5 mai, nous apprîmes, également par l'AFP, que l'armée française avait donné l'assaut, à 6 heures du matin, à Ouvéa, et que les vingt-sept otages détenus dans la grotte avaient été libérés ;

deux militaires et dix-neuf Kanak avaient été tués dans l'opération. Le chef de ces derniers, Alphonse Dianou, blessé au genou, mourut plusieurs heures après sa reddition dans des conditions obscures. Le gouvernement déplora « les deux morts français ». Bernard Pons, ministre des DOM-TOM, évoqua « l'honneur de l'armée française et de la gendarmerie, gravement mises en cause par la gauche ». François Mitterrand enragea : « C'est une affaire très douloureuse : vingt et un morts, une bassesse, un parjure et des mensonges... pour 100 000 voix ! On ne fait pas des voix avec de l'argent et du sang ! »

Le soir même, Jacques Chirac, accueillant au Bourget les trois otages libérés au Liban, annonça que le rétablissement des relations entre la France et l'Iran pouvait être envisagé. Au « Bébête Show », la marionnette de Chirac jura, en parlant des otages : « J'ai promis de les rendre lundi » – soit au lendemain du scrutin –, ce qui fit beaucoup rire François Mitterrand.

Le lendemain, vendredi 6 mai, il fit à Toulouse le dernier meeting de cette campagne, qu'il savait être aussi le dernier de sa vie politique. Cette soirée fut marquée par une profonde émotion, en particulier quand il parut passer le relais à ses compagnons en improvisant une description du rôle de chacun. Le texte indique bien que son second septennat commence tel un crépuscule :

« Je sais bien que j'ai engagé, en ces mois de mars, avril et mai 1988 l'ultime bataille politique qui me conduira pour les années qui viennent jusqu'au moment où, ma tâche accomplie, il me faudra désormais, si Dieu me prête vie, aider les autres à assurer la suite, la continuité de l'entreprise. J'aperçois ici et là des hommes et des femmes rencontrés déjà sur tous les champs de lutte politique depuis l'après-Seconde Guerre mondiale... D'autres sont venus, de bons et de fidèles compagnons, une génération prête à assurer la relève. [...] J'éprouve comme cela un petit "quelque chose" en regardant Lionel Jospin qui cessera, par sa propre volonté, de par elle seule, d'être dans peu de jours le premier secrétaire du Parti socialiste après sept années d'un dur et bon labeur dont je le remercie... Pierre Mauroy, l'homme des fondations, Laurent Fabius, l'homme des éclosions, Michel Rocard, l'homme de tant de renouveaux, Pierre Bérégovoy qui, à mes côtés, a accompli des tâches souvent obscures et dures, mais qui débouchent aussi sur des jours magnifiques comme celui que nous vivons... Faut-il que je cite Édith Cresson ? Je le ferai aussi par prudence, non pas par rapport à elle – elle n'est pas si terrible ! –, mais parce qu'énumérer comme cela des hommes... des hommes... des hommes... et soudain oublier que l'un des points principaux de notre action, de notre programme, de notre projet, c'est d'assurer que nous avons besoin aussi d'avoir, comme cela, à peu de distance, Édith Cresson, Yvette Roudy... J'arrête là ! »

Puis ce fut le message d'adieu à la vie de tribun en campagne : « ... Amis qui m'entendez, c'en est fini de nos rencontres de ce type pour ce soir et d'autres soirs, pour cette campagne présidentielle. Il y aura d'autres combats, vous y serez, je n'en serai pas éloigné. Mais je voudrais que vous soyez en cet instant les interprètes de toute la France – de ceux qui nous comprennent, de ceux qui nous combattent –, que vous soyez les interprètes de notre peuple tout entier et que vous portiez notre voix loin, loin, loin de chez nous, en Europe et dans le monde entier, pour qu'on sache partout que la France vit intensément son histoire contemporaine, qu'elle pose un pied hardi sur le millénaire nouveau, qu'elle croit en elle profondément, en ses ressources et en ses chances... »

Dans l'avion du retour vers Paris, évoquant un incident survenu ce matin-là, à Saint-Pierre-et-Miquelon, entre pêcheurs français et marine canadienne, François Mitterrand railla encore le Premier ministre : « Je me suis réveillé ce matin en apprenant à la radio que nous avions déclaré la guerre au Canada ! Je vais me coucher ce soir en supposant que nous allons bientôt rompre nos relations diplomatiques avec la Nouvelle-Zélande ! »

Le 8 mai 1988, il fut élu par 16 millions d'électeurs, soit 54 % des voix. Beaucoup moins qu'il ne l'avait espéré. Il me dit au téléphone, depuis Château-Chinon : « L'important n'est pas que je sois président de la République : cela, je le suis depuis sept ans. C'est que j'aie été réélu. Cela veut dire que la gauche peut revenir au pouvoir dans ce pays. Et cela change à jamais la donne. Le passage de la gauche au pouvoir n'est plus une exception. »

Dans l'hélicoptère du GLAM qui ramenait le nouveau président vers le palais de l'ancien, François Mitterrand se plongea dans les *Mémoires* du baron Pierre-Victor de Besenval, officier suisse ultraréactionnaire, lieutenant général de Louis XVI, incapable de diriger les troupes royales, mort en 1791 en ne laissant à la postérité que ces *Mémoires* scandaleux. La fascination pour l'Ancien Régime et sa décadence sonna pour moi comme une métaphore de ce qui commençait.

Le monarque institutionnel

C'est peu de dire qu'un président peut s'ennuyer s'il ne se mêle pas de l'action du gouvernement. Et, durant son second septennat, François Mitterrand se serait fort ennuyé si de fantastiques événements de politique étrangère ne l'avaient occupé.

Car, à compter de sa réélection, il ne se mêla presque plus de politique intérieure. Resté à la présidence pour ne pas la rendre aux gaullistes, il gouverna sans enthousiasme, sans passion, sans désir, avec scepticisme. L'esprit de rébellion qui l'animait jusque-là avait disparu. Gouverner se réduisit pour lui à émettre des déclarations fortes dont il ne vérifia jamais qu'elles fussent suivies d'effets.

Pour ma part, je décidai tout de suite de ne pas passer à l'Élysée ce septennat que je n'avais pas souhaité. Sherpa, je voulus encore organiser le sommet du G7 de 1989, dont la France serait l'hôte et qui, par un formidable hasard, tombait l'année du bicentenaire de la Révolution française. Après quoi je partirais. Où ? Je n'en savais rien. La seule chose que je savais, c'est que je ne lui demanderais jamais le moindre poste et que je refuserais toute sinécure qui me serait offerte.

Délibérément élu sans programme, François Mitterrand réclama pourtant des trois gouvernements qu'il forma la mise en œuvre d'un nombre important de réformes, mais sans jamais en impulser ni en imposer une seule. Alors que, pendant son premier septennat, il harcelait ses ministres et relisait tous les textes à la loupe, pendant le second, il demandait, protestait, grognait contre l'« incompétence » de tout un chacun, puis laissait faire. Il ne présidait plus un pays qu'il avait comme renoncé à changer ; peut-être voulait-il seulement, désormais, qu'on les laisse tranquilles, le pays et lui. Aucune des réunions régulières qu'il tenait avec les dirigeants socialistes et les Premiers ministres en 1981 et 1986 ne furent rétablies.

Par suite de cette posture si peu volontariste du chef de l'État, le bilan de politique intérieure des trois gouvernements qui se succédèrent – de Michel Rocard à Pierre Bérégovoy en passant par Édith Cresson – fut on ne peut plus ténu : ils pacifièrent la Nouvelle-Calédonie, instaurèrent un revenu minimum et une contribution sociale généralisée, améliorèrent le statut et la formation des maîtres et finirent par trouver un accord avec l'enseignement privé. La France entra dans la mondialisation sans définir son identité ; elle accepta l'ouverture des marchés financiers, nécessaire au financement de ses entreprises, sans créer ses propres instruments financiers. Elle se lança à corps perdu dans la construction du grand marché européen prévu par l'Acte unique de 1986 pour 1992. Le pays devint compétitif ; la monnaie resta solide. La baisse de l'inflation contribua plus à améliorer le niveau de vie des épargnants – c'est-à-dire des vieux – que de ceux qui pouvaient l'augmenter en s'endettant, c'est-à-dire les jeunes. Bon nombre de retraités vécurent mieux que les actifs. L'argent alla à l'argent, les placements financiers devinrent plus rentables que les placements industriels, les *golden boys* firent fortune en quelques mois, l'accès au logement devint de plus en plus difficile. Le Front national installa puis élargit sa niche dans cette France où le chômage croissait et où s'épanouissaient la faillite urbaine, l'échec scolaire, les difficultés d'intégration, la peur de l'étranger, les « affaires » et l'incertitude face à l'avenir.

Au lendemain de la réélection de François Mitterrand régna à l'Élysée une ambiance de double *remake* : comme en 1981, le président dut dissoudre le Parlement ; comme en 1986, il nomma Premier ministre un homme dont tout l'éloignait mais que les « circonstances » – cet autre nom de la résignation – lui imposaient : Michel Rocard.

Non que François Mitterrand n'eût pas d'autres candidats à sa disposition. D'abord le premier secrétaire du Parti socialiste, Lionel Jospin, avec qui il se sentait en complète connivence intellectuelle ; il lui avait découvert un jugement politique sûr dans la conduite du parti présidentiel et la gestion de ses rivalités institutionnelles et personnelles avec Laurent Fabius. Mais, justement, parce qu'il s'était montré si efficace à cette place, François Mitterrand l'aurait bien vu y demeurer sept ans encore. Devant son refus, il en fit le numéro deux du nouveau gouvernement, en charge de l'Éducation (« Vous vous êtes si bien occupé des professeurs qui peuplent le PS, vous saurez faire aussi bien avec tous les autres ! »)

Il aurait pu aussi renvoyer Laurent Fabius à Matignon, et il l'envisagea à un certain moment ; mais, quand les plus fidèles de ses amis vinrent lui dire ce qu'ils en pensaient, et quand Fabius lui-même eut manifesté le désir de succéder à Jospin à la tête du Parti socialiste, il décida de l'y envoyer – là aussi en vain, les autres socialistes se liguant avec succès contre le dauphin détesté.

Tout lui échappait. Ne restait plus qu'à nommer Rocard. Il était convaincu que l'homme politique préféré des Français était si incompétent, si velléitaire, ses vues si étroites, son langage si obscur que son gouvernement ne durerait pas plus d'un an. Il pensait – à tort, à mon avis – que Rocard n'avait « ni la capacité ni le caractère pour la fonction de Premier ministre. Mais, puisque les Français le veulent, ils l'auront. En revanche, c'est moi qui ferai le gouvernement ». Rocard, lui, pensait qu'il ne pouvait avoir une chance d'être élu un jour président que s'il restait à Matignon assez longtemps pour écarter toutes les autres candidatures.

Ce fut donc cet étrange attelage – chacun convaincu que l'autre voulait sa perte – qui prit le pouvoir en mai 1988. François Mitterrand s'occupa lui-même de la composition du gouvernement et y renomma, pour encadrer Rocard, presque tous ceux qui en étaient partis en 1986, à la vive déception de l'opinion, qui espérait voir arriver de nouvelles têtes.

À la différence de 1981, le président décida de ne pas dissoudre tout de suite l'Assemblée dominée par la droite, puis il se ravisa quand il pensa qu'après la défaite de Chirac, Giscard pouvait réussir à regrouper la droite derrière lui et à remporter les élections législatives si elles tardaient trop. Ces élections – au scrutin majoritaire, rétabli par la droite pendant la cohabitation – furent un moment étrange. À son grand étonnement, plusieurs de ses collaborateurs demandèrent à être candidats, dont Ségolène Royal, qu'il prenait – bien à tort – pour une fragile technocrate. Persuadé qu'elle renoncerait, il lui proposa dans les Deux-Sèvres une circonscription rurale traditionnellement à droite. Elle n'hésita pas une seconde, y alla et fut élue.

Le président ne fit pourtant rien pour aider ses partisans à gagner ces élections ; il laissa même entendre publiquement qu'il ne fallait pas que les députés socialistes en sortissent trop nombreux. Les électeurs l'écoutèrent : la gauche manqua la majorité de quelques sièges. Poperen eut alors ce joli mot : « On a tellement ouvert que nos électeurs sont sortis. » François Mitterrand n'en était pas mécontent : « Le PS fait son plus beau score historique et il apparaît comme vaincu ! [...] Gagner seul les élections prépare des échecs. Les socialistes sont maintenant obligés de réussir ; cet aiguillon aurait pu manquer avec une victoire absolue. » Puis : « Il faut constituer un gouvernement où les socialistes ne seront pas seuls. L'axe de la négociation, son horizon, c'est l'Europe de 1992. »

Tout était dit : désormais, l'axe de sa politique, c'était la réalisation du projet européen. Pour le reste, les mots suffiraient.

Le ministère de la parole

Engagé intensément, on le verra, en politique étrangère (si agitée à partir de 1989), François Mitterrand se contenta, en politique intérieure, d'un ministère de la parole. On eût dit qu'il était content de pouvoir démontrer que ses gouvernements successifs étaient peuplés d'incapables. Il me répéta en maintes occasions, au cours de ces années-là : « Les ministres reculent au moindre obstacle. Ils ne font rien pour convaincre de la valeur de nos thèses. Dites-leur d'aller sur le terrain expliquer leur politique ! »

Il commença par fixer des principes aussi vagues qu'unanimistes : « Sauvegarder une croissance favorable à l'emploi sans résurgence de l'inflation ni aggravation du déficit du commerce extérieur ; poursuivre plus que jamais, en période difficile, la lutte contre les inégalités ; répartir justement l'effort nécessaire, qui est aujourd'hui limité... »

Il les précisa quelques mois plus tard, lorsque fut débattu en Conseil des ministres le Plan, dont tous avaient oublié l'existence : « Il faut valoriser davantage le rôle du secteur public en tant que moteur de l'économie. Il faut parler du pouvoir des travailleurs dans l'entreprise [...]. La modernisation de notre économie ne va pas encore assez de pair avec le développement du dialogue social. Certes, il y a des revendications purement salariales qui sont exagérées ; mais, jusqu'ici, on n'a pas tout à fait trouvé le bon mode de négociation. Et puis attention à ne pas trop planifier. Il faut laisser au gouvernement une marge d'action. C'est pourquoi je suis hostile aux lois de programmation. Je sais bien qu'il y a une loi de programmation militaire, que j'ai laissée passer... C'est sans doute une distraction de ma part ! »

Là, devant tout le gouvernement médusé, il commit un incroyable lapsus : « Si on fait des lois de programmation pour tout, vous verrez la liberté qui restera au futur Premier ministre... [puis il se reprit]... au futur et à l'actuel Premier ministre ! » Ainsi, dès son arrivée à Matignon, à ses yeux, Rocard en était déjà parti.

Si la lutte contre les inégalités fut son principal cheval de bataille, il n'imposa rien au Premier ministre, qui avait trouvé aux Finances un allié inattendu en la personne de Pierre Bérégovoy. Avec Rocard, le président fut quand même à l'origine de la création du revenu minimum d'insertion et du crédit-formation, du rétablissement de l'impôt sur les grandes fortunes, de la suppression des mesures pénalisant les grands malades et les personnes âgées, de la création des centres de formation des maîtres, de l'enseignement des langues étrangères en maternelle. Mais il souhaitait plus et mieux.

D'abord des transformations fiscales qui ne se matérialisèrent pas. « Il ne faudrait pas que l'on recommande d'accroître les avantages sur les revenus du capital alors que l'on charge encore plus les revenus du travail. La baisse de l'impôt sur les sociétés, la hausse de l'impôt sur les ménages, c'est peut-être nécessaire, mais il faut éviter de le théoriser. » Il souhaitait aussi une réforme des droits de succession : « C'est le cœur du capitalisme. À la limite, je serais pour la suppression totale de l'héritage. En tout cas, le système actuel est très injuste. Il n'est même pas progressif ! » Il demanda par ailleurs qu'on réformât la patente, la taxe professionnelle, l'IRPP (impôt sur le revenu des personnes physiques), mais sans trop insister. Il suggéra qu'on étudiât la possibilité d'alourdir la taxation des plus-values boursières, ce que Bérégovoy refusa. Il pesta contre ce conservatisme mais se résigna : « Je ne suis pas à Bercy. Je ne peux rien imposer. »

Quand Michel Rocard proposa la création d'un nouvel impôt, la CSG (contribution sociale généralisée), pour remplacer les cotisations vieillesse et couvrir les déficits, il s'opposa à cet impôt non progressif qui ne tenait pas compte de la taille de la famille ni du montant des revenus : « C'est injuste ! Je n'en veux pas… C'est un impôt sur les retraités et les chômeurs. […] Que Bérégovoy le refuse ! Que Rocard se débrouille avec Bérégovoy ! » Puis, quand Bérégovoy se rangea derrière Rocard, le président laissa faire en enrageant : « La CSG est sans doute inévitable parce que c'est moins mal que les cotisations vieillesse ; mais cela ne remplace pas une réforme d'ensemble. Et on va croire qu'on a trouvé un nouveau trésor pour financer tous les déficits ! »

En mai 1990, il dénonça la persistance des inégalités en matière de salaire, d'emploi et de logement : « Où en est-on avec les inégalités ? J'ai l'impression que rien n'est fait par ce gouvernement pour les réduire ! » Et encore : « Rocard trouve que je parle trop des inégalités. Eh bien, il n'a encore rien entendu ! Cela ne fait que commencer ! » Paroles…

De même il évoqua souvent son désir de revenir sur les privatisations réalisées par la droite : « Mon mouvement naturel aurait été de récupérer les sociétés dénationalisées depuis deux ans. Si je ne l'ai pas fait, c'est par souci de la psychologie des Français et de la paix civile. Si l'on changeait de majorité tous les cinq ans, voire tous les deux ans, on risquerait en effet de bousculer à chaque fois le système industriel et bancaire. […] J'aimerais bien renationaliser TF1, mais Rocard ne voudra jamais. Cette privatisation n'avait aucun sens. » Il aurait voulu en faire autant pour l'eau, les pompes funèbres, les sols, la médecine : « Il faut [...] mettre à genoux les baronnies médicales qui contrôlent tout. Là encore, si nous avions été vraiment socialistes, nous aurions dû nationaliser. » Puis il se borna à une formule désastreuse et simpliste : « Ni nationalisations, ni privatisations. » Il expliquera : « “Ni nationalisations”, c'était un sacrifice ; “ni privatisations”, c'était un soulagement. Cela me paraissait aller de soi ; ce n'est pas une position dogmatique, c'est une position contractuelle. » L'essentiel des entreprises qui n'étaient pas encore dénationalisées se trouva ainsi ligoté et lourdement pénalisé, dans l'impossibilité de vendre une usine ou d'acheter une filiale.

Sur l'emploi, il finit par dire : « On a tout essayé », et me confia un jour, en guise de bilan : « Quand il n'y a pas de croissance, la gauche ne sait pas reprendre une partie du revenu de ceux qui travaillent, en sorte de financer les emplois des chômeurs. Et, quand il y a de la croissance, elle ne veut pas en redistribuer les fruits à d'autres que ceux qui travaillent, et ce, avec un bon argument : il faut prendre au profit. Malheureusement, c'est inapplicable, car, quand les frontières sont fermées, il n'y a pas beaucoup de profit, et, quand elles sont ouvertes, les profits quittent les endroits inhospitaliers. » Toujours la même idée : la seule autre politique eût été « léniniste » ; et de cette ligne-là il ne pouvait être question...

Il parla souvent de réformer l'État. En vain. Il demanda que l'on préparât une nouvelle législation renforçant les sanctions contre le « pantouflage » des hauts fonctionnaires. Sans succès. Il souhaita également la maîtrise des prélèvements obligatoires. Ce vœu aussi tomba dans un silence poli mais définitif du Premier ministre.

Il ne réussit pas davantage à imposer une réforme d'importance pour l'Éducation nationale : il avait demandé que l'on réduisît le nombre des matières enseignées dans le primaire, qu'on développât les bibliothèques, qu'on améliorât la formation des maîtres, qu'on enseignât les langues étrangères dès la maternelle, qu'on renforçât les enseignements de base, qu'on mît en place une authentique pédagogie de soutien, différenciée, qu'on développe la recherche et modernise les universités, etc. De Lionel Jospin il ne l'obtint qu'en partie, regrettant qu'on accordât aux enseignants des avantages sociaux – qu'il trouvait justifiés – sans rien leur demander en échange : « Jospin a un boulevard pour négocier des réformes, et voilà qu'il ne propose que des négociations salariales. L'Éducation n'a pas besoin d'argent. En tout cas, pas sans contrepartie [...]. Il faut que de plus en plus de jeunes accèdent à l'enseignement supérieur. Mais plus il y aura d'étudiants et plus ils appartiendront à des familles modestes, plus ce sera un leurre que de leur parler d'accès à l'enseignement supérieur sans leur en donner les moyens [...]. Il en va à la fois de la priorité accordée à la formation et de notre volonté de justice sociale. » Un peu plus tard, il me dit, à propos du budget de 1991 : « Le gouvernement distribue de l'argent sans exiger rien de mieux à qui lui en demande. Rocard fait avec les infirmières ce que Jospin fait avec les professeurs... »

Sur l'urbanisme et les quartiers en difficulté, il voyait clairement les dangers à venir mais se contentait de maugréer : « Rocard va-t-il se décider à agir ? Voilà deux ans que je lui dis que ça va exploser. Et il ne fait rien ! [...] Il y a un point important : celui de l'affrontement, qui tend à devenir naturel dans ces quartiers, entre les jeunes et la police. Cela dit, c'est un problème de fond qui va peser pendant des années et des années sur notre société. Il faut bâtir des villes qui ne provoquent pas le désespoir, l'ennui, la laideur. Il y a, certes, des réussites. Il faut que tous les responsables s'en occupent activement. »

Il proposa l'octroi du droit de vote aux élections municipales pour les étrangers résidant en France (il en fit même le seul point « dur » de sa campagne), mais il ne fit rien pour l'imposer à Rocard, Fabius et Jospin, qui y étaient tous hostiles. « Il faut d'abord que l'opinion l'accepte », remontraient-ils. François Mitterrand ironisait : « Avec un tel raisonnement, la France n'aurait jamais aboli la peine de mort ! » Et quand Michel Rocard imposa au Parti socialiste d'y renoncer, François Mitterrand se contenta d'invectives : « Des lâches, des traîtres et des imbéciles ! »

Même dans son pré carré de la défense, il se désengagea, renonçant par exemple à obliger le gouvernement à construire un avion de combat en commun avec nos partenaires européens. À Pierre Joxe, en charge des armées sous le second septennat à partir de 1991, il lança : « J'ai échoué avec Charles Hernu, qui a été victime du lobby des avionneurs français. Je n'en espère pas plus de vous. »

Il parla publiquement, en novembre 1991, d'instaurer le quinquennat et de réformer le fonctionnement de l'institution judiciaire. Ces grands desseins constitutionnels se réduisirent à une modification de la composition du Conseil supérieur de la magistrature et de la Haute Cour, réservée désormais à la mise en procès du chef de l'État, les membres du gouvernement relevant, eux, d'une cour de justice de la République.

Parfois même, comme il l'avait fait naguère avec la loi scolaire sous Mauroy et avec les étudiants sous Chirac, il prit le parti des contestataires contre ses propres gouvernements au point de leur rendre la vie impossible. En octobre 1988, par exemple, après des manifestations étudiantes, il déclara devant les journalistes : « Les gens qui sont dans la rue, ce sont ceux-là mêmes qui, toujours, nous soutiennent. Il faut en tenir compte. » Il reçut les délégués lycéens et leur parla de « quelques milliards » qui pouvaient être destinés à financer un plan d'urgence. Lionel Jospin était furieux : « Si François Mitterrand voulait nous compliquer la tâche, il n'agirait pas autrement. C'est facile de garder le beau rôle et de nous mettre tout sur le dos ! » Rocard, lui, estima que François Mitterrand l'avait trahi. À l'inverse, celui-ci considéra que son attitude avait permis de sauver la mise au gouvernement en restaurant un climat de confiance avec les lycéens. Un peu plus tard, il glissa à Michel Rocard : « Ne croyez-vous pas qu'il vaut mieux quelquefois prendre des initiatives plutôt que de se laisser arracher des concessions ? »

Tous les ministres prirent conscience de son inaction quand elle se manifesta devant eux. Ainsi lorsque, le 8 mars 1989, vint devant le Conseil des ministres un projet de loi renforçant quelque peu les pouvoirs de la COB (Commission des opérations de Bourse) et les mesures anti-OPA (offre publique d'achat), François Mitterrand, dont aucun des commentaires, aucune des demandes n'avait été prise en compte dans le projet, ni par Bérégovoy ni par Rocard, s'adressa froidement au Premier ministre : « Vous souhaitez donc maintenir le texte en l'état ? » Rocard : « Oui, tout à fait. » Le président : « Cette décision vous appartient ; ce texte suivra donc son cours normal. » Exactement le même comportement que pendant la cohabitation, mais en pire, car en l'absence de tout combat.

Il se résigna même à l'affaiblissement du ministère de la Culture et ne fit rien pour rétablir des moyens dont Rocard le priva. En septembre 1990, en Conseil des ministres, il lâcha devant un Jack Lang consterné : « J'estime qu'une répartition judicieuse du budget devrait épargner la Culture, qui a un petit budget. Mais je n'interviens pas : c'est de la responsabilité du Premier ministre. » Les ministres présents avaient compris : plus la peine d'espérer trouver à l'Élysée un recours contre les décisions de Matignon.

Puis cette incroyable révélation qu'il me fit cette année-là au cours d'une partie de golf : « Décidément, je m'ennuie beaucoup. Alors, je voyage. Que voulez-vous que je fasse d'autre ? Le Premier ministre s'occupe de la politique intérieure et, manifestement, il ne souhaite pas que je m'en mêle. Comme tout Premier ministre, il est jaloux de ses prérogatives… » Je le regardai sans répondre : le François Mitterrand que j'avais suivi tant d'années n'était plus.

Le gâchis de la Grande Bibliothèque

Lors d'une promenade dans Paris, en mars 1988, avant l'annonce de sa candidature à la réélection, je lui demandai s'il avait quelque grand projet personnel pour un second septennat, équivalant à celui du Grand Louvre, en 1981. Sa réponse fut négative : « On ne peut pas laisser deux traces. La mienne sera au Louvre. » Preuve supplémentaire qu'il n'avait plus de rêves, plus d'ambition. Je lui proposai alors, s'il se représentait, de donner à son second septennat une image de modernité en lançant un nouveau grand projet qui conjuguerait son goût pour les nouvelles technologies, pour la province et pour les livres : une bibliothèque universitaire, complétée par un nouveau système de consultation à distance tel que ceux que j'avais vus fonctionner sur quelques campus américains et qui permettaient de lire un livre à distance sur l'écran de son ordinateur relié à une base centrale par téléphone ; cela ne s'appelait pas encore Internet, mais Arpanet. Il accepta, comme toujours quand on éveillait sa curiosité pour les nouvelles technologies. Je le lui fis confirmer par écrit et nous n'en parlâmes plus avant sa réélection. Juste après, en concertation avec Michel Charasse, le fidèle conseiller devenu ministre délégué au Budget, et Claude Allègre, alors conseiller de Lionel Jospin à l'Éducation nationale, je fis réserver 1,5 milliard de francs pour ce projet ; les deux tiers devaient être consacrés au bâtiment et aux livres ; le dernier tiers aux réseaux informatiques censés rendre les livres de cette Bibliothèque accessibles au plus grand nombre dans le pays. Le président annonça ce projet le 14 juillet 1988, puis s'enflamma au point de proposer à tous les chefs d'État qu'il rencontrait de leur donner accès à distance à *sa* bibliothèque.

Puis l'évolution du projet refléta ce que fut, sur un plan plus général, l'ensemble de son second septennat.

Avec une conscience aiguë et parfaitement respectable de leurs intérêts, les responsables de la Bibliothèque nationale s'employèrent d'abord à récupérer cette manne. Ils y parvinrent en plusieurs étapes, s'appropriant à la fois les crédits et le projet, celui-ci se réduisant bientôt au déménagement matériel des livres de la Bibliothèque nationale de la rue de Richelieu vers un nouveau site, à Tolbiac.

Contre mon avis, il fut d'abord décidé que cette nouvelle bibliothèque serait une annexe de la Bibliothèque nationale. Puis, à nouveau contre mon avis, que tous les nouveaux livres affluant à la Bibliothèque nationale y seraient regroupés. Enfin, quelques chercheurs célèbres exigèrent que tant d'argent ne soit pas dépensé pour les étudiants et pour des technologies encore incertaines, mais pour leur fournir les meilleures salles au sein du nouveau bâtiment : ils avaient dans l'ancienne leurs sièges réservés ; il n'était pas question pour eux de perdre ce privilège au profit d'étudiants ! Pis : ils réussirent à faire décider le transfert dans le nouveau bâtiment non seulement des livres à venir ou des plus récents, mais de tous les volumes accumulés depuis des siècles, considérant comme une déchéance d'avoir à les faire venir de la rue Vivienne, où ils se trouvaient ou – pis encore ! – de la banlieue parisienne, où il aurait été pourtant infiniment plus raisonnable de les stocker.

Le projet n'avait plus rien à voir avec l'idée originelle ; il se trouvait réduit à un déplacement de la Bibliothèque nationale dans des tours de stockage, avec quelques très belles salles de lecture et un système informatique sommaire. Naturellement, le devis subit un dérapage tragique : en mars 1990, il atteignait déjà 5 à 7 milliards de francs, dont 3 à 4 pour les nouvelles technologies, avec un personnel deux fois plus nombreux que celui de la Bibliothèque nationale. Un mois plus tard, on était passé à 9 milliards, dont 6 pour le bâtiment proprement dit !

Le 12 avril 1989, en Conseil des ministres, Michel Rocard expliqua son rôle dans ce projet par un petit compliment on ne peut plus sobre et abscons : « Ma tâche à moi est de le canaliser dans sa faisabilité générale, administrative et technique, en m'attachant aux conséquences urbanistiques générales et spécifiques... » François Mitterrand le considéra d'un air songeur.

Voyant la catastrophe arriver, je proposai à François Mitterrand d'en revenir au projet initial et de construire la nouvelle bibliothèque et ses réseaux informatiques sur un nouveau campus universitaire ; il m'interrompit : « Laissez maintenant agir les ministres responsables. » Je ne m'en mêlai plus. Le projet fut ensuite conduit tambour battant et inauguré juste avant la fin de son mandat, en avril 1995.

En définitive, ce n'est pas 1,5 milliard de francs qui y fut consacré, mais 1,5 milliard d'euros. Et ce ne sont pas les deux tiers (soit 1 milliard de francs) qui furent dévolus au bâtiment, mais 95 %, soit

1,4 milliard d'euros, soit plus de 10 milliards de francs. On n'alloua aux nouvelles technologies que moins de 100 millions d'euros… sur dix ans !

S'il avait été conduit comme il avait été conçu initialement, ce projet aurait sans doute donné à la France une avance irrattrapable en matière de numérisation des livres, aujourd'hui si dramatiquement défaillante. Il aurait aussi fait de notre pays un précurseur mondial d'Internet, dont les premiers logiciels commencèrent à apparaître. À la place, François Mitterrand laissa construire quatre tours aveugles qui ne servent aujourd'hui qu'à stocker des livres (en plein soleil…), au-dessus de salles de lecture enfouies, entourant un magnifique cloître aussi vaste que la place de la Concorde… mais inaccessible aux visiteurs !

L'incapacité à maîtriser le Parti socialiste

Incapable d'influer sur l'action gouvernementale, le président fut tout aussi incapable d'imposer ses choix au Parti socialiste.

Pour y parvenir, il fit campagne auprès de ses amis pour y imposer Laurent Fabius. Trois jours après sa réélection, il leur expliqua : « Pour le parti, ma préférence va à Fabius ; c'est une question de génération. […] De Fabius je connais les défauts mieux que quiconque, mais c'est le plus doué, même si ce n'est pas mon fils spirituel. En politique, on n'a jamais d'enfant. Des amis, rarement. Des disciples, pas longtemps. Mais une filiation, même spirituelle, ça, non ! […] Je n'ignore pas vos préventions contre Fabius. Je connais moi aussi ses défauts, mais, croyez-moi, c'est lui qu'il faut pour le parti. » Même les plus fidèles lui témoignèrent, avec des nuances, leur opposition : « Il a des méthodes dictatoriales et transformera le parti en une machine purement personnelle », déclara l'un des plus modérés. François Mitterrand s'exclama, furieux : « C'est bon, je ne veux plus en parler avec vous ! Mais sachez que si vous êtes contre Fabius, c'est que vous êtes avec Rocard ! » De fait, il reprochait à ce dernier d'être « derrière toute cette haine contre Fabius. Des nains entre eux ! Sauf Jospin, peut-être… Et Fabius qui se bat à leur niveau ! » De fait, il n'imposa pas vraiment son choix, là non plus, et laissa faire.

Louis Mermaz, qui avait guigné le poste en 1981 et avait dû se résigner à occuper la présidence de l'Assemblée nationale, m'expliqua mieux que tout autre l'attitude des socialistes : « Si François Mitterrand nous avait réunis, s'il nous avait parlé comme autrefois, avant 1981, quand il était premier secrétaire, s'il nous avait dit : "Nos personnes ne sont rien, nous avons un objectif commun à atteindre, voilà ce que je vous demande...", on aurait encore marché. Mais, depuis qu'il est président, il est moins directif, plus suggestif, il fait trop preuve de réserve, de discrétion... »

Son soutien à Laurent Fabius s'affaiblit : « Je veux bien soutenir Fabius, mais on ne me fera pas dire du mal de Jospin. Sauf s'il s'allie à Rocard... » Lionel Jospin le déçut alors et le président enragea de sa rivalité avec Fabius : « Mais qu'est-ce que je vais faire de ces deux-là ? C'est un couple impossible ! Ils ne s'arrêteront donc jamais ? Quand je pense qu'on a parlé de mon opposition à Rocard... À côté de leur haine, c'était de la gnognote ! »

Par un complot organisé par Rocard, Poperen et Jospin, Pierre Mauroy devint, en juin 1988, le patron du Parti socialiste. Laurent Fabius prit la présidence de l'Assemblée nationale. Les noms d'oiseaux volèrent bas. Claude Allègre, qui avait été accusé à tort d'avoir traité le président de « Bourguiba », fut reçu par lui et en sortit conquis.

En mars 1991, au congrès socialiste de Rennes, Fabius tenta à nouveau, poussé par Mitterrand, de s'emparer du parti dont Mauroy entendait garder le contrôle avec l'aide de Jospin, d'Emmanuelli et de Rocard. Fabius échoua dans un climat de grande confusion. Cette décomposition de son propre clan, François Mitterrand l'observait désormais avec un détachement que je soupçonnais masquer une certaine jubilation : « Ils sont incorrigibles ! On n'arrivera à rien avec eux. C'était mieux avec la Convention des institutions républicaines. On était moins nombreux, mais moins susceptibles [...]. Les dirigeants socialistes sont des escargots. Tant qu'ils n'auront pas dégorgé, il n'y aura rien à en attendre. » Quand ce fut la débandade, il l'observa avec commisération, mais sans agir : « Ils ne se parlent plus. Il n'y a plus qu'une union sacrée autour de ma succession. Tous la préparent. C'est désormais leur seul ciment ! Après Rennes, les socialistes n'obéissent plus à personne, ni à Mauroy ni à moi. Ils ne pensent qu'à s'en sortir individuellement. [...] Au Parti socialiste, les chefs de ces clans sont gentils, mais il n'y a pas encore d'homme d'État parmi eux. Cela viendra peut-être avec le temps et les blessures... »

Et puis ce bilan : « Je leur ai tout donné, et ils détruisent tout ! L'orgueil de Jospin, la suffisance de Fabius, la mesquinerie de Rocard... »

Éclatèrent alors les « affaires », qui achevèrent d'alimenter sa rage.

Les « affaires » sont les affaires

Plus encore que le premier, déjà éclaboussé par quelques scandales, le second septennat fut littéralement empoisonné par les « affaires ».

Dès le début des années 1980, quelques proches de ses collaborateurs, surnommés les « gendarmes de l'Élysée », avaient cru bon d'arrêter à Vincennes de prétendus terroristes irlandais en feignant de découvrir chez eux des armes qu'ils y avaient déposées eux-mêmes. Je l'ai vu assez heureux de l'annonce de cette opération et furieux de son dénouement pour penser qu'il n'y était pour rien.

De même, quand un bateau affrété par Greenpeace, le *Rainbow Warrior*, fut coulé en Nouvelle-Zélande dans le port d'Auckland, en juillet 1985, causant la mort d'un photographe portugais, il me confia qu'il avait approuvé l'ordre donné par Charles Hernu à l'amiral Lacoste d'écarter la flottille de Greenpeace de Mururoa. Cet ordre était à mon sens légitime : s'il avait laissé agir Greenpeace, il eût été impossible de poursuivre les essais atomiques et la force nucléaire française n'aurait plus pu être expérimentée ni modernisée. En cette période où la guerre froide battait encore son plein, ç'eût été pain bénit, pour les Soviétiques comme pour les Américains ou les Britanniques, qui n'appréciaient ni les uns ni les autres que nous disposions des moyens de notre indépendance. De fait, Greenpeace n'avait jamais entravé les essais des autres puissances nucléaires ; nous étions les seuls visés. Dans la même situation, aucun chef d'État n'aurait donc agi différemment de François Mitterrand. Ce n'était d'ailleurs pas la première fois que de telles mesures avaient été prises : un sabotage discret du matériel ou du carburant de Greenpeace, sans dommage pour les personnes, avait déjà été pratiqué, m'expliqua-t-on, par le passé.

Personne, à la Défense ou ailleurs, ne demanda néanmoins au chef de l'État l'autorisation de couler le navire ni ne lui expliqua la façon dont nos services comptaient s'y prendre pour écarter Greenpeace de Mururoa. Or, précisément, la façon dont l'opération fut conduite par les services se révéla désastreuse ; lorsqu'il en apprit le détail, François Mitterrand explosa : « Des espions qui signent un livre d'or ! D'autres qui achètent un bateau dans un grand magasin à Londres ! Deux agents pris qui téléphonent au ministère de la Défense ! Quels crasseux ! »

Quand la vérité éclata dans la presse, ce fut le sauve-qui-peut général. Les ministres, à commencer par le Premier, Laurent Fabius, ne pensèrent qu'à une chose : ne pas être mouillés dans l'affaire. Le ministre de la Défense lui-même, Charles Hernu, était convaincu d'avoir trouvé un « colonel à qui faire porter le chapeau ». L'amiral Lacoste fut limogé dans l'honneur. Laurent Fabius imposa la démission d'Hernu au président, qui en fut presque aussi bouleversé que lors du départ de Matignon de Pierre Mauroy. Il écrivit à son fidèle ami : « Je tiens à vous exprimer une peine, des regrets et ma gratitude pour avoir dirigé avec honneur et compétence le ministère de la Défense. Vous gardez toute mon estime, vous gardez celle de Français qui savent reconnaître les bons serviteurs de la France. À l'heure de l'épreuve, je suis, comme toujours, votre ami. » Le 17 janvier 1990, lors de la mort de Charles Hernu, il le regretta encore : « Le seul de mes fidèles, de mes très fidèles... J'ai toujours regretté d'avoir cédé, de ne pas avoir résisté à la demande de Fabius et de Badinter après l'affaire Greenpeace... Il aurait dû rester au gouvernement... »

Au moment où se négociaient les indemnités à verser à la Nouvelle-Zélande, il me confia : « Ce qui m'attriste, ce n'est pas l'ordre donné, c'est la tragique incompétence dont a témoigné son exécution. » Puis : « Les agents français ont mené une opération secrète stupide, assez conforme à la tradition. Entre l'ordre que j'ai donné ("Ne pas les laisser atteindre Mururoa") et faire sauter un bateau, il y a un monde ! Mais il est vrai qu'avec la bêtise on ne peut jamais savoir où l'on va. Quoi qu'il en soit, ces officiers ne sont pas responsables. Ils étaient chargés d'exécuter un ordre. Ils ne se sont pas livrés à une opération d'espionnage. Il y a eu une faute des services français, responsables d'une action menée par un service mal dirigé. Nous sommes prêts à nous en excuser et à verser des indemnités. »

Puis vint, en novembre 1988, l'affaire Pechiney, dans laquelle un de ses meilleurs amis, Roger-Patrice Pelat, ouvrier trotskiste devenu un brillant industriel, fut accusé d'avoir profité d'une « fuite » annonçant une fusion de deux firmes pour gagner de l'argent en Bourse. (Cette fusion, à laquelle je m'étais d'ailleurs opposé, se révéla par ailleurs une catastrophe industrielle et un gouffre financier.) Le président en fut très affecté : « Je peux tout pardonner, les erreurs, les fautes, mais pas l'affairisme. On dit que certains sont proches de moi. C'est vrai. Mais, s'ils ont commis une faute, ils doivent être punis, et je le souhaite d'autant plus que, dans ce cas, ils m'auront trompé ! » En attendant le procès – qui ne vint pas pour Roger-Patrice Pelat, puisqu'il mourut avant –, le chef de l'État s'interdit de lui parler et me demanda de l'en prévenir aussi gentiment que possible. Il me confia alors : « Ces gens qu'on accuse n'ont pas de mandat électif, n'occupent pas de fonction publique. Ce ne sont pas mes collaborateurs. On ne peut pas les sanctionner ni les renvoyer. On me dit qu'il faut faire quelque chose ; je ne vais tout de même pas publier un communiqué disant : "Machin n'est plus mon ami... Je ne déjeune plus avec Bidule... Je ne me promènerai plus avec Truc !..." »

Ce furent ensuite, en 1989, les scandales liés au financement des partis politiques. Le président était persuadé que le Parti socialiste avait commis les mêmes turpitudes que les autres, et depuis aussi longtemps que les autres. Il accepta d'abord avec réticence d'inclure ce type de délit dans l'amnistie classique suivant toute élection présidentielle. Il craignait que cette mesure ne soit aussi impopulaire qu'inefficace. Impopularité politique, tant il était certain qu'on crierait à l'auto-amnistie. Inefficacité technique, tant il était assuré que des juges ne se priveraient pas de mener à bien toutes leurs enquêtes, en les entourant d'un maximum de publicité, avant, le cas échéant, tout à fait en fin de parcours, de constater que les faits étaient amnistiés !

Il hésita longuement lorsque Pierre Mauroy, premier secrétaire du parti, et Michel Rocard, Premier ministre, lui demandèrent instamment de les laisser présenter au Parlement une loi stipulant qu'une amnistie effacerait ce qui s'était passé avant que la loi qu'il avait fait voter n'organise sainement le financement des partis. Rocard et Mauroy proposèrent de glisser cette amnistie à titre d'amendement dans un autre texte. François Mitterrand demanda au chef du gouvernement d'attendre l'automne et refusa de convoquer à cette fin une session extraordinaire du Parlement. En décembre 1989, enfreignant ses réticences constantes, le groupe socialiste, avec l'accord du Premier ministre, présenta un amendement instaurant ladite amnistie ; le texte excluait néanmoins de son bénéfice les délits des parlementaires, les délits d'ingérence et de corruption et tous les cas d'enrichissement personnel. Le projet fut adopté par une majorité de députés de tous les partis, hormis les communistes.

Mais, comme François Mitterrand l'avait prévu, à peu près toutes les poursuites engagées continuèrent, cependant que l'opinion, en dépit du spectacle de quelques parlementaires traînés devant les tribunaux, restait persuadée qu'il y avait eu auto-amnistie. Les socialistes eurent beau expliquer que les « politiques » étaient exclus de l'amnistie, chacun était à même de comprendre qu'une fois amnistiés les « corrupteurs » (chefs d'entreprise et intermédiaires), les magistrats n'auraient plus les moyens de rechercher et de confondre les « corrompus ».

François Mitterrand était furieux : « J'enrage ! Au bout d'un an, on en arrive au pire. [...] Je n'aurais pas dû les laisser faire. C'est une erreur. C'est ma première vraie erreur depuis 1981. Vous allez voir, on dira que c'est moi ! Notez-le bien : je n'y suis pour rien. J'étais même contre !... C'est le pire, la lie, le fond, la crasse absolue ! Des magistrats partisans, un Rocard peureux, un Mauroy qui panique. Et nous en sommes à cette honte ! Ils n'ont pas voulu m'écouter... Rocard voulait cette amnistie pour protéger ses amis et s'assurer du soutien du Parti socialiste afin d'être désigné comme candidat en 1995. Il m'a imposé cette amnistie. Je n'en voulais pas. C'est la pire erreur, le crime de ce gouvernement ! Il marquera tout mon septennat. Oui, c'est la pire erreur de mon septennat. C'est honteux ! »

Lorsqu'il comprit que Michel Rocard lui faisait porter la responsabilité de cette monumentale erreur, il décida de faire ce qu'il souhaitait depuis le jour où il l'avait nommé à Matignon : l'en chasser.

Pour en finir avec Rocard...

Dès l'arrivée de Michel Rocard à Matignon, le président m'avait donné ce conseil : « Méfiez-vous de ces gens, ce sont des barbares ! » Pour lui, l'expression désignait des gens incultes, pas nécessairement des adversaires. Puis il avait ajouté : « Il n'y a rien de pire que les socialistes qui rêvent de se voir décerner des brevets de bons économistes par des hommes de droite. Ils finissent par oublier qu'ils sont de gauche. » Connaissant Michel Rocard depuis si longtemps, je ne doutais pas, pour ma part, de son engagement à gauche et me faisais son avocat auprès du président, qui ne me parlait jamais de lui autrement qu'en le désignant d'un ironique « votre ami Rocard ». Rien, jamais, ne lui fit changer d'avis, Rocard était un adversaire. Les manœuvres du Premier ministre dans le parti lui donnaient raison. Et l'obsession de Rocard de durer à Matignon afin de ne rien faire pour décevoir l'opinion, de « rester gris », comme il disait, acheva de mettre le président en rage.

Un an plus tard, le 31 octobre 1989, il lui adressa une lettre terrible dressant le bilan de son action après dix-huit mois de gouvernement. Après l'avoir félicité pour quelques mesures, dont la création du revenu minimum d'insertion, celle du crédit-formation et le rétablissement de l'impôt sur les grandes fortunes, il protesta contre le retard pris par plusieurs projets : l'approfondissement des lois Auroux, le renforcement de la présence des salariés dans les conseils d'administration, le respect du droit du travail comme condition d'obtention des aides publiques par les entreprises, l'égalité entre hommes et femmes dans la vie sociale, familiale et professionnelle, un meilleur partage des revenus. Il s'inquiéta de constater que le RMI confinait à la charité et de voir la fraude dénaturer l'impôt de solidarité sur la fortune. Le ton était celui d'un réquisitoire de cohabitation ; sa lettre resta sans réponse.

François Mitterrand maugréait sans cesse : « Rocard ne veut rien faire pour réduire les inégalités. Il a les yeux rivés sur l'élection présidentielle. Que faire pour qu'il pense à autre chose ? » Puis : « Tout ce que fait Rocard au gouvernement vise à prendre le parti. Il n'y a que ça qui l'intéresse. J'ai voulu en faire un homme d'État ; il me démontre tous les jours qu'il est encore mentalement au PSU. » Ou encore : « Il est décidément bien timide et bien conservateur. Rien à faire avec lui. Il ne fera aucune réforme : ni sur l'éducation, ni sur la Sécurité sociale, ni sur la fiscalité. » Il était convaincu que le Premier ministre montait un complot visant à le déstabiliser et à l'empêcher de peser sur sa propre succession. Rocard, de son côté, considérait que le président ne tenait plus rien, qu'il conduisait les socialistes à la catastrophe électorale, qu'il fallait donc s'en démarquer le plus possible. Et que plus son séjour à Matignon était long, plus augmentaient ses chances d'être élu en 1995.

À partir de la fin de 1990, faire partir Rocard devint l'obsession du président : « Rocard est comme du chatterton qui se colle au veston quand on l'a décollé du doigt. Je voudrais le faire partir. Mais par qui le remplacer ? Pourquoi pas Fabius ? Il a été injustement traité. C'est le seul qui ne fera jamais alliance avec Rocard. » Mais, là encore, François Mitterrand se contentait de parler sans agir : « Il ne restera aucun souvenir de l'action de ce gouvernement. Une ride sur l'eau… Remplacer Rocard est une première priorité. Mais par qui ? Si c'est pour mettre à la place un homme du même genre… »

Plus le temps passait, plus il voyait se profiler le désastre à l'horizon des législatives de 1993. Dès le printemps 1990, tout occupé qu'il était, on le verra, par la réunification allemande, il me confia : « Les législatives de 1993 sont déjà perdues. Ils pensent tous à ma succession et ne comprennent pas que c'est maintenant que se décide leur avenir. Ceux qui croient pouvoir mener victorieusement une campagne présidentielle en 1995 avec moins de cent députés élus à l'Assemblée nationale en mars 1993 se trompent lourdement ! Or, c'est ce vers quoi on va… Il faut pourtant éviter ce désastre. J'ai été contraint de garder un Premier ministre que j'ai cru pouvoir renvoyer et qui conduit inévitablement la gauche à l'échec. »

En mars 1991, il me lança, avec la plus parfaite mauvaise foi : « Ma seule erreur depuis 1988 ? Avoir nommé Michel Rocard. J'ai eu tort de vous céder ! »

Puis, il revenait au choix du successeur : « Bérégovoy ne peut pas être Premier ministre. Il est devenu un allié de Rocard, vous comprenez ça, vous ? Je n'ai pas été élu pour privatiser et enrichir les capitalistes ! C'est pourtant, objectivement, ce que fait ce gouvernement avec une ténacité que récompensent les sondages. Mais les Français sont sages. Ils comprennent ! » Voyant le temps passer, il voulut – comme il l'avait fait en nommant avec Fabius un tout jeune Premier ministre – innover de nouveau en appelant pour la première fois une femme à Matignon. Toujours l'obsession de laisser une trace dans l'Histoire…

Le 15 mai 1991 – je venais de quitter l'Élysée depuis un mois (on verra plus loin dans quelles circonstances) –, Édith Cresson fut nommée Premier ministre. « J'ai fait partir Rocard, en trois minutes, par surprise, me raconta-t-il. Rocard tenta de s'accrocher à son fauteuil, pour un an, pour un mois, pour un jour. Vous imaginez, il voulait vingt-quatre heures de sursis pour aller présenter sa loi sur les écoutes ! En réalité, c'était pour rendre impossible son départ en parlant à la presse. » Quant à Édith Cresson, François Mitterrand s'étonnait de son inculture, qu'il prenait pour une marque de caractère, et de son mépris des autres, dans lequel il voyait une grande liberté de jugement. En la nommant, il espérait rattraper les retards pris, sans plus s'occuper *a priori* de consensus. Édith Cresson avait du reste toutes les qualités qui manquaient à Rocard : la volonté, l'enthousiasme, le rejet des nuances, la volonté de faire ; mais aussi les défauts associés : l'imprudence, une grande aptitude à se faire des ennemis, le refus de négocier.

Les gouvernements d'hallali

Le 17 mai 1991, Édith Cresson composa un gouvernement de quarante-cinq ministres comprenant cinq nouveaux membres, dont Martine Aubry au Travail et Jean-Louis Bianco aux Affaires sociales. Hubert Védrine, compagnon d'exception de toute l'aventure mitterrandienne, conseiller diplomatique à l'Élysée depuis 1974, devint secrétaire général de la présidence de la République et Anne Lauvergeon sherpa.

Poussée par François Mitterrand, Édith Cresson tenta de lancer les nombreuses réformes qu'il avait en vain réclamées à Rocard : en faveur de l'emploi, des PME, de l'apprentissage, des formations en alternance, de l'aménagement du territoire et de l'administration territoriale. Mais, hormis les mesures prises en faveur de la déconcentration de l'État, fort bien venues, rien ne fut sérieusement mis en œuvre. Et le Premier ministre dérapait sans cesse : un jour contre les Anglais, un autre jour contre les Japonais ! Puis elle envisagea de renvoyer les immigrés clandestins par charters ! Ensuite, la croissance se ralentit, la dette augmenta et le chômage fit de même. Les conflits sociaux se multiplièrent – agriculteurs, infirmières, dockers. François Mitterrand hésita à imposer un changement de loi électorale pour les législatives à venir. Puis il renonça : « Une bonne analyse aurait dû nous conduire à adopter un mode de scrutin de type allemand mêlant majoritaire et proportionnelle, mais il aurait fallu réduire le nombre des circonscriptions, les faire passer de 577 à 450. Impossible ! »

En mars 1992, les élections régionales furent un premier désastre : le Parti socialiste n'obtint que 18,3 % des voix. Aux cantonales, la gauche ne fut plus majoritaire que dans vingt-quatre départements, et le PS ne conserva que la présidence du Limousin. On touchait le fond.

Le 2 avril 1992, moins d'un an après son arrivée à Matignon, Édith Cresson dut remettre sa démission. Le lendemain, l'opposition obtint 75 présidences de conseils généraux sur 99. Le président nomma alors Premier ministre celui qui attendait ce poste depuis mai 1981 : Pierre Bérégovoy. Il forma un nouveau gouvernement plus restreint : vingt-six ministres et quinze secrétaires d'État, incluant des nouveaux venus choisis par le président (Michel Vauzelle à la Justice, Ségolène Royal à l'Environnement, Bernard Tapie à la Ville).

La situation économique était difficile : la barre des 3 millions de chômeurs venait d'être franchie, le déficit budgétaire se creusait. Pourtant, les grands équilibres étaient rétablis : l'inflation était maîtrisée, le commerce extérieur en excédent, la dette publique encore sous contrôle, la croissance s'annonçait. Quelques actions furent poursuivies : le budget de la Culture atteint enfin les 1 % promis en 1981 ; un accord fut trouvé avec l'Église catholique sur l'enseignement privé ; la politique du franc fort fut poursuivie, au détriment de l'emploi.

Puis, alors que l'amnistie avait déjà fait scandale, les affaires de corruption se multiplièrent : après l'affaire Urba, l'affaire Boucheron, l'affaire du Carrefour du développement, celle des fausses factures de la Région parisienne, l'affaire Tapie-Tranchant, vinrent la terrible affaire du sang contaminé et celle de l'emprunt contracté par Pierre Bérégovoy auprès de Roger-Patrice Pelat qui éclata en février 1993, à la veille des législatives. Ni Fabius ni Bérégovoy n'avaient rien à se reprocher. Pourtant, l'ancien et le nouveau Premier ministre de François Mitterrand se retrouvèrent harcelés par les médias. Le président pesta contre les journaux qui ressassaient sans relâche insinuations et accusations contre deux hommes dont l'honnêteté était au-dessus de tout soupçon.

Aux élections législatives de mars 1993, le Parti socialiste obtint son plus mauvais score depuis plus de vingt ans. La droite gagna 484 sièges sur 577.

Au lendemain de cette Bérézina, le 24 mars, alors que s'annonçait une ultime cohabitation, François Mitterrand réunit le dernier Conseil des ministres de gauche. À tous il expliqua que l'avenir leur appartenait : « Il y aura toujours ceux qui produisent en souffrant et ceux qui tirent profit de la souffrance des autres [...]. Les socialistes doivent cesser de croire qu'un succès personnel est plus important qu'une défaite de leur parti. [...] Des problèmes vont rapidement surgir. Et d'abord celui de la défense des acquis sociaux. [...] Certes, il y a des gens très bien à droite, mais ils seront emportés par la force de la réaction. Comment voulez-vous qu'un gouvernement de droite résiste longtemps à son électorat, à ses financiers, aux grandes compagnies qui l'auront installé ? [...] Amis socialistes, un dernier mot. Je n'aurai plus autant d'occasions de vous parler. Prenez garde à votre éternelle tentation des clans, des chapelles, des divisions. [...] Pour l'avenir, faites passer le choix collectif avant les choix individuels ! » Avant de lever la séance, il insista : « Je vous demande de sortir avec discrétion. Je vous saluerai les uns après les autres dans le salon voisin. » Et il les salua, tous en larmes, un à un, dans l'ordre protocolaire.

Cohabitation d'agonie

Lorsque débuta la seconde cohabitation, les règles de la première s'imposèrent. Le président (qui avait précisé pendant la campagne :

« Je ne nommerai pas un Premier ministre qui serait défavorable à la construction de l'Europe ») désigna Édouard Balladur, que Jacques Chirac, chef de l'opposition, envoya à sa place tout en plaçant Nicolas Sarkozy dans le gouvernement. François Mitterrand avait pensé un moment nommer Valéry Giscard d'Estaing, qu'il avait fait contacter par Pierre Bergé.

Dès lors, affaibli par de terribles douleurs, le président ne fit presque plus rien, sinon tenir son rang, grâce à Hubert Védrine et au Premier ministre, qui exerça dignement, sans le faire savoir, la totalité du pouvoir, tout en se préparant à être élu à l'Élysée.

Un mois environ après la déroute des législatives, le samedi 1er mai 1993, Pierre Bérégovoy mit fin à ses jours. De Londres où je me trouvais, j'appelai le président. Il était presque en larmes. Nous avions vu ensemble, quelques jours auparavant, Pierre Bérégovoy, réduit à l'état d'un boxeur groggy. Sans bien trouver les mots, j'avais essayé de lui dire mon admiration, mon amitié, mon indignation devant les attaques dont il était l'objet. François Mitterrand en avait fait autant. Pierre Bérégovoy ne voulait rien entendre. Il se considérait comme responsable de la défaite de la gauche aux dernières élections législatives.

Je rejoignis le président à Nevers pour les obsèques. Ce fut pour lui l'occasion de donner libre cours à sa colère contre les journalistes, ces « chiens » qui, harcelant un homme fragilisé, l'avaient poussé à se donner la mort : « Toutes les explications du monde ne justifieront pas que l'on ait pu livrer aux chiens l'honneur d'un homme et finalement sa vie au prix d'un double manquement de ses accusateurs aux lois fondamentales de notre République, celles qui protègent la dignité et la liberté de chacun d'entre nous. L'émotion, la tristesse, la douleur qui vont loin dans la conscience populaire, depuis l'annonce de ce qui s'est passé samedi en fin de journée, près de Nevers, sa ville, notre ville, au bord d'un canal où il était souvent venu goûter la paix et la beauté des choses, lanceront-elles le signal à partir duquel de nouvelles façons de s'affronter tout en se respectant donneront un autre sens à la vie politique ? Je le souhaite, je le demande et je rends juges les Français du grave avertissement que porte en elle la mort voulue de Pierre Bérégovoy. »

La cohabitation commença sans ombrage. L'Élysée reçut les mêmes informations diplomatiques que Matignon et l'habitude fut prise de tenir un conseil restreint sur les questions diplomatiques, le mercredi, après le Conseil des ministres, entre le président, son secrétaire général, le Premier ministre, le ministre des Affaires étrangères et celui de la Défense.

Pourtant, quelques affrontements marquèrent cette période. Sur de nouvelles privatisations, que François Mitterrand dénonça dans son interview du 14 juillet 1993. Sur le financement des établissements scolaires privés qu'une réforme voulut favoriser, en modifiant la loi Falloux, avant d'être annulée. Sur l'action en faveur de l'emploi, dont il dénonça l'inefficacité. Sur les essais nucléaires, dont François Mitterrand empêcha la reprise pour accélérer le passage à la simulation.

Il appréciait beaucoup le Premier ministre pour son sérieux et le pensait mieux préparé que quiconque à droite à lui succéder. Il lui arrivait aussi de s'inquiéter de son attitude, tout comme il s'était soucié de son comportement comme ministre des Finances sept ans auparavant : « Je n'ai jamais eu l'occasion de parler avec Pompidou, si ce n'est dans les débats parlementaires. C'est vous dire ce qu'était la démocratie d'alors. De ce point de vue, la cohabitation est un grand progrès. Mais, quand je parle avec Balladur, j'ai l'impression de parler avec le fantôme de Pompidou : la même onction, la même culture vaguement moderniste pour masquer un conservatisme impitoyable... Parfois, à un regard ou à un mot, j'ai le sentiment que Balladur nourrit un infini mépris pour Chirac. À moins que ce ne soit un mépris de la politique. [...] » Puis il se reprenait : « Cet homme est décidément étrange. Il devient compétent ; il a une certaine culture et un sens de l'humour. Pourquoi en a-t-il si peu à l'égard de lui-même ? »

Lors d'une visite que je lui fis au début de 1993 pour lui faire lire les épreuves du premier tome de *Verbatim*, dont je reparlerai, il m'expliqua : « Si la deuxième cohabitation se passe bien, j'aurai démontré que la démocratie est possible dans ce pays. Malheureusement, je ne pense pas, cette fois-ci, que je réussirai à faire élire un socialiste. » En juin 1994, Michel Rocard mit fin à ses propres espoirs présidentiels en n'obtenant que 14 % aux élections européennes. Celui-ci voulut croire que la liste dirigée par Bernard Tapie était la cause de sa chute. Le succès de cette liste n'était que le reflet de son propre échec. Jacques Delors laissa longtemps planer l'idée qu'il se présenterait. François Mitterrand n'y croyait pas. « Delors ? Candidat ? Vous rêvez ! Jamais il n'en aura le courage ! Il voudrait bien être nommé président, mais être élu, jamais. Il y faut d'autres qualités. » Quand Jacques Delors se désista, Lionel Jospin ramassa le flambeau, un moment convoité par Henri Emmanuelli. François Mitterrand fut convaincu jusqu'au bout qu'Édouard Balladur serait élu face à Chirac et à Jospin. Et même si certains pensent qu'il aida Jacques Chirac contre Édouard Balladur, je suis convaincu du contraire. Il était d'ailleurs très sévère avec Jacques Chirac : « Un faux dur entouré de faux professionnels, un chef de clan. Il s'occupe toujours de l'immédiat, il saute tout de suite sur ce qui brille... Il a un tonus formidable. Mais il est velléitaire. Il pense comme il monte les escaliers ; il parle comme il serre les mains ; il devrait prendre le temps de s'asseoir. Tout sauf un chef d'État. »

À ceux qui craignaient une absence de candidat socialiste au second tour, il répondait : « Mais non ! Un socialiste figurera toujours au second tour ! »

Il fut donc surpris, du moins me l'exprima-t-il, par la victoire du maire de Paris, mais il organisa le plus correctement du monde la passation des pouvoirs : la France avait besoin de vivre en paix ce passage-là, et il y veilla avec la même attention dont il avait entouré naguère sa propre arrivée à l'Élysée, ne renonçant à aucune miette de son pouvoir jusqu'au tout dernier instant.

Il laissa à son successeur une France profondément modernisée institutionnellement, industriellement et culturellement, mais encore rongée par le chômage, n'ayant rénové ni son urbanisme, ni son système de santé, ni son système scolaire, ni son système fiscal, et incapable d'intégrer les plus défavorisés. Un pays paralysé pendant neuf ans par des cohabitations successives. Un pays doutant de son identité, peut-être même de sa raison d'être, au sein d'un environnement international de plus en plus dangereux, dans une Europe de plus en plus mouvante, à une période critique de l'histoire du monde.

CHAPITRE IV

DÉFENDRE LA FRANCE

Si l'action intérieure n'existe que lorsque le pouvoir politique désire l'entreprendre, les relations extérieures s'imposent d'elles-mêmes. Un président de la République peut décider de ne pas réformer la société française; il ne peut pas refuser de répondre aux sollicitations du reste de la planète. Lors de son premier septennat, François Mitterrand voulut passionnément changer la France; il fut infiniment sollicité par le monde pendant le second.

Sans connaître aucune langue étrangère, ce qu'il regrettait, il avait une très grande connaissance de l'histoire de l'Europe et une authentique vision géopolitique. Avant d'être élu, il avait beaucoup réfléchi à ce que devait être la politique extérieure de son pays. Il avait voyagé, lu, participé à des colloques, rencontré, par l'intermédiaire de l'Internationale socialiste, de très nombreux dirigeants d'autres nations. Après avoir souvent varié, il s'était fait une idée, souvent très éloignée de celles des autres sociaux-démocrates européens, sur ce qu'était le monde et sur la place que pouvait y occuper la France. Une fois au pouvoir, il n'en changea plus.

Selon lui, le monde du début des années 1980 se trouvait dans une situation extrêmement périlleuse. Non que l'Union soviétique fût vraiment belliqueuse, mais parce qu'un conflit risquait d'éclater à tout moment dans l'une ou l'autre des deux régions où l'Est et l'Ouest étaient en contact : en Europe de l'Est et au Moyen-Orient, notamment au Liban; un tel conflit entraînerait nécessairement, selon lui, une déflagration planétaire qui deviendrait vite nucléaire. Par ailleurs, il était persuadé que l'Union soviétique cesserait avant l'an 2000 d'être communiste et que, pendant la transition de quinze ans qui s'ensuivrait, elle pouvait se révéler particulièrement dangereuse; en particulier, elle s'opposerait militairement à une réunification allemande prématurée qu'il prévoyait au plus tard pour 2015.

Les États-Unis étaient à ses yeux la seule superpuissance incontestable, qu'il acceptait comme telle et avec qui une alliance militaire, géographiquement limitée à l'Europe, lui paraissait nécessaire contre toute velléité agressive venue de l'Est. À la différence de la plupart des partis sociaux-démocrates du continent, il était donc favorable à la présence de troupes et d'armements nucléaires américains en Europe. Mais les États-Unis étaient aussi, pour lui, une puissance envahissante qu'il fallait tenir à distance. À la différence de nombre de socialistes et des communistes français, François Mitterrand pensait que l'indépendance nationale exigeait de conserver jalousement une arme nucléaire stratégique embarquée sur sous-marins. Il pensait aussi que la France devait tout faire pour que l'Europe s'unisse et devienne progressivement une puissance mondiale sur le plan économique, politique et militaire. Pour cela, il devait en toute priorité préserver et renforcer la relation franco-allemande.

En attendant que l'Europe la supplée, il pensait enfin que la France devait assumer un certain nombre de responsabilités en Afrique. En revanche, en Amérique latine, en Asie, au Proche-Orient, notre pays devait surtout éviter de faire naître de faux espoirs.

Il ne transigea jamais sur ces principes. Il les appliqua pendant ses deux septennats de façon extraordinairement rigoureuse, avec entêtement. Cela commença par la difficile construction d'une relation équilibrée avec les États-Unis d'Amérique après des affrontements (en particulier au G7) et des tragédies (en particulier au Liban). Puis, à partir de 1985, après l'arrivée surprise de Mikhaïl Gorbatchev au Kremlin, il put enfin se rendre à l'Est et accompagner, dix ans avant qu'il ne l'eût lui-même prévue, la disparition de l'URSS et, vingt-cinq ans plus tôt qu'il ne l'eût pronostiquée, la réunification allemande. L'un et l'autre événements marquèrent son second septennat et lui donnèrent tout son sens.

Il me résuma un jour de juin 1981 cette politique étrangère d'une formule lapidaire : « De Gaulle avait besoin de passer par Moscou pour aller à Washington. Pour moi, la route de Moscou passe par Washington, et celle de Bruxelles passe par Bonn. »

S'entendre avec l'Amérique

François Mitterrand ne montrait aucune attirance particulière pour la société américaine et s'irritait de la vassalisation de l'Europe. En 1952, il écrivait déjà : « Rien n'est plus fâcheux qu'une entente [avec l'Amérique] à laquelle on ne souscrit que par la peur du pire. Il faut que la France trouve dans sa préférence internationale autre chose qu'une garantie contre une éventuelle invasion ou contre la subversion intérieure. » À partir de 1974, chaque fois que nous eûmes à nous rendre aux États-Unis, il s'intéressa fort peu à la culture, à la musique, à la littérature ou au mode de vie américains. Si les États-Unis tenaient le premier rôle, c'était seulement dans son théâtre géopolitique.

Il fit tout pour entretenir une bonne relation avec leurs dirigeants et instaura avec eux des rapports faits d'extrême courtoisie, d'absence de déférence et de tranquille fermeté. Il savait que lui qui, en pleine guerre froide, osait gouverner avec des communistes se devait d'être, vis-à-vis des Américains, un allié sans faille, sans pour autant leur laisser espérer la moindre ingérence dans les affaires de la France. Telle fut la principale difficulté du premier septennat. Son second mandat fut, de ce point de vue, beaucoup plus simple : à Washington, on avait compris ce qu'on pouvait attendre de lui et ce qu'il ne servait à rien de lui demander. Ses relations avec les trois présidents américains qu'il rencontra allèrent donc en s'améliorant : tendues avec Reagan, amicales avec Bush, sereines avec Clinton.

Deux hommes furent à cet égard ses premiers soutiens discrets et efficaces : le vice-président George Bush et Henry Kissinger. Dès leur premier rendez-vous, en juin 1981, le premier comprit qu'il avait affaire à un allié et le traita en partenaire majeur, voire en conseiller. Le second fut conquis dès l'été 1981, lors d'une rencontre à Latche au cours de laquelle les deux hommes passèrent la journée (je servais d'interprète) à parler du monde tout en se promenant dans la forêt landaise. Le président interrogea l'ancien secrétaire d'État sur la personnalité du président Reagan et lui expliqua sa politique étrangère avant de s'engager dans une explication de l'effondrement probable du système soviétique et de la réunification à venir de l'Allemagne. Kissinger expliqua brillamment le rôle des traités de Westphalie dans l'histoire de l'Europe et plaida pour une alliance d'égaux entre l'Europe et l'Amérique. Bush et Kissinger furent d'emblée d'excellents ambassadeurs de François Mitterrand auprès du président Reagan.

Avec ce président américain, élu quelques mois avant lui contre Jimmy Carter, tout commença par la découverte de son incroyable incompétence diplomatique. Après une année à faire illusion, le vernis de l'ancien acteur californien commença à se craqueler. Un jour de juin 1982, au cours d'un déjeuner à l'Élysée, Ronald Reagan fut pris de court sur une question relative à la Pologne ; ne trouvant rien dans les fiches préparées à son intention, posées à côté de lui, qui lui avaient permis de faire bonne figure sur d'autres sujets, il se tut, continua imperturbablement à manger, à la grande honte de ses collaborateurs et ministres. François Mitterrand ne se moqua pourtant jamais de lui auprès d'aucun de ses interlocuteurs. Le président français plaisantait seulement parfois sur la capacité du président américain à voir des communistes un peu partout (jusqu'en la personne d'un prêtre devenu sur le tard syndicaliste, représentant des techniciens du cinéma à Hollywood et dont Reagan affirmait sérieusement qu'il était, depuis sa prime jeunesse, un agent soviétique envoyé au séminaire sur ordre de Moscou dans le dessein d'infiltrer ultérieurement Hollywood !). François Mitterrand était charmé par sa voix de comédien, par son exceptionnel charisme, et surtout par la chance qui semblait lui sourire dans tout ce qu'il entreprenait. L'ancien président du conseil général de la Nièvre admirait, fasciné, les certitudes de l'ancien gouverneur de Californie et pestait contre les collaborateurs du président américain qui semblaient souvent traiter leur patron comme une marionnette. De fait, l'un et l'autre partageaient la même crainte d'un conflit nucléaire, la même conviction que l'URSS allait disparaître, le même désir de se défendre contre elle, la même volonté de tenir le rang de l'Occident au Moyen-Orient.

Il eut immédiatement l'occasion de donner à l'administration américaine des gages de sa loyauté. Cinq jours avant d'arriver à Ottawa, le 19 juillet 1981, pour son premier sommet du G7, il apprit par la DST qu'un agent du KGB, le colonel Vetrov, identifié sous le pseudonyme de « Farewell », avait été « retourné » par la DST et livrait le nom des agents soviétiques infiltrés en Occident. Énorme prise, car le colonel Vetrov appartenait à la direction du KGB chargée de fournir à son pays des renseignements techniques et militaires. En fait, la DST avait avisé la CIA de ce « retournement » avant même d'en informer le président français. Mis au courant de l'affaire par le patron de la Centrale américaine, William Casey, Reagan, en bon comédien, fit semblant de la découvrir de la bouche de François Mitterrand. Pendant les onze mois de sa « manipulation », Farewell fournit quelque 3000 documents et permit d'identifier, dans l'ensemble des pays occidentaux, 222 officiers du KGB en quête d'informations technologiques et scientifiques, et 70 agents à l'affût de renseignements militaires. Quand, en février 1982, il fut arrêté pour crime passionnel sans être pour autant identifié comme espion, la France ordonna l'expulsion de 47 « diplomates » soviétiques.

Aux yeux de dirigeants américains qui, au début, prenaient François Mitterrand pour un agent du communisme international, cette expulsion constitua une immense surprise. Plus grand encore fut leur étonnement quand ils comprirent qu'à la différence de son prédécesseur et des autres sociaux-démocrates européens il était favorable à l'installation d'armes nucléaires américaines en Europe.

Armer la France

François Mitterrand était convaincu qu'une guerre nucléaire éclaterait un jour. Pour lui, le monde ne pouvait s'être doté de telles armes sans jamais s'en servir. La déflagration surviendrait, pensait-il, soit avant l'an 2000 (un affrontement local entre alliés de l'URSS et des États-Unis venant à dégénérer), soit, après cette date, lorsque l'URSS, ayant cessé d'être communiste, serait dirigée par un dictateur militaire avant d'accéder à la démocratie ; voire encore plus tard, lorsque l'inéluctable prolifération aurait permis à des États terroristes d'accéder à l'arme nucléaire. Il me disait, à son arrivée à l'Élysée : « Une guerre entre les États-Unis et l'URSS suppose une série de contagions locales : les dirigeants pensent que cela va s'arrêter, et puis cela ne s'arrête pas, comme en 1914 puis comme en 1939 avec François-Joseph puis avec Hitler. François-Joseph ne voulait pas déclarer la guerre pour la Bosnie, il voulait seulement contrôler les Slaves du Sud. Il n'a pu retenir la contagion… Ce qui pourrait la déclencher aujourd'hui, ce serait une pénétration soviétique à l'est de l'Allemagne, ou le soulèvement d'un pays de l'Est, ou l'impasse au Moyen-Orient, voire en Afrique du Nord. »

Il était convaincu que le pire danger était d'en avoir peur, car cette attitude conduirait à renoncer à se défendre pour être épargné. Nous y perdrions notre indépendance en devenant soit pacifistes, c'est-à-dire alignés sur l'Union soviétique, soit va-t-en-guerre, c'est-à-dire alignés sur les États-Unis.

Face à ces deux dangers contraires, son obsession était de préserver le caractère autonome de nos moyens de défense. En particulier, s'il appelait de ses vœux un accord de désarmement entre les deux Grands, il ne souhaitait pas y impliquer la France : une telle implication nous ôterait l'essentiel de notre armement en ne privant les deux Supergrands que d'un arsenal accessoire.

Contrairement aux chefs d'état-major de l'armée et aux dirigeants de l'industrie militaire (qui le respectaient, admiraient sa compétence, mais ne l'aimaient guère), il jugeait absurde d'imaginer que la France pût un jour utiliser une arme nucléaire de petite taille, montée sur une fusée à courte portée, sur un champ de bataille voisin de la France, voire en France même. Un engin nucléaire ne pouvait être pour lui qu'une arme de destruction massive à très longue portée, faite pour ne pas s'en servir ou pour n'être utilisée que dans des conditions ultimes. Elle devait être basée sous les mers, loin du territoire national. Et la riposte à toute attaque nucléaire ne pouvait être à ses yeux que massive et non graduée. Un jour, en Conseil de défense, il fit à l'état-major un cours de stratégie, qui laissa les participants sans voix. À ces officiers généraux qui rêvaient d'accumuler des armes nucléaires de toute nature, il expliqua l'inanité de tout autre vecteur excepté le sous-marin :

« La riposte graduée est pour moi une chose imaginaire. Si j'avais la liberté et le temps d'écrire, j'écrirais un livre dont le titre serait : *Le Canon de Coblence* (cette arme inutile et bloquée à laquelle rêvaient les émigrés en 1794) pour décrire la défense de l'OTAN qui croit pouvoir utiliser des armes à courte portée. Supposons que Hambourg soit menacée et que les Français décident de la bombarder pour défendre les Allemands. Dans ce cas, les Soviétiques se disent : "Les Français exagèrent !" et détruisent Lille, Strasbourg, Le Havre. Et moi je réunirais alors tranquillement le Premier ministre et le chef d'état-major et je leur dirais : "Bien, maintenant, je vais déclarer la guerre aux Soviétiques" ? C'est un raisonnement complètement idiot ! Au bout de quatre jours, il ne resterait rien de la France ! Mais on ne peut empêcher les gens de raisonner avec leur imbécillité... Notre vraie force nucléaire, ce sont nos sous-marins ; ils voyagent dans toutes les mers ; ils sont indétectables ; c'est notre système central, auquel il faut ajouter les dix-huit fusées d'Albion qui peuvent toucher l'URSS. [...] Les Américains sont des étrangers ; ils ont la possibilité de fuir notre continent et d'observer l'Europe à distance. Nous ne pouvons pas déménager la France sur la Lune. Nous n'avons pas cette flexibilité ! Je tiens beaucoup à ce raisonnement. »

Aussi ne croyait-il qu'en l'efficacité des fusées à longue portée contenues dans nos six sous-marins nucléaires, pour longtemps indétectables. Les autres armes nucléaires, ce qu'on nommait la « seconde composante », ne servaient selon lui à rien. Ce n'était qu'une façon, pour l'armée de terre et l'aviation, de concurrencer la marine. Ni les fusées du plateau d'Albion, si facilement destructibles avant d'avoir servi (« Dans mon esprit, si Albion était attaquée, que ce soit par des moyens nucléaires ou classiques, c'est que nous serions déjà dans la guerre ; notre première composante, les sous-marins, connaîtrait alors son devoir »), ni les avions porteurs de bombes, trop vulnérables – et encore moins les fusées mobiles à très courte portée, montées sur camions – n'étaient à ses yeux des armes fiables. « Si les sous-marins devenaient détectables, les camions le seraient encore plus ! Je n'en accepterais pas la répartition sur le territoire. [...] Sinon, l'adversaire nous attaquerait en cent trente endroits ! Les Français font confiance à la force de dissuasion parce que tout le monde ne se sent pas porteur du destin national. Le jour où chaque Français supposera qu'une bombe atomique peut être garée dans un camion devant sa porte, vous ne tiendrez plus l'opinion. Il ne faut pas altérer cette capacité psychologique et morale, ce consentement national qui vaut bien des missiles ! Si les sous-marins deviennent détectables, mon successeur avisera. Voilà ce que me commande ma réflexion. Il a fallu beaucoup de temps pour que chacun se rallie à la stratégie de dissuasion, moi le premier. Ne la fragilisons pas ! »

Cela ne l'empêchait pas d'être favorable à l'installation d'armes américaines à courte portée, en Allemagne, pour faire pendant aux armes soviétiques du même type, en voie d'être déployées en Europe de l'Est : la défense de la France devait être du tout ou rien ; celle de l'Allemagne, par les États-Unis, pouvait être graduée. Il était intéressé par les armes nouvelles, chimiques et bactériologiques, et n'entendait pas s'en priver si d'autres s'en dotaient : « Toute arme détenue par un adversaire potentiel doit être possédée par nous si nous le pouvons. Mais il existe des conventions internationales. Je sais qu'elles ne sont pas respectées. Aussi devons-nous être prêts à ne pas les respecter. » Ce qu'il résuma parfaitement d'une formule cinglante, formulée sans sourire, en Conseil de défense, devant un état-major vexé : « Je demande que l'on réfléchisse bien à la position française, que je résume ainsi en la simplifiant : on n'a pas d'armes chimiques, mais on va en fabriquer. Comme cela, on pourra les détruire avec celles des autres, s'ils acceptent. »

D'où son obsession d'éviter les affrontements locaux, sa crainte que des théâtres d'opérations comme le Tchad, le Liban ou l'Irak dégénèrent en hostilités Est/Ouest, son inquiétude à la perspective d'une grave crise en Union soviétique et d'un soulèvement majeur prématuré en Europe de l'Est. D'où, en particulier, son angoisse à l'idée d'une réunification allemande préalable à la démocratisation de l'Union soviétique, qui pourrait conduire à porter un militaire belliciste à la tête de l'URSS.

D'où, aussi, sa profonde préoccupation lorsque le président Reagan crut, en 1984, avoir trouvé le moyen d'en finir avec la menace nucléaire en déployant dans le ciel un ensemble de systèmes laser et d'armes nucléaires permettant, disait-il, d'intercepter les fusées nucléaires soviétiques avant qu'elles ne s'approchent du territoire américain. François Mitterrand observa : « Il pense que cela lui donnera une place dans l'Histoire. Il est plus difficile de négocier avec quelqu'un qui a un rêve qu'avec quelqu'un qui a un objectif. »

Quand Reagan proposa aux membres de l'OTAN de se joindre à cette initiative de défense stratégique (IDS) sans participer à son commandement, François Mitterrand fut le seul au sein de l'Alliance à s'y opposer : « C'est pire que le commandement intégré ! Il ne nous propose même pas de faire semblant de nous associer à la décision ! De plus, en associant le Japon, on peut être pris dans une guerre aux Philippines. »

Il pensait qu'un tel système de protection ne serait jamais parfait, qu'il ne protégerait que le territoire américain et fragiliserait la France contre un adversaire éventuellement doté à son tour d'une telle protection. Il ajoutait : « Les missiles de la "guerre des étoiles" seront évidemment plus vulnérables que ceux des sous-marins, car ils sont dans le ciel et pas sous la mer. De plus, il en faudra énormément, compte tenu de la capacité d'attaque des Soviétiques. Ce ne sera pas financièrement acceptable pour les États-Unis de détruire des armes qui marchent (les sous-marins) pour construire des armes qui ne marcheront pas (des fusées dans le ciel). Ils y renonceront. » Les faits lui donnèrent raison : ces armes ne furent jamais déployées et l'IDS fut officiellement abandonnée dix ans plus tard par Bill Clinton.

Le président français était, en revanche, favorable à la construction progressive d'une capacité européenne de défense impliquant toutes les armes – conventionnelles, chimiques et autres –, à l'exclusion des nucléaires, interdites à l'Allemagne. Il prônait en particulier la mise en commun d'une armée de projection à longue distance et de moyens d'observation spatiaux. Pour lui, cette mise en commun passait au préalable par une défense conjointe avec l'Allemagne, à qui il fallait d'abord faire accepter l'installation sur son sol de fusées nucléaires américaines, avant de la soustraire aux exigences exclusives de l'alliance américaine.

Défendre l'Allemagne

Le premier visiteur étranger de François Mitterrand à l'Élysée fut son vieil ennemi, l'Allemand Helmut Schmidt. Les deux hommes ne s'aimaient pas. Le chancelier Schmidt, social-démocrate, avait ouvertement pris parti pour la réélection de son ami « Giscard », et avait dit publiquement pis que pendre du programme économique du candidat de la gauche française.

En 1983, venait à échéance une décision prise en 1979 : déployer 108 fusées nucléaires américaines Pershing II en RFA et 442 missiles sur le territoire d'autres pays d'Europe – sauf la France – face aux 1 273 têtes nucléaires que les Soviétiques allaient finir d'installer en Europe de l'Est. L'Europe entière manifestait contre ce déploiement à l'Ouest. Tous les leaders sociaux-démocrates y étaient opposés, hormis Helmut Schmidt et François Mitterrand.

Pour le président français, la question ne se discutait même pas : ce déploiement était nécessaire. La France ne pouvait défendre l'Allemagne ; ce rôle incombait à l'Alliance, c'est-à-dire aux Américains. Comme les Soviétiques installaient des armes nucléaires à courte portée en Pologne et en RDA, il fallait déployer des armes nucléaires américaines en RFA : « Il faut que des régions entières de l'Europe ne soient pas dépourvues de parade face à des armes nucléaires dirigées contre elle. Il faut éviter le découplage entre les États-Unis et l'Europe. » Il lança cette formule : « Les euromissiles sont à l'Est, les pacifistes sont à l'Ouest ! » Hubert Védrine, son conseiller diplomatique, la lui avait soufflée.

François Mitterrand répéta cette position au chancelier Kohl qui remplaça Schmidt à Bonn à la fin 1982.

Autant les relations avaient toujours été fraîches avec Schmidt, autant elles furent d'emblée très chaleureuses avec son successeur chrétien-démocrate. Les deux hommes avaient beaucoup de traits communs : tous deux provinciaux et fiers de l'être, méfiants envers les élites de la capitale, excellents connaisseurs de leur électorat, nourris de l'histoire de leur propre pays, plus européens qu'atlantistes, aimant les idées simples et la nourriture sans fioritures. Pendant dix ans, il ne se passa pas un mois sans qu'ils se rencontrent. Ni quinze jours sans que son conseiller, Horst Teltschik, et moi, qui assistions à tous leurs entretiens, nous rencontrions en plus.

Le discours que fit François Mitterrand au Bundestag, le 20 janvier 1983, en pleine crise financière à Paris, alors que toute la social-démocratie européenne avait viré au pacifisme, inversa le cours de l'Histoire en aidant le chancelier à faire accepter par son opinion publique, très réticente, l'installation des fusées américaines en RFA.

La préparation de ce discours reflétait à merveille la façon de travailler de François Mitterrand et sa conception des relations franco-allemandes. La veille du discours – un mercredi –, il déchira le projet « tragiquement nul » qu'on lui avait remis trois semaines auparavant, transporté dans sa mallette pendant un long voyage en Afrique et qu'il n'avait ouvert qu'au tout dernier moment. Durant le Conseil des ministres, il commença à réfléchir à ce qu'il voulait dire et esquissa un plan de son allocution :

1. France-Allemagne
a) un peu d'histoire – grandes lignes ;
b) un rappel des circonstances et du contenu – et des effets – du traité de l'Élysée.
2. Défense, sécurité, solidarité
a) problèmes matériellement dérivés du contenu du Traité ;
b) la France et l'autonomie de sa défense ;
c) la France et ses obligations à l'égard de ses alliés, et d'abord de l'Allemagne.
3. La Communauté
a) sa réussite fondée sur l'amitié franco-allemande ;
b) son piétinement actuel.

Tout en déjeunant, il y travailla avec quelques-uns d'entre nous – Hernu, Védrine, Bianco, Morel, le général Saulnier et moi –, et encore tout l'après-midi, toute la soirée et même toute la nuit. Il relut, corrigea, discuta chaque mot. La tâche continua le lendemain matin dans l'avion qui nous conduisait à Bonn et qu'il fallut faire tourner en rond au-dessus de la ville pour qu'il puisse terminer sa relecture. À l'arrivée au Bundestag, il fit à nouveau dactylographier l'intégralité du texte (une de ses quatre secrétaires l'accompagnait dans chaque voyage). Le discours ne fut prêt que cinq minutes avant d'être prononcé. Il constitua un moment charnière de l'histoire de l'Europe, le vrai « tournant » de 1983, en fait, celui de l'Europe, qui cessa, en grande partie grâce à lui, de succomber au pacifisme. Après avoir plaidé pour l'installation des fusées américaines en RFA, il fit le lien entre la défense de l'Allemagne et la force nucléaire française : « La force nucléaire française est et demeurera indépendante. Cette indépendance, avec tout ce qui en découle, n'est pas seulement un principe essentiel de notre souveraineté – c'est sur le président de la République française, et sur lui seul, que repose la responsabilité de la décision –, elle accroît également, et je vous demande d'y réfléchir, l'incertitude pour un agresseur éventuel, et seulement pour lui. Elle rend du coup plus effective la dissuasion et, par là même, je le répète, l'impossibilité de la guerre. »

Ce discours m'aida beaucoup, dans les semaines qui suivirent, à plaider auprès de lui contre le flottement du franc qui eût été incompatible avec une telle manifestation de solidarité franco-allemande.

Les Allemands ne se contentèrent pas de ce soutien à la présence d'armes nucléaires américaines sur leur sol. Les deux chanceliers successifs, Schmidt et Kohl, demandèrent l'un et l'autre au président français de s'engager clairement à utiliser la force de frappe française pour défendre l'Allemagne en cas d'attaque soviétique. Il refusa toujours de s'y engager alors que les présidents américains l'avaient fait : « La France ne va pas déclarer la guerre nucléaire parce qu'un bataillon allemand serait enfoncé. Jamais je ne donnerai l'ordre de tirer une bombe sur le territoire allemand. La dissuasion devra jouer avant, et c'est la dissuasion de l'Alliance tout entière qui sera en jeu. »

En février 1984, Kohl lui demanda de nouveau : « Il existe un accord secret entre le président des États-Unis et moi sur l'utilisation des armes nucléaires. J'ai une lettre de Reagan là-dessus. On pourrait imaginer une lettre du même type de vous à moi... » François Mitterrand répondit évasivement : « Pourquoi pas ? », ce qui, dans sa bouche, voulait dire « non ». La question resta sans suite. Plus tard, le président français rapporta au chancelier un échange avec son prédécesseur sur le sujet – façon de lui répondre indirectement : « Le chancelier Schmidt m'avait saisi d'une proposition de dissuasion nucléaire française élargie à l'Allemagne. Mais cela n'a pas de sens : si les États-Unis n'interviennent pas dans un conflit, l'arme nucléaire française ne suffira pas. S'ils interviennent, leur dissuasion suffira à tenir l'URSS en respect. Si je me mets à dire que la force atomique française protégera la RFA, pourquoi pas la Belgique, les Pays-Bas ? Or nous n'en avons pas les moyens. Au surplus, ce serait même dangereux pour les Allemands. Votre sécurité nucléaire ne peut qu'être américaine. »

Il le précisa le 8 juin 1987, à Venise, lors d'un dîner capital du G7 où, pour la première et la dernière fois, il fut clairement discuté entre alliés, au plus haut niveau, de l'engagement nucléaire de chacun. Cette conversation proprement historique montre l'extrême clarté de la pensée de François Mitterrand sur ce sujet. Tout commença par une question faussement naïve de Margaret Thatcher : « Si une guerre éclatait et si les Soviétiques assiégeaient Bonn, est-ce que vous utiliseriez la bombe atomique française ? » François Mitterrand : « Mais, madame, certainement pas ! » Mme Thatcher lança une pique : « Comment pouvez-vous dès lors attendre des États-Unis qu'ils viennent un jour au secours de Paris ? » François Mitterrand expliqua : « Madame, je pense que vous mélangez sciemment deux problèmes distincts. C'est un débat de stratégie, et nous n'avons pas la même. De Gaulle, Pompidou, Giscard d'Estaing et moi avons toujours eu un doute sur les intentions des États-Unis. Il n'y a pas d'automatisme d'intervention de leur part, et nous pouvons nous retrouver à découvert. C'est pourquoi nous avons une force de dissuasion autonome. Mais nous ne pouvons pas nous en servir pour n'importe quoi. L'appréciation des intérêts de la France ne dépend que de moi. Or, la mission de la France n'est pas de protéger la RFA et l'Europe occidentale. Ça, c'est la mission de l'Alliance atlantique, pas celle de la France. Madame, la France récuse absolument l'obligation morale sous-entendue dans votre question. » François Mitterrand se tourna alors vers Reagan, qui écoutait attentivement : « Monsieur le président, les dirigeants de votre pays raisonnent comme le faisait Schuschnigg à propos de l'Anschluss. Vous dites : "Je laisserai les Soviétiques y aller d'abord. Jusqu'ici, et pas plus loin !" Or, si vous acceptez de ne pas agir ici, vous n'accepterez pas non plus d'agir là. Vos fusées à moyenne portée vous donnent l'idée que vous pourrez faire une guerre nucléaire en Europe sans que les Soviétiques envoient des fusées sur New York. Et comme c'est impossible, vous n'utiliserez pas vos fusées basées en Europe. Votre riposte graduée, élastique, n'est faite que pour vous permettre, à vous, Américains, de ne pas intervenir en Europe. » Sans entrer dans les subtilités de la discussion, Reagan répondit d'une phrase toute faite : « Je peux vous garantir que les États-Unis seront solidaires : comme nous l'avons fait lors des deux guerres mondiales, nous interviendrons si vos nations sont menacées. » Écrasé par la pauvreté de cette remarque qui ne répondait à aucun de ses arguments, François Mitterrand mit alors les points sur les i : « Je n'en doute pas, mais je n'ai pas de garantie que vous agiriez tout de suite avec les armes massives nécessaires. Je pense que l'Union soviétique non plus ne le croit pas, et c'est le plus grave. Si elle pense que vous ne nous défendrez pas en risquant d'être attaqués sur votre propre territoire, elle nous attaquera quand elle le voudra. »

Kohl, que ce débat inquiétait, car il y voyait un risque de retrait américain, esquissa une synthèse suffisamment vague pour que tout le monde tombât d'accord : « La défense de l'Europe, c'est le rôle de l'Alliance. » Mais François Mitterrand ne voulut pas en rester là. Il reprit : « Comprenons-nous bien. Si l'adversaire a le moindre doute sur notre détermination et notre capacité à intervenir massivement et très vite en cas d'agression, il peut y avoir la guerre. Par contre, avec la menace d'une riposte massive, les Soviétiques ne prendront pas le risque d'une guerre atomique. Madame le Premier ministre britannique, vous ne devez pas imaginer que les Soviétiques soient déjà à Bonn, car, si vous entrez dans ce raisonnement, vous avez déjà perdu ! »

Cette question l'obsédait tant qu'il répétait à tous les membres de l'Alliance qu'il rencontrait : « Il y a une question qu'il faut sans cesse poser aux Américains : "Que faites-vous si les Soviétiques prennent pied de l'autre côté de la frontière de l'Europe ? Utilisez-vous l'arme nucléaire, oui ou non ?" Si c'est oui, c'est très bien ; si c'est non, notre Alliance n'est pas sérieuse. Je pense que c'est oui seulement à 80 % ; notre effort doit viser à trouver les 20 % manquants. »

Pour que l'impossibilité française de défendre nucléairement l'Allemagne ne nuise pas à la construction de l'unité européenne, il proposa à Bonn de fabriquer ensemble tous les autres armements et de se doter d'une défense commune dans tous les domaines non nucléaires : « Les Européens peuvent fabriquer seuls leurs avions de chasse. J'ai demandé qu'on renonce à l'avion de combat français si l'on peut faire l'avion européen. Mais je ne peux renoncer à notre propre avion si c'est pour laisser les Anglais agir comme ils le veulent sans fabriquer l'avion de combat européen. » Dès le début des années 1980, il s'en servit même comme d'un argument destiné à faire miroiter aux Allemands la perspective de la réunification : « Il faut faire ensemble tout ce qui ne vous est pas interdit, c'est-à-dire l'espace, les armes chimiques, le laser. Si on ne le fait pas ensemble, on le fera chacun séparément avec les États-Unis, et l'Europe sera perdue. C'est aussi votre intérêt, car les États-Unis sont très hostiles à la réunification de l'Allemagne. Vous devez pousser à l'unité allemande au sein de l'Europe. »

Ne pas être entraîné dans le désarmement américano-soviétique

Quand il fut acquis, grâce à lui, que les fusées américaines de moyenne et courte portée seraient installées en Allemagne de l'Ouest face aux SS 20 déployés en Pologne, il approuva la négociation d'un désarmement entre les Deux Grands en Europe (l'« option zéro ») sans laisser l'armement nucléaire français se faire happer dans ce processus. Contre l'avis de plusieurs de ses ministres et de diverses personnalités à gauche et à droite, la position qu'il fit prendre dès 1982 à la France et qui sauva notre indépendance était très subtile : « Si les Soviétiques obtiennent le départ des fusées américaines et conservent les leurs, ils obtiendront le découplage entre l'Europe et les États-Unis. Il faut donc que les fusées des deux camps partent en même temps, [...] se débarrasser des armes à courte et moyenne portée dans les deux camps, avec des moyens de vérification [...], ce serait cohérent. »

Mais un tel accord de désarmement entre les Deux Grands aurait risqué de commencer par comptabiliser et liquider les armes nucléaires françaises. Les Soviétiques se débarrasseraient ainsi de fusées pointées sur eux, et les Américains de la seule autre puissance nucléaire occidentale autonome (ce que n'était pas la britannique). Cela aurait placé la défense de la France sous la coupe des États-Unis, avec obligation de défendre tout allié attaqué, quel que fût celui-ci, du Japon au Canada, et quels que fussent le motif et l'agresseur. C'était inacceptable.

À partir de 1982, cela devint une bataille de tous les instants, l'enjeu de toutes les négociations. Les Américains tentèrent à d'innombrables reprises d'obtenir la mise en place d'un processus de soumission de notre armement nucléaire à leur stratégie ; ce fut d'ailleurs là, à un moment donné, le seul point de convergence entre Américains, Britanniques et Soviétiques. Les sommets des Sept furent le lieu privilégié de ces joutes.

Les affrontements à sept

Chaque année, les Américains voulaient faire de ces réunions, en principe informelles et sans ordre du jour, une session d'un directoire du monde. Chaque année, telle ou telle décision soviétique de dernière minute venait en chambouler l'agenda. Chaque année, les Américains en profitaient pour demander davantage de solidarité – c'est-à-dire plus de soumission – à leurs alliés.

Comme il aimait tous les rituels, François Mitterrand appréciait le retour annuel de ces tournois. Il savait qu'il aurait chaque fois à répéter que ces sommets n'étaient pas des institutions, qu'il ne voulait pas se laisser imposer des décisions dans un cadre informel. De fait, chaque année, il devait s'opposer aux Américains, qui revenaient à la charge pour obtenir l'extension et l'affermissement de leur emprise sur l'un ou l'autre champ de la vie internationale. Il les affronta successivement sur le terrain des relations économiques avec l'URSS, sur la maîtrise des armements nucléaires et du désarmement, sur la conduite des négociations commerciales internationales, sur la protection de notre agriculture, sur le terrorisme, sur les relations avec la Libye, sur le Moyen-Orient, sur la conduite de la libéralisation de l'Europe de l'Est, sur l'aide aux pays du Sud et enfin sur l'environnement.

Chaque année, cinq des six partenaires des États-Unis cédaient après quelques protestations plus ou moins sincères. Seul, François Mitterrand refusait et il lui fallait expliquer que nous ne pouvions accepter de nous aligner sur la position américaine ; que même si nous étions d'accord sur tel ou tel point, nous ne voulions pas qu'une réunion informelle devienne une coalition mondiale de fait. Nous n'étions liés que par une seule alliance : l'Alliance atlantique, et seulement sur des sujets concernant la défense non nucléaire de l'Europe. Nous ne voulions donc pas être tenus à une quelconque solidarité dans toute autre région du monde. « Sinon, un jour, il nous faudra aller attaquer la Syrie, les Philippines ou la Corée avec les Américains ! » aimait-il à dire. Parfois il fallait batailler toute une nuit dans ces sommets afin de trouver un compromis acceptable pour tous et convaincre les Américains de remplacer un « nous » (indiquant une position définie ensemble) par un « chacun de nous » (indiquant une position identique mais autonome).

Le plus violent de ces affrontements, le plus spectaculaire et le plus révélateur de la force de caractère de François Mitterrand eut lieu en Virginie, à Williamsburg, à la fin du printemps de 1983.

Du discours du Bundestag en janvier au prétendu « tournant » de mars, le début de l'année avait été rude. Bien des choses nous attendaient encore cette année-là, plus tragiques encore, notamment au Liban. Le sommet du G7, qui se tenait aux États-Unis, fin mai, sous la présidence de Ronald Reagan, s'annonçait pour les Américains comme une nouvelle occasion de faire valoir le soutien de leurs alliés au déploiement de leurs fusées en Europe. Le président français était dans une situation délicate : farouche partisan de ce déploiement, il ne voulait pas signer un texte qui eût donné le sentiment que la France rejoignait le commandement intégré de l'OTAN et que nos forces nucléaires pourraient être comptabilisées avec celles des Américains.

Ayant négocié tout l'hiver en secret les textes préparatoires, je savais qu'un conflit aurait lieu lors de ce sommet et qu'il serait sévère. D'autant plus qu'à la veille de la réunion, le nouveau dirigeant soviétique Iouri Andropov avait menacé d'accélérer et d'amplifier l'installation de ses propres fusées en Europe de l'Est.

Dans l'avion qui nous transportait en Virginie, nous avions, comme nous le faisions ensemble chaque fois, passé en revue tous les enjeux du sommet. François Mitterrand arriva à Williamsburg, ville musée, en s'attendant avec jubilation à cet affrontement.

Au cours du premier dîner qui se tint le 28 mai 1983 dans une superbe maison coloniale, la plantation Carter's Grove, où flottait sans doute l'âme de Scarlett O'Hara, Reagan proposa une déclaration commune désastreuse proclamant exactement tout ce que nous ne voulions pas. François Mitterrand refusa qu'on en discutât mot à mot, entourés du ballet des serveurs, et me laissa poursuivre les pourparlers jusqu'à l'aube sur le reste du texte – la monnaie, la croissance, le commerce et la dette mexicaine – tout en maintenant notre refus de signer les paragraphes sur le désarmement.

Quand s'ouvrit, à 9 heures, dans l'immense salle lambrissée d'une belle bibliothèque, la réunion du matin, les chefs de délégation s'installèrent seuls, leurs « sherpas » derrière eux, autour d'une table ovale. Reagan en occupait un bout, François Mitterrand l'autre. La réunion était supposée se terminer à 11 heures en sorte que Ronald Reagan pût aller faire connaître à la presse le résultat de la partie politique des travaux avant de passer à la discussion des sujets économiques. Tour à tour, chacun des participants approuva la version américaine du texte sur le désarmement – sauf François Mitterrand, qui maintint les objections que j'avais exprimées durant la nuit : il ne signerait pas un texte l'incluant dans une alliance dont il ne voulait pas. Les Américains firent valoir que, dans une discussion séparée, Claude Cheysson, notre ministre des Affaires étrangères, avait accepté ce texte au nom de la France ! François Mitterrand me chuchota : « Si j'accepte ce texte, dans dix ans la France n'a plus d'armes nucléaires. »

Vers 1 heure de l'après-midi, le président français expliqua pour la cinquième fois, avec le plus grand calme, pourquoi, seul dans son cas, il n'apposerait pas sa signature au bas du texte ; je vis alors le président des États-Unis perdre le contrôle de ses nerfs : il tapa lourdement du poing sur la table, scandant ainsi à intervalles réguliers tout l'exposé de François Mitterrand, lequel ne cilla pas ; puis, tandis que ce dernier s'apprêtait à conclure par un cinquième refus, devant les autres chefs de délégation médusés, Reagan lança à travers la longue table, en direction de son vis-à-vis, comme pour l'en frapper, un énorme dossier qui atterrit au beau milieu des fleurs et des tasses de café. François Mitterrand continua, imperturbable, et conclut. Un long silence s'installa. Reagan leva la séance pour un déjeuner silencieux auquel ne furent admis que les présidents et leurs « sherpas ».

La réunion reprit ensuite dans une plus grande salle en présence des ministres des Affaires étrangères et des Finances qui pensaient venir débattre des taux d'intérêt et se retrouvèrent les figurants d'un dialogue de sourds sur les missiles. La violente animosité des Américains, qui voyaient la France ruiner le bel ordonnancement médiatique de l'événement, devint physiquement perceptible.

Vers 16 h 30, alors que rien n'était encore débloqué, on allait droit à l'échec. C'eût été catastrophique pour l'hôte américain, mais aussi pour les autres participants, l'issue donnant aux Soviétiques l'impression d'une division profonde au sein de l'Alliance. Reagan demanda alors une suspension de séance. J'appris plus tard que l'opportunité de cette pause avait été longuement discutée entre les dirigeants américains, puis décidée et mise en œuvre. Elle avait un but précis : alors que je me dirigeais vers la table où étaient disposés tasses de café et cookies, le juge Bill Clark, principal conseiller du président Reagan, en charge du Conseil de sécurité nationale, vint à moi et me murmura d'une voix agressive : « Vous ne signerez pas, ce sera la pire crise depuis la Seconde Guerre mondiale entre la France et les États-Unis, et nous interromprons toute notre coopération nucléaire. » Il était exact – cela fut rendu public quelques années plus tard – que les Américains, par leurs transferts de technologie, aidaient alors encore les Français à mettre au point leurs armes nucléaires. Cet apport était capital pour la modernisation de nos forces. Je lui répondis : « C'est un chantage ? » Il haussa les épaules et me tourna le dos en lançant : « Prenez-le comme vous voudrez. »

J'hésitai : ce message était évidemment destiné à François Mitterrand. Si je le lui transmettais, j'étais certain qu'il le prendrait mal, qu'il entrerait dans une violente colère et risquait de quitter la salle. Or un échec du sommet aurait des conséquences incalculables sur l'Alliance atlantique, sur l'avenir de l'Europe et accessoirement sur la France. Mieux valait tenter encore de négocier, de faire céder les Américains et d'obtenir un texte acceptable par tous. Je décidai donc de ne pas transmettre les termes du chantage au président et me rassis derrière lui.

La bataille reprit. Une heure et demie plus tard, les Américains, pressés de conclure pour éviter un désastre médiatique, acceptèrent une rédaction qui nous convenait. Ils avaient en fait pris pour une concession française une phrase, suggérée par François Mitterrand, extraite de son discours devant le Bundestag ! Je rapportai alors au président la teneur de mon échange avec Clark. Il me dit avec un sourire pincé : « Vous auriez dû m'en parler. Ça n'aurait rien changé. Mais vous n'avez pas à choisir de me transmettre ou pas ce qu'on vous dit pour moi. Cela dit, je vous comprends : à votre place, je ne sais pas ce que j'aurais fait. »

Ultime manœuvre des Américains, ce jour-là : pour présenter quand même le texte comme leur victoire, ils l'intitulèrent, en le communiquant à la presse, « Déclaration commune sur les forces nucléaires intermédiaires », ce qui pouvait donner à penser que nous avions accepté d'avoir une position commune avec eux sur le sujet. De retour à Paris, François Mitterrand veilla à expliquer le texte aux chefs de partis de gauche comme de droite. Quant aux représailles dont Clark nous avait menacés, jamais Washington ne les exerça.

Quelques mois plus tard, cette crise fut suivie d'une autre, bien différente et plus épouvantable : alors qu'à Williamsburg nous étions passés pour des trublions irresponsables, une tragédie survenue au Liban allait montrer que le plus courageux des deux chefs d'État n'était pas l'Américain. Nous évoquerons l'épisode un peu plus loin.

Le second affrontement majeur au sommet du G7 eut lieu deux ans plus tard, en 1985, à Bonn où, dans une ambiance extrêmement tendue, les Américains tentèrent d'obtenir la suppression des subventions accordées par le budget communautaire aux agriculteurs européens, demandant que s'ouvrent sur-le-champ des négociations sur le sujet sans qu'elles commencent simultanément sur d'autres. Si nous avions cédé sur cet enjeu majeur, nous aurions dû accepter de démanteler la politique agricole commune sans pouvoir proposer en échange que les Américains renoncent à leurs avantages en d'autres domaines.

Tous, y compris Jacques Delors, représentant pourtant la Commission européenne, acceptèrent les exigences américaines. Une fois de plus isolé, François Mitterrand refusa. Il profita de l'occasion pour fixer la doctrine de la France sur ces sommets dans une déclaration improvisée à huis clos : « Sur aucun sujet vital, la France n'a jamais manqué de solidarité. C'est ici, dans cette ville de Bonn, que la France a soutenu et continuera de soutenir l'Alliance. Je me sens donc bonne conscience. Je comprends les difficultés internes de tel ou tel – en particulier des États-Unis, dont nous sommes les plus anciens alliés et amis. Cela ne réduit en rien notre liberté de porter un jugement. Dans les réunions du G7, on signe des traités en trente-six heures. C'est inacceptable ! Il n'est pas sain que des pays alliés dictent notre politique. Certains l'acceptent, pas moi. Je vous entends tous dire que personne n'a voulu isoler la France. Très bien. Mais elle l'est, en fait, dans cette salle. Ce n'est pas sain. Comme il n'est pas sain que les affaires de l'Europe soient jugées par des pays éloignés de l'Europe. Je suis prêt à ouvrir une polémique publique, si cela continue... Nous ne sommes pas froissés d'être minoritaires dans une institution. Mais ici ce n'est pas une institution ; nous ne sommes là que pour mieux nous connaître et harmoniser nos politiques. C'est tout. Si ces sommets ne retrouvent pas leur forme initiale, la France n'y viendra plus. »

Dans les heures qui suivirent, nous réussîmes à faire prévaloir ce point de vue. L'Uruguay Round s'ouvrit finalement le 15 septembre 1986 et porta, comme nous l'avions demandé, sur tous les sujets, et pas seulement sur l'agriculture.

De Reagan à Bush : débuts d'une lune de miel

La relation avec Ronald Reagan devint alors plus amicale et les nombreuses réunions qui suivirent furent autant d'occasions d'entendre les innombrables blagues qu'il aimait à raconter. Elles amusaient beaucoup François Mitterrand. Le 4 juillet 1986, pour le centenaire de la statue de la Liberté, lors d'un déjeuner dans la maison de l'officier commandant Governors Island (soupe au caviar, mousse de crabe, sorbet Lady Liberty, petits-fours secs), au beau milieu d'une discussion sur le désarmement, Reagan coupa la parole à son ministre, qui tentait d'évoquer l'arrivée au pouvoir de Gorbatchev : « Je ne vous ai jamais raconté mon histoire sur Castro ? Un jour, il fait un discours sur la grand-place de La Havane. Au bout d'une heure, il est furieux d'apercevoir dans la foule un jeune homme qui se promène avec un panier en criant : "*Peanuts !* Coca-Cola !" Castro continue son discours. L'autre continue de crier : "*Peanuts !* Coca-Cola !" Au bout de cinq heures de discours, Castro, furieux, hurle : "La prochaine fois que j'entends quelqu'un crier '*Peanuts !* Coca-Cola !', moi, Fidel Castro, *Líder máximo*, je le prends par la peau du cou et je l'emmène jusqu'à Miami !" Alors toute la foule se met à crier : "*Peanuts !* Coca-Cola !" » Éclats de rire du président français, puis de tous, sauf des officiers américains en uniforme blanc, figés depuis le début du repas tout autour de la table dans un impeccable garde-à-vous.

Au sommet de Toronto, en juin 1988 – le dernier auquel assista Ronald Reagan –, l'Américain expliqua à François Mitterrand qu'il savait fort bien qu'en Europe et au Japon on le traitait de gâteux : « Je ne suis pas gâteux et j'ai toutes les qualités exigées d'un président des États-Unis. D'abord j'ai une excellente mémoire. Ensuite, heu... eh bien... je ne me rappelle plus ! » Hilarité générale. Quel charme avait ce diable d'homme !

Un jour de septembre de cette année-là eut lieu la toute dernière rencontre de François Mitterrand avec l'hôte de la Maison-Blanche avant l'expiration de son second mandat. Ce soir-là, un dîner réunit à Washington cinquante-trois convives (saumon, agneau, vins de Californie, poire). Placé à la même table que Nancy Reagan, François Mitterrand, Rudolf Noureïev et le commandant Cousteau, j'écoutai avec émotion les discours improvisés des deux présidents, chacun debout à sa table aux deux extrémités de la salle à manger. François Mitterrand : « Nous n'avons pas toujours été d'accord. Mais dire non permet de dire oui. J'ai apprécié votre courtoisie et votre élégance. Dans un mois, vous ne serez plus président des États-Unis, mais vous le serez toujours dans le cœur des Américains. Et vous le resterez également dans le mien. » Ronald Reagan, au bord des larmes, répondit par le premier et dernier discours improvisé que je le vis faire : « Nous sommes des amis. Nous formons un vieux couple et, après tant d'années d'amitié, j'ai découvert que vous étiez quelqu'un dont j'ai beaucoup appris, que je respecte et que j'admire. Et... comment dire... entre vieux amis, il est toujours difficile de se séparer à jamais... » Il se rassit d'un coup. Nancy se leva, traversa la salle pour lui chuchoter quelque chose à l'oreille pendant que nous applaudissions tous... Après quoi, dans cette même salle à manger où nous avions entendu un autre jour les roucoulades de Julio Iglesias, Peggy Lee vint chanter Léo Ferré et la chanson du film *Johnny Guitar*. Nous quittâmes la Maison-Blanche à une heure tardive, laissant Ron et Nancy danser, seuls au monde, dans le grand salon.

Puis vint le temps de George Bush senior. François Mitterrand n'avait jamais oublié la façon dont, alors vice-président, il avait, dès juin 1981, parfaitement compris et expliqué sa position vis-à-vis du Parti communiste français. Bush était pourtant très différent de lui : patricien, industriel du pétrole, ultraconservateur. À la différence de son prédécesseur, c'était un diplomate professionnel. Il avait une connaissance exceptionnelle des dossiers, notamment celui de l'aire chinoise, et témoignait une extrême considération à ses interlocuteurs étrangers. Il ne faisait pas, comme son devancier, que réciter les notes de ses collaborateurs ; il traitait d'ailleurs le principal d'entre eux – le conseiller à la sécurité, mon homologue – comme un ami. C'est ainsi que j'eus à travailler successivement avec le général Brent Scowcroft, puis avec son adjoint, le général Colin Powell, qui le remplaça. L'un et l'autre devinrent aussi pour moi des amis.

Les relations se firent vite si cordiales entre les deux présidents que, le 20 mai 1989, François Mitterrand fut invité avec Danielle à passer trois jours dans la propriété de vacances des Bush à Kennebunkport, dans le Maine. C'était une vaste et sobre maison au bord de l'océan. On m'attribua la chambre d'un des fils, George junior. Barbara m'expliqua que ce fils, son aîné, était sur le point d'acquérir une équipe de base-ball, les Texas Rangers, qu'il venait à Kennebunkport presque tous les week-ends et qu'on n'avait déplacé aucun meuble ni aucun objet pour moi. Je fus assez surpris de constater que les lectures de George W. Bush se limitaient à quelques bandes dessinées et romans policiers qu'entouraient des battes de base-ball et des gants de boxe.

En revanche, dans la bibliothèque du salon de George H.W. Bush senior, je découvris, bien en évidence, des livres d'histoire, de géopolitique et tous les classiques de la littérature européenne. Sur une table, les Mémoires du président Nixon annotés de la main du président Bush...

Le samedi soir, Barbara annonça qu'elle avait fait avancer à 7 heures la messe prévue pour le lendemain matin afin de permettre à François Mitterrand de s'y rendre avant son départ pour la suite de son programme. Il remercia chaleureusement, puis, se tournant vers Roland Dumas et Hubert Védrine, leur dit, sans une once d'ironie apparente : « J'ai beaucoup de travail. Allez donc à la messe à ma place ! »

Quelques jours plus tard, Henry Kissinger, de passage à Paris, résuma parfaitement l'état des relations franco-américaines. Il demanda à visiter la Pyramide du Louvre, pas encore inaugurée, avant de rencontrer le président, qui l'interrogea sur ce qu'il venait de voir. Kissinger reprit : « Ce que j'en pense ? Exactement la même chose que ce que je pense de votre politique : quand j'ai entendu parler du projet, je n'ai pas aimé du tout ; mais quand j'ai vu sa mise en œuvre, j'ai admiré. »

Approcher l'Union soviétique

François Mitterrand était convaincu que l'Union soviétique ne voudrait pas entrer en guerre avec l'Occident tant que la génération qui avait traversé le dernier conflit mondial serait au pouvoir : « Ils ont été très marqués par leurs vingt millions de morts. [...] Je ne crois pas à la guerre avec eux, du moins dans un avenir prévisible, mais le problème est que les deux grandes puissances veulent obtenir sans faire la guerre les résultats qu'elles pourraient escompter d'une victoire militaire. »

Pour lui, le danger principal surviendrait quand le système communiste commencerait à se lézarder, avant l'an 2000, provoquant une phase d'extrême tension internationale. En septembre 1981, il redouta que les manifestations du syndicat Solidarité entraînent un risque d'invasion de la Pologne par les forces soviétiques : « Paradoxalement, seule la résistance du Parti communiste à Solidarité pourra empêcher l'invasion... S'il se disloque, alors sera venu le moment d'une grande aventure, d'une aventure soviétique. » Quelques mois plus tard, quand un coup d'État en Pologne, perpétré par le général Jaruzelski, fit taire les velléités de réforme, il s'opposa à ceux qui voulaient protester : « Ne vous faites pas d'illusion. L'URSS n'acceptera pas que la Pologne sorte de son orbite. Tout le monde en Occident est d'accord pour ne pas envoyer de divisions en Pologne. Il n'est pas dans notre pouvoir de les sauver. Le reste n'est qu'hypocrisie. Peut-être dira-t-on un jour que Jaruzelski a agi de façon intelligente au prix de la perte provisoire des libertés. »

Durant les premières années de son premier septennat, les relations avec l'URSS furent très tendues. La France achetait du gaz soviétique, recevait les ministres de passage, mais cherchait à faire libérer dissidents et *refuzniks*, et n'avait rien à dire à un Brejnev mourant.

En avril 1983, tout sembla changer avec l'arrivée au pouvoir de Iouri Andropov. C'était un homme particulièrement exceptionnel qui paraissait avoir compris les défauts structurels du système ; il s'efforça de remplacer les apparatchiks séniles du Parti par des techniciens compétents, parmi lesquels Aliev, Eltsine et Gorbatchev. François Mitterrand voulut le voir. Mais l'expulsion d'espions soviétiques consécutive à l'affaire Farewell reporta leur rendez-vous. À ceux qui s'inquiétaient des réactions de Moscou à cette expulsion, il répondit en Conseil des ministres par un long exposé précisant la nature des relations qu'il entendait avoir avec l'Union soviétique : « Dans l'équilibre européen, les Soviétiques savent que la France peut être leur principal interlocuteur, car la Grande-Bretagne a tendance à s'aligner sur les thèses américaines, et l'Allemagne n'a pas l'entière liberté de décision en la matière [...]. Les Soviétiques doivent s'habituer à considérer que nous avons une politique. La France n'est pas à vendre, on ne peut pas se contenter d'obtenir des contrats et ensuite de ne pas poursuivre les relations. Les Soviétiques doivent comprendre qu'ils n'ont pas affaire à un ventre mou. Dès qu'ils l'auront compris, cela marchera mieux. Dans ce domaine, il y a un secret qu'il ne convient pas d'étaler plus qu'il ne faut : l'espionnage est une pratique de tous les pays. C'est un art à la fois admis et interdit [...]. Dommage que ce soit tombé sur des espions russes ; j'aurais bien aimé qu'on en trouve aussi d'autres ; mais il est vrai que, quand il s'agit de nos alliés, ils ont peut-être plus de facilités à se procurer des renseignements que les Soviétiques ; leurs recherches sont moins difficiles ! »

Le 24 janvier 1984, lorsque parvint la rumeur qu'Andropov était atteint d'une maladie grave, François Mitterrand expliqua à Margaret Thatcher, dans une conversation prémonitoire : « À mon sens, à la fin du siècle, l'Empire soviétique s'effondrera. Les jeunes espèrent davantage de consommation. Et la police ne peut l'empêcher. Il faut tenir et s'ouvrir. Il y aura alors des choses neuves. L'URSS ne tiendra pas la distance. Je ne verrai pas cela, mais, en l'an 2000, tout sera différent. Seule l'armée pourra ralentir le déclin quand l'empire commencera à se rompre. D'ici là, la modernité va envahir leur société. Les dirigeants ont cessé de tuer leurs opposants. C'est leur faiblesse ! »

Andropov mourut quinze jours plus tard d'une tumeur au cerveau, moins de deux ans après son accession au pouvoir. Sans doute aurait-il pu bouleverser l'Histoire s'il en avait eu le temps. Il avait commencé à moderniser le système en substituant aux bureaucrates des ingénieurs et en écartant le Parti du pouvoir au profit d'une technocratie efficace. Le chancelier autrichien Bruno Kreisky, que j'eus au téléphone ce jour-là, et qui connaissait mieux que personne le monde de l'Est, me dit : « Andropov était la plus forte personnalité soviétique depuis Lénine. »

Après la mort du rénovateur, les anciens apparatchiks, soulagés, réussirent à imposer au pouvoir le dernier d'entre eux, Constantin Tchernenko, un vieillard cacochyme, en lui assignant pour tâche d'éliminer tous les nouveaux venus imposés par Andropov, dont Mikhaïl Gorbatchev, et de faire monter en première ligne une nouvelle génération de dirigeants du Parti, à commencer par Grigori Romanov, leur héritier.

Quelques jours plus tard, le 20 juin 1984, François Mitterrand accepta de se rendre à Moscou pour y rencontrer Tchernenko. En arrivant au Kremlin, où nous logions, dans l'après-midi, je fus bouleversé par la première rencontre entre les deux hommes, à laquelle, comme à beaucoup d'entretiens avec des chefs d'État étrangers, je fus le seul à assister. Spectral, porté jusqu'à son fauteuil, Tchernenko lut d'une voix éteinte un texte dont une partie avait déjà paru le matin même dans la *Pravda*. L'autre était une analyse sophistiquée détaillant les armes nucléaires françaises les plus secrètes que les Soviétiques désiraient voir disparaître. L'exposé sonna à mes oreilles comme une menace : à Moscou, on savait tout de nos armements et on voulait en finir avec eux. Je réalisai que les chefs des deux superpuissances nucléaires mondiales étaient deux vieillards n'aspirant l'un et l'autre qu'à désarmer la France.

Le soir même devait avoir lieu un dîner d'apparat dans la grande salle Saint-Georges du Kremlin décorée de fresques bibliques et de portraits d'Ivan le Terrible. François Mitterrand avait prévu d'évoquer dans son toast le professeur Andreï Sakharov, le dissident russe alors le plus célèbre en Occident, placé en résidence surveillée à Gorki. Il s'amusait des conséquences de ce qu'il allait dire : « Si je prends le risque de parler de Sakharov, ma visite risque de tourner court avec retour à Paris dès demain matin. » Nous avions d'ailleurs été avisés par les Soviétiques qu'une telle allusion serait très mal prise. En fin d'après-midi, les pressions tournèrent aux menaces. Claude Cheysson recommanda la prudence ; François Mitterrand décida de maintenir ce qu'il avait écrit. Au début du dîner, il se leva donc et déclara : « Toute entrave à la liberté pourrait remettre en cause les principes acceptés lors de cette conférence. C'est pourquoi nous vous parlons parfois des cas de personnes dont certaines atteignent une dimension symbolique [...]. C'est le cas du professeur Sakharov et de bien des inconnus qui, dans tous les pays du monde, peuvent se réclamer des accords d'Helsinki. » Quand il entendit prononcer le nom de Sakharov – blasphème dans l'enceinte du Kremlin ! –, Tchernenko sursauta. D'autres dirigeants soviétiques s'agitèrent sur leurs sièges. Le malaise devint palpable. Le nom prohibé retentit même deux fois du fait de la traduction faite à haute voix. François Mitterrand se rassit dans un lourd silence. Tchernenko était plus pâle que jamais. Gueïdar Aliev, numéro trois du Parti, responsable des Transports, murmura à Charles Fiterman, son voisin : « Il aurait mieux valu que Giscard d'Estaing soit réélu. » Après le caviar et quelques vodkas, l'ambiance se détendit quelque peu. Des conversations s'ébauchèrent. Gorbatchev, qui, depuis la mort d'Andropov, était en train d'être progressivement écarté du pouvoir, arriva en retard et s'installa à sa place protocolaire, à la table de François Mitterrand. Tchernenko, assis en face du président, et Gromyko, le sempiternel ministre des Affaires étrangères de l'Union soviétique, placé à sa droite, jetaient à Gorbatchev des regards noirs. Souhaitant faire connaissance avec l'un des ultimes protégés d'Andropov, que la vieille garde se promettait bientôt d'éliminer, le chef de l'État français lança à Gorbatchev à travers la table : « Je m'étonne que vous ne soyez pas dans la délégation soviétique qui participe à nos entretiens de demain. » De sa voix chaude, ferme, jeune, si différente de celle des autres dirigeants soviétiques, Mikhaïl Gorbatchev lui répondit : « Cela ne dépend pas de moi, Monsieur le président ! » Souhaitant ne pas laisser s'installer ce dialogue, Tchernenko interrompit brutalement son cadet de sa voix chevrotante : « Pourquoi êtes-vous en retard ? » Gorbatchev : « Une réunion sur l'agriculture en Azerbaïdjan. » Tchernenko : « Et que se passe-t-il là-bas ? » Gorbatchev : « Tout le monde dit toujours que tout va bien, mais c'est faux. Ça va très mal. D'ailleurs, la situation de l'agriculture dans l'ensemble de l'URSS est désastreuse. » Désarçonné par cette réponse, surtout formulée en présence d'étrangers, Tchernenko demanda : « Et depuis quand ? » Imperturbable, Gorbatchev répondit, en le défiant du regard : « Mais depuis 1917 ! » Stupéfié par cette conversation, François Mitterrand, une fois rentré dans l'une des suites qui nous étaient réservées au Kremlin, me dit à mi-voix : « Cet homme est extraordinaire. Il n'est pas du tout comme eux. Ils vont le détruire ! »

L'Histoire en décida autrement : Constantin Tchernenko mourut neuf mois plus tard, le 10 mars 1985 ; Gorbatchev réussit à éliminer le successeur désigné par Tchernenko, Grigori Romanov, et prit le pouvoir.

Cette arrivée d'un dirigeant aussi original aurait dû aussitôt ouvrir une ère nouvelle dans les relations franco-soviétiques. Mais d'aucuns entendirent s'y opposer. Informé par le directeur de la DST, Yves Bonnet, le journal *Le Monde* publia un document secret sur l'expulsion des agents soviétiques et révéla l'exécution de l'agent Farewell – le colonel Vetrov – qui, emprisonné pour crime passionnel, avait aussi été démasqué comme traître et passé par les armes. François Mitterrand pensa que cette fuite avait été organisée sur consigne américaine dans le but de nuire aux relations franco-soviétiques. Il révoqua Yves Bonnet et en vint même à imaginer que l'auteur de l'article pouvait être lui-même un agent américain. J'appris bien plus tard qu'il donna l'ordre à l'un de ses collaborateurs, Christian Prouteau, de le mettre sur écoutes pour vérifier cette hypothèse.

Les Soviétiques ne prirent pourtant pas ombrage de ces révélations. En octobre de la même année 1985, François Mitterrand revint voir Gorbatchev. L'homme me parut décidément bien différent des autres dirigeants soviétiques : il n'ânonnait pas, comme ses prédécesseurs, des notes rédigées par les services du Comité central ; il improvisait et prenait note lui-même d'idées qui lui venaient en écoutant. Il me donna le sentiment d'aspirer à un réel changement dans la société soviétique, vers plus de liberté ; mais sans toucher aux structures économiques : il estimait que le communisme était compatible avec la démocratie. François Mitterrand lui dit : « Votre accession au pouvoir a suscité un immense intérêt. Vous êtes un des responsables les plus importants du monde. Votre personne inspire une curiosité que je crois constructive. Je souhaite que nous réfléchissions ensemble à tout ce que nous pourrions faire entre amis qui appartiennent à deux alliances différentes. »

L'Est commençait à se dégeler ; nous en percevions maints indices. François Mitterrand, toujours convaincu de la dislocation de l'Empire dans les quinze ans, voulut alors comprendre ce qui s'y passait. Trois mois après sa rencontre avec Gorbatchev, il reçut à l'Élysée celui qui avait instauré en 1981 la loi martiale en Pologne, le général Jaruzelski. L'homme impressionnait par sa raideur, ses yeux trop doux masqués derrière des lunettes noires, sa façon de se tenir assis au bord de sa chaise. François Mitterrand lui expliqua : « Le plus grave, dans ce qui vous a amené au pouvoir, c'est que cela peut inciter un maréchal soviétique à tenter la même chose à Moscou. » Dans la bouche du président français, cette obsession reviendra comme une antienne pendant les années à venir. Le général expliqua longuement ce qu'il faisait pour épargner aux Polonais des malheurs bien pires. « Ou bien je condamne mon peuple à vivre sous la botte soviétique, ou bien je tire ce que je peux de la situation réelle, telle qu'elle est. Êtes-vous prêts, en Occident, à faire la guerre pour la Pologne ? Non. Alors il n'y a pas d'autre voie que celle que je suis. » François Mitterrand m'expliqua, après son départ, qu'il n'avait pu oublier, en l'écoutant, que le père du général avait été fusillé par les Soviétiques et que lui-même avait passé sa jeunesse dans un camp à régime sévère en Sibérie.

Devant le scandale provoqué par cette visite, Laurent Fabius, alors Premier ministre, tint à s'en désolidariser. En Conseil, François Mitterrand s'expliqua en confirmant à ses ministres qu'il prévoyait la chute du rideau de fer : « Si j'étais une personne privée, je n'irais pas en Pologne et je ne verrais pas le général Jaruzelski. Mais j'estime avoir des devoirs d'État, et les pays communistes existent. Il faudra longtemps, peut-être un demi-siècle, avant de parvenir à la jonction des deux Europes. Pour aller dans cette direction, il nous faudra parfois marcher comme des Sioux en sorte de ne pas être entendus. Mais je n'hésiterai pas à le proclamer, le cas échéant : c'est la seule grande perspective d'avenir. Je récuse absolument dans cette affaire une critique morale de la part de ceux qui hier ont vu Brejnev et qui, avant-hier, voyaient Staline. C'est moi qui ai pris la décision et celle-ci est impartageable. Elle relève de l'intuition ou de l'instinct. Vous verrez, il y aura une suite à ce choix. »

Quelques semaines plus tard, au XXVIIe Congrès du PCUS réuni en février 1986, Gorbatchev écarta tous ceux qui, à un moment ou à un autre, s'étaient opposés à son ascension. Il s'entoura d'hommes qui portaient sur le passé brejnévien un diagnostic sévère. Il hésita entre deux démarches : démocratiser ou privatiser ? Une fraction de l'appareil techno-industriel (le Premier ministre

Rijkov et son ancien adjoint Eltsine, devenu secrétaire du Parti pour la ville de Moscou) lui proposa d'introduire l'économie de marché. Il refusa : il voulait une révolution politique (vers la démocratie), pas une révolution économique (vers le marché). À la différence des Chinois et des Hongrois qui entendaient favoriser l'économie privée au sein du système de parti unique, il était partisan d'une démocratie pluraliste dans le cadre d'une économie planifiée.

En juillet 1986, François Mitterrand expliqua à Ronald Reagan ce qu'il avait compris de Gorbatchev : « C'est le premier homme d'État soviétique à avoir le comportement d'un homme moderne. Il a compris pourquoi son pays n'est pas populaire. Lui-même est certes un produit du système, mais il lit la presse et écoute les radios étrangères. Il a compris qu'ailleurs on ne parle plus métaphysique avec un chapeau mou sur les yeux. Il peut tabler sur vingt ans de pouvoir. Mais il n'est pas installé aussi solidement qu'on le croit dans le système soviétique. Son avenir politique dépend du niveau de vie des Soviétiques et non pas du nombre de leurs fusées. »

Et Mitterrand tenta, pour la première fois, de convaincre Reagan de venir en aide à Gorbatchev. Il le fit avec son don inimitable des circonlocutions dont il usait quand il savait courir le risque de choquer son interlocuteur : « Faut-il l'aider à réussir ce développement économique en faisant des concessions militaires ? Ou, au contraire, faut-il l'enfoncer davantage encore en réduisant ses crédits civils ? Je ne suis pas de ceux qui refusent la crise, mais je pense qu'il serait erroné de le pousser à l'échec. Négocier n'est pas un acte de faiblesse. Si c'était le cas, nous ne le recommanderions pas. »

Reagan ne parut pas convaincu. Comme François Mitterrand, il était de plus en plus certain que l'Union soviétique allait disparaître et s'en réjouissait. Mais, à la différence du président français, il ne voyait pas de raison d'aider la puissance soviétique à s'amender. Celle-ci luttait contre l'Amérique dans tous les lieux du monde, à commencer par Cuba, et le communisme était, pour Reagan, le mal absolu. François Mitterrand, au contraire, pensait qu'il fallait épauler Gorbatchev, quand bien même cela risquait de maintenir en vie un peu plus longtemps le système soviétique, pour lui permettre de gérer en douceur sa mutation. Le 20 juillet 1988, il répéta son pronostic : l'Empire soviétique allait s'effondrer. « Je crois qu'à l'échelle d'une génération la désintégration du communisme est inévitable. Mais, d'ici là, il faut prendre garde à ne pas se lancer dans des aventures prématurées. [...] Croyez-moi, l'ordre soviétique est peut-être meilleur que le désordre qui peut suivre sa désintégration et qui risque de précipiter une guerre nucléaire. »

Lors de sa dernière rencontre avec Ronald Reagan, en septembre 1988, le président français essaya de nouveau de le convaincre de soutenir Gorbatchev et l'exhorta à ne pas céder aux groupes de pression américains originaires d'Europe de l'Est qui le poussaient à n'aider que la Hongrie et la Pologne à s'extirper des griffes russes : « Gorbatchev aura-t-il la force et les moyens de poursuivre ses réformes ? Je pense que oui. Mais s'il y a accélération des revendications locales, il se retrouvera en grande difficulté... Il faut développer les relations culturelles destinées à affirmer l'identité de chaque pays de l'Est, de même que les relations économiques avec tous, mais en restant prudent dans l'incitation politique à l'affirmation de chacun de ces pays... »

C'est dans cette posture inquiète qu'il dut affronter la situation libanaise, seul lieu au monde, hors d'Europe, où les troupes des deux superpuissances se trouvaient face à face. La France y était mêlée. Un drame épouvantable s'y préparait.

Mourir pour le Liban

Pendant que se jouait cette partie d'échecs, des soldats américains et soviétiques stationnaient en effet à quelques kilomètres les unes des autres : les uns au Liban, les autres en Syrie. François Mitterrand estimait que les troubles incessants dans cette région risquaient de dégénérer en conflit nucléaire : « Au Liban, toutes les conditions sont réunies pour une guerre mondiale. Il y a des officiers soviétiques en uniforme à vingt kilomètres de Beyrouth. Attaquer la Syrie reviendrait à attaquer Moscou. On assiste ainsi à une accumulation, voulue par les Soviétiques, de causes de déclenchement d'une guerre mondiale au Liban. [...] Sans compter que le Liban est un nid de vipères d'une grande complexité. À travers les siècles des siècles, les Libanais ont toujours montré la même vitalité, tout comme s'ils brûlaient de passion religieuse, comme si chaque pierre de ce pays recelait une force, comme s'il y avait là des atomes explosifs de caractère religieux. D'un village à l'autre du Liban, des gens et des familles s'entre-tuent au fil des siècles pour des expiations, des choix religieux ou à l'intérieur même de chaque confession. Il y a combien de cultes chrétiens au Liban ? Six, sept, huit... Et combien du côté musulman ? À peu près autant. À l'intérieur de ces confessions, les gens se combattent avec autant de dureté qu'entre les deux religions. »

En juin 1982, après l'entrée dans Beyrouth des troupes israéliennes venues en chasser les Palestiniens, puis après les massacres de Palestiniens par les phalangistes chrétiens à Sabra et Chatila, François Mitterrand, bouleversé par ces événements, envoya des troupes françaises au Liban, aux côtés des troupes américaines, afin de protéger les amis de la France et d'éviter que la situation ne tourne au conflit Est-Ouest. Les partisans du pire, proches de la Syrie ou de l'Iran, firent alors tout pour chasser ces troupes occidentales ; des incidents sans nombre firent quarante morts dans les rangs français. Mais François Mitterrand était bien décidé à ne pas céder, à ne pas partir.

Le dimanche 23 octobre 1983 à 6 h 17, un camion bourré d'explosifs fonça sur l'immeuble qui abritait le quartier général américain à Beyrouth : 239 morts. Trois minutes plus tard, un camion identique s'encastra dans l'immeuble abritant le quartier général français, le Drakkar : 58 tués. Il était 4 h 20 à Paris. Terrible moment où le deuil le disputait au remords, voire à la culpabilité : fallait-il envoyer ces hommes là-bas ? Informé par le permanent de service, François Mitterrand envoya immédiatement à Beyrouth le ministre de la Défense, Charles Hernu, et le chef d'état-major, le général Lacaze. Dans l'Élysée désert, nous passâmes la journée ensemble à réfléchir à toutes les actions possibles. Après avoir quelque peu hésité, le président décida de se rendre lui-même, dans le plus grand secret, au cours de la nuit, à Beyrouth, accompagné d'Hubert Védrine, son conseiller diplomatique, et du général Saulnier, son chef d'état-major particulier. Il voulait y témoigner, par sa présence, de ce que la France n'avait pas peur, et rendre hommage à nos morts. Personne, ni à Matignon ni à l'Élysée, n'en fut prévenu : le risque était grand que l'avion du président fût pris pour cible par l'un des nombreux ennemis de la France dans la région. En début de soirée, dans son bureau où la nuit tombait, il me donna ses dernières consignes : « Personne ne doit être dans la confidence de ce voyage, ni à l'Élysée ni au gouvernement. Encore moins la presse ou qui que ce soit d'autre. Je ne dirai où nous allons aux pilotes qu'en arrivant à Villacoublay. Vous ne préviendrez Mauroy, les Américains et la presse qu'après vous être assuré de mon atterrissage à Beyrouth. » Il saisit deux feuilles de papier et y rédigea deux longues lettres qu'il glissa dans deux enveloppes, sans les fermer. Il ouvrit le tiroir central de son bureau et les y déposa sans fermer le tiroir à clé – ce qu'il ne faisait d'ailleurs jamais. Il ajouta avec un sourire : « S'il m'arrivait un problème, vous savez qu'elles sont là. Vous saurez quoi faire. »

Dans la nuit, Pierre Mauroy m'appela : « Jacques, il faut absolument que je parle au président. Comment puis-je le joindre ? Où est-il ? » Je pus seulement lui répondre que je le rappellerai le lendemain matin à l'aube. Il comprit. Lorsque le pilote m'avisa que le président atterrirait à Beyrouth une heure plus tard, j'appelai Charles Hernu à l'ambassade de France à Beyrouth. J'improvisai un code, certain d'être écouté par tous les services secrets du monde : « Morland arrive. – Qui ça ? » Le ministre de la Défense, mal réveillé, ne se rappelait pas que c'était là l'un des pseudonymes de François Mitterrand dans la Résistance. Je dus répéter le nom par trois fois pour que la mémoire lui revienne et qu'il se précipite à l'aéroport. Une fois l'avion présidentiel posé, j'appelai Mauroy, Cheysson, l'ambassadeur américain et Ivan Levaï, alors à l'antenne sur Europe n° 1. À Beyrouth, la journée fut pénible, révélatrice d'innombrables dysfonctionnements dans notre dispositif. Plus douloureuse encore, quelques jours plus tard, fut la matinée des funérailles, dans la cour des Invalides, des cinquante-huit soldats français tués. François Mitterrand m'avoua plus tard que l'appel de leurs noms fut l'un des pires moments de ses deux septennats. Il savait qu'il avait, par sa seule décision, envoyé à la mort tous ces jeunes gens. Il était décidé à châtier les coupables. Encore fallait-il les identifier, les localiser. Cela prit quelques jours, en collaboration avec les services américains.

Trois semaines plus tard, le 12 novembre, Reagan annonça au président Mitterrand (par un message secret que je reçus de son nouveau conseiller à la sécurité, Robert McFarlane, qui venait de remplacer Bill Clark) son intention d'exercer des représailles contre nos agresseurs au Liban « avec une précision et une identification suffisantes ». Reagan proposait d'agir le 17 dans l'après-midi. François Mitterrand donna immédiatement son accord : il fut décidé d'envoyer huit Super-Étendard de notre aviation bombarder, avec les Américains, les quartiers généraux des coupables, dans la plaine libanaise de la Bekaa. Rares furent ceux qui étaient alors au courant de cette décision. Aujourd'hui encore, plus rares encore ceux qui savent ce qui suit.

Le 16 novembre au soir, le président, faisant allusion à l'attentat du Drakkar, annonça à la télévision que « les criminels [seraient] châtiés ». Nul ne releva.

Le lendemain matin à 6 h 30, il confirma son feu vert pour un déclenchement de l'opération à 15 h 30. Une demi-heure plus tard, par un télégramme que m'expédia Robert McFarlane, les Américains nous supplièrent de ne pas agir tout de suite : ils avaient changé d'avis. Ils nous laissaient tomber. Les militaires, dans tous les pays du monde, sont toujours les derniers à vouloir en découdre.

J'allai informer le président, en train de se raser, dans la salle de bains de son appartement de l'Élysée où il avait – exceptionnellement – dormi. Il était très calme et continua de se raser tandis que je lui traduisais le Télétype secret qui venait d'arriver. Dans ces moments-là, il faut savoir juger froidement : maintenir ou annuler? Les avions français étaient désormais privés de la protection des radars de la marine et de celle de l'aviation américaine ; les chefs d'état-major francais, incertains, accumulaient les bonnes raisons de ne pas y aller. Le président décida de maintenir l'opération. Il me demanda de ne pas répondre au télégramme de la matinée mais à celui que j'avais reçu de la Maison-Blanche cinq jours plus tôt, dans lequel Reagan nous annonçait l'action américaine, afin de montrer aux gens de Washington que l'opération dont ils avaient pris l'initiative aurait bien lieu : « Le télex du 12 novembre a bien été reçu. On a été sensible – et on insiste sur ce point – aux deux remarques portant sur la nécessité d'avoir une précision et une identification suffisantes. Pour le reste, la France estime que tout crime mérite sanction appropriée. »

Cet après-midi-là, à l'heure où l'intervention était censée avoir lieu, le président devait se rendre à Venise pour une rencontre de routine avec les Italiens. Pas question de modifier le programme : surtout, ne pas éveiller l'attention de qui que ce soit. Dans la voiture, en route pour Villacoublay, François Mitterrand me dit : « Cette histoire, vous la garderez longtemps secrète. Quelle que soit l'issue de cette aventure, je ne veux pas qu'on sache avant longtemps que les Américains nous ont lâchés au dernier moment. Un jour, vous la raconterez. » À l'aéroport, nous retrouvâmes deux autres de ses collaborateurs. Nous décollâmes vers 15 h 30. L'opération était prévue pour 16 h 20. Pendant le vol, François Mitterrand demanda plusieurs fois l'heure, ce qui n'était pas du tout dans ses habitudes. Quand le pilote vint me transmettre un message au contenu énigmatique, il me suffit d'une mimique pour faire comprendre au président que tout s'était bien passé. Il n'eut pas un geste, pas un mot.

En arrivant à Venise, nous apprîmes que, pour faciliter la tâche des aviateurs français partis sans la moindre protection, la marine américaine, au large de Beyrouth, avait brouillé les radars syriens. Qui en avait donné l'ordre ? Les quartiers généraux des responsables des attentats furent détruits. Les avions français rentrèrent indemnes à leur base. Nous apprîmes aussi que le ministre italien des Affaires étrangères, Giulio Andreotti, venait de critiquer le bombardement français. François Mitterrand demanda qu'au dîner au palais Pisani, le soir même, il fût mis en quarantaine ; la délégation française refusa de lui serrer la main et de lui adresser la parole.

Quelques jours plus tard, Robert McFarlane m'écrivit, un peu piteux : « Nous apprécions beaucoup la détermination française en vue de maintenir une action au Liban. Devant les nombreux défis des jours et des mois à venir au Liban et ailleurs, j'espère entretenir avec vous une relation de travail franche, coopérative et amicale. » Ce fut le cas. Cette tragédie, et le silence que la France garda sur cet épisode, scella la relation avec l'administration américaine. François Mitterrand n'en parla à aucun de ses ministres ; il n'en fit la confidence qu'à Margaret Thatcher.

Après ce novembre noir, François Mitterrand souhaita maintenir une présence française au Liban pour ne pas donner raison aux terroristes. Mais les Américains décampèrent sans même nous prévenir, et le président réalisa qu'il n'était pas possible de rester seuls : « La France – qui, plus que quiconque, a fait son devoir et rempli ses obligations à l'égard d'un pays ami – ne peut porter seule la responsabilité de la communauté des nations au Liban. Elle n'en a jamais conçu le projet. Or, le dispositif actuel n'est plus approprié pour appuyer les efforts indispensables de réconciliation nationale entre Libanais [...]. L'Histoire retiendra que notre présence a empêché bien des massacres au Liban. » Nous partîmes en laissant sur place des observateurs. Les Soviétiques proposèrent alors la neutralisation du Liban et de la Syrie, l'évacuation du Liban par les troupes occidentales et celle de la Syrie par les Soviétiques. À la grande fureur de François Mitterrand, les Américains choisirent pour leur part de soutenir les Syriens dans leur stratégie de conquête du Liban.

Plus tard, il exprima en ces termes son amertume face à cette nouvelle dérobade américaine : « Nous avons eu 98 morts, dont 50 d'un coup. Les États-Unis sont partis aussitôt, sans même nous prévenir. Walid Joumblatt et Nabih Berri, qui nous critiquent aujourd'hui, ont demandé à ce que nous restions. Nous avons cependant décidé de partir en laissant sur place des observateurs. Quand nous les avons retirés, l'ensemble des Libanais ont demandé à ce qu'ils restent. De même, dans le Sud-Liban, la France a été sollicitée pour fournir des troupes aux Casques bleus alors que, d'ordinaire, les membres permanents du Conseil de sécurité n'en font pas partie. Plus récemment, les États-Unis, y compris leur président, ont montré patte blanche à la Syrie pour l'élection présidentielle au Liban ; cela prouve à quel point ils sont sans rancune !... Le candidat qu'ils avaient choisi de concert avec les Syriens était tellement à la botte de ces derniers que cette solution s'est effondrée dans le ridicule !... »

Maintenir les frontières de la colonisation

L'Afrique était, disait-il, notre « pré carré ». Du fait de la colonisation, la France s'y était reconnue de tout temps une responsabilité particulière. François Mitterrand connaissait particulièrement bien ce continent qu'il avait découvert au début des années 1950 comme ministre de la France d'outre-mer. Il avait connu à l'Assemblée nationale française la plupart des premiers dirigeants africains, qu'il tutoyait. Avant de prendre tardivement le parti de la décolonisation, il avait consacré à l'Afrique un ouvrage, *Aux frontières de l'Union française*, dans lequel il avait écrit : « Paris est l'authentique et nécessaire capitale de l'Union française [...]. Des Flandres au Congo, le troisième continent s'équilibrera autour de notre métropole. »

Une fois au pouvoir, François Mitterrand s'efforça de préserver, en Afrique comme en Europe, les frontières héritées de la colonisation. Il respecta les accords de défense signés par ses prédécesseurs. Il maintint 9000 militaires à Djibouti, au Sénégal, en République centrafricaine, au Tchad, au Gabon, en Côte-d'Ivoire. Il s'efforça de stabiliser les régimes, quels qu'ils soient, en intervenant pour y faire libérer les prisonniers politiques.

Pour lui, une grande part de la crédibilité de la France en Afrique se jouait sur la stabilité de la ligne de partage entre monde noir et monde arabe, c'est-à-dire au Tchad, dont l'armée du colonel Kadhafi contrôlait pratiquement l'ensemble du territoire en 1981. En 1986, il écrivit à ce sujet dans des *Réflexions sur la politique extérieure de la France* : « Depuis 1976, aucun accord de coopération, d'assistance ou de sécurité ne nous lie plus au Tchad. J'estime cependant que nous y avons deux sortes d'obligations. La première est qu'en dépit des difficultés rencontrées par la France dans ce pays, nous ne pouvons tirer un trait sur trois quarts de siècle de vie commune avec le Tchad. La seconde est que la France, sans se prévaloir d'aucune mission particulière, représente économiquement, politiquement, culturellement, pour une grande partie du continent africain, un facteur incomparable d'équilibre et de progrès, et que de véritables traités d'alliance militaire l'unissent à plusieurs États francophones. Tous ou presque s'inquiètent des ambitions de M. Kadhafi. Et tous ou presque attendent de la France qu'elle les en protège. »

Il y réussit, alors que de Gaulle, Pompidou et Giscard avaient échoué : par une ligne passant par le 16e parallèle, il sépara d'abord le Tibesti, au nord, du « Tchad utile », au sud ; et il déploya des forces pour défendre le sud. Les Libyens se retirèrent en deçà de cette ligne et acceptèrent que des observateurs veillent au respect de cet accord une fois les troupes françaises reparties.

Pour obtenir que des troupes africaines se joignent aux observateurs, le 5 octobre 1984, François Mitterrand réunit à l'Élysée un mini-sommet rassemblant les principaux chefs d'État africains du moment : Houphouët-Boigny, Mobutu, Bongo et le dirigeant tchadien, Hissène Habré, que François Mitterrand n'aimait pas parce qu'il avait longtemps fait le jeu des Libyens avant de les trahir. Cette réunion fut un exemple de la façon brutale dont François Mitterrand traitait encore des dirigeants africains dont il se méfiait. Quand Hissène Habré protesta contre les termes de l'accord et demanda à la France de défendre aussi bien le nord du pays contre les Libyens, François Mitterrand lui répliqua sévèrement : « J'ai accepté des observateurs. Je me fie à la parole donnée par les Libyens dont les armées se retirent, tout comme la nôtre. Si vous n'êtes pas content, envoyez vos propres troupes plus au nord [...]. L'accord avec les Libyens n'est plus négociable. En Afrique, nous ne faisons qu'assister nos alliés lorsqu'ils sont menacés par l'étranger. Mais quand l'armée étrangère s'en va, nous partons. Si la Libye manque à l'accord, nous reviendrons. D'où l'importance des observateurs. » Hissène Habré rétorqua : « Moi, je ne suis pas dupe des Libyens, c'est vous qui l'êtes. Ils ne renonceront pas au Sud. De plus, je ne suis pas sûr que vous n'ayez pas passé un accord secret avec les Libyens et que tout ça ne prépare pas leur retour ultérieur dans le Sud. » La riposte de François Mitterrand fut cinglante : « Vous nous parlez en connaissance de cause. Un jour, avant mon arrivée au pouvoir, vous les avez appelés à venir au Tchad, pas moi ! » Hissène Habré protesta : « Ce n'est pas moi qui les ai appelés : à ce moment-là, j'étais dans le maquis ! » François Mitterrand, plus brutal encore, asséna : « Non, vous n'étiez pas dans le maquis. Vous étiez en Libye ! » Lourd silence... Puis, pour changer de conversation, Mitterrand s'enquit de la santé du lionceau apprivoisé d'Habré...

Un mois plus tard, en novembre 1984, le président français alla expliquer toutes ces dispositions au dirigeant libyen, le colonel

Kadhafi, en Crète, au grand scandale de l'opinion mondiale. S'il avait des raisons, liées au Tchad, de le rencontrer, François Mitterrand était surtout animé par une envie assez romanesque de connaître le chef d'État alors le plus détesté de la planète. Avec celui que les Américains considéraient comme le premier terroriste du monde, il se montra très ferme, lui exposant qu'il ne pourrait compter sur aucun relâchement français. Le 16e parallèle était, pour lui, désormais infranchissable. Le 16 février 1986, la France mit en place un dispositif aérien dissuasif sous le nom d'« opération Épervier ».

Quand, durant la première cohabitation, le gouvernement de N'Djamena lança un appel à la communauté internationale pour « sauver les populations de la province du Nord (au-delà du 16e parallèle) menacées de génocide systématique » par la Libye, François Mitterrand refusa encore d'intervenir, contre l'avis de Jacques Chirac et du ministre de la Défense, André Giraud. À l'issue d'une réunion avec le chef du gouvernement, il me confia : « C'est toujours le même scénario : dans un premier temps, Chirac développe les arguments de Giraud, partisan de l'action au Nord ; puis il écoute mon avis et finit immanquablement par conclure d'un ton aimable : "Vous avez raison ; aller plus au nord serait tomber dans un piège à cons." »

Le 31 août 1989, un accord-cadre entre la Libye et le Tchad, paraphé sous les auspices de l'Algérie, permit à la France d'alléger encore son dispositif militaire. Quand le conflit reprit en mars 1990, la France renforça son dispositif. Le 1er décembre, Hissène Habré fut chassé du pouvoir par son chef d'état-major, Idriss Déby. La Libye avait évacué tout le territoire tchadien.

Au cours des deux septennats, aucune autre frontière ne fut remise en cause dans le pré carré de la France en Afrique subsaharienne.

Changer les rapports Nord-Sud

Dès son accession au pouvoir, François Mitterrand fit de l'aide au développement une pierre angulaire de son action. Par souci d'équité, par désir d'éviter une extension de l'influence soviétique, par précaution face au terrorisme, par peur de voir se réduire l'influence française. Non seulement il augmenta très sensiblement l'aide de la France, mais il s'efforça sans relâche d'intéresser les autres pays riches à la lutte contre la pauvreté.

Dès le 19 juin 1981, il donna à Jean-Marcel Jeanneney – sherpa pour le premier sommet du G7 avant que je ne le remplace – des instructions très précises pour la préparation du sommet d'Ottawa. Cette lettre, qu'il relut lui-même en détail, définissait sa position sur le développement et reste tristement actuelle : « La France entend désormais établir des rapports d'un type nouveau avec les pays en voie de développement, fondés sur la stabilisation des cours des matières premières et l'acceptation d'une entrée raisonnable de leurs produits sur les marchés des pays industrialisés. Un effort d'explication peut être utile entre les Sept, et nous devrions rallier les pays européens à nos thèses. La question de l'énergie est évidemment un enjeu considérable. Vous insisterez plus particulièrement sur le développement nécessaire des économies d'énergie, des énergies nouvelles et du charbon. Pour ce qui est du nucléaire, vous soulignerez la nécessité d'un développement donnant toute garantie économique et sociale aux citoyens. Enfin, vous appellerez l'attention de vos interlocuteurs sur la fragilité de la situation pétrolière actuelle. Pour les échanges commerciaux, vous ferez valoir l'urgence d'une certaine organisation de la concurrence pour les secteurs les plus menacés. En ce qui concerne le projet des États-Unis de voir libéraliser les échanges de services, vous marquerez nos réticences à l'égard d'une initiative dont les multinationales financières seraient les seules bénéficiaires. »

Il n'y aurait malheureusement pas un seul mot à changer à ce texte aujourd'hui.

Deux mois plus tard, devant la conférence des Nations unies sur les pays les moins avancés, réunie à Paris, il proclama qu'« aider le tiers-monde, c'est s'aider soi-même à sortir de la crise ». Et il fixa comme objectif de faire passer l'aide de la France à 0,7 % de notre PNB. Un mois après, devant le monument de la Révolution à Mexico, au cours d'un discours, préparé avec Régis Debray, qui resta bizarrement comme le « discours de Cancún », le président reprit avec lyrisme tous ces objectifs et conclut : « Salut aux humiliés, aux émigrés, aux exilés sur leur propre terre, qui veulent vivre et vivre libres ! Salut à celles et à ceux qu'on bâillonne, qu'on persécute ou qu'on torture, qui veulent vivre, et vivre libres ! Salut aux séquestrés, aux disparus et aux assassinés qui voulaient seulement vivre et vivre libres ! Salut aux prêtres brutalisés, aux syndicalistes emprisonnés, aux chômeurs qui vendent leur sang pour survivre, aux Indiens pourchassés dans leur forêt, aux travailleurs sans droits, aux paysans, aux résistants sans armes qui veulent vivre et vivre libres ! À tous, la France dit : Courage, la liberté vaincra ! »

Dans ce même discours de Mexico, le président lança, le premier, le concept de droit d'ingérence humanitaire : « En droit international, la non-assistance à peuple en danger n'est pas encore un délit. Mais c'est une faute morale et politique qui a déjà coûté trop de morts et trop de douleurs à trop de peuples abandonnés, où qu'ils se trouvent sur la carte, pour que nous acceptions à notre tour de la commettre... »

Le lendemain, au sommet de Cancún qui réunit vingt-deux chefs d'État du Nord et du Sud, le projet d'une négociation globale entre Nord et Sud, lancé un an plus tôt par le président américain Jimmy Carter, fut torpillé par son successeur, Ronald Reagan.

François Mitterrand s'attacha alors à appliquer ses propres principes en Afrique. Il maintint le rituel des sommets franco-africains en y mettant l'accent sur l'aide économique ; il s'opposa à la création d'un ministère de la Coopération et du Développement afin de ne pas risquer de voir l'Afrique y perdre la priorité. Il maintint des relations directes avec les chefs d'État de l'Afrique francophone.

Il s'efforça d'abord d'établir une relation équilibrée entre les trois pays du Maghreb. Il n'appréciait ni les foucades du roi du Maroc, ni les susceptibilités algériennes, ni la parodie de démocratie tunisienne, mais il pensait que l'avenir de la France dépendait largement des capacités de cette région à former un espace intégré. Pour lui, chacun de ces trois pays avait des atouts : le Maroc était la grande puissance du Maghreb, l'Algérie le partenaire historique à la méfiance encore à vif, la Tunisie l'amie bon enfant.

Plus au sud, sa priorité fut de protéger les anciennes colonies d'Afrique-Occidentale et Équatoriale françaises et de l'Empire belge : 25 pays, dont 23 des 48 pays les moins avancés (PMA) du monde. Par un inlassable effort, souvent contre ses propres ministres des Finances, il tint l'essentiel de ses promesses : l'aide française passa de 0,3 % du PNB en 1980 à 0,63 % en 1993. Il renforça la part destinée à l'Afrique et aux PMA et abonda dans le même sens au sein des Communautés européennes. Il batailla dans tous les G7 pour augmenter l'aide à l'Afrique, en particulier pour qu'on soutienne les cours du cacao et des minerais. Il obtint la création de la « facilité d'ajustement structurelle » au FMI, des programmes d'assistance à l'Afrique subsaharienne de la Banque mondiale, la création d'un fonds spécial de garantie pour la dette des pays intermédiaires, un observatoire du Sahara pour la lutte anti-acridienne.

Sous son impulsion, le G7 – à Venise, en 1987, puis à Toronto, en 1988 – décida des premières mesures d'allégement de la dette des pays les moins avancés ; les annuités de cette dette furent ainsi réduites d'un tiers.

Tous ces efforts ne se réduisaient pas à l'Afrique. Quand, en 1988, j'assistai, comme tout le monde, aux inondations affreusement meurtrières du Bangladesh, je lançai quelques études qui montrèrent qu'il était possible de protéger les villes de ce pays contre les conséquences de ces inondations par des barrages édifiés tout au long des trois grands fleuves qui traversent le pays. Je fis un voyage de travail sur place, accompagné d'experts et de quelques journalistes. Un projet s'esquissa. Il allait coûter 12 milliards de dollars. À mon retour, je trouvai un François Mitterrand furieux : « Vous n'aviez pas à emmener des journalistes avec vous ! Quand vous lancez des projets, c'est pour moi. Personne n'a besoin de savoir le rôle de mes collaborateurs dans ce que je fais. »

En 1989, à Dakar, avec l'appui du président Abdou Diouf, il décida, contre l'avis de son gouvernement, l'effacement de 27 milliards de dette des pays les plus pauvres. La même année, au sommet de l'Arche, à Paris, au lendemain des fêtes du bicentenaire de la Révolution, il obtint le lancement du programme de grands barrages sur les fleuves du Bangladesh, un meilleur contrôle des mouvements financiers et du blanchiment de l'argent par un organisme spécial, le GAFI, un nouvel effort pour réduire la dette africaine et un vaste programme de maîtrise de l'effet de serre qui aboutira au protocole de Kyoto sur la protection du climat.

En 1990, le sommet des Sept, à Houston, décida d'un traitement particulier en faveur des pays à revenu intermédiaire, dont le Mexique. En 1992, à Munich, François Mitterrand obtint l'application de facilités identiques au Congo, à la Côte-d'Ivoire et au Cameroun. Au dernier sommet des Sept auquel il participa, à Naples, en 1994, il obtint encore un nouvel effort pour réduire la dette des pays les moins avancés.

La démocratie et le développement

François Mitterrand considérait qu'il fallait prendre le monde tel qu'il était et qu'il n'appartenait pas à la France d'inciter les peuples à se révolter quand elle ne disposait pas des moyens de les aider à réussir. Il était fasciné par l'Inde et la Chine, qui deviendraient, pensait-il, les maîtres du monde dans un siècle. Il enrageait de constater que les entreprises françaises en étaient absentes et il ne faisait pas de la démocratisation une condition de collaboration avec ces pays.

Comme en Europe de l'Est, il était conscient qu'il y avait en Afrique bien des dictateurs, mais il pensait qu'en favorisant le développement économique il contribuerait à y faire s'épanouir la démocratie, comme l'Espagne l'avait prouvé. Il multiplia les interventions discrètes en faveur d'opposants emprisonnés. En Afrique comme en Europe de l'Est, il craignait qu'une déstabilisation trop rapide des régimes en place ne réveille les antagonismes ancestraux et ne dynamite les frontières.

Il exerça des pressions sur l'Afrique du Sud pour mettre fin à l'apartheid, rappela l'ambassadeur de France à Pretoria après des affrontements meurtriers et ordonna la suspension de tout nouvel investissement français. En décembre 1985, contre les États-Unis et le Royaume-Uni, il fit adopter par le Conseil de sécurité une résolution appelant les États membres à prendre des sanctions économiques contre le régime de Pretoria.

En 1988, il obtint l'internationalisation du droit d'ingérence par l'Assemblée générale des Nations unies qui, après d'interminables débats, vota une résolution consacrant le principe du libre accès des secours aux victimes de catastrophes, dans tout pays, quel que soit son régime politique.

Après la chute du mur de Berlin, pressé par les médias et ses propres amis de cesser de fréquenter des dictateurs africains tel Mobutu, il se cabra et résista. Les conseils ne manquaient pas d'affluer. En avril 1990, je demandai à Erik Arnoult (le romancier Orsenna), devenu conseiller auprès du ministre des Affaires étrangères, de réfléchir à l'Afrique, qui commençait à remettre en cause ses « Ceaucescu ». Erik m'écrivit pour suggérer un *aggiornamento* de la politique africaine : « Quant au bilan catastrophique de "notre" Afrique (et donc de notre action), à part l'île Maurice, échec complet pour les trente-quatre autres pays dits du "champ", même les mieux dotés par la nature (Cameroun, Gabon, Zaïre). Les autres pays africains non francophones (Ghana, Kenya, Zimbabwe) vont mieux. [...] Cet échec et ce silence sont déjà mis au débit du président. Depuis 1981, l'aide a beaucoup augmenté, mais pour quel résultat ? Pour enrichir qui ? Ne fallait-il pas d'abord modifier les méthodes ? Nous risquons, si nous continuons sans rien changer, de rompre durablement avec l'Afrique de demain, celle des générations montantes. […] Les pays africains doivent s'unir pour atteindre la taille critique. Cette intégration régionale doit être une priorité, et même une condition de l'aide. »

Je transmis cette lettre au président avec ce mot d'appui : « Il n'y aurait que des avantages à dire cela avant que l'Histoire ne l'impose. » Le chef de l'État ne fut pas vraiment enthousiaste : « On ne peut pas se substituer aux peuples africains. » Peu après, Pierre Joxe, alors ministre de l'Intérieur, envoya une note insistant, dans le même sens, sur la nécessité d'infléchir sérieusement notre politique africaine en faveur du respect des droits de l'homme. Le président en fut fâché ; il pensait n'avoir rien à se reprocher sur ce terrain-là. D'ailleurs, en mai 1990, le président De Klerk, qui mit fin à l'apartheid, commença sa tournée des capitales européennes par Paris.

Dans les premiers jours de juin 1990, à l'issue d'un Conseil des ministres, il réunit les quelques ministres qui faisaient campagne pour remettre en cause l'aide à l'Afrique, en particulier l'assistance militaire à des régimes peu fréquentables. Il ouvrit la réunion par : « Bon ! Eh bien, Joxe, Jospin et Chevènement ont peut-être des choses à dire ! » Rarement il nommait ainsi ses ministres, qu'il préférait désigner par leur titre. C'était comme si nous étions de retour au PS ! Il répondit à leurs critiques avec force et pas mal de mauvaise foi : « Il y a un malentendu très profond entre nous. Je suis surpris et peiné de ce que j'entends. La campagne de presse a des adeptes jusque dans les rangs du gouvernement […]. Nous donnons des aides sur des projets précis (irrigation, alphabétisation), avec de nombreux contrôles administratifs et financiers. Il n'y a pas un seul projet qui ne soit à argent ouvert, en toute transparence. Tout cela se ramène à une question : faut-il ou non rester en Afrique ? Partir d'Afrique est une politique tout à fait concevable, mais ce n'est pas la mienne. Si nous partions, je vais vous dire ce qui se passerait : il y a des pays complètement dépourvus de ressources, comme le Burkina Faso, qui n'intéresseraient personne et sombreraient encore plus dans la misère ; il y a des pays qui ont des potentiels, comme le Gabon, où les États-Unis seraient ravis de nous remplacer… » Puis il rejeta la suggestion consistant à créer un Haut Conseil de la coopération destiné à moraliser l'aide ; glacial, il conclut : « Je veille depuis neuf ans à ce que la coopération soit débarrassée de ses scories en matière de droits de l'homme. Par exemple, c'est nous qui avons fait sortir de prison tous les opposants à Bongo. Je n'ai donc pas de leçons à recevoir là-dessus… Pour le reste, j'aviserai et ferai connaître mes décisions. »

Il répéta ce point de vue quelques jours plus tard au cours d'une autre réunion avec les mêmes : « Il y a eu beaucoup de laisser-aller en Afrique. Mais, depuis 1981, chaque somme versée est liée à un projet précis et contrôlé. Il peut y avoir quelques bavures, car la concussion sévit partout, mais la France n'en est jamais complice. Nous incitons partout les régimes à se démocratiser. Mais nous n'avons pas à nous ériger en juges : il y a des conditions locales difficiles dont il faut tenir compte. Et qu'on ne me cherche pas sur les accords militaires : tous ont été signés par de Gaulle, pas par moi ! »

Trois jours plus tard, il accepta, en maugréant, que son discours au sommet de La Baule de la semaine suivante soit préparé sur la base de la lettre d'Erik Arnoult. Mais il me mit en garde : « N'en faites pas trop. Il faut leur dire leurs quatre vérités, mais sans flonflons particuliers. »

Le 19 juin 1990, à La Baule, devant les représentants de trente et un pays de l'Afrique subsaharienne, il tint un discours controuvé, compliqué – comme à chaque fois qu'il devait parler devant un auditoire réticent –, commençant par rappeler longuement l'action de la France au profit de leur développement. Puis il expliqua, comme à contrecœur : « Il nous faut parler de démocratie ! C'est un principe universel qui vient d'apparaître aux peuples de l'Europe centrale et orientale comme une évidence absolue [...]. Il faut bien se dire que ce souffle fera le tour de la planète [...]. Ce plus de liberté, ce ne sont pas simplement les États qui peuvent le faire, ce sont les citoyens : il faut donc prendre leur avis ; et ce ne sont pas simplement les puissances politiques qui peuvent agir, ce sont aussi les organisations non gouvernementales qui souvent connaissent mieux le terrain, qui en épousent les difficultés, qui savent comment panser les plaies. [...] La France n'entend pas intervenir dans les affaires intérieures des États africains amis. Elle dit son mot, elle entend poursuivre son œuvre d'aide, d'amitié et de solidarité. Elle n'entend pas soumettre à la question, elle n'entend pas abandonner quelque pays d'Afrique que ce soit... »

Peu après, en conférence de presse, il précisa que tout pays qui ne serait pas démocratique continuerait à recevoir une aide, mais que celle-ci serait modulée en fonction de son degré de démocratisation : « Il y aura une aide normale de la France à l'égard des pays d'Afrique ; il est évident que cette aide traditionnelle, déjà ancienne, sera plus tiède face à des régimes qui se comporteraient de façon autoritaire, sans accepter l'évolution vers la démocratie, et qu'elle sera enthousiaste pour ceux qui franchiront ce pas avec courage. »

Un peu plus tard, il me confia : « Mon discours de La Baule ? Mais il ne change rien ! On faisait déjà comme ça avant ! »

Pourtant, beaucoup de choses changèrent. Et il s'en fit l'écho. Le 14 juillet 1991, il parla non sans fierté du droit d'ingérence, défini par lui dès 1981 et précisé avec Bernard Kouchner : « C'est la France qui a pris l'initiative de ce nouveau droit assez extraordinaire dans l'histoire du monde, qui est une sorte de droit de s'immiscer à l'intérieur d'un pays lorsqu'une fraction de sa population est victime d'une persécution. » Il définit ainsi la distinction entre la fonction d'ingérence humanitaire et celle de maintien de la paix. En Somalie, par exemple, l'échec des opérations de paix ne signifia pas un échec de l'humanitaire, et le droit d'ingérence permit de compléter l'aide des ONG par celle de l'ONU et des États.

Couronnement de son action dans la région : en 1994, Nelson Mandela insista pour que François Mitterrand soit le premier chef d'État étranger à se rendre en visite d'État dans la nouvelle Afrique du Sud. Il s'y rendit quinze jours avant sa seconde opération chirurgicale, passant deux nuits en avion et deux journées au Cap, à Johannesburg et à Soweto.

À Biarritz, en novembre 1994, lorsque se tint son dernier sommet franco-africain tous les pays participants avaient instauré le multipartisme ; dix-sept d'entre eux avaient adopté une nouvelle Constitution sans que, pour autant, la démocratie y soit encore une réalité. On y parla beaucoup de la tragédie rwandaise qui venait d'avoir lieu.

Le génocide au Rwanda

Dernière des tragédies africaines auxquelles François Mitterrand fut confronté à la fin de son second mandat : le Rwanda. Il était extrêmement furieux qu'on lui prêtât une responsabilité dans le génocide des Tutsi qu'il avait, au contraire, voulu éviter.

Comme le Zaïre et le Burundi, le Rwanda ne faisait pas partie de l'Empire français. Après l'Allemagne et la Belgique – qui avaient administré le pays jusqu'à la fin des années 1950 avec les minorités tutsi, propriétaires de troupeaux –, c'étaient les Hutu, agriculteurs sédentaires, qui exerçaient le pouvoir depuis l'indépendance.

Le président rwandais Habyarimana – un Hutu –, au pouvoir depuis 1973, se tourna vers la France, seule des ex-puissances coloniales à maintenir une aide destinée à l'Afrique. Il semblait un homme de bonne volonté, hostile aux extrémistes hutu et tutsi. Quand

François Mitterrand arriva au pouvoir, Habyarimana y était encore, colosse débonnaire et brutal, qui me sembla toujours soucieux d'éviter les problèmes avec ses voisins du Burundi, de l'Ouganda et du Zaïre. À la fin des années 1980, nombre de Tutsi fuirent en Ouganda, d'où ils cherchèrent à « reconquérir » le Rwanda. En octobre 1990, le Front patriotique du Rwanda qui les regroupait, sous la direction de Paul Kagamé – Tutsi, membre de la famille royale du Rwanda, réfugié depuis son enfance en Ouganda –, tenta de reprendre le pays en franchissant la frontière ougandaise. Les exactions commencèrent. François Mitterrand voyait là avant tout une lutte d'influence entre francophonie et anglophonie et entre la France et les États-Unis. Les Tutsi lui paraissaient avoir choisi, majoritairement, le camp américain, m'expliqua-t-il un jour : « Il y a des massacreurs chez les Hutu comme chez les Tutsi, et en plus, Kagamé est l'homme des Américains. Les Tutsi veulent, par les Grands Lacs, détruire notre influence en Afrique centrale. » Il expédia un détachement pour protéger et évacuer les ressortissants français. Puis il maintint ces troupes sur place et poussa à un accord entre les belligérants. Le 30 janvier 1991, il écrivit au président rwandais Habyarimana : « Le conflit ne peut trouver de solution durable que par un règlement négocié et une concertation générale dans un esprit de dialogue et d'ouverture. » Le conflit parut en passe de s'arranger : cessez-le-feu, nouvelle Constitution, neuf partis politiques en lice et, en avril 1992, un gouvernement de transition. Mais les extrémistes des deux camps ne désarmèrent pas ; en février 1993, le Front patriotique du Rwanda lança une nouvelle offensive, à partir de l'Ouganda ; le Conseil de sécurité des Nations unies déploya quatre-vingts observateurs « à la frontière entre l'Ouganda et le Rwanda pour vérifier qu'aucune assistance militaire [n'était] apportée aux factions en lutte ». Les troupes françaises étaient toujours présentes au Rwanda. Le 21 août 1993, grâce à l'insistance de la France – qui venait de passer en cohabitation –, des accords de paix furent signés à Arusha, en Tanzanie, entre le Front patriotique du Rwanda et les Forces armées rwandaises. Ils organisaient le partage du pouvoir entre les deux camps et préparaient le retour à Kigali d'une partie des exilés tutsi. Le président du Front patriotique du Rwanda, Paul Kagamé, adressa à François Mitterrand « ses remerciements les plus sincères pour le rôle joué par la France ».

Mais la situation demeura tendue entre les communautés. Les Tutsi du Rwanda étaient considérés comme des collabos par le Front patriotique et comme des traîtres par le gouvernement rwandais. Des armes continuèrent à circuler en vue de renforcer les deux factions. Les civils s'armaient pour se protéger. Le 27 septembre, François Mitterrand, très inquiet de la tension entre ces communautés, écrivit au nouveau président américain, Bill Clinton : « Si la communauté internationale ne réagit pas rapidement, les efforts de paix risquent d'être compromis. » Le 5 octobre, le Conseil de sécurité créa une mission des Nations unies pour l'assistance au Rwanda, composée de 2 550 Casques bleus appartenant à vingt-trois pays différents, ce qui permit à la France, conformément aux accords d'Arusha, de retirer ses propres troupes du Rwanda.

Le 6 avril 1994, l'avion transportant le président Habyarimana explosa à l'atterrissage à Kigali. La responsabilité de cet attentat n'est pas encore clairement établie : des Tutsi voulant se venger ? Des Hutu souhaitant un prétexte pour déclencher le massacre ? Le lendemain, commença un véritable massacre des Tutsi, en présence d'une mission des Nations unies réduite à l'impuissance. Pour inciter les paysans hutu à massacrer leurs voisins tutsi, les autorités leur promettaient les terres de leurs victimes. Près d'un million de Tutsi périrent ainsi entre avril et juillet 1994. Des Hutu furent également massacrés un peu plus tard, en représailles, quand Paul Kagamé prit le pouvoir au Rwanda. La communauté internationale resta comme paralysée pendant deux mois. François Mitterrand et le gouvernement Balladur tentèrent d'obtenir des Nations unies qu'elles s'interposent. Après trois mois de discussions vaines, l'opération Turquoise, décidée en juin 1994 avec l'aval du Conseil de sécurité de l'ONU et mise en œuvre en août avec la participation de 5 000 militaires français et 500 militaires africains, créa une « zone humanitaire sûre » à partir du Zaïre. Cela permit de sauver quelques milliers de vies. Mais le mal était fait : le génocide avait eu lieu ; son ombre ternissant injustement le gouvernement d'Édouard Balladur et la fin du second mandat de François Mitterrand, qui enrageait qu'on lui fît porter la moindre responsabilité dans cette tragédie.

Au même moment, une pièce similaire se jouait sur un autre théâtre : celui de l'Europe divisée. Car la désagrégation des dictatures en Afrique faisait écho à celle qui commençait en Europe de l'Est puis dans les Balkans. Elle allait réaliser, beaucoup plus vite que prévu, les prévisions de François Mitterrand : l'Allemagne allait être réunifiée, la Yougoslavie se démembrer et l'Union soviétique disparaître de la scène de l'Histoire.

CHAPITRE V
CONSTRUIRE L'EUROPE

Dès notre rencontre, l'Europe fut entre nous un sujet de désaccord. Pour moi, élevé dans la méfiance de l'Allemagne et la passion de l'Amérique, dans un idéal à la fois universaliste, socialiste et religieux, le projet européen ne faisait pas partie de mon héritage. Il ne serait d'ailleurs venu à l'idée de personne, dans ma génération, de faire des études en Allemagne, en Belgique, en Italie ou même en Grande-Bretagne. Seuls nous intéressaient l'Amérique, son cinéma, sa musique, sa littérature, ses universités. Quand je le lui disais, François Mitterrand protestait : « Mais l'Amérique est ignare, sans mémoire ! On s'y ennuie. Vous avez tort de ne pas vous intéresser à l'Europe. C'est l'avenir de votre génération ! »

Pour lui, la construction européenne était une solution au problème franco-allemand. Il aimait à rappeler qu'il avait été l'un des rares hommes politiques français à participer au congrès de La Haye de 1948, qui en fut l'acte de naissance. Dès qu'il devint le porte-parole de la gauche unie, il affirma, contre la plupart de ses dirigeants de l'époque, la nécessité de mener de front un projet socialiste en France et un projet supranational en Europe. Il écrivit, par exemple, en 1972, dans sa chronique hebdomadaire dans le journal socialiste *L'Unité* : « Les Américains, par leur monnaie, ont dominé l'Europe qu'ils avaient délivrée par les armes. Les Européens s'émanciperont par leur monnaie s'ils savent s'en donner une. »

Lorsqu'il accéda au pouvoir, l'Europe ressemblait encore à celle des années 1950 : mêmes frontières, même affrontement Est/Ouest, même difficulté à décrypter ce qui se passait au Kremlin ; même volonté des Européens de l'Ouest de s'unir pour contenir les dictatures de l'Est ; même présence des Américains à l'Ouest, désireux de gérer seuls leur rivalité avec Moscou dans la recherche éternellement recommencée d'un désarmement ; même pression américaine visant à éliminer tout soutien économique de l'Europe de l'Ouest à celle de l'Est.

À l'Ouest, la Communauté économique européenne, composée de dix membres, allait très mal : la France était économiquement exsangue ; l'Allemagne, tentée par le pacifisme, se préparait à refuser l'installation des fusées nucléaires américaines ; la Grande-Bretagne, crispée sur l'idée que l'Europe n'était qu'un club, avait obtenu un remboursement de l'essentiel de sa cotisation ; l'Espagne, le Portugal, les pays nordiques frappaient à la porte, et presque personne en France, à droite comme à gauche, ne voulait d'eux. Des problèmes d'une extrême complexité technique, essentiellement dans les domaines agricole et monétaire, bloquaient le fonctionnement des institutions.

À l'Est, l'URSS était, selon les statistiques officielles, le premier producteur du monde de fer, de nickel, de plomb, de gaz naturel, d'acier, de machines-outils et de textile. La RDA se prétendait la quinzième puissance industrielle du monde. Les Soviétiques installaient des fusées nucléaires dans tous leurs satellites. Le rideau de fer était hermétique ; dissidents et *refuzniks* étaient emprisonnés ou assignés à résidence.

Pour François Mitterrand, la construction de l'unité de l'Europe occidentale et le rapprochement des deux Europes passaient d'abord par un accord étroit avec l'Allemagne. Celui-ci permettrait d'imposer une politique cohérente aux autres Européens, en particulier à la Grande-Bretagne. Il l'expliqua au chancelier Helmut Kohl, le 28 mai 1985, sur un bateau croisant, sur le Bodensee, le lac de Constance, lors de leur première conversation approfondie. Il y résuma sa politique étrangère d'une formule simple : « L'axe de la politique française, c'est l'Europe, et l'axe de l'Europe, c'est l'amitié franco-allemande. » Quelques mois plus tard, en Conseil des ministres, il le précisa à propos de la défense de l'Europe : « Un traité de coopération militaire européen doit d'abord être franco-allemand. C'est un point de passage obligé. La Grande-Bretagne n'est active en Europe que lorsque cela peut l'aider à freiner une démarche bilatérale franco-allemande. »

La résolution des contentieux

Quand François Mitterrand arriva au pouvoir, quatorze contentieux d'une grande complexité bloquaient la machine européenne et interdisaient son élargissement, alors en discussion, à l'Espagne et au Portugal. Les trois plus importants portaient sur les mécanismes d'ajustement monétaire (qui faussaient la concurrence entre pays), sur les dépenses laitières (excessives en raison d'une production excédentaire), et sur la contribution britannique au budget commun (que Londres considérait comme trop élevée). Ces contentieux ne pouvaient être réglés indépendamment les uns des autres, et leur complexité interdisait aux chefs d'État et de gouvernement de décider des concessions que leurs experts n'osaient faire.

Le plus délicat de ces contentieux portait sur la contribution britannique ; celle-ci empoisonnait les réunions européennes depuis l'entrée de ce pays au sein de la Communauté. En 1980, pour éviter un conflit qui aurait pu nuire à sa réélection, le président Giscard d'Estaing avait accepté que la Communauté remboursât pendant quatre ans à la Grande-Bretagne une part très substantielle de ce qu'elle payait au budget commun (ce que Mme Thatcher nommait le « juste retour »). Le candidat socialiste protesta vivement contre cet accord. Dès leur première rencontre après son élection, la Dame de fer, en même temps qu'elle relançait l'idée du tunnel sous la Manche, demanda au président français de proroger le « juste retour » au-delà de 1983. François Mitterrand exprima ses réticences : « Vous rembourser, c'est réduire les dépenses agricoles, or la France ne peut pas renoncer à des avantages acquis dans un domaine essentiel pour elle, où elle est la plus forte, l'agriculture, alors que dans le domaine industriel, par exemple, elle est moins avancée. »

Malgré ces blocages, François Mitterrand essaya d'avancer sur d'autres sujets ; dès le premier sommet européen auquel il assista, à Luxembourg, en juin 1981, il proposa de progresser dans la voie d'une harmonisation du droit social des différents pays. Il fut très mal reçu. Il se rappela longtemps « l'effroi qui s'est répandu dans la salle lorsque, nouvel arrivé, j'ai parlé d'espace social européen. Seul le représentant danois m'a alors bien timidement soutenu ». De fait, pendant près de trois ans, l'Europe resta comme paralysée. Les dévaluations françaises successives, qui menacèrent jusqu'en mars 1983 de faire exploser la Communauté, n'arrangèrent rien.

En décembre 1983, la crise financière française réglée et le système monétaire européen stabilisé, se profila le sommet d'Athènes ; il fallait trancher : les surproductions laitières devenaient insupportables ; l'accord avec les Britanniques sur leur contribution touchait à sa fin. Ceux-ci menaçaient, si on ne trouvait pas un terrain d'entente, de bloquer le fonctionnement communautaire.

À Athènes, on commença par discuter du problème du lait. Les questions soumises aux dix chefs d'État ou de gouvernement étaient d'une technicité ébouriffante : fallait-il fixer les quotas par pays ou par exploitation ? Selon quelle formule les calculer ? Qui devait financer les surplus et comment ? Chacun des dirigeants récita la note préparée par ses collaborateurs. Seul le Français, le Danois et l'Irlandais avaient fait l'effort de chercher à comprendre ces mécanismes. Au dîner, dans une grande confusion, on vint à parler du chèque britannique. Margaret Thatcher refusa tout compromis. Un des deux commissaires français, François-Xavier Ortoli, me commenta la soirée en ces termes : « Finalement, elle n'a dit oui qu'une seule fois : à la question "Êtes-vous contre ?"... »

Le lendemain, au petit déjeuner, pour mettre Mme Thatcher en confiance, François Mitterrand lui raconta en détail le lâchage américain au Liban, qui venait de se produire et nous avait contraints à mener seuls les représailles. Elle compatit : « C'est affreux, je vous comprends. Les Américains vous ont mis dans une très mauvaise situation. » Mais cela ne l'adoucit pas pour autant. La discussion reprit ensuite à dix sur le chèque britannique. Les experts du ministère des Finances français expliquèrent au président qu'il fallait céder aux Britanniques sous peine de voir interrompre les versements de Bruxelles à l'agriculture française. Le président les écarta rudement : « Vous me faites un chantage au compromis ? Ça ne m'intéresse pas. » Le sommet échoua dans la confusion, sans même une esquisse d'accord. Tandis que nous refermions nos dossiers, François Mitterrand me dit : « Ce n'est pas l'accord qui aurait sauvé la Communauté, c'est le désaccord qui la sauve. Ce n'est pas Mme Thatcher qui a dit non, ce sont les neuf autres. À moi maintenant de prendre le relais. »

Au 1er janvier 1984, soit neuf mois après le « non-tournant » de mars, la présidence de la Communauté revenait pour six mois à la France. Ce fut une présidence exceptionnellement réussie à un moment particulièrement important.

Le 20 décembre 1983, à la veille de prendre les rênes, François Mitterrand expliqua sa stratégie au président du Conseil espagnol, Felipe González, avec qui il venait de trouver un accord sur les règles d'expulsion des terroristes basques. Il lui fit part notamment de son vœu d'accueillir tout de suite la péninsule Ibérique dans la Communauté, contre l'avis de tous les élus du Sud-Ouest et contre presque toute la droite française, dont Jacques Chirac : « Électoralement, dire oui à l'adhésion sera négatif pour nous. Mais il ne serait pas admissible que l'Espagne n'entre pas dans l'Europe. Alors, faites les efforts nécessaires ! » Il réussit alors un tour de force : résoudre tous les contentieux européens en six mois. Bien que la France fût encore affaiblie par trois dévaluations successives et que le président fût dans son pays au comble de l'impopularité, il fit d'abord l'énorme effort de comprendre techniquement tous les sujets, lisant les notes les plus complexes, aussi bien celles d'Hubert Védrine, son conseiller diplomatique, que de Pierre Morel, diplomate spécialiste de l'Europe, et de tous les ministres concernés. Il interdit à ces derniers de négocier avec leurs homologues d'autres pays, sauf à Roland Dumas, qu'il venait de nommer aux Affaires européennes. Le président entendait mener seul cette négociation dont dépendait l'avenir de l'Europe.

En janvier 1984, il reçut d'abord Mme Thatcher au château de Marly, pavillon modeste et glacé, sans confort ni charme, tout à côté de Paris. Il lui expliqua : « Il faut trouver des moyens d'alléger vos charges. Cela passe par un meilleur contrôle des dépenses européennes. [...] Il faudra donc résister aux pressions du Parlement européen et réduire les dépenses. Cela permettra de limiter ce que vous payez sans que nous ayons trop à vous rembourser. » Elle refusa d'entrer dans ce raisonnement : elle voulait qu'on lui restituât la totalité de ce qu'elle versait au budget commun, soit 1 500 millions d'écus (l'écu était l'unité de compte de la Communauté) par an – pas moins. François Mitterrand ne voulait pas dépasser 1 100 millions – ce qu'avait accepté Giscard – et lui proposa 900.

Puis, chaque semaine, il m'emmena déjeuner avec un chef de gouvernement d'un des pays membres. Les trajets en avion étaient pour moi comme des examens de passage avec le plus exigeant des examinateurs. Il se mettait à chaque fois dans le rôle de celui que nous allions rencontrer et défendait tour à tour les points de vue des Italiens ou des Irlandais, mettant en pièces mes arguments jusqu'à ce que la formulation de ce qu'il allait devoir défendre lui convienne. Il réussit à convaincre tous ses partenaires, fin février, de se rallier à un éventuel accord à trois entre la France, l'Allemagne et la Grande-Bretagne, chacune recevant en échange un avantage spécifique dans l'un ou l'autre des divers contentieux. Fragile mécanique dont le succès dépendait en définitive d'un accord sur le chèque britannique avec l'Allemagne.

En mars, au sommet de Bruxelles, Margaret Thatcher exigea 1 250 millions d'écus par an. François Mitterrand, d'accord avec

Kohl, proposa 1 000, soit les deux tiers de ce qu'elle versait. Il risqua : « Je puis aller jusqu'à 1,1 milliard, pas au-delà, et sans garantie sur la décision des autres. » Elle refusa. Il poussa Kohl à résister : « Il ne faut pas dépasser deux tiers de 1 600, soit 1 066. Je préférerais qu'on en reste à 1 000. »

François Mitterrand obtint au passage que le chancelier allemand soutienne la nomination à la présidence de la Commission de Jacques Delors, qu'il avait encouragé à poser sa candidature. Kohl – qui aurait dû pousser un Allemand, puisque c'était le tour de son pays – fit mine un instant de soutenir un de ses ministres, Biedenkopf, et grogna : « Delors est trop têtu pour présider la commission. Il a des idées fixes ; il est plus teuton que français ! » François Mitterrand répondit : « Vous savez, Helmut, il ne faut pas s'en faire, la politique est faite par des hommes qui sont souvent très vaniteux... » Le chancelier n'insista pas : il entendait rester le seul Allemand en vue sur la scène internationale et retira la candidature de Biedenkopf. Il fut néanmoins convenu avec lui ce jour-là qu'après Delors ce serait le tour d'un Allemand. En fait, Jacques Delors allait accomplir deux mandats avant d'être remplacé... par un Luxembourgeois !

En juin 1984, après une seconde visite chez chacun des neuf autres, tous les contentieux étaient en passe d'être réglés, hormis celui de la contribution britannique qui conditionnait la bonne fin de l'ensemble.

Le sommet européen de Fontainebleau, où tout allait se jouer en deux jours, fut un modèle de connivence franco-allemande. François Mitterrand – qui s'était mis d'accord sur le scénario détaillé de la réunion avec le chancelier – proposa à Mme Thatcher un remboursement annuel de 1 milliard, soit 65 % de sa contribution. Le Premier ministre britannique refusa, exigeant toujours 1,4 milliard. François Mitterrand chuchota à Kohl : « Je commence à en avoir plus qu'assez de cette éternelle discussion. Je vous suggère de nous mettre d'accord pour lui proposer maintenant... Zéro, zéro, zéro ! » Kohl éclata de rire et répondit : « C'est un peu tard, vous auriez dû avoir cette excellente idée un peu plus tôt ! »

Après déjeuner, devant tous les autres chefs de gouvernement au visage fermé, dûment chapitrés par François Mitterrand et Helmut Kohl, le président français asséna avec brutalité au Premier ministre britannique : « Nous sommes tous d'accord, sauf vous. C'est à prendre ou à laisser. » Mme Thatcher comprit qu'elle était isolée et perdit son légendaire *self-control*. Elle réclama une suspension de séance pour rencontrer Kohl en tête à tête, qu'elle invectiva : « Nous sommes, vous et moi, les seuls à payer plus que nous ne touchons de la Communauté. Je pensais que votre pays, où nous payons des soldats chargés de vous défendre, nous appuierait ! » Le chancelier ne broncha pas. Elle demanda alors à voir François Mitterrand, tenta en vain de le convaincre. Puis, au bord des larmes, elle craqua : elle conclurait sur n'importe quelle base.

La séance reprit. Selon un scénario réglé à l'avance, François Mitterrand passa la parole au chancelier allemand qui lança, impitoyable : « Les Neuf proposent 65 %. » Mme Thatcher qui, une heure auparavant, exigeait encore qu'on lui rendît cent pour cent de sa contribution, demanda d'une petite voix : « 66 %, soit 1066 millions. » Cela lui fut accordé. C'était un peu moins que ce que François Mitterrand était prêt à céder depuis le premier jour, et un peu moins que ce que Giscard d'Estaing avait accepté en 1980. La construction de l'Europe était débloquée grâce à une connivence complète entre Kohl et Mitterrand. Cette arme-là allait bien souvent resservir.

Les nouveaux chantiers : l'Acte unique

À partir de 1984 et jusqu'à 1988, François Mitterrand lança nombre de projets dont certains constituent encore l'architecture de l'Europe d'aujourd'hui ; ils concernent le grand marché, la technologie, l'élargissement, la monnaie, la défense, les droits sociaux, la structure institutionnelle. À chaque fois le président français en fit d'abord des projets franco-allemands qu'il réussit ensuite, avec l'aide de Jacques Delors, à « vendre » aux autres sans trop mettre à mal leur susceptibilité.

Après le lancement du projet de guerre des étoiles par Ronald Reagan, il me laissa négocier, dans la perspective du sommet du G7 suivant, à Bonn, la création d'une Communauté technologique européenne qui devint le projet Eurêka, et il expliqua : « Mobiliser ses entreprises, mais aussi ses chercheurs, ses universitaires afin qu'ils sentent que leur avenir est sur notre continent, et qu'ils aient toutes les opportunités d'y travailler sur les recherches de pointe. [...] Les tentatives d'alliances industrielles ont jusqu'ici échoué. N'est-il pas temps que les États incitent [les entreprises] à s'unir ? » Ce fut – c'est encore – un formidable succès d'où sortirent, entre autres avancées proprement européennes, le déchiffrage de la carte du génome et les logiciels de transfert de données sur Internet.

Le 24 mai 1984, dans un discours au Parlement européen, François Mitterrand lança l'idée d'une Europe politique qui allait conduire, huit ans plus tard, au remplacement de la Communauté économique par une union politique. L'année suivante, il demanda aux Allemands, qui tenaient par-dessus tout à une coopération militaire avec la France, d'accepter simultanément une coopération monétaire. L'une se concrétisera par la création de la brigade européenne ; l'autre par celle de l'euro.

Le couronnement de cette action de relance fut la signature, le 28 février 1986, de l'Acte unique, traité initié par Jacques Delors et visant à l'ouverture, le 1er janvier 1993, d'un grand marché intérieur où les biens, les capitaux, les services et les personnes pourraient circuler librement, créant ainsi un espace économique de 370 millions d'habitants. La compétence communautaire se trouva élargie aux domaines de la recherche et du développement technologique, de l'environnement et de la politique sociale ; les pouvoirs du Parlement et du Conseil des ministres furent renforcés.

Pour François Mitterrand, l'Europe ne devait pourtant pas se réduire à un tel grand marché ; l'Acte unique n'était pas, pour lui, une fin en soi, mais une étape nécessaire sur la voie de la monnaie unique, d'une charte sociale commune et de l'intégration politique ; sa mise en œuvre, et son dépassement, devinrent son obsession, au point qu'il en fit un des prétextes qu'il se donna à lui-même pour se représenter en 1988.

Pendant son premier mandat, il esquissa aussi – en vain – d'autres pistes de possibles progrès européens. D'abord pour une réforme fiscale en faveur des salariés : « Je ne veux pas d'une Europe où le capital ne serait imposé qu'à moins de 20 %, tandis que les fruits du travail le seraient jusqu'à 60 % ! » Puis, en faveur de l'Europe sociale, il plaida : « Sans Europe sociale, les citoyens s'éloigneront de cette construction... Et, s'il le faut, nous la ferons sans les Britanniques ! » Enfin : « Faire l'Europe sans le concours des travailleurs serait une façon de la faire contre eux. »

À partir de 1987, il s'inquiéta des réserves que l'Allemagne commençait à manifester à l'égard de la construction de l'Europe, en particulier de la façon dont le chancelier refusait l'idée même d'une union monétaire. Le 25 août 1987, à Latche, il confia à Felipe González : « Les Allemands transposent dans l'économie leur volonté de domination, avec sa traduction la plus évidente : la monnaie. Le mark est ce qui manifeste la puissance de l'Allemagne. »

En Conseil des ministres, le 17 août 1988, il ajouta : « Le Deutsche Mark est la force nucléaire de l'Allemagne. » Il avait raison : le mark était le seul élément de l'identité allemande dont ce pays était encore en droit d'être fier, et il semblait impossible de le convaincre de s'en passer.

De plus, ces différents projets étaient remis en cause par les premiers craquements annonciateurs du séisme qui allait bientôt bouleverser l'Europe de l'Est.

Six personnages en quête d'auteur

Au début de 1988, il devint manifeste que l'URSS allait très mal : sa croissance annuelle était devenue négative, sa population active stagnait ; le taux de mortalité croissait, la natalité diminuait, les listes d'attente pour les logements et les soins s'allongeaient. Des élites cyniques et corrompues ne purent empêcher le cataclysme technologique à Tchernobyl et l'enlisement militaire en Afghanistan.

Quand, le 15 mai 1988, Mikhaïl Gorbatchev décida de retirer les troupes soviétiques de ce bourbier, François Mitterrand me répéta sa conviction – qu'il partageait avec Ronald Reagan – que l'URSS allait bientôt s'effondrer : « Cet empire n'a plus de raison d'être. Il aura disparu en l'an 2000. » Au seuil de 1989, nul ne devinait pourtant que la fin du système soviétique et la réunification allemande seraient jouées dès la fin de l'année.

Six personnages jouèrent un rôle majeur dans cette pièce, qu'ils durent improviser.

Mikhaïl Gorbatchev, d'abord. Sûr de lui, communiste convaincu, il pensait trouver dans la paix en Afghanistan et dans la réforme politique (la perestroïka) les moyens de moderniser la société socialiste et de se débarrasser d'une caste d'apparatchiks engourdis et de nationalistes nostalgiques. Il espérait ainsi accompagner la démocratisation de son empire et en faire des « États-Unis soviétiques ». Il aurait aussi voulu réaliser la neutralisation d'une Allemagne réunifiée. Mais, comme il s'interdit toute intervention armée, il ne put qu'accompagner la démocratisation de l'Europe de l'Est, puis le démantèlement du pacte de Varsovie, puis la désarticulation de l'Union soviétique elle-même et la réunification allemande.

Faussement naïf, Helmut Kohl saisit toutes les occasions d'avancer à pas de géant vers une réunification qui lui tombait du ciel. Il assurait pourtant à qui voulait l'entendre qu'il n'avait nullement l'intention de remettre en cause les frontières de l'Allemagne fédérale ni de la laisser quitter le camp occidental. Le 28 mars 1987, il affirma encore à François Mitterrand, lors d'une rencontre au château de Chambord : « De toute façon, l'Allemagne de Bismarck ne reviendra jamais. C'est une erreur que les Allemands commettent depuis cent ans ! Cela demande beaucoup de force d'y résister. Si nous continuons à rêver à notre réunification, nous allons nous retrouver entre deux chaises... » Quand, en septembre 1988, il comprit que l'attitude de Gorbatchev ouvrait toutes les portes, il cacha, derrière des airs de notable lourdaud, une redoutable intelligence au service d'un rêve grandiose. Parfois menteur (au moins par omission), défenseur passionné des intérêts de son pays, capable de concessions dérisoires en échange d'avancées majeures, il réalisa à marche forcée son grand œuvre : la réunification des deux Allemagnes.

George Bush, lui, ne pensait qu'à détacher la Pologne et la Hongrie de l'Union soviétique et à les rapprocher de l'OTAN. Si, à Washington, certains esprits peu conformistes – dont le président sortant, Ronald Reagan – pariaient sur un proche effondrement de l'URSS, nul, au sein de la nouvelle administration, n'aurait risqué un dollar sur sa modernisation. L'Empire soviétique restait, aux yeux de Bush, la superpuissance nucléaire, le soutien de Castro et de toutes les guérillas de par le monde, l'ennemi à isoler, à affaiblir, à détruire. Il fallait moins encore, pour l'Américain, tolérer une réunification de l'Allemagne qui ne pouvait conduire, pensait-il, qu'à sa neutralisation pour le plus grand bénéfice de l'URSS.

Mme Thatcher estimait, elle, que l'Union soviétique était là à jamais, qu'elle resterait l'ennemi à combattre et qu'il fallait se méfier de ce charmeur nouvellement arrivé au Kremlin. Selon elle, il fallait aussi lutter à tout prix contre une réunification allemande qui affaiblirait la Grande-Bretagne en donnant plus de poids à l'Europe continentale. Elle pestait en particulier contre le chancelier Kohl, qui, à ses yeux, « voulait bousculer l'Europe du haut d'une Allemagne dominatrice ».

François Mitterrand était depuis toujours convaincu de l'imminence d'une désarticulation de l'Europe de l'Est. Pour lui, l'Empire soviétique se déferait avant l'an 2000 dans des troubles qui risquaient d'entraîner un coup d'État militaire à Moscou. Il s'en ouvrit encore à George Bush lors de ce week-end de mai 1989 à Kennebunkport, dont il a été question plus haut : « Le Parti et l'armée ont encore assez de force pour accuser Gorbatchev de ruiner la puissance soviétique. Il veut la paix, mais il est menacé par le rythme de l'évolution. Il faut se montrer prudent. Il peut être amené à faire des allers et retours. » Puis, au cours de ce même entretien, il confirma son pronostic : « J'ai toujours pensé que l'Empire soviétique se disloquerait avant la fin du siècle. » Il pensait cependant qu'il fallait éviter le démantèlement de l'URSS et de la fédération yougoslave. Non par un attachement au passé mais parce qu'il craignait le retour des querelles de frontières, cause des deux guerres mondiales. Il estimait nécessaire d'accompagner cette dislocation pour qu'elle se déroulât sans trop de heurts ; et surtout pour que la réunification allemande, qui s'ensuivrait nécessairement, s'opère dans un cadre européen, sans remettre en cause ni les autres frontières d'après guerre, ni la dénucléarisation de l'Allemagne, ni le double grand œuvre qu'il avait en tête : la monnaie européenne et l'union politique.

Dès son premier septennat, il m'avait expliqué que la séparation entre la Prusse et le reste de l'Allemagne avait mis le meilleur de ce pays entre les griffes soviétiques : « L'aventure prussienne est une des plus remarquables qui soient. C'était un État fondé sur un roi et une armée, sans peuple, ni nation, ni frontières. La Prusse, contrairement à son image habituelle, a peut-être été, à son époque, en particulier à Berlin, l'État le plus civilisé d'Europe. On y discutait de l'opportunité de doter les citoyens de cartes d'identité, craignant le contrôle que cela ferait peser sur eux [...]. Les accords de 1945 ont été imbéciles : l'Ouest a cédé aux Soviétiques cette partie de l'Allemagne parce qu'elle était détruite. » Il dit au chancelier Kohl, à Bad Kreuznach, le 30 octobre 1984 : « Vous ne pouvez pas décréter la réunification ; mais il faut partir du principe que tout ce qui n'est pas impossible est possible. » Le 2 octobre 1985, lors de sa première visite à Gorbatchev, il lui dit : « Mon esprit même est partagé. D'un côté, je ne souhaite rien d'autre que de m'entendre fraternellement avec les Allemands. Par ailleurs, je ne peux pas souhaiter la reconstitution d'un pôle dominant au centre de l'Europe. »

Quand, en mai 1987, le ministre des Affaires étrangères de la cohabitation, Jean-Bernard Raimond, s'indigna en Conseil des ministres du « caractère démoniaque de l'idée de réunification de l'Allemagne lancée par Gorbatchev », François Mitterrand le contredit : « Cette tendance existe depuis la minute où l'armistice a été signé en 1945 [...]. Un jour ou l'autre, je ne sais pas quand, un gouvernement français sera devant le coup de théâtre d'une proposition de ce type. » Au printemps de 1989, il répéta encore en Conseil des ministres : « Que les Allemands veuillent la réunification, c'est parfaitement logique et normal. Il faut que nous prenions en compte dans notre diplomatie ce besoin irrépressible. » Il ajouta ce jour-là : « Je ne suis pas contre la réunification allemande [...]. Si le peuple allemand la veut, nous ne nous y opposerons pas. Mais les conditions n'ont pas changé au point que cela soit possible. »

Contrairement à ce que beaucoup colportent encore aujourd'hui, François Mitterrand ne voulut donc pas « empêcher » la réunification. C'était pour lui une question dont les Allemands devaient décider entre eux, mais qu'il lui appartenait, à lui, président français, d'inscrire dans un quadruple mouvement : faire respecter par l'Allemagne réunifiée les obligations auxquelles étaient tenues chacune des deux Allemagnes ; faire de l'Allemagne réunifiée un membre d'une Union européenne dotée d'une monnaie unique ; inscrire l'Europe de l'Est dans une confédération continentale ; enfin, aider l'URSS afin que l'ancienne superpuissance humiliée ne devienne pas agressive.

D'abord, changer l'URSS, puis réunifier l'Allemagne. Surtout pas l'inverse !

Quant au sixième acteur de cette histoire, le plus important, il s'agissait bien sûr des peuples d'Europe de l'Est. Lorsque les manifestants de Budapest et de Prague comprirent que l'Armée rouge ne tirerait pas sur eux et que les tragédies de 1956 et 1968 ne se renouvelleraient pas, ils n'eurent plus peur. Alors, comme le leur avait conseillé, entre autres, le pape Jean-Paul II, ils se mirent en marche. Plus rien ne les arrêta. Les hommes d'État ne firent qu'accompagner du mieux qu'ils purent, conformément à leurs intérêts, ce grand dégel.

Le dégel : vivre sans peur

François Mitterrand, moins pris de court que tous les autres dirigeants concernés, s'attacha à gérer le cours de l'Histoire au mieux des intérêts français. En particulier, il chercha à éviter qu'une réunification inconditionnelle ne débouchât sur la naissance d'une Allemagne trop libre de ses mouvements (« trop prussienne », disait-il). Il demanda donc – et obtint – des Allemands quatre concessions majeures, préalables à la réunification : la reconnaissance de la frontière polonaise, la renonciation définitive de l'Allemagne réunifiée à l'arme nucléaire, le lancement de la monnaie unique et de l'Union politique européenne. Le chancelier Kohl eut la sagesse et le courage de faire ces concessions à la France.

Tout commença le 1er juillet 1989, jour où le sort, une nouvelle fois incroyablement bien disposé à son égard, confia à François Mitterrand, en plus de la présidence du G7, celle de la Communauté européenne. Un sommet du G7 devait avoir lieu le 15 juillet à Paris et un sommet européen début décembre à Strasbourg.

Les deux superpuissances s'enlisaient dans d'interminables débats sur un désarmement éventuel. La Communauté européenne s'embourbait dans des discussions sans fin sur l'éventualité d'une monnaie unique et d'une politique sociale commune. Le chaotique *aggiornamento* à l'Est paraissait menacé, chaque jour davantage, par une reprise en main, comme cela venait de se passer à Pékin, sur la place Tian'anmen, où une révolte d'étudiants chinois avait été réprimée par les chars.

Pourtant, dans la première semaine de juillet, Moscou sembla laisser faire. En Pologne, une table ronde entre le gouvernement, le mouvement Solidarité et l'Église aboutit à la légalisation du syndicat de Lech Walesa et à l'annonce d'élections libres. En Hongrie, le Parti communiste se libéra du contrôle soviétique, avec l'assentiment explicite de Gorbatchev. À l'Ouest, beaucoup ne voulaient voir là que le dégel saisonnier d'une éternelle banquise. François Mitterrand, lui, y décelait une rupture durable mais trop rapide, donc éminemment dangereuse. George Bush comptait pour sa part annoncer, depuis Varsovie où il allait se rendre juste avant le sommet du G7, la création d'un consortium des Sept, sous direction américaine, destiné à financer et coordonner l'assistance économique à la Pologne et à la Hongrie. Nous réussîmes à les convaincre d'attendre le sommet des Sept avant toute annonce.

Les Américains ayant refusé la proposition de François Mitterrand d'inviter Gorbatchev le 15 juillet avec les Sept, le dirigeant soviétique vint à Paris juste avant les cérémonies du bicentenaire de la Révolution française pour redire son inquiétude de ne pas disposer des moyens financiers pour réussir son changement.

Le 15 juillet s'ouvrit le sommet de l'Arche, dans un immeuble de la Défense terminé dans l'urgence quelques jours auparavant. J'avais réussi à faire en sorte que ce sommet se tienne au lendemain des fêtes du bicentenaire, de façon à y inviter trente chefs d'État du Sud. Une fois nos velléités de réunir ainsi un sommet Nord-Sud étouffées par les Américains, le G7 protesta mollement contre la répression chinoise à Tian'anmen, décida que l'aide à la Pologne serait coordonnée par la Commission européenne, annonça un effort visant à réduire les dettes africaine et mexicaine, accorda le financement nécessaire à l'édification de grands barrages au Bangladesh, lança des initiatives majeures contre le blanchiment d'argent et contre les dérèglements climatiques et passa une heure et demie sur la question albanaise. Mais il n'évoqua pas la réunification allemande.

Au soir du sommet, je commençais à ranger mes dossiers : j'avais l'intention de quitter bientôt l'Élysée. Cette décision, prise depuis la réélection du président, avait été retardée par ma responsabilité de sherpa au sommet de l'Arche. Mais ce départ s'imposait à moi : après dix ans – passionnants –, je voyais venir l'ennui, avec un président décidé à ne plus influer sur l'action de son propre gouvernement. Comme il n'était pas question pour moi d'accepter un poste quelconque de l'État, encore moins du secteur privé, ne restait qu'un retour à ma première vie : enseigner. J'étais invité à le faire dans une université américaine. J'étais tenté d'accepter. Je décidai de laisser passer l'été pour réfléchir à la meilleure façon d'organiser mon départ.

Au lendemain du sommet de l'Arche, à Varsovie, le général Jaruzelski demanda à Solidarité de former le premier gouvernement non communiste d'après guerre en Europe de l'Est ; ainsi, comme l'avait prévu François Mitterrand en le recevant quatre ans plus tôt, ce général impopulaire présidait bel et bien à la fin de la dictature en Pologne. En Hongrie, les réformistes du Parti communiste refusèrent de renvoyer à Bucarest des transfuges roumains de langue hongroise : l'un des principes sacro-saints de l'ordre impérial – la fermeture des frontières – se trouvait bafoué. Moscou ne broncha pas. Les populations ne s'y trompèrent pas : il était désormais possible de passer sans encombre d'un pays de l'Est à un autre. En quelques jours, 300 000 Allemands de l'Est passèrent en Hongrie, espérant ainsi contourner le Mur et gagner l'Autriche. À la frontière austro-hongroise, des foules énormes s'agglomérèrent face aux soldats hésitants. Ce qui venait de se passer à Pékin était dans tous les esprits. Le principal collaborateur de Gorbatchev, Vadim Zagladine, me téléphona : « Ne t'inquiète pas. Il n'y aura pas de Tian'anmen à Budapest ni à Varsovie. »

À la mi-août, devant ces premiers craquements, me vint l'idée de proposer à François Mitterrand la création d'une institution européenne rassemblant tous les pays du continent, y compris l'URSS. Au mieux, imaginais-je, cette institution devrait être à la fois une banque et un forum pour mettre en œuvre un projet politique commun à tous ces pays : le rassemblement continental. J'étais convaincu que la paix en Europe se jouerait sur la capacité de l'Union soviétique à réussir sa sortie du communisme, et qu'il fallait aider politiquement et financièrement Gorbatchev dans sa démarche et les pays de l'Est à réussir cette transition. Le président approuva ma suggestion. Pour lui, pas question d'élargir la Communauté avant qu'elle ne soit devenue une réalité politique. D'où l'intérêt d'un forum (qu'il préféra appeler « confédération ») et d'une banque (pour financer la transition de ces pays vers la démocratie sans entamer pour autant le budget de l'Union). Je travaillai donc à cette double idée. Pour moi, il n'était pas du tout question de présider cette institution si elle voyait le jour ; c'était juste un projet parmi d'autres, comme celui des grandes digues du Bangladesh, dont je venais d'obtenir le financement par le G7.

Le 24 août 1989, le Premier ministre hongrois, Miklos Nemeth, demanda à Mikhaïl Gorbatchev l'autorisation d'ouvrir sa frontière avec l'Autriche. Gorbatchev hésita : s'il acceptait, c'était la fin de l'Empire soviétique. Pendant ce temps, des Allemands de l'Est manifestèrent en faveur de l'ouverture des frontières avec l'Ouest sans que la police d'État réagisse.

Le 1er septembre, François Mitterrand expliqua à Margaret Thatcher, qui accusait Kohl de pousser les Allemands de l'Est à manifester, qu'il ne s'opposerait pas à une réunification, une fois réaffirmée l'intangibilité de la frontière entre la Pologne et l'Allemagne. Puis il ajouta une prédiction que la Dame de fer trouva rassurante : « Jamais Gorbatchev n'acceptera une Allemagne unie dans l'OTAN. Et jamais les Américains n'accepteront que la RFA sorte de l'Alliance. Alors, ne nous inquiétons pas : disons qu'elle se fera quand les Allemands le décideront, mais en sachant que les deux Grands nous en protégeront. »

En réalité, si François Mitterrand pensait que les deux Grands étaient encore en mesure d'empêcher la réunification, il estimait qu'ils ne le feraient pas.

De fait, le 11 septembre 1989, après avoir hésité une quinzaine de jours, Gorbatchev laissa les Hongrois ouvrir leur frontière avec l'Autriche. On pouvait désormais passer librement de l'Est à l'Ouest. Le mur de Berlin tenait toujours, mais il avait perdu toute sa raison d'être.

La chute du Mur

François Mitterrand avait depuis longtemps prévu un voyage en Allemagne de l'Est pour la fin de l'année 1989. Certains lui recommandèrent, début septembre, de reporter ce voyage en attendant la suite des événements. Il décida de le maintenir pour ne pas nuire à Gorbatchev, qui y aurait vu un désaveu. Il me dit, le 9 octobre : « Ce qui m'intéresse, ce n'est pas le dialogue avec les Allemands de l'Est, mais celui avec Gorbatchev, et je ne vois pas pourquoi je chercherais à le mettre en difficulté par des déclarations intempestives ou en reportant ce voyage. »

Le 18 octobre, à l'Est, juste après de grandioses célébrations fêtant le quarantième anniversaire de la fondation de la République démocratique d'Allemagne, des manifestations monstres à Leipzig poussèrent le vieux dirigeant est-allemand Erich Honecker à démissionner. Le lendemain, le communisme hongrois opéra son autodissolution et ses élites se dispersèrent au sein de partis nouveaux, de gauche comme de droite. À Moscou, Gorbatchev parlait de « social-démocratie » tout en entendant encore préserver l'unité du pacte de Varsovie.

Le 24 octobre, Kohl vint dîner à Paris. Il se montra volubile et amical, comme à l'accoutumée, soucieux d'éviter tout sujet sérieux. François Mitterrand exposa d'abord que la dislocation de l'Empire soviétique, qui s'amorçait, exigeait le renforcement de la Communauté européenne : « Sitôt que l'Empire soviétique sera disloqué, tout va changer. L'URSS aura à s'intéresser à son seul développement économique, à ses problèmes de nationalités, elle n'aura pas les moyens de faire autre chose, et surtout pas la guerre. [...] La Communauté européenne va demeurer la seule force, elle va constituer un pôle de réaction. L'Europe va voir sa puissance augmenter si la France et la RFA demeurent alliées. C'est à nous de faire l'Histoire, donc de faire avancer la construction européenne. » Le chancelier approuva. François Mitterrand ajouta que la réunification allemande, qui aurait lieu un jour, exigerait, elle aussi, un rassemblement des Européens : « Votre problème ne peut être résolu que dans le cadre de l'Europe. » Sentant le chancelier prêt à tout accepter pourvu qu'on le laissât nouer des relations directes avec l'Allemagne de l'Est, le président proposa que le sommet européen suivant, convoqué pour le 8 décembre à Strasbourg, lance les négociations débouchant sur la monnaie unique et adopte la Charte sociale. Le chancelier écouta sans approuver. Puis François Mitterrand expliqua l'idée de la

Banque pour l'Europe de l'Est, et celle de la Confédération. Le chancelier ne fit pas même semblant d'écouter.

Le lendemain, parlant devant le Parlement européen en tant que président en exercice de la Communauté, François Mitterrand annonça ses priorités : lancer la conférence intergouvernementale qui aboutirait à l'euro, faire adopter la Charte sociale, soutenir l'évolution à l'Est par la création d'une confédération et d'une banque : « Une banque pour l'Europe qui, comme la BEI, financera les grands projets en associant à son conseil les Douze européens et puis les autres : la Pologne, la Hongrie... et pourquoi pas l'URSS », comme « ce qui fut fait par Eurêka pour la technologie et l'audiovisuel ».

Tout le monde en Europe trouva utopique l'idée de cette nouvelle institution européenne. Avec Jean-Claude Trichet, alors directeur du Trésor, Élisabeth Guigou et Marc Boudier, à l'Élysée, je commençai à réfléchir à ce qu'elle pourrait être, si elle voyait jamais le jour : une banque, propriété des pays des deux Europes, capable de financer les infrastructures et les investissements privés, et qui, pour la première fois, conditionnerait son action au respect des droits de l'homme. J'évaluais à 15 milliards de dollars le capital minimal. J'estimais important pour Paris d'en obtenir le siège, qui attirerait chez nous tous les dirigeants de l'Est. Je ne pensais aucunement à la présider : si je souhaitais quitter l'appareil du pouvoir, ce n'était pas pour devenir banquier. Je décidai donc de rester quelques mois de plus à l'Élysée, pour tenter de donner à ce projet une chance d'exister. Je voulais vivre au premier rang cette page d'histoire et y apporter ma contribution : l'occasion d'imaginer et de créer une institution internationale ne se rencontre pas tous les jours...

Car l'Histoire s'accélérait et François Mitterrand, quoi qu'on en ait dit, l'avait compris bien avant les autres. Le 2 novembre, au cours du sommet semestriel franco-allemand, il expliqua que la réunification aurait plutôt lieu avant l'an 2000, et non plus en 2015, comme il l'avait jadis pronostiqué. Il répéta au chancelier qu'il ne ferait rien ni pour la favoriser ni pour la ralentir : « Je serais étonné que les dix années qui viennent se passent sans que nous ayons à affronter une nouvelle structure pour l'Europe. Je ne fais pas de pronostic, mais ça ira vite... » Le chancelier le pressa de parler positivement de la réunification devant la presse. François Mitterrand répéta aux journalistes qu'elle lui paraissait possible, qu'il la prendrait comme un fait, sans l'approuver ni la regretter : « Je n'ai pas peur de la réunification... Pas un homme politique européen ne doit désormais raisonner sans intégrer cette donnée. » Pourtant, malgré toutes ces prises de position publiques, on continua de dire qu'il y était hostile...

Le 9 novembre, alors que François Mitterrand se trouvait au Danemark et Helmut Kohl en Pologne, ce qui devait arriver arriva : les autorités de RDA ouvrirent leur frontière avec l'Ouest. Le mur de Berlin, rendu inutile deux mois plus tôt par l'ouverture de la frontière austro-hongroise, s'écroula.

Pas de réunification de l'Allemagne sans rassemblement de l'Europe

Kohl se précipita le jour même à Berlin-Ouest pour y proclamer que le « rassemblement des Allemands » était en marche, et prononça cette phrase terrible : « Je reconnais la frontière avec la Pologne en tant qu'Allemand de l'Ouest, mais je ne suis pas habilité à parler au nom de l'Allemagne tout entière, et l'Histoire a sa dynamique. »

Inquiet de cette déclaration qui remettait en cause la frontière germano-polonaise de 1945, pour laquelle tant de sang avait été versé, François Mitterrand déclara depuis Copenhague : « Il est vraisemblable que ce grand mouvement populaire sera contagieux [...]. Cela ne peut que réjouir ceux qui, comme moi, appelaient cette sortie de leurs vœux. Mais nous sortons d'un ordre établi et nous ne pouvons pas dessiner un nouvel équilibre. Ce qui veut dire que cela ira sans doute bien mieux, mais que ce sera aussi plus difficile. »

Certains lui conseillèrent alors de quitter immédiatement Copenhague pour rejoindre Kohl à Berlin. Je lui conseillai pour ma part de ne pas y aller : ce n'était pas une affaire franco-allemande. Pourquoi donner un chèque en blanc à un mouvement qui, conduit dans le désordre, risquait d'entraîner la remise en cause de tant de frontières ? Il était du même avis. D'autres lui suggérèrent de se déclarer publiquement en faveur de la réunification ; il refusa tout autant pour ne pas paraître donner un blanc-seing inconditionnel : « Le moment n'est pas venu de parler. Il est de conduire un processus. Parler serait sûrement contre-productif. » D'autres encore l'exhortèrent à s'inviter, comme président de la Communauté européenne, au sommet américano-soviétique annoncé pour le 2 décembre à Malte ; il refusa en ironisant : « Il faudrait que j'aille rendre compte sur un bateau de guerre étranger aux deux grands tuteurs de la planète qui me remercieraient poliment et passeraient aux choses sérieuses après m'avoir congédié ?... C'est peut-être dommage, mais on n'en est pas au point où les rencontres de ce genre pourraient se tenir en la présence de l'Europe. » D'autres, enfin, lui proposèrent de réunir sur-le-champ les Douze européens, sans attendre le sommet prévu à Strasbourg un mois plus tard. Il était réticent : son grand projet, c'était l'unification européenne, pas la réunification allemande ; et il ne voulait pas que l'une ruinât l'autre. Il attendit que l'émotion fût un peu retombée avant d'inviter les pays membres de la Communauté à un dîner à l'Élysée pour la semaine suivante, le 18.

Lorsque Michel Rocard, à Paris, salua avec enthousiasme « la paix retrouvée », François Mitterrand commenta, acide, en privé : « La paix ! Comment peut-il parler de paix ? C'est tout le contraire qui nous attend !... Jamais Gorbatchev n'acceptera d'aller plus loin. Ou alors il sera remplacé par un dur. Tous ces gens jouent avec la guerre mondiale, sans le voir... »

Tout aussi inquiète que le président français à l'idée d'une évolution de type autoritaire à Moscou, Margaret Thatcher écrivit à Gorbatchev pour lui assurer qu'aucun pays de l'Ouest n'avait l'intention d'intervenir en RDA et que la Grande-Bretagne veillerait à l'intangibilité du statut de Berlin défini par un accord quadripartite de 1971.

Le 14, à midi, Mikhaïl Gorbatchev téléphona à François Mitterrand : « Kohl m'a dit qu'il tenait ferme contre ceux qui, en RFA, poussent à la réunification. De toute façon, moi, je ne peux pas aller plus loin. Je ne peux pas accepter plus que ça. » François Mitterrand commenta : « Gorbatchev ne peut pas supporter à la fois la dégradation économique de son pays, les tensions des nationalités, la perte d'influence sur ses satellites et la remise en cause des pactes et des frontières. Cela risque de réveiller la Roumanie, la Moldavie, la Transylvanie, la Rhénanie, la Prusse-Orientale, la Mazurie... Demander la réunification, c'est pousser Gorbatchev à la culbute. »

Il passa la journée du 18 aux préparatifs du dîner du soir pour éviter qu'il ne se focalise sur la seule réunification : « Si j'avais organisé ce dîner avant le 18 novembre, nous n'aurions parlé que de la réunification alors que cette question n'est plus au premier plan. On va pouvoir parler de l'aide à l'Est, de la monnaie unique et de la Charte sociale. »

Pendant que les Douze se retrouvaient dans un grand salon du rez-de-chaussée de l'Élysée, je réunis les sherpas dans un salon voisin pour faire avancer le projet de banque. En vain : personne n'en voulait.

Après avoir raccompagné le dernier de ses hôtes, François Mitterrand me raconta sa soirée. L'atmosphère avait tout de suite été électrique. Margaret Thatcher était arrivée déchaînée contre le chancelier, lequel avait essayé de se faire aussi transparent que possible. Une fois le plat principal desservi, le président français avait ouvert la discussion par un tour de table sur la monnaie européenne. Helmut Kohl et Margaret Thatcher avaient confirmé leur refus de s'engager dans un tel processus. De même pour l'union politique. Puis François Mitterrand avait posé quatre questions soigneusement préparées dans la journée, sans évoquer la réunification, qu'il voulait n'aborder qu'une fois traités les autres sujets :

- Faut-il aider tout de suite les pays de l'Est, ou attendre que le processus démocratique soit plus engagé ? Son avis était qu'il fallait aider immédiatement la Pologne et la Hongrie, peut-être aussi la RDA. Tout le monde fut d'accord. Mme Thatcher surenchérit : « Il faut aider l'URSS et ses satellites plutôt que leur consentir des prêts, car ces pays sont trop endettés. »

- Quelle attitude avoir vis-à-vis de Gorbatchev? Il expliqua qu'il ne fallait pas le déstabiliser. Là encore, tout le monde approuva. Mme Thatcher ajouta même : « Il faut renforcer la stabilité de l'OTAN et aussi, pour le moment, celle du pacte de Varsovie. »

- Que pouvons-nous faire dans le cadre de la Communauté ? Il fallait agir, expliqua-t-il, mais sans remettre en cause les moyens consacrés à l'Afrique. Là, personne ne voyait où trouver des ressources nouvelles. Il glissa alors l'idée de la banque qui fut accueillie par un silence poli.

- Faut-il soulever la question des frontières ? Il expliqua que lui-même y était hostile, en particulier pour ce qui était des frontières de l'Allemagne avec les pays de l'Est. Il n'évoqua pas la frontière entre les deux Allemagnes. Mme Thatcher surenchérit : « Surtout ne pas toucher aux frontières ! Sinon, on risque la balkanisation ! Il ne faut pas réagir sous le coup de l'euphorie et de l'émotion. »

Kohl aborda alors la question à laquelle tout le monde pensait depuis le début de soirée, celle de la frontière entre les deux Allemagnes. Il cita une obscure déclaration d'un sommet de l'OTAN de 1970 en faveur de la réunification. Mme Thatcher bondit : « Mais cette déclaration date d'un moment où l'on pensait qu'elle n'aurait jamais lieu ! » Kohl devint tout rouge, comme chaque fois qu'il se sentait mal à l'aise : « Oui, mais nous avons fait cette déclaration ensemble ! Et elle nous engage toujours. Et puis… (Il éructa :) Vous ne pouvez pas empêcher le peuple allemand de vivre son destin ! » Margaret Thatcher trépigna, folle de rage : « Vous voyez, vous voyez ! C'est ça qu'il veut ! »

François Mitterrand préféra changer de sujet et revint à l'idée d'une banque destinée à aider l'Europe de l'Est : « C'est un sujet dont on peut au moins parler », plaida-t-il. Margaret Thatcher maugréa : « Ce ne serait qu'une bureaucratie de plus ! » Les autres se prononcèrent également contre, mais nul n'osa demander qu'on enterrât trop brutalement cette nouvelle lubie de leur hôte.

Puis François Mitterrand alla voir les journalistes qui attendaient dans le grand salon. Il avait griffonné sur un petit feuillet la phrase clé qu'il voulait leur transmettre : « La question allemande est une question européenne. » Autrement dit, la réunification des deux Allemagnes, si elle a lieu, devra respecter les accords européens et les renforcer. Margaret Thatcher évoqua le même sujet avec une hostilité véhémente et cita le projet français de banque européenne comme « quelque chose pour le long terme ».

Trois jours après, le 21 novembre 1989, Gorbatchev téléphona à François Mitterrand : Kohl pouvait faire ce qu'il voulait avec la RDA, sauf toucher aux traités en général et aux frontières en particulier. Donc, pas de réunification. Le président rapporta par téléphone ce propos au chancelier qui lui déclara que ces conditions lui allaient fort bien et l'encouragea par ailleurs à maintenir son voyage prévu en Allemagne de l'Est à la fin décembre. En raccrochant, François Mitterrand me dit : « Je sens bien qu'il compte sur les peuples pour l'aider à bousculer les chancelleries. La réunification aura lieu dans les dix ans, et nous aurons à la gérer. »

Ce jour-là, en bavardant avec le principal collaborateur du chancelier, Horst Teltschik, un de mes homologues allemands (l'autre, le sherpa, était le vice-ministre des Finances, Horst Köhler, aujourd'hui président de la République d'Allemagne), je pronostiquai que la réunification allemande aurait lieu, en fait, avant la fin de l'année 1990 : car, pour moi, les événements s'accéléraient et aucune force ne les arrêterait plus. Dix ans plus tard, rapportant ma prédiction dans ses Mémoires, Horst Teltschik expliqua qu'il avait interprété alors ce qui n'était que mon pronostic personnel comme un feu vert de la France.

Quarante-huit heures plus tard, l'ambassadeur américain à Bonn, Vernon Walters, agent secret devenu diplomate, fit scandale en parlant d'une possible réunification « dans les cinq ans ». Il fut immédiatement interdit de parole par son propre gouvernement.

Le lendemain, le 24 novembre, le principal conseiller de Gorbatchev, Vadim Zagladine, m'avisa comme avec lassitude que, si les Allemands de l'Est réclamaient la réunification, Gorbatchev ne pourrait s'y opposer. Quand je rapportai ce propos à François Mitterrand, il hocha la tête : « Ça s'accélère. Ça pourrait confirmer votre pronostic. » Le 25, Egon Krenz, président du Conseil d'État de RDA, annonça la tenue d'élections libres avant la fin 1990. François Mitterrand jubila : « Vous voyez bien qu'il faut que j'y aille ! L'Allemagne de l'Est devient une démocratie. Vous allez voir, ces Prussiens vont tenir tête aux Bavarois ! Ils ne se laisseront pas avaler par eux ! Et en plus, en y allant, je fais pression sur Kohl pour qu'il me cède sur l'Europe. »

Le 27, Kohl exposa par écrit à François Mitterrand une savante architecture de négociation sur l'Union monétaire qu'Élisabeth Guigou, qui suivait les questions européennes à l'Élysée, trouva « paralysante ».

Le lendemain 28, sans en avoir parlé à François Mitterrand, à aucun de ses partenaires ni même à son propre ministre des Affaires étrangères, Hans Dietrich Genscher, le chancelier exposa devant le Bundestag un plan en dix points visant à la réalisation de « structures confédératives » entre les deux Allemagnes. Son plan était compatible avec les deux conditions posées le 21 par Gorbatchev : le pacte de Varsovie serait maintenu et le caractère étatique de la RDA ne serait pas remis en question. Le projet, à terme, de Kohl était pourtant clairement énoncé ; c'était la réunification : « Nous sommes prêts à entreprendre un nouveau pas décisif en mettant en place des structures confédérales entre les deux États, avec l'objectif de créer ensuite une fédération... Quelle sera la forme d'une Allemagne réunifiée ? Personne ne le sait aujourd'hui... »

Informé de ce discours par une dépêche d'agence, François Mitterrand entra dans une grande colère : « Il ne m'a pas prévenu ! Je ne l'oublierai jamais ! En fait, Kohl est d'accord avec la RDA : il ne veut pas que les Alliés se mêlent des négociations qui vont commencer entre eux. Mais il est prudent : il ne parle pas ouvertement de modification du statut politique des deux Allemagnes. C'est pourtant bien son intention. Gorbatchev sera furieux ; il ne laissera pas faire ! » Il appela le chancelier pour lui dire que la France n'approuverait pas son plan tant que la RFA n'accepterait pas de s'engager, avant la réunification, sur trois points : lancer les négociations sur l'union européenne, reconnaître les frontières avec la Pologne, confirmer la dénucléarisation de l'Allemagne. Le chancelier s'en tint à une réponse dilatoire : « Je ne vois pas comment je pourrais parler de tout cela au nom d'une Allemagne réunifiée qui n'existe pas. Je vais réfléchir. Je vous en reparlerai bientôt. » Alors François Mitterrand ajouta : « Je me rendrai en RDA dans un mois pour qu'on n'interprète pas une annulation de manière politique. » Le chancelier répéta : « Je vais réfléchir. »

Il ne réfléchit pas longtemps : deux jours plus tard, le 30 novembre, Hans Dietrich Genscher vint porter au président la réponse du chancelier. Cette visite fut pour nous une surprise : originaire d'Allemagne de l'Est, ministre des Affaires étrangères depuis 1974, passionnément attaché à la réunification, Genscher était le grand rival du chancelier, qui ne le tenait pas au courant de ses initiatives ; il était donc étonnant que Kohl lui eût confié le soin de transmettre un message. Genscher annonça au président que le gouvernement allemand acceptait le lancement au sommet européen de Strasbourg, la semaine suivante, de négociations sur l'Union politique et monétaire ainsi que le processus d'approbation de la Charte sociale. Le président jubila : si le chancelier avait chargé son rival de transmettre cette réponse, c'était pour que celui-ci fût tenu, lui aussi, par cette promesse. Furieux d'avoir à transmettre une telle reddition qui signifiait, entre autres, la mort du mark, Genscher parla longuement de l'unité allemande sans la replacer dans le contexte d'un rapprochement européen. François Mitterrand lui répondit par une menace prophétique : « Si l'unité allemande se fait avant l'unité européenne, vous trouverez contre vous la triple alliance (France, Grande-Bretagne, URSS), exactement comme en 1913 et en 1939. Vous serez certes 90 millions d'habitants, mais l'URSS se tournera vers nous, vous serez encerclés, et cela se terminera par une guerre où tous les Européens seront de nouveaux ligués contre les Allemands. C'est ça que vous voulez ? Si, par contre, l'unité allemande se fait après que celle de l'Europe aura progressé, nous vous aiderons. »

Le 2 décembre, Bush et Gorbatchev se rencontrèrent à Malte, sur un bâtiment réfugié à l'abri du port et non pas, comme prévu, en pleine mer, à cause d'une forte tempête, métaphore de l'état du monde. Rien n'y fut décidé : les deux Grands n'étaient plus, de fait, que les spectateurs de l'action des peuples. Le 4 décembre, l'aigle américain vint à Bruxelles rendre compte à ses alliés de l'OTAN de sa rencontre avec l'ours russe. Cette réunion ne fut qu'une longue série de monologues, jusqu'à ce que le président français posât au chancelier allemand trois questions : « Que faire de l'Allemagne de l'Est ? Où seront les frontières ? L'Allemagne réunifiée demeurera-t-elle dans l'OTAN ? » Rouge de colère et de confusion, le chancelier ne voulut répondre à aucune : « Je ne peux parler qu'au nom de la RFA. L'Allemagne réunifiée devra décider pour elle-même. » Margaret Thatcher résuma d'une invective cruelle : « Vous voulez donc l'arme nucléaire pour reprendre la Silésie ?! »

Le 6 décembre, François Mitterrand rencontra Mikhaïl Gorbatchev à Kiev. Entrevue fascinante, l'une des plus dramatiques à laquelle il m'ait été donné de participer, car s'y dessinait déjà la fin de l'URSS. « Aidez-moi à éviter la réunification allemande – dit un secrétaire général fatigué, qui semblait avoir perdu de sa tranquille assurance –, ici, on ne me le pardonnerait pas ; je serais remplacé par un général. Est-ce dans l'intérêt de l'Occident ? » C'était très exactement ce que François Mitterrand craignait de s'entendre dire un jour, depuis son arrivée au pouvoir, par un dirigeant de l'URSS ! Gorbatchev ajouta : « Kohl est bien décevant ; il ne comprend rien à ses intérêts à long terme. Chez nous, le moindre dirigeant politique de province joue avec six coups d'avance. Kohl veut la réunification à tout prix, sans comprendre qu'à long terme cela conduira à la militarisation du pouvoir à Moscou et à la guerre sur le continent. » Puis : « Kohl prétend que Bush a soutenu son idée de confédération avec l'Allemagne de l'Est. Mais qu'est-ce qu'une confédération ? Une défense et une politique étrangère communes ? Cette confédération sera-t-elle membre de l'OTAN ? Du pacte de Varsovie ? Ont-ils même réfléchi à tout cela ? Il faut absolument qu'il reconnaisse le caractère sacré, intangible de la frontière germano-polonaise. »

Le président français l'encouragea à résister, au moins le temps nécessaire pour obtenir du chancelier qu'il se plie à ses conditions : « Le problème allemand a été trop vite posé... Je ne veux pas blesser les Allemands, mais je leur ai dit que le problème allemand se poserait *après* la résolution d'autres questions : à l'Ouest, la Communauté ; à l'Est, l'évolution [...]. Le discours de Kohl a bouleversé la hiérarchie des urgences – à tort. » Mitterrand demanda ensuite à Gorbatchev son analyse de la situation en Allemagne de l'Est : « Veulent-ils la réunification ? » Gorbatchev répondit d'une façon floue qui montrait qu'il n'en savait trop rien : « C'est un phénomène qui existe, mais plus de la moitié de la population souhaite garder les acquis sociaux tout en voulant modifier les institutions politiques et élargir la démocratie... Il doit y avoir réunification, mais dans le cadre d'une grande Europe. »

L'Allemagne avait donc le choix entre quatre réunifications : neutraliste, selon Gorbatchev ; indépendante, selon Kohl ; atlantiste, selon Bush ; intégrée dans une Union européenne, selon Mitterrand. En visitant avec les deux dirigeants, juste avant de redécoller pour Paris, la cathédrale Sainte-Sophie – première visite d'un secrétaire général du PC soviétique dans une église –, je pensais que la religion était peut-être aussi de retour dans l'Histoire et qu'elle risquait fort d'ajouter aux quatre autres un cinquième scénario...

Le surlendemain, 8 décembre 1989, les Douze européens se réunirent à Strasbourg. En prenant son petit déjeuner avec le président français, Margaret Thatcher, très agitée, sortit de son sac une carte de l'Europe où une gigantesque Allemagne écrasait le reste du continent : « Vous ne voulez pas de ça, n'est-ce pas ? » Elle souhaitait encore obtenir de Mitterrand l'assurance qu'il refuserait la réunification ; il ne lui donna que celle de ne rien faire pour l'accélérer. Elle insista : « Trop de choses arrivent en même temps ! Si l'Allemagne domine les événements, elle prendra le pouvoir sur l'Europe de l'Est, comme le Japon l'a fait sur le Pacifique, et cela serait, de notre point de vue, inacceptable. Ce n'est pas une affaire purement allemande. Les autres doivent s'allier entre eux pour l'éviter. Quand la RDA aura été une démocratie pendant quinze ans, on pourra peut-être parler de réunification. »

François Mitterrand lui exposa ses propres inquiétudes, qui portaient non pas sur la réunification des deux Allemagnes, mais sur la stabilité de la frontière germano-polonaise : « Kohl ne parle jamais de la réunification de la RFA avec la RDA, ce qui serait clair. Il utilise systématiquement la formule "unité du peuple allemand". Qu'est-ce que ça veut dire, l'unité du peuple allemand ? Kohl y inclut-il les Allemands qui vivent en Silésie polonaise ou dans les Sudètes tchécoslovaques ? Chaque fois qu'on lui demande de préciser sa pensée, il reste dans le flou. Il doit évidemment faire face à la surenchère électorale de son extrême droite, qui revendique les territoires du Grand Reich. Mais en laissant subsister le doute, il joue un jeu dangereux. Cette formulation est une question primordiale pour l'avenir de l'Europe. Il ne faut pas oublier comment l'Europe a explosé en

1937. » Et il ajouta : « Le danger serait d'avoir, en réaction, en URSS un régime multipartite, nationaliste et militariste. »

Le président reçut ensuite le chancelier Kohl en tête à tête et lui raconta sa rencontre de Kiev pour lui faire prendre conscience des risques d'une trop grande précipitation : « Gorbatchev est inquiet des conséquences militaires de la réunification, pas de ses conséquences politiques. Le maintien du pacte de Varsovie est son dernier rempart. Il accepte tout le reste. Mais que veut dire un pacte s'il est inutilisable en cas de guerre ? » Helmut Kohl répondit en faisant part de son intention d'acheter l'acquiescement de l'URSS à la réunification en échange d'une pluie de marks : « Si la croissance économique s'améliore en URSS, cela lui donnera des chances de coopération plus étroite avec nous. Gorbatchev doit cesser d'avoir peur d'un envahisseur venant de l'Ouest. » Et puis il ajouta, comme en passant : « En RDA, la situation est très instable, il faut attendre. Hans Modrow m'a fait dire cette nuit qu'il souhaitait que je parle à la RDA dans les jours à venir et que j'annonce une évolution paisible vers la réunification. » Le mot était lâché pour la première fois. Voyant l'inquiétude de François Mitterrand face à ce fait accompli, Kohl confirma son ralliement au processus d'union économique et monétaire à douze, c'est-à-dire à l'euro ; puis il s'engagea, sur l'insistance du président français, à ne pas toucher, après la réunification, à la frontière germano-polonaise, la ligne Oder-Neisse. « Mais rien ne peut être écrit avant la réunification », persista-t-il.

Commença alors le sommet de Strasbourg ; François Mitterrand y atteignit presque tous ses objectifs : les négociations pour la création de l'euro et la Constitution de l'Union européenne furent lancées. Les Douze acceptèrent que le peuple allemand « recouvre son unité dans la perspective de l'intégration communautaire ». À onze contre un, la Grande-Bretagne, le Conseil adopta la Charte sociale. Le chancelier proposa la création d'un Institut de formation des cadres de l'Est qu'il aurait bien vu s'installer à Berlin-Ouest. Le président français obtint enfin que l'idée d'une banque pour l'Europe soit étudiée sous le nom de « Banque européenne pour la reconstruction et le développement » (BERD), après avoir fait aux Britanniques une concession majeure : les Américains seraient invités à rejoindre l'institution. J'aurais voulu résister, mais François Mitterrand entendait conclure et accepta.

En sortant, Jacques Delors murmura à Roland Dumas que l'ex-chancelier allemand Helmut Schmidt serait d'accord pour présider cette banque si elle voyait jamais le jour, ce dont il doutait. Excellent choix. Pour ma part, ce qui m'importait le plus, c'était que le projet fût viable et son siège à Paris : pour la France, ce serait un atout de poids contre Londres, capitale de la finance internationale, et contre Bruxelles, capitale des institutions européennes.

Vers une nouvelle architecture de l'Europe

En décembre 1989, à Dresde, à Bucarest, à Belgrade comme à Sofia, les peuples continuaient de faire pression sur leurs gouvernants pour qu'ils accélèrent le mouvement ou laissent la place à d'autres. Le 10 décembre 1989, en Tchécoslovaquie, fut mis en place un gouvernement de coalition comprenant d'anciens dirigeants du « printemps de Prague ». En Bulgarie, Mladenov annonça la tenue d'élections libres et l'abandon du rôle dirigeant du Parti communiste. La Yougoslavie se défaisait à son tour, en dépit des propos rassurants et optimistes des Serbes, des Croates, des Bosniaques et des Slovènes : tout le monde jurait vouloir rester yougoslave et chacun piétinait les institutions fédérales.

Le 12, François Mitterrand confirma qu'il se rendrait avant la fin du mois en Allemagne de l'Est. Comme j'émettais des doutes, il me dit : « Kohl ne m'a pas demandé de ne pas y aller. Et il suffit qu'on veuille m'interdire quelque chose pour que j'aie très envie de le faire. »

Le 16, dans la baie de l'anse Marcel, à Saint-Martin, petite île à demi française de l'archipel antillais, George Bush vint écouter François Mitterrand lui raconter le sommet de Strasbourg. Après avoir passé une demi-heure à poser pour une photo qui allait faire le tour du monde, les deux hommes, auxquels Brent Scowcroft et moi nous joignîmes, passèrent trois heures littéralement les pieds dans l'eau à échanger leurs pronostics. Bush expliqua avoir retenu de Gorbatchev, lors de leur rencontre à Malte, qu'il n'accepterait la réunification qu'en échange de la sortie de l'Allemagne de l'OTAN. L'Américain s'inquiéta : « Et Kohl pourrait bien finir par accepter ça ! » Il ajouta en s'excusant : « La prophétie de notre ambassadeur en Allemagne, Vernon Walters, annonçant la réunification dans les cinq prochaines années était absurde. » François Mitterrand lui rétorqua : « Walters ne s'est peut-être pas trompé. Et, en le disant, il accélère le processus. »

Puis il expliqua au président américain que Gorbatchev, devant lui, à Kiev, quatre jours après la rencontre américano-soviétique, avait semblé se résigner à l'idée d'une Allemagne réunifiée au sein de l'OTAN, mais pas dans le commandement intégré. Puis il brossa un tableau très sombre des menaces qui pèseraient sur l'Europe si la réunification allemande rouvrait la question des frontières polonaises : « L'URSS et la Pologne sont en première ligne, car il y a des provinces allemandes en URSS et en Pologne. Que leur arrivera-t-il ? Il faut donc réaliser en même temps plusieurs objectifs : l'évolution des deux Allemagnes, celle de l'Europe et celle de l'Alliance. La RFA doit donc être très claire sur le problème des frontières. Les Allemands doivent déclarer la frontière germano-polonaise intangible, sacrée. » George Bush approuva et ajouta : « Je pense plus de bien de Gorbatchev que je ne puis en dire publiquement. »

Les deux chefs d'État s'entendirent pour que rien ne soit fait qui puisse nuire à la perestroïka, et Bush réaffirma l'engagement des États-Unis de rester présents en Europe, quoi qu'il arrive, pour y soutenir leurs alliés. Même si les Allemands, réunifiés, ne voulaient plus de troupes étrangères sur leur sol.

Dès son retour en Europe, le 20 décembre, François Mitterrand se précipita à Berlin-Est. Pour lui, ce voyage lui permettrait de peser sur les conditions de la réunification et il aimait l'idée d'être le dernier chef d'État à être reçu dans un pays en voie de disparition ; il y fit une visite d'État on ne peut plus controversée. Contrairement à ce qu'on raconta par la suite, il ne s'y opposa pas à la réunification, mais y fit l'apologie de l'autodétermination des Allemands dans le contexte de l'Union européenne. Lors du dîner d'État donné en son honneur, à Berlin-Est, il expliqua à ses hôtes la nature de l'Union européenne, imaginée non comme un « simple traité de commerce », mais pour « jeter les fondations d'une Europe capable d'unir ses forces ». Les dirigeants est-allemands lui répétèrent qu'ils maintiendraient durablement l'indépendance de la RDA. Le président français, qui n'en croyait pas un mot, suggéra, sur les conseils de Roland Dumas et d'Hubert Védrine, que les quatre puissances occupantes négocient le statut final d'une confédération des deux Allemagnes dans la perspective d'une réunification. Cette idée allait tout débloquer.

Le lendemain, 22 décembre, dans une conférence de presse donnée à l'université Karl-Marx de Leipzig, François Mitterrand répéta publiquement qu'il acceptait une réunification allemande dans un cadre européen : « Seules des élections libres, ouvertes, démocratiques, permettront de savoir exactement ce que veulent les

Allemands des deux côtés. Il faut d'abord passer par cette épreuve, qui est une bonne épreuve, avant de décider pour les Allemands... Mais le peuple allemand doit se déterminer en tenant compte de l'équilibre européen. L'unité allemande, c'est aussi l'affaire de vos voisins, qui n'ont pas à se substituer à la volonté allemande, mais qui ont à veiller à l'équilibre de l'Europe. [...] Nous voudrions qu'il n'y ait pas de contradiction entre la volonté allemande et la volonté européenne. » Malgré ces propos publics, tenus en Allemagne de l'Est, certains continuent aujourd'hui encore de prétendre que ce voyage fut la meilleure preuve qu'il s'opposait à la réunification...

De retour à Paris, apprenant qu'Helmut Kohl lui proposait de franchir à ses côtés un passage ouvert dans le Mur à la porte de Brandebourg, il me demanda d'expliquer son refus à la chancellerie : « Kohl ne m'a pas prévenu de son plan en dix points ; il refuse encore de reconnaître par écrit, au nom de toute l'Allemagne, la frontière Oder-Neisse et la dénucléarisation de la grande Allemagne. Et il veut que j'aille légitimer sa mainmise sur la RDA ? C'est trop gros ! Il ne peut pas espérer que je tombe dans ce piège. Et la presse française qui dit que je ne comprends rien... ! Les journalistes sont toujours prêts à se coucher aux pieds du vainqueur, comme en 1940 ! »

Le 31 décembre 1989, François Mitterrand évoqua lors de ses vœux télévisés au pays, l'idée d'une « confédération européenne » où se retrouveraient tous les pays d'Europe, et eux seuls. Les Américains virent ce projet d'un très mauvais œil puisqu'ils n'en étaient pas ; les Européens de l'Est y furent tout aussi hostiles : leur ambition première était de se retrouver dans l'OTAN pour échapper à jamais aux griffes soviétiques. Certainement pas de se retrouver dans un vague « machin » politique européen en compagnie de Moscou et sans Washington ! La banque, on le verra plus loin, était mieux accueillie.

Le 4 janvier 1990, François Mitterrand réaffirma devant Kohl, qu'il recevait chez lui à Latche, l'inéluctabilité de la réunification : « L'unification est en marche, elle ne dépend que de la volonté des Allemands dans les deux États. Il n'appartient à aucune puissance extérieure de dire non. » Il lui demanda à nouveau de reconnaître la frontière germano-polonaise avant la réunification : « Je reconnais que la Silésie, la Poméranie, la Prusse-Orientale ont été plus souvent allemandes que polonaises, mais j'estime que le réalisme veut qu'on n'y touche pas. Sinon, il y a risque de rupture. En revanche, je répète ce que j'ai dit en RDA et à Kiev : le problème, pour la frontière entre les deux États allemands, n'est pas de même nature qu'avec la Pologne, puisqu'elle a séparé artificiellement un même peuple. [...] C'est à vous de montrer que la frontière polonaise n'est pas mise en cause, même si c'est une souffrance pour beaucoup d'Allemands. » Le chancelier évacua une fois de plus cette requête.

Le 16 janvier, à Paris, au cours d'un Conseil de défense, François Mitterrand confirma que, pour lui, la réunification allemande était un fait acquis : « L'unification allemande est certaine. Mais les Allemands, qui sont des gens pratiques, en verront bientôt les inconvénients. Une seule Allemagne, cela veut dire que tous les Allemands de l'Est sont des émigrés potentiels vers les régions de l'Ouest. Les chefs d'entreprise de RFA vont s'emparer des entreprises de l'Est, et cela ne plaira pas aux Prussiens. [...] Dans trois ou quatre ans, on ne sera plus dans les grandes machines... Il nous faut repenser notre stratégie militaire. Je ne vois pas pourquoi la France ne serait pas un jour l'alliée de l'URSS, dans de tout nouveaux conflits, face à de nouvelles menaces. »

Le 20 janvier, Margaret Thatcher vint à Paris se plaindre du chancelier Kohl : « Arrêtez-le ! Il nous marche sur les pieds ! Il veut tout ! Non seulement il veut avaler la RDA, mais il veut que nous payions pour la réunification ! » François Mitterrand, qui avait besoin de l'intransigeance britannique pour faire plier Kohl sur la question de la frontière polonaise, renchérit : « Il oublie que le régime soviétique est toujours là. Si Kohl continue à vouloir violer tout le monde, les Russes feront à Dresde ce qu'ils ont fait à Prague. »

Le 22, après de nouvelles manifestations massives en RDA, François Mitterrand me dit : « Répétez-le à votre ami, à la chancellerie : il faut ralentir cela, sinon ça risque de faire sauter Gorbatchev, et des généraux soviétiques viendront mettre de l'ordre à Berlin : c'est cela que veut Kohl ? »

Le 23, le président de la Commission européenne, Jacques Delors, évoqua le projet d'une fédération européenne dotée d'un « exécutif politique qui puisse dégager les intérêts communs [...], responsable devant le Parlement européen et les Parlements nationaux ». Tout occupé à obtenir l'accord du chancelier sur un projet européen minimal, François Mitterrand craignit que le rêve de Delors ne servît de prétexte à Helmut Kohl pour refuser toute avancée plus modeste : « Mais c'est idiot ! De quoi se mêle-t-il ? Jamais personne en Europe ne voudra de cela ! À force d'être extrémiste, il va faire échouer ce qui est faisable ! »

Le 31 janvier 1990, en Conseil des ministres, François Mitterrand pronostiqua que l'URSS allait finir par accepter que l'Allemagne réunifiée restât dans l'OTAN : « L'URSS n'a plus les moyens psychologiques et politiques de s'opposer à quoi que ce soit. [...] Il n'est pas complètement exclu que Gorbatchev préfère l'intégration de l'Allemagne dans l'OTAN à sa neutralisation, car celle-ci conduirait à son autonomisation, dont il ne veut à aucun prix. » Puis il prédit que la réunification coûterait si cher à l'Allemagne qu'elle provoquerait son déclin temporaire et la colère des Prussiens : « Dans un premier temps, il n'y aura pas forcément enrichissement des Allemands, au contraire ; mais, ensuite, l'Allemagne accroîtra sa puissance économique. Ce sera l'Allemagne de Bismarck, pas celle de Hitler [...]. La Prusse a envie de vivre, elle en a l'occasion. Cela va entrer en contradiction avec le sentiment d'être l'assistée des autres Allemands qu'eux, les Prussiens, avaient vaincus. »

Début février, la réunification devint une éventualité incontournable. À Potsdam, même l'homme fort du régime, Modrow, s'y rallia. Le 2 février, dans une lettre à François Mitterrand, Mikhaïl Gorbatchev admit qu'il fallait « progresser dans cette voie en douceur », mais il répéta que, comme il l'avait indiqué à Kiev, l'unité allemande prématurée et sans reconnaissance préalable des frontières menacerait la paix en Europe.

Le 5 février, au plénum du Comité central du Parti communiste de l'Union soviétique, Gorbatchev laissa entendre que le rôle dirigeant du Parti n'avait plus besoin d'être garanti par la Constitution. Des troubles commencèrent dans les pays Baltes, partie intégrante de l'URSS ; le plénum condamna la scission du Parti communiste lituanien. Zagladine me téléphona : « Rassure-toi : nous n'interviendrons jamais militairement, ni là ni ailleurs. Nous contrôlons tout cela très précisément. »

Le 6 février, Helmut Kohl proposa à la RDA une union économique et monétaire : un pas de plus vers la réunification. François Mitterrand commenta : « À sa place, j'en ferais autant. Mais il devrait me le dire ! Je l'aiderais à débloquer le processus. Mais pourquoi dois-je apprendre toutes ses initiatives importantes par la presse ? Il va sûrement payer Gorbatchev pour qu'il accepte d'avaler cette couleuvre supplémentaire. »

Le 10 février, à Moscou dans une réunion précipitée avec Kohl, Gorbatchev, en échange de quelques milliards de Deutsche Marks, se résigna à la réunification sans condition, ne refusant plus que la présence de la nouvelle Allemagne dans le commandement intégré de l'OTAN. Kohl expliqua alors par téléphone à François Mitterrand : « Gorbatchev m'a demandé beaucoup d'argent. Cela nous forcera à faire des économies par ailleurs. En particulier, l'union monétaire entre les deux Allemagnes ne pourra entrer en vigueur que très progressivement. » François Mitterrand était hors de lui : « Qu'est-ce qui prend à Gorbatchev ? Il m'écrit il y a quatre jours qu'il sera ferme, et aujourd'hui il cède sur tout ! »

Le même jour à Moscou, Hans Dietrich Genscher, reprenant une suggestion de François Mitterrand émise en décembre en Allemagne de l'Est, proposa que les deux Allemagnes et les quatre puissances occupantes discutent ensemble de la question des frontières et de la dénucléarisation de l'Allemagne afin de faire bénir la réunification par les Alliés de la dernière guerre. Projet accepté le 13 février 1990 lors de la réunion de l'OTAN à Ottawa. La Pologne voulut en être puisque la négociation concernait ses frontières. Pas question, dirent les Allemands. Débuta la négociation dite « 4+2 », ou « 2 + 4 », qui allait permettre au chancelier de céder dignement aux conditions posées par la France.

Le fleuve rentre dans son lit

Le jeudi 15 février, Kohl vint dîner à l'Élysée pour rendre compte à François Mitterrand de ses entretiens avec Gorbatchev. Ce fut une de leurs rencontres les plus importantes, au cours de laquelle ils mirent sur la table tous leurs différends sur l'avenir de l'Union européenne et les conditions de la réunification. En faisant tout pour préserver leurs relations personnelles, ils s'exprimèrent sans réserve, parfois même de façon brutale. François Mitterrand avait obtenu l'euro ; il voulait obtenir du chancelier qu'il reconnaisse tout de suite, au nom de l'Allemagne réunifiée, la frontière Oder-Neisse et confirme la dénucléarisation de l'Allemagne. Entre eux, ce fut l'ultime bras de fer.

François Mitterrand expliqua d'abord, avant que ne commence le dîner, que les pays d'Europe de l'Est n'avaient pas leur place dans l'Union européenne, mais plutôt au sein d'une confédération. « Il ne faut pas entrer dans une mauvaise compétition entre nous vis-à-vis de l'Europe de l'Est. Voyez les Italiens avec l'Autriche, la Hongrie, la Yougoslavie : c'est une course dangereuse... Mais il ne faut non plus les admettre dans la Communauté. Ils y seraient les petits, les sans-grade. Demain il faudra pouvoir parler à parité avec un pays comme la Bulgarie au sein d'une institution qui sera bien sûr plus lâche que la Communauté : une confédération. »

Kohl l'approuva, tout en entamant le plateau d'huîtres posé devant lui : « Je suis d'accord. La solution n'est pas que tous entrent dans la CEE. Il faut donc offrir une option et, pour cela, créer d'abord dans ces pays des États de droit libéraux. »

Prenant appui sur les troubles qui venaient de commencer dans les pays Baltes, François Mitterrand traça ensuite un tableau catastrophiste de ce qui risquait d'advenir à l'intérieur de l'Union soviétique, si la réunification allemande allait trop vite : « Il y aura des troubles en Ukraine. Et, si se manifestait une volonté de sécession de cette province, ce serait un cas de guerre civile, et une terrible répression viendrait de Moscou. » Kohl essaya de se montrer rassurant : « Je fais ce que je peux pour stabiliser la situation en Allemagne de l'Est. C'est la condition pour avoir une union monétaire stable entre les deux Allemagnes. J'espère calmer le jeu, enrayer l'exil des gens avant les élections. »

Puis François Mitterrand en vint, après qu'on eut servi le canard aux cerises, aux questions qui fâchent : d'abord le statut militaire de l'Allemagne réunifiée. Kohl répondit : « Ce qui compte pour Gorbatchev, c'est que l'Allemagne unie ne devienne pas une puissance militaire. Cela, je peux le lui garantir... Plus l'Allemagne coopère avec la France et délègue de droits à la CEE, plus le spectre d'un IVe Reich s'éloigne... Et je l'aiderai sur le plan économique. »

François Mitterrand revint encore une fois sur la question des frontières entre la Pologne et l'Allemagne : « Nous allons bâtir en Europe des institutions qui vont atténuer la rigueur des frontières. Mais il faut régler ces problèmes de frontière *avant* la réunification. » Pourpre et embarrassé, Kohl refusa : « Je souhaite que cela devienne évident après. Qu'un Parlement de l'Allemagne unifiée dise un jour, parlant des frontières : "C'est ça, la nouvelle Allemagne..." Mais vous ne pouvez pas l'exiger de moi maintenant. Si nous confirmions dès maintenant la frontière Oder-Neisse, nous renforcerions l'extrême droite. »

François Mitterrand aborda alors la question des troupes étrangères sur le sol allemand : « Vous voudrez être considérés comme une nation majeure. Et cela, je le comprends très bien. [...] Nous ne devons plus avoir de relations de vainqueurs à vaincus. Je prête donc attention au moment où les Allemands nous diront : "Une seule armée chez nous : la nôtre." N'importe quel démagogue allemand qui fera campagne sur le thème “Pas de soldats étrangers !” connaîtra un grand succès. »

Le président français posa ensuite l’autre question embarrassante, celle du nucléaire : « Selon les traités, les quatre ont aujourd’hui un droit de regard sur toutes les questions, y compris l’unification. [...] Ainsi pour ce qui est d’un éventuel armement atomique en Allemagne : est-ce que l’Allemagne unifiée reprendra à son compte l’engagement de dénucléarisation de la RFA ? » Buté, rouge, repoussant loin devant son assiette à peine entamée de mousse au chocolat, Kohl fit la même réponse : « Une Allemagne unifiée aura la même position que la RFA sur le nucléaire et sur les frontières ; l’Allemagne unifiée confirmera les frontières et le refus du nucléaire. »

Le chancelier suait à grosses gouttes, pendant qu’on servait le café. François Mitterrand émit alors l’idée que tout cela pourrait être réglé dans le cadre de la conférence des quatre puissances occupantes et des deux Allemagnes (« 4+2 ») que Genscher venait d’accepter. Elle pouvait permettre aux Allemands, dit-il, de faire comme s’ils décidaient eux-mêmes ce que les autres leur imposeraient. Kohl feignit de ne pas comprendre et ne répondit pas. Un silence s’installa. Le chancelier se fit servir un verre de cognac, ce qui n’était pas du tout dans ses habitudes.

Pour détendre l’atmosphère, François Mitterrand se fit plus amical : « Je ne voudrais pas qu’en Allemagne on croie que la France nourrit des réserves sur l’unification. Mais nous voulons dire notre mot sur ses conséquences extérieures. [...] Je connais votre engagement européen. Nous sommes habitués l’un à l’autre. Nous commençons à faire “vieux couple”... »

Après le départ du chancelier – il était minuit –, le président me fit remonter dans son bureau, ce qui était très rare à une heure aussi avancée. Je lui dis : « On n’en a rien tiré, ce soir ! Il a dit non aux deux questions les plus importantes. C’est vraiment ennuyeux. » Il me répondit : « Vous allez voir. Il va changer d’avis. Il ne pouvait pas le faire devant moi, mais il va changer d’avis. Ce dîner a tout changé. Avez-vous remarqué comme il m’écoutait avec attention ? Il pourrait faire cavalier seul, cela le rendrait populaire dans son pays. Mais il a besoin de nous à long terme, et il le sait. Il va céder. Vous verrez ! »

Le 18 mars, des élections libres eurent lieu en RDA. Lothar de Maizière devint Premier ministre. La perspective de réunification devenait de plus en plus évidente. Seules questions : savoir si les conditions posées par François Mitterrand seraient remplies, si les deux chantiers européens allaient s'enliser et quelle serait la parité entre les deux marks, censés bientôt fusionner. La bonne parité, disait les économistes, était de un pour trois, en raison de la compétitivité relative des deux économies. Mais la fixer ainsi aurait ruiné les consommateurs de l'Est. À l'inverse, une parité plus favorable à leur pouvoir d'achat aurait rendu leurs entreprises non compétitives et entraîné un chômage massif à l'Est. Le chancelier hésitait. Il n'oubliait pas que les consommateurs étaient des électeurs dont il aurait besoin après la réunification. Quand ils seraient réduits au chômage, les élections auraient déjà eu lieu.

Le 19 avril, George Bush reçut François Mitterrand à Key Largo, dans une villa de milliardaire cernée par des nuées de moustiques que des lâchers d'insecticides par avion avaient écartées pour quelques heures. Les Américains avaient maintenant deux objectifs : maintenir l'Allemagne réunifiée dans l'OTAN et empêcher les Européens de se rapprocher des Soviétiques. Chaleureux et brillant comme à son habitude, George Bush expliqua, sans fausse pudeur : « L'OTAN est pour nous un moyen de rester en Europe. Mais nous ne resterons pas en Europe à titre de mercenaires. Si vous, Européens, ne vouliez pas de nous politiquement, nous partirions. » François Mitterrand comprit l'allusion et expliqua sans convaincre que son idée d'une confédération européenne « n'était pas faite pour écarter les États-Unis de l'Europe ». Bush partit ensuite dans une grande diatribe contre toute aide à l'URSS : « Vous n'allez quand même pas aider un pays qui finance un porte-avions ancré à moins de cent kilomètres de nos côtes : Cuba ! »

Le lendemain 20 avril, le sherpa allemand, Horst Köhler, m'appela d'une voix angoissée : « Peux-tu demander au président Mitterrand de tenter de convaincre le chancelier de ne pas opter pour une parité égale entre les deux marks ? Cette parité favoriserait les consommateurs contre les travailleurs qui en paieraient le prix pendant des décennies ! Cela ruinerait l'Allemagne à seule fin de gagner les prochaines élections... »

François Mitterrand ne voulut pas s'en mêler. Trois jours plus tard, Kohl fixa la parité : un Deutsche Mark contre un mark de l'Est. Le président de la Bundesbank, Karl Otto Pöhl, démissionna. Quinze ans plus tard, l'Allemagne paie encore le lourd tribut de ce choix.

Enfin, le 25 avril 1990, comme François Mitterrand l'avait prévu deux mois plus tôt, Kohl céda sur deux questions encore en suspens : lors du sommet franco-allemand réuni à Paris, il s'engagea à reconnaître la frontière Oder-Neisse avant même la réunification (« D'accord, je le dirai à Gorbatchev ») et à reconnaître la dénucléarisation de l'Allemagne dans le cadre des négociations « 2+4 ». Il fut aussi décidé que le poids de l'Allemagne dans les institutions européennes ne serait pas augmenté. Après le dîner, François Mitterrand me lança en souriant : « La tension a été utile, le fleuve rentre dans son lit. »

Roland Dumas prépara alors avec Élisabeth Guigou et les collaborateurs du chancelier une proposition commune sur la monnaie et l'union politique, que les Douze entérinèrent le 27 avril : la « Communauté économique » deviendrait l'« Union politique » le 31 décembre 1992, date déjà prévue pour la mise en œuvre de l'intégralité de l'Acte unique. Restait encore à préciser le calendrier de l'union monétaire, et la place de la nouvelle Allemagne dans les alliances militaires. Dernière bataille réglée d'avance : celle-ci ne pourrait ni ne voudrait sortir du commandement intégré de l'OTAN.

Le 4 mai, à Waddesdon Manor, le superbe château des Rothschild, près de Londres, le Premier ministre britannique et le président français discutèrent du soutien à apporter à Gorbatchev dont l'économie prenait eau de toutes parts. Mme Thatcher, qui maugréait encore contre Kohl, craignait de voir le dirigeant soviétique lui céder encore contre quelques devises.

Le 25 mai 1990, François Mitterrand se rendit à Moscou pour entendre Mikhaïl Gorbatchev, fatigué et inquiet, réitérer son opposition, moins violente, plus résignée, à l'appartenance de l'Allemagne unifiée à l'OTAN. Le secrétaire général du PCUS dissimulait sa panique sous un masque de sérénité souveraine, parfois trahie par un regard inquiet ou une note prise avec fébrilité. Ce n'était plus le même homme qu'un an auparavant. Il menaça : « J'ai des divisions en Allemagne, sur des bases légitimes ! Leur destin doit être réglé de façon légitime. Nos troupes resteront en Allemagne de l'Est aussi longtemps que l'Allemagne restera dans l'OTAN. » François Mitterrand lui expliqua que la présence de l'Allemagne dans le commandement intégré de l'OTAN était « inévitable ». Gorbatchev s'énerva pour la première fois depuis qu'ils se connaissaient : « Dans ce cas, j'interromprai le désarmement en Europe ! » Lassé de voir le Soviétique céder à l'Allemand juste après avoir demandé au Français de résister, le président Mitterrand lança cette pique : « Je ne refuse pas de dire non à la présence de l'Allemagne unifiée dans l'OTAN. Mais je ne veux pas dire non si c'est pour avoir à dire oui ensuite ! Or je suis sûr que tous – même vous – céderont sur ce point. Je ne peux pas m'isoler là-dessus. La France ne peut s'isoler que trois fois par siècle, pas chaque semaine ! » Gorbatchev comprit qu'il ne pourrait pas compter sur l'appui de Mitterrand sur ce sujet.

Le 1er juin, Gorbatchev fit parvenir un message très alarmiste ; il avait besoin d'une aide financière d'urgence : « L'URSS traverse l'étape de la perestroïka de loin la plus importante. Celle-ci est marquée par la démolition de structures économiques surannées, le passage à l'économie de marché, l'engagement actif de notre pays dans les structures de la division internationale du travail. À défaut de ces mesures radicales, les changements politiques dans le pays risquent de marquer le pas. Nous ressentons également une résistance réelle aux changements. »

Au sommet européen suivant, réuni à Dublin le 26 juin 1990, les Douze approuvèrent le lancement des négociations pour la création de l'euro et la Charte sociale ; ils applaudirent à la réunification allemande mais restèrent divisés sur l'aide à accorder à l'URSS. « Rien », décréta Margaret Thatcher, alignée sur les Américains. « Tout », plaida François Mitterrand. « L'aide aux réformes de structure », suggéra Jacques Delors. Kohl, lui, estimait avoir assez donné.

Le 1er juillet, le Deutsche Mark de l'Ouest devint la monnaie de toute l'Allemagne.

Le 10 juillet, les Sept se réunirent à Houston sous présidence américaine, sept ans après le sommet si tendu de 1983 à Williamsburg au cours duquel François Mitterrand et Ronald Reagan s'étaient si gravement disputés. Comme le monde avait changé !

En arrivant au Texas, les Sept trouvèrent une lettre pathétique de Gorbatchev dans laquelle il sollicitait encore une aide massive, « un accord à long terme et à grande échelle ». Les Américains exigèrent à nouveau que toute assistance à l'URSS fût subordonnée à une modification radicale de la politique étrangère soviétique – en particulier à la fin du soutien de Moscou à Cuba. Ils n'acceptèrent que le lancement d'une étude sur l'aide éventuelle à apporter à l'URSS, tremblant déjà à l'idée que cette étude fixe le montant de l'aide nécessaire...

Le 16 juillet, Gorbatchev rencontra Helmut Kohl dans le Caucase ; comme l'avait prévu François Mitterrand, le Soviétique leva son opposition, si véhémente deux mois plus tôt, à l'appartenance de l'Allemagne unie au commandement intégré de l'OTAN.

Le 12 septembre fut enfin signé à Moscou, entre les ministres des Affaires étrangères des deux Allemagnes et ceux des quatre puissances occupantes, le traité dit « 2+4 », « portant règlement définitif concernant l'Allemagne ». À la demande de la France, le ministre polonais des Affaires étrangères, M. Skubiszewski, s'était joint aux six autres. Comme l'avait demandé François Mitterrand dès septembre 1989, ce traité scellait la reconnaissance par les deux Allemagnes de la frontière Oder-Neisse, ainsi que la dénucléarisation de l'Allemagne unifiée.

Au Conseil européen suivant, à Rome, le 15 décembre 1990, les deux « conférences intergouvernementales » sur l'union politique et sur l'union économique et monétaire furent ouvertes. François Mitterrand avait gagné sa partie de bras de fer.

Naissance de la BERD

Entre-temps, à partir de décembre 1989, la négociation pour la création de la BERD avait pris un tour concret et je m'étais pris au jeu, bien décidé à mettre sur pied cette institution internationale et à l'installer à Paris avant de quitter l'Élysée.

Avec l'accord du président, je tentai d'abord un coup de force : pour que ce projet puisse avoir la moindre chance de se réaliser, je profitai de ce que la France occupait encore, jusqu'au 31 décembre 1989, la présidence de la Communauté européenne et celle du G7. Alors que les conclusions du sommet de Strasbourg ne lui en donnaient pas mandat, François Mitterrand envoya, juste avant la fin de sa double présidence, une lettre à tous les membres du G7, de la Communauté européenne et du Comecon, les invitant à se réunir à Paris, le 10 janvier suivant, en vue de négocier un traité créant cette banque. Pour faire bonne mesure, il annexa à sa lettre un projet de traité que j'avais rédigé avec Jean-Claude Trichet. Sans cette initiative, la BERD n'existerait pas aujourd'hui. Personne ne nous avait chargés d'agir de la sorte. Chacun pensait que le projet, vaguement mentionné dans le communiqué du sommet de Strasbourg, s'enliserait sous la présidence irlandaise qui suivrait.

Cette lettre déclencha la colère des Anglo-Saxons. Pour eux, une telle initiative, tout comme la liste des invités, auraient dû être décidées entre membres du G7, autrement dit par les Américains.

Furieux d'être ainsi placés devant le fait accompli, les Américains firent d'abord tout, avec l'aide des Anglais, pour que la réunion de négociation n'ait pas lieu. Ils arguèrent que la présidence de la Communauté étant passée à l'Irlande et celle du G7 aux États-Unis, la France n'avait aucune légitimité à initier une telle négociation. Avec l'accord de François Mitterrand, je leur répondis : « Pas de problème, ne venez pas. On fera sans vous. » Quand ils virent que tous les autres pays, URSS comprise, répondaient favorablement, l'un après l'autre, à l'invitation de François Mitterrand, les Anglo-Saxons vinrent, la mine fermée, à Paris. Et les pourparlers commencèrent dans un premier temps sous la présidence de François Mitterrand. En tant qu'hôte, à Paris, de la conférence, il était normal que le président français fît le discours d'ouverture. Mais l'Irlande, qui présidait la Communauté, et les États-Unis, qui présidaient le G7, se disputaient la présidence de la conférence, l'un et l'autre pour la faire échouer. Quand, au départ de François Mitterrand de la salle de réunion, dans le centre de conférences de l'avenue Kléber, je me glissai dans son fauteuil pour lancer les débats, personne n'osa s'y opposer.

Les Anglo-Saxons firent ensuite tout pour écarter les Soviétiques de la négociation – en vain. Puis ils s'efforcèrent de rendre les statuts de l'institution paralysants. Malgré cela, de réunion en réunion, la rédaction du traité progressa et il devint bientôt clair que la nouvelle institution internationale allait exister, avec 10 milliards de dollars de capital. Il devint aussi évident, début février, que Paris en accueillerait le siège, comme je l'avais demandé dès la première séance. Avec Jean-Claude Trichet, je visitai quelques bâtiments que la France pourrait acquérir et mettre à la disposition de l'institution (« Pas de problème de budget », m'avait indiqué Pierre Bérégovoy alors ministre des Finances). Un immeuble sis boulevard Haussmann sembla convenir à tout le monde. Pour la présidence, le nom de l'ancien ministre des Finances néerlandais, Onno Ruding, s'imposa, avec mon accord.

J'allais pouvoir quitter mon bureau de l'Élysée l'esprit tranquille. L'idée de revenir aux affaires françaises, si mornes, après tant d'exaltation, me semblait impossible. Mieux valait partir enseigner en Amérique. En outre, la façon dont François Mitterrand venait de vider de son sens le projet de Grande Bibliothèque augmentait mon envie de passer à autre chose.

Un grain de sable vint enrayer cette perspective : alors ministre des Affaires européennes, Édith Cresson vint, à la mi-février, expliquer au président qu'installer le siège de la Banque européenne à Paris reviendrait à faire perdre celui du Parlement européen à Strasbourg. J'expliquai au chef de l'État que ce raisonnement était absurde : le siège du Parlement était en Alsace par la vertu du traité de Rome que nul ne remettait en cause. Si l'on tenait vraiment à ce que ce siège ne fût pas menacé pour l'avenir, il suffisait d'améliorer la desserte de la ville. Le fait que la Banque européenne s'installe à Paris n'y changerait rien. La réponse claqua : « N'insistez plus. Je ne veux pas de cette banque à Paris. »

Une fois la candidature de Paris retirée, Londres fit immédiatement connaître la sienne parmi quinze autres. François Mitterrand accepta Londres comme siège et le Hollandais comme président. Je n'acceptais pas, pour ma part, que la France se résigne à perdre et le siège et la présidence : c'était une idée française, négociée en France, tout le monde était prêt à nous en confier la direction, et nous l'abandonnerions ? Pas question ! Ce projet-là n'allait pas finir comme les autres ! « Il ne faut pas tout vouloir », me dit-il.

Un soir de la fin de février 1990, alors que la négociation sur les statuts semblait devoir aller vers une conclusion rapide, je dis au président : « Si vous maintenez le retrait de la candidature de Paris pour le siège, je serai candidat à la présidence. J'irai un an ou deux à Londres pour créer la Banque et, ainsi, par la suite, on admettra que le président soit français. » C'était la première fois depuis 1981 que j'évoquais l'idée de quitter l'Élysée. J'avais, à trois reprises, écarté une allusion à un poste ministériel, et il était convaincu que je resterais à ses côtés jusqu'à la fin de son mandat. En se plongeant dans son courrier, il lâcha sèchement : « Vous avez envie d'être banquier ? Ça m'étonne de vous ! – D'être banquier, non, sûrement pas, mais là il s'agit de créer une institution européenne, pas de gérer une banque. Naturellement, si vous rétablissez la candidature de Paris pour le siège, je retirerai ma candidature à la présidence. » Il leva la tête, me regarda longuement, puis lâcha : « Très bien. Je m'en occupe. Vous serez président de cette institution. »

Dès lors, plus rien ne fut jamais pareil entre nous.

À la fin du mois de mars, au cours d'une séance sans histoire, le siège fut fixé à Londres et je fus élu à la présidence pour quatre ans. Le traité créant la Banque fut signé le 29 mai à l'Élysée par les ministres des Finances et des Affaires étrangères de quarante-deux pays. Il fut décidé que j'en prendrai la présidence quand les deux tiers des Parlements auraient ratifié le traité, soit environ un an plus tard. Pour ma part, j'étais bien décidé à ne pas y rester plus de deux ans.

De mai 1990 à mai 1991, je fus donc à la fois conseiller spécial du président français à l'Élysée et président à Londres d'une institution internationale encore en devenir, avec 10 milliards de dollars pour la créer.

À Paris, je continuais d'assister au Conseil des ministres, à suivre la politique intérieure, à assister aux rencontres avec des chefs d'État, à accompagner le président en voyage, à suivre, en particulier, les événements de la guerre du Golfe. En juillet 1990, je fus notamment le sherpa français au sommet de Houston où il fut discuté du rôle de l'institution que j'allais présider. Étrange dédoublement !

Je vécus cette période comme un moment d'exception. Nous profitions au mieux de tous nos instants passés ensemble ; nous continuions à nous promener dans Paris, à jouer au golf. Il ne me parlait jamais de la Banque ; je ne lui en parlais pas non plus.

À Londres et ailleurs dans le monde, je choisis et recrutai deux cent cinquante banquiers, économistes, diplomates venus de quarante pays, dont cinq vice-présidents. Je définis et négociai une « conditionnalité » démocratique des prêts (première mondiale pour l'aide au développement), et j'installai la Banque dans un siège provisoire au cœur de la City. « Tu dois devenir gris, Jacques, sinon, ils te refuseront », me conseilla Michel Camdessus. En vain.

Le 15 avril 1991, à la fin du concert donné par Mstislav Rostropovitch, venu en ami clore la cérémonie d'inauguration de la BERD en présence de tous les chefs d'État des pays membres, je raccompagnai François Mitterrand jusqu'à sa voiture, au seuil de Lancaster House. Prenant conscience que je n'étais plus, désormais, son collaborateur, je ne trouvai rien à lui dire, si ce n'est, la gorge nouée : « Je ne resterai ici que deux ans. Et puis je serai souvent à Paris. Je viendrai vous voir toutes les semaines. » Il me prit dans ses bras pour la première fois, puis monta dans sa voiture et dit, juste avant de claquer la portière : « Mais non, vous ne viendrez pas. Vous n'en aurez pas le temps ! Vous avez choisi. »

La fin de l'URSS : du sommet de Londres au coup d'État

Pendant ces premiers mois de 1991, alors que se déroulait la guerre du Golfe, se joua le destin de l'URSS. Gorbatchev était menacé d'un côté par les militaires qui voulaient ressaisir le contrôle de l'empire, de l'autre par Eltsine, qui entendait le démanteler. Il fut vaincu d'abord par les uns, puis par l'autre.

Le président français voyait ainsi se mettre en marche le scénario qu'il redoutait depuis son arrivée au pouvoir : une crise à Moscou. À la fin de janvier 1991, il expliqua à Petre Roman, le jeune Premier ministre roumain arrivé aux affaires après l'élimination des Ceaucescu : « À Moscou, on risque un retour en arrière. Mieux vaut Gorbatchev, qui est un homme intelligent et sensible, que n'importe quel maréchal qui flattera le nationalisme et noiera les protestations dans le sang. Ce seront alors des guerres comme chez nous, en 1792, en Vendée. »

Trois semaines plus tard s'ouvrit la cinquième session du Soviet suprême de l'URSS. Eltsine y accusa Gorbatchev de « mentir en permanence » et appela à « déclarer la guerre à la direction soviétique » ; le 10 mars, 300 000 de ses partisans manifestèrent devant le Kremlin contre son rival. Le 10 avril, pour bien manifester son soutien au dirigeant soviétique, François Mitterrand refusa de recevoir Boris Eltsine, de passage à Paris.

Pendant ce temps, de Londres où commençaient les opérations de la BERD, j'insistai, comme le président français, auprès de tous mes interlocuteurs pour qu'on aidât Gorbatchev. En particulier, je proposai que, pour lui témoigner son soutien, le G7 l'invitât à son prochain sommet qui, par une ironie du calendrier, devait se tenir cette année-là en juin, à Londres même. François Mitterrand m'appuya et insista auprès du nouveau Premier ministre britannique, John Major (qui venait de renverser Margaret Thatcher à l'issue d'une révolution de palais) : « Qui peut avoir intérêt à la disparition ou même à la désorganisation de l'URSS ? Personne, évidemment. À terme, peut-être, la Russie et l'Ukraine pourront devenir des nations indépendantes. Mais seulement lorsque des administrations y auront été créées, les armes nucléaires démantelées, des monnaies convertibles devenues possibles. Sinon, ces républiques se dissoudront elles aussi dans une parcellisation presque infinie, ethniquement "pure", détruisant l'ordre social, économique et technologique, et conduisant inévitablement, pour retrouver l'estime de soi, au nationalisme, à l'antisémitisme et à la xénophobie. Il faut donc que le G7 entende et aide Gorbatchev. »

John Major refusa, comme tous les autres membres du G7, se rangeant derrière les Américains. Les Allemands, qui s'étaient engagés à aider Gorbatchev en échange de son soutien à la réunification, oublièrent leurs promesses. Les uns et les autres firent définitivement échouer, à la mi-juin, le projet d'une confédération européenne incluant l'Union soviétique, lors d'assises de la Confédération réunies à Prague. La BERD était le seul produit de la chute du Mur.

Fin juin 1991, il était devenu évident que, sans une aide massive de l'Occident, le putsch que François Mitterrand prévoyait depuis dix ans aurait bientôt lieu à Moscou. Je décidai alors de tenter un dernier coup de force : puisque le G7 ne voulait pas inviter Mikhaïl Gorbatchev à Londres pour son sommet, j'allais l'inviter à la Banque, à Londres, à la même date. Je rendis aussitôt publique cette invitation. François Mitterrand, que j'avais prévenu, approuva et demanda de nouveau que le secrétaire général du PCUS fût par la même occasion convié au sommet. Les autres membres du G7 réitérèrent leur hostilité : un Soviétique n'avait rien à faire dans le club des riches Occidentaux. Le Premier ministre britannique me téléphona, furieux : « Jacques, vous n'avez pas pu faire ça ! Ce n'est pas correct ! » Je lui répondis que Gorbatchev allait accepter mon invitation et que les Sept devraient choisir entre le laisser séjourner à Londres en même temps qu'eux sans le voir ou l'inviter à traverser la rue pour les rejoindre ! John Major raccrocha.

Gorbatchev accepta mon invitation ; les Sept ne purent faire autrement que de lui demander de les rejoindre à la fin de leur sommet. Américains et Britanniques, qui ne m'aimaient déjà pas beaucoup, décidèrent d'en finir avec moi. La presse anglo-saxonne ne devait plus me lâcher.

Le 17 juillet de cette année 1991, Gorbatchev arriva donc à Londres après maints va-et-vient de messagers. Il espérait l'annonce de l'octroi d'une aide massive. Il avait besoin, me dit-il, de 10 milliards de dollars par an. Anne Lauvergeon, qui m'avait remplacé comme sherpa français, me prévint que les dernières conversations des Sept avant le sommet avaient conclu à un refus d'aider Gorbatchev. Il n'aurait rien. Je n'oublierai jamais le regard qu'il échangea avec son conseiller Primakov quand, juste avant le début du sommet, je lui annonçai la mauvaise nouvelle. Il savait ce qui l'attendait à son retour à Moscou : « Jacques, vous avez bien fait d'essayer, et s'ils ne veulent pas, on n'y peut rien. Ils ne se rendent pas compte des forces terribles qu'ils vont déchaîner. » Le sommet le lui confirma : ce fut « rien »... exprimé en six points. Seul cadeau : il fut invité à Munich... pour participer au sommet de l'année suivante ! Contre l'avis même de six des Sept, le G7 était ainsi devenu *de facto* le G8.

En apprenant l'issue de cette visite, Boris Eltsine, en direct à la télévision russe, réclama la démission de Gorbatchev. Le sort du secrétaire général était scellé : il serait bientôt renversé soit par son rival russe, soit par l'armée soviétique. Il le fut successivement par les deux.

Le lundi 19 août, à 5 h 20 du matin, un communiqué annonça le remplacement de Gorbatchev à la tête de l'URSS, « conformément à l'article 127 de la Constitution », par un « comité d'État d'urgence » présidé par un certain Guennadi Ianaïev. Des chars de l'armée Rouge prirent position dans le centre de Moscou. Gorbatchev fut retenu prisonnier dans sa résidence de vacances en Crimée.

Pour François Mitterrand, ce coup de force, qu'il prévoyait depuis des mois, des années même, ne pouvait que réussir. Il téléphona à John Major, Giulio Andreotti, Felipe González, Václav Havel, Lech Walesa, Brian Mulroney et George Bush, et fit publier un communiqué prenant acte du coup d'État et affirmant le prix que la France attachait à ce que « la vie et la liberté de MM. Gorbatchev et Eltsine soient garanties ».

L'ambassadeur d'URSS remit à Hubert Védrine, devenu depuis quelques semaines secrétaire général de la présidence, une lettre du chef des conjurés, Guennadi Ianaïev, affirmant que les réformes seraient poursuivies et que Gorbatchev était sain et sauf. Ce soir-là, interrogé à la télévision, François Mitterrand prit de nouveau acte du coup d'État, parlant des « dirigeants soviétiques actuels » et tournant la page : « Le coup a réussi dans sa première phase, nous le constatons, puisque Mikhaïl Gorbatchev est écarté du pouvoir et sans doute aujourd'hui sous surveillance de la police, donc pratiquement arrêté… » Puis il lut la lettre qu'il venait de recevoir de Ianaïev et ajouta : « Si les nouveaux dirigeants veulent persévérer, comme Mikhaïl Gorbatchev l'avait fait et l'a fait, dans un processus de réforme […] et d'assainissement de la situation internationale […], s'ils veulent faire la démonstration qu'ils vont dans ce sens-là, il ne faut pas qu'ils perdent de temps. […] Ce changement intervenu brusquement peut interrompre – mais je ne pense pas qu'il puisse arrêter – le mouvement de démocratisation. Il faut avoir confiance dans le mouvement lancé en 1985. » Puis, à la question : « Est-ce que vous condamnez le coup d'État ? », il répondit : « Bien entendu ! Comment pouvez-vous poser cette question ? » Il condamnait, mais prenait acte.

Entendant cela, je l'appelai pour lui faire part de mon étonnement. Je lui expliquai que, pour ce qui me concernait, je ne croyais pas au succès de ce coup d'État ; je venais d'annoncer l'interruption de toutes les relations de la Banque européenne avec l'Union soviétique jusqu'au rétablissement de l'ordre constitutionnel et je me rendais le lendemain à Leningrad et à Moscou rencontrer ceux des anciens dirigeants qui n'étaient pas encore arrêtés. Il me répondit : « Je vous avais toujours dit que ça arriverait, n'est-ce pas ? Eh bien, c'est là. Il faut faire attention : ils ont l'arme nucléaire dans les mains. Mais je ne les soutiens pas ; je prends seulement acte. »

Le mardi 20 août, à Leningrad, l'armée hésita, puis se rangea derrière les autorités civiles et le maire de la ville. À Moscou, Eltsine, depuis la Maison blanche (le Parlement de Russie), décréta la grève générale. Cinquante mille personnes manifestèrent. Et le putsch se défit dans le ridicule.

En arrivant dans les couloirs de la Maison blanche, à Moscou, je trouvai un formidable désordre et un grand air de liberté. Je croisai même des universitaires américains venus enquêter… sur les structures du pouvoir. Surgi de nulle part, le Premier ministre soviétique me parla de remplacer l'URSS par une « confédération d'États indépendants », fiction provisoire destinée à gérer le divorce à l'amiable des quinze républiques.

Le 21, alors que le putsch avait échoué, François Mitterrand le dénonça comme « irréaliste, superficiel et anachronique ». Le 22, Eltsine interdit toute activité du Parti communiste dans l'armée. Gorbatchev rentra à Moscou et François Mitterrand réussit enfin à le joindre. L'URSS était morte.

Le 8 décembre suivant, Boris Eltsine et les présidents de Biélorussie et d'Ukraine se retrouvèrent à Minsk pour créer la « Communauté des États indépendants ». Le 21, un sommet réunit à Alma-Ata les quinze présidents des nouvelles républiques, tous anciens premiers secrétaires du Parti communiste local, devenus présidents « démocratiques » de nations indépendantes ! Mikhaïl Gorbatchev, qui n'avait pas été convié, fut averti par lettre de la « suppression de l'institution présidentielle » et remercié pour sa « grande et positive contribution ». François Mitterrand salua « un des hommes qui ont le plus marqué l'histoire du siècle en préparant et en organisant l'avènement des libertés dans son pays, la fin de la guerre froide et le désarmement ».

C'était pour lui une formidable désillusion : il avait espéré en la survie de l'URSS comme en une structure d'avenir rassemblant des nations, à l'image de ce dont il rêvait pour la Communauté européenne. Mais il fallut bien faire avec la réalité et créer les conditions d'un dialogue avec Boris Eltsine et les nouveaux dirigeants des autres républiques. Et, pour cela, mettre les petits plats dans les grands. Il reçut donc Eltsine, en visite d'État, les 6 et 7 février 1992 et le logea au Grand Trianon, privilège qu'aucun visiteur n'avait obtenu depuis le sommet de Versailles. François Mitterrand le traita de « chef d'un vieux et grand pays et d'une jeune *démocratie* à l'aube d'une renaissance ». En privé, il persistait cependant dans son analyse : « Vous verrez, cela finira très mal, même la Russie s'en ira en morceaux. À moins qu'un général ne la ramasse... »

Les quinze républiques issues de l'URSS devinrent membres indépendants des institutions internationales, mais la disparition de l'URSS ne suffit pas à déclencher l'aide des pays riches. L'appui refusé à Gorbatchev le fut aussi à Eltsine.

En juillet 1992, le sommet du G7 à Munich – qui accueillit Eltsine au lieu de Gorbatchev – ne put rien lui promettre ; il ne fit que décider, sur proposition de la BERD, la création d'un fonds de sécurité nucléaire doté de quelque 100 millions de dollars, soit à peine de quoi restaurer trois des quatorze centrales défaillantes de la région...

La concrétisation du rêve : le traité de Maastricht

En un an, la carte de l'Europe se trouvait totalement bouleversée : plus d'URSS, une seule Allemagne, à quoi s'ajoutait la perspective d'une monnaie européenne et d'une union politique des Douze.

Cette monnaie nouvelle et cette union politique n'étaient pas les premiers acquis de la réunification allemande ; c'était, au contraire, le dernier résultat de la guerre froide. Il fallait donc la concrétiser au plus vite avant que la nouvelle donne allemande et russe ne la rendît impossible.

À cause de la guerre du Golfe, il fallut attendre juin 1991 pour que la présidence européenne, alors luxembourgeoise, précisât l'architecture de la future Union européenne autour de trois piliers : la communauté économique et monétaire, une politique extérieure et de sécurité commune, une coopération dans les domaines de la politique intérieure et de la justice.

Au sommet suivant, à Maastricht, pendant que se créait à Minsk la CEI, les 9 et 10 décembre 1991, malgré l'opposition des Britanniques et des Néerlandais, François Mitterrand obtint que l'euro voie le jour au plus tard le 1er janvier 1999. La Communauté européenne devint l'Union européenne sans que le chancelier allemand eût obtenu les dix-huit parlementaires supplémentaires qu'il réclamait. La Grande-Bretagne répéta que, quoi qu'il advînt, elle ne se joindrait pas au processus d'unité monétaire et ne signerait pas la Charte sociale. François Mitterrand jubilait : « C'est l'acte le plus important depuis le traité de Rome… Avec une monnaie unique, on dotera l'Europe d'un instrument qui lui permettra de s'affirmer comme la première puissance au monde […]. Sur tous les marchés, nous serons ensemble au moins aussi forts que le sont aujourd'hui les Américains et les Japonais… »

C'était le couronnement de son action. Même si la gauche perdait alors toutes les élections locales, et même s'il dut, en avril 1992, remplacer en catastrophe Édith Cresson par Pierre Bérégovoy, il était heureux d'affronter le jugement de l'Histoire sur son bilan européen.

Fin mai 1992, alors que, de passage à Paris, je déjeunai avec lui, je le trouvai très fatigué. Il m'expliqua qu'il allait soumettre à référendum l'approbation du traité de Maastricht et que, s'il perdait, il démissionnerait; cela lui ferait une belle sortie. Il me dit : « On ne peut pas à la fois affirmer que la construction européenne souffre d'un manque de démocratie et me reprocher de chercher à l'asseoir, pour la première fois, sur une base démocratique incontestable… Le risque serait bien plus grand d'une nouvelle monnaie sans véritable consentement populaire. » Il était en fait persuadé de perdre ce référendum, car il pensait que les Français voteraient sur la politique intérieure et ne répondraient pas à la question posée. Quelques jours plus tard, au lendemain du « non » danois, il annonça ce référendum en Conseil des ministres : « Il faut savoir prendre des risques. En plus, tomber là-dessus, ce ne serait pas si mal ! » Il ajouta : « L'idée d'Europe sera l'idée-force des temps à venir, ou bien elle se perdra. J'ai fait mon choix. »

Durant l'été 1992, persuadés que la France dévaluerait une dernière fois sa monnaie avant la création de l'euro, les marchés déclenchèrent une spéculation massive. Pierre Bérégovoy était décidé à tout faire pour ne pas être le Premier ministre d'une quatrième dévaluation qu'il avait su éviter comme ministre. Avec l'accord de François Mitterrand, il fit monter très haut les taux d'intérêt, ce qui brisa à la fois la spéculation et la reprise et accéléra la chute de popularité du gouvernement. Confronté à des sondages incertains, François

Mitterrand accepta un débat face à Philippe Séguin, tenant du non, qui eut lieu le 10 septembre 1992, à la veille d'une opération chirurgicale gardée secrète jusqu'à l'ultime minute, et qui révéla sa maladie aux Français.

En politique intérieure, son action s'était arrêtée en juillet 1984, avec le départ de Pierre Mauroy. En politique étrangère, elle s'arrêta le 20 septembre 1992, quand le « oui » l'emporta avec 51,05 % des voix.

La tragédie yougoslave

François Mitterrand se mêla peu de la débâcle yougoslave, qui commença au début de 1991. Pour lui, la Fédération yougoslave, comme l'Union soviétique, était un acquis inestimable permettant d'éviter le retour de guerres anciennes. Il nourrissait une réticence instinctive envers les Croates et une sympathie naturelle pour les Serbes. Il était convaincu qu'en Yougoslavie comme en URSS la séparation des nations entraînerait la guerre, parce que les Serbes n'accepteraient jamais de devenir des minorités sous la coupe d'« oustachis » en Croatie ou de « Turcos » en Bosnie ; et que Croates et musulmans n'accepteraient pas une situation symétrique en Serbie.

Les Américains, qui espéraient, eux, la disparition de l'URSS, souhaitaient en revanche, comme lui, le maintien de la Yougoslavie. Les Allemands, qui auraient préféré pour leur part le maintien de l'URSS, voulaient la disparition de la Yougoslavie. En soutenant la Fédération, François Mitterrand se trouva donc pris dans une étrange alliance aux côtés des Serbes, des Russes et des Américains, contre les Allemands, les Autrichiens et les Italiens !

Le 19 novembre 1990, François Mitterrand reçut le président yougoslave, qui l'avertit du risque de guerre civile entre les nationalités enchevêtrées. Il lui en renvoya la responsabilité : « Nous souhaitons que la Yougoslavie reste la Yougoslavie. Il n'est pas souhaitable que les pays existants éclatent en plusieurs morceaux. »

Au printemps 1991, Autrichiens et Allemands plaidèrent pour la reconnaissance immédiate de la Slovénie et de la Croatie. François Mitterrand s'indigna : « Ils jouent avec le feu. S'ils font cela, ce sera la guerre ! Je m'y opposerai jusqu'au bout ! » Il obtint du chancelier que ne fût pas reconnue l'indépendance d'une république avant qu'elle n'ait été reconnue par les autres. Mais le 25 juin 1991, trois jours avant le Conseil européen de Luxembourg, la Croatie et la Slovénie proclamèrent leur indépendance, imitées le 17 septembre par la Macédoine. Allemands et Autrichiens, inspirateurs de l'initiative, se précipitèrent pour les reconnaître. François Mitterrand me confia sa colère de devoir faire de même pour ne pas nuire à la négociation alors en cours sur la monnaie unique. « C'est Kohl et les Autrichiens qui poussent la Slovénie et la Croatie à faire ça. Maintenant, il sera impossible de refuser la reconnaissance de la Bosnie. Et ce sera un massacre ! »

L'armée serbe envahit les régions de ces nouveaux pays habitées en partie par des Serbes. De concert avec les Allemands, François Mitterrand proposa alors une force d'interposition qui fut d'abord refusée par les Britanniques. Les Serbes poursuivirent leur conquête territoriale ; quand, en février 1992, les dirigeants bosniaques proclamèrent l'indépendance de leur république, les Serbes assiégèrent et bombardèrent Sarajevo dont l'aéroport fut fermé.

François Mitterrand pestait non seulement contre les Allemands et les Autrichiens, pour lui à l'origine de ce désastre – mais aussi contre les Bosniaques qui « poussent au pire, même contre l'intérêt de leurs propres populations, pour s'attirer le soutien des Occidentaux ». Il ne voulait pas d'une intervention militaire qui n'aurait fait qu'aggraver la situation et n'aurait pu être menée que par l'OTAN, c'est-à-dire par les États-Unis, qui seuls disposaient des armes nécessaires. S'il était violemment opposé à la guerre de conquête des Serbes, il était tout aussi opposé à une participation française à des opérations militaires antiserbes, nécessairement dirigées par les Américains. Son obsession était d'éviter que ceux-ci reviennent en Europe au moment où il devenait possible de s'en affranchir. « Je ne veux pas que l'Europe soit la légion étrangère de l'Amérique », me dit-il. Il voulait donc empêcher l'internationalisation de la guerre, faire lever le siège imposé par les Serbes et arrêter les massacres déclenchés par ceux-ci.

Le 28 juin, en pleine campagne de ratification du traité de Maastricht, et alors qu'il était, on va le voir, gravement malade, il se rendit par surprise à Sarajevo en compagnie de Bernard Kouchner pour signifier ces objectifs. Le lendemain, le Conseil de sécurité ordonna, comme François Mitterrand l'avait souhaité, le déploiement d'une force d'interposition des Nations unies sur l'aéroport et la mise en place d'un pont aérien. C'était la première manifestation du « droit d'ingérence humanitaire ». Par sa démarche, François Mitterrand avait obtenu un répit, mais il savait qu'il serait bref. Un jour de septembre 1992, où j'étais venu le voir à Paris, et où je lui parlais de mes rencontres du mois précédent avec les présidents slovène, croate et bosniaque, il me dit : « Tout ça se terminera par des massacres. Votre ami Ismail Kadaré a parlé dans ses livres de la haine de ces gens-là les uns envers les autres. Cela ne fait que commencer. »

L'Europe, et son indépendance, restait son obsession. Dans son dernier exposé en Conseil avant la nouvelle cohabitation, en avril 1993, il déclara à ses ministres : « Restez fidèles à la Constitution de l'Europe. Défendez-la contre les attaques [...]. Au moment où la droite rêve d'un retour de la France dans l'OTAN, [...] certains seraient prêts, pour ce plat de lentilles, à brader notre autonomie de décision en matière militaire [...]. Je suis bien sûr pour le maintien de cette alliance, mais pas pour que la France devienne une simple partie d'un tout. »

Verbatim *et la BERD*

Le mois de juin 1993 fut pour moi particulièrement pénible. À Paris, la publication du premier tome de *Verbatim*, journal rédigé à la demande de François Mitterrand depuis le premier jour de mon arrivée à l'Élysée, fut accueillie par certains comme un scandale. On m'accusa d'avoir publié ce livre sans son accord, en particulier d'avoir reproduit sans son autorisation des archives secrètes et quelques phrases de lui destinées à un autre livre. François Mitterrand m'appela à Londres pour me dire que ces accusations étaient absurdes et m'encouragea à intenter un procès en diffamation au journal qui les avait publiées. Je fis ce procès et le gagnai. Beaucoup, croyant le défendre, prétendirent que François Mitterrand s'était opposé à la publication de *Verbatim* ; l'*International Herald Tribune* publia même, sur quatre colonnes à la une, un article affirmant que le président avait demandé le retrait du livre des librairies, ce qui était évidemment faux. Quand je lui demandai, pour prouver ma bonne foi, de me laisser rendre publiques les épreuves de *Verbatim*, corrigées de sa main, y compris les passages contestés, preuve la plus manifeste de son accord, il m'interdit de le faire : « Je ne veux pas qu'on sache ce que j'ai censuré. » Puis il démentit lui-même de bout en bout toutes ces accusations dans une longue interview donnée à Guy Sitbon où il confirma m'avoir demandé d'écrire ce livre et reconnut l'avoir relu lui-même la plume à la main. Dans cette interview, il prit aussi ma défense à propos du second sujet sur lequel j'étais alors attaqué : ma gestion de la construction du siège londonien de la BERD.

La presse anglo-saxonne, qui m'agressait à toute occasion depuis mon arrivée à Londres, et surtout depuis l'invitation que j'avais lancée à Mikhaïl Gorbatchev, m'accusa, en mars 1993, d'avoir fait apposer du marbre dans les couloirs du siège de la Banque et d'y avoir multiplié les dépenses somptuaires. Il est vrai qu'habitué à la tradition française j'avais estimé utile de faire en sorte que la Banque eût un siège fonctionnel et de qualité, comme l'étaient celui de la Banque mondiale ou celui de la Commission à Bruxelles. J'expliquai que les travaux en question avaient été réalisés sous la responsabilité d'un groupe de travail international dont je ne faisais pas partie, et que le budget prévu pour ces travaux n'avait pas été dépassé, à la différence de ce qui pouvait se constater au même moment pour deux autres sièges d'institutions en travaux, à Washington et à Bruxelles. Cela n'empêcha pas les attaques de se perpétuer : ce marbre était décidément un bon prétexte pour catalyser toutes les jalousies accumulées en tant d'années de proximité du pouvoir.

Un soir de juin 1993, je téléphonai à François Mitterrand pour lui dire mon intention d'abandonner la présidence de la BERD : « J'en ai assez, c'est trop injuste, trop insultant ; je ne veux pas y laisser ma vie. De toute façon, je n'avais pas envie d'y demeurer plus de deux ans. Et ça fait exactement deux ans que la Banque existe. Elle a atteint sa vitesse de croisière. Ça ne m'amuse plus du tout. Surtout pour entendre ça. » J'ajoutai : « Tout cela ne serait pas arrivé si vous m'aviez laissé installer cette banque à Paris. » Il protesta : « L'Histoire reconnaîtra que vous avez créé la seule institution née de l'après-guerre froide. C'est un exploit considérable. Mais ne démissionnez surtout pas : on vous dira coupable. Et de quoi, grand Dieu ? Vous n'avez rien à vous reprocher. C'est ridicule. Démissionner est un acte lâche. De ma vie, alors que j'ai été si souvent attaqué, et bien plus durement que vous, je n'ai jamais démissionné de rien. »

Je ne suivis pas son conseil. Une semaine plus tard, il me reçut dans son bureau et me dit : « Vous avez eu tort. Ils se seraient lassés. Une semaine de plus et ils seraient passés à autre chose. Bon, maintenant, il faut tourner la page. Vous n'avez droit qu'à vingt-quatre heures de découragement. »

Fin de partie

Une fois passées les élections législatives d'avril 1993, il abandonna la conduite de la politique européenne au gouvernement d'Édouard Balladur. Les accords de Washington, autour du nouveau président américain Bill Clinton, mirent un terme provisoire au conflit croato-musulman en Bosnie-Herzégovine. En octobre 1993, il me dit, alors que je déjeunais avec lui, comme nous le faisions souvent depuis mon retour à Paris : « La paix ne durera pas en Yougoslavie. Les Américains veulent s'en mêler ; les Croates veulent une revanche, les Serbes sont devenus fous. La bêtise des Autrichiens a tout accéléré. »

Il voyagea encore à l'Est. En 1994, il se rendit en Ouzbékistan, où il découvrit l'Asie centrale, qui n'était plus soviétique. Ce fut aussi l'occasion pour lui de découvrir un jeune homme, venu me voir dès 1982, à l'Élysée, pour me dire sa passion gaulliste pour la politique : Nicolas Sarkozy. En se promenant près de la tombe de Tamerlan, à Samarkand, François Mitterrand raconta au jeune ministre l'histoire de cette région et conclut par : « Vous êtes un débatteur redoutable. Vous irez très loin. » Ce n'était pas un compliment de circonstance. Il avait noté chez le jeune avocat une envie d'agir qui lui rappelait celle de sa propre jeunesse.

Soucieux de cicatriser la plaie ouverte par l'affaire yougoslave entre la France et l'Allemagne, il invita, le 14 juillet 1994, la Bundeswehr à défiler sur les Champs-Élysées en présence du chancelier. Un jour d'avril 1995 où j'étais venu discuter avec lui du manuscrit du deuxième tome de *Verbatim*, qui traitait de la première cohabitation, il me parla de l'armistice de 1945 dont on allait fêter le cinquantième anniversaire : « J'espère que vos enfants ne connaîtront pas une autre guerre en Europe, mais je n'en suis pas sûr. Avec la fin des empires, des forces inconnues se sont déchaînées. Un jour, nous serons peut-être de nouveau alliés aux Russes et aux Anglais contre les Allemands. Seule l'Europe nous en protégera. Mais nous n'avons pas réussi à la mener assez loin. Et, désormais, il sera peut-être trop tard. Et puis, il y a ce nouveau front Nord-Sud. Et, face à l'Islam, regardez la Tchétchénie... »

Le 8 mai 1995, jour de son départ de l'Élysée, il se rendit à Berlin, puis à Moscou, s'arrangeant pour n'arriver dans la capitale russe qu'après le défilé sur la place Rouge de troupes rentrées de Tchétchénie. À Berlin, il répéta ce qu'il m'avait dit quelques jours auparavant en privé : « Est-ce une défaite que nous célébrons ? Est-ce une victoire ? Tel est le seul message que je voudrais laisser : une victoire de l'Europe sur elle-même [...]. La première victoire qui soit commune, c'est la victoire de l'Europe sur elle-même. »

Une victoire, aussi, sur son propre passé.

CHAPITRE VI
DÉVOILER SON PASSÉ

Puis vint le scandale : l'ouvrage de Pierre Péan *Une jeunesse française, François Mitterrand, 1934-1947*, révéla, à l'automne 1994, que François Mitterrand aurait été, pendant plus d'un an, de janvier 1942 au printemps 1943, un fonctionnaire de l'administration vichyste, admirateur de Laval et de Pétain, avant de devenir un résistant indiscutable. Quand la foudre me tomba sur la tête, comme sur celle de beaucoup d'autres Français, ce que j'avais vécu avec lui prit une autre couleur; d'innombrables questions m'envahirent : comment avait-il pu faire ça ?Et qu'avait-il vraiment fait ? Avait-il trempé dans des actes ou des écrits de la Collaboration ? Avait-il été antisémite ? Que pouvait-on, tant de décennies plus tard, lui reprocher ? Était-il un monstre d'exception ou un banal exemple de l'ambiguïté de la France de cette période ? Pourquoi m'avait-il menti ? N'était-ce pas une occasion de revoir mon jugement sur toute son action ? Ne devais-je pas regretter d'y avoir collaboré ? Et, s'il était simplement une émanation de ce qu'était la France, n'était-ce pas l'occasion pour moi de réviser mon jugement sur les relations entre mon pays et le peuple juif ?

De fait, l'histoire de France dont avait hérité François Mitterrand est, depuis au moins un millénaire, intimement liée à celle du peuple juif : c'est en France que des Juifs furent accueillis, une fois chassés de l'Espagne musulmane. C'est en France que des Juifs ont pour la première fois obtenu le droit de vote. C'est en France qu'une élite intellectuelle transforma un procès bâclé contre un officier juif – Alfred Dreyfus – en réquisitoire contre un état-major dévoyé. C'est aussi en France que, pour la première fois, à vingt ans d'intervalle, deux Juifs devinrent chefs du gouvernement – Léon Blum et Pierre Mendès France –, laissant l'un et l'autre une trace mythique dans l'histoire de la République. Mais c'est aussi en France qu'à l'instar de ce qui se déroulait dans maints pays d'Europe s'écrivirent tant de pages remplies de haine, depuis le temps des croisades jusqu'à celui de la Collaboration. C'est en particulier un gouvernement français qui veilla, en 1941, à respecter les règles de son droit constitutionnel pour faire appliquer par son administration un arsenal législatif antisémite avant même que l'occupant ne l'eût exigé. C'est la police de France qui, en 1942, arrêta ses propres citoyens juifs, enfants compris, et les livra aux nazis en même temps que les étrangers qui avaient cru pouvoir trouver refuge chez elle.

François Mitterrand fut l'héritier et l'incarnation de toutes les facettes de cette Histoire. Si, tout au long de sa vie, il fut passionné par le judaïsme et le destin du peuple juif, il fut aussi porteur de l'ambiguïté française qu'il eut l'inconscience morale – ou le courage politique ? – d'affronter à la toute dernière extrémité de sa vie.

J'ai eu à juger de cela d'un point de vue particulier : être juif et principal collaborateur d'un président de la République, en France, dans les années 1980, n'était un problème ni pour lui, ni pour moi, ni d'ailleurs pour personne, hormis pour quelques groupuscules extrémistes qui virent en moi pour les uns un agent israélien, pour les autres un traître à la cause sioniste. De fait, mon identité ne joua aucun rôle dans les missions que j'eus à remplir, si ce n'est que les trois seuls voyages de François Mitterrand auxquels je ne fus pas convié furent ceux qui le conduisirent en Arabie saoudite, en Syrie et en Crète (pour y rencontrer le colonel Kadhafi). En revanche, il m'envoya rencontrer de très nombreux autres dirigeants arabes, du président égyptien Anouar el-Sadate (je fus son dernier visiteur étranger, juste avant son assassinat) au roi du Maroc et à Yasser Arafat, et je l'accompagnai dans ses entretiens avec eux, comme pour les autres seul témoin, avec l'interprète, de leurs conversations.

L'homme de la Bible

Il faut d'abord – puisqu'il en fut accusé – commencer par une évidence : François Mitterrand n'était pas et ne fut jamais antisémite. Ni pendant sa jeunesse ni au cours des quelque vingt-cinq ans où je l'ai côtoyé. S'il était profondément blessé par une telle accusation, c'est qu'au contraire le judaïsme et le peuple juif étaient pour lui un sujet majeur de réflexion et d'admiration.

Il était fasciné par la théologie juive. Nourri de l'Ancien Testament par sa mère – qui le lui avait enseigné selon une approche du texte plus protestante que catholique –, jamais il n'oublia ces leçons de son enfance. Il s'en expliqua avec une grande émotion, le 3 mars 1982, à Jérusalem, à la fin d'un grand dîner à la Knesset où il abandonna, comme il le faisait rarement pour un toast, le texte préparé à l'avance et où il improvisa d'une façon exceptionnellement intime.

« Je me souviens de l'enseignement de ma mère qui me décrivait la Bible, sa lecture quotidienne, comme le livre de raison d'un peuple, le peuple juif, et qui ajoutait : "Juifs, nous ne le sommes pas, et pourtant cette histoire, elle est un peu la nôtre..." Il me semble que cette volonté exprimée par le peuple juif à travers les temps, au long des millénaires, dans la joie et dans le malheur, épouse la philosophie, la quête permanente de l'homme en lutte avec son destin, la recherche de l'unité. L'unité d'une famille, l'unité d'un peuple, l'unité d'une nation. L'unité des nations et des peuples à la surface de la Terre. Mais, à travers tout cela, l'unité en soi-même, pour rechercher soi-même sa propre explication du monde dans l'unité du monde. Y a-t-il recherche plus noble ? Je crois que bien peu de peuples, à travers leur histoire, ont apporté une égale contribution à cette recherche et peut-être à cette découverte que le peuple qui, aujourd'hui, me reçoit dans cette ville... »

De fait, il connaissait parfaitement la Bible, ce « livre de raison », tout en la lisant plus comme un livre d'histoire que comme un texte sacré. Il en savait ce qu'en disaient les historiens, en particulier Ernest Renan, dont il admirait l'œuvre de fondateur de l'anthropologie religieuse. Pour en débattre, il cherchait – en général en vain – des interlocuteurs, et il était très heureux quand il trouvait quelqu'un avec qui discuter de tel ou tel point de la Bible. Combien de fois, à bord de son avion, ne nous sommes-nous pas empoignés sur l'interprétation d'un détail du texte devant des ministres éberlués par la nature de notre conversation ! Nous débattions souvent du livre de l'Ecclésiaste qu'il aimait par-dessus tout : « C'est le livre des livres. C'est fou, c'est magnifique ! Tout y est, y compris la justification de l'incroyance. C'est un livre qui pourrait remplacer tous les autres. Du moins pour qui ne croit pas que le scepticisme soit un péché... »

Il était capable de passer des heures à comparer les mérites des personnages bibliques. Il n'aimait ni Jacob (« Le seul Juif pas intelligent, un naïf qui s'est toujours trompé, mais, pourtant, c'est lui qui a fondé l'État d'Israël... ») ni Jérémie, dont il me reprocha gentiment d'avoir donné le prénom à mon fils (« C'est un hurleur, très ambitieux, ambigu dans ses relations avec les Assyriens. Et puis ses lamentations n'étaient qu'une stratégie de pouvoir ! »). Il était par contre fasciné par le destin d'Abraham, « ce berger fondateur du monothéisme. Je suis convaincu qu'il a vraiment existé, d'une façon ou d'une autre ». Il était aussi passionné par la façon dont Abraham acheta la tombe de Sarah, sa femme : « Il l'a louée ou il l'a achetée ? C'est très important pour comprendre la suite. S'il l'a louée, c'est qu'il reconnaît qu'il n'est pas propriétaire du sol d'Hébron. » Il pouvait parler pendant des heures de l'ingratitude dont avait été victime Josué : « Il a conquis le pays, après Moïse, et s'est installé en Israël, sur sa terre. Ça ne l'a pas empêché de mourir en solitaire, et personne n'est venu à ses funérailles ; il a été discrédité. » Il parla un jour avec moi, devant le chancelier Kohl, qui l'écoutait avec passion, du destin de Moïse : « Il ne voulait pas devenir Moïse ; s'il avait obéi à la logique de son rang de prince égyptien, il n'aurait été qu'un grand prince et ne serait pas devenu Moïse. » Il expliqua au grand rabbin de France qu'il considérait Jésus comme un grand rabbi marginal : « Jésus est quelqu'un qui devait déranger la hiérarchie dirigeante du judaïsme. [...] À l'époque du Christ, la hiérarchie, le sanhédrin, a dû dire : "Cet homme nous embarrasse. Comme Jacques, Philippe ou Étienne." » Une fois, devant le cardinal archevêque de Paris, monseigneur Lustiger, il compara le fanatisme de certains orthodoxes juifs de l'époque de Jésus à celui des intégristes catholiques du Moyen Âge ou de certains musulmans d'aujourd'hui.

Mais il ne faisait pas de la Bible un modèle à suivre ni de l'histoire du peuple juif un récit angélique. En toute occasion, au contraire, il expliquait que l'Ancien Testament ne racontait qu'une histoire humaine, faite de violences et de conquêtes : « Le peuple juif conquiert sa terre au fil de l'épée. Elle ne lui est pas tout à fait donnée par Dieu. C'est plutôt une conquête humaine, très humaine ! La Bible est un livre rempli de meurtres et de massacres... La pitié y est un sentiment inconnu. Dès le début on s'entre-tue, on assassine, on massacre. » Il s'étonnait que des Juifs – comme certains de ses meilleurs amis – se vantassent de ne rien connaître à la Bible. Je l'ai souvent entendu dire à l'un ou l'autre d'entre eux : « Vous avez la chance d'être juif et vous ne vous intéressez pas à la Bible ? Je vous plains. Vous ne savez pas ce que vous perdez. La Bible, c'est passionnant ! Et pas besoin de croire en Dieu pour y trouver de l'intérêt. »

Il était tout aussi intéressé par le destin du peuple juif : « Ça commence par une petite tribu mésopotamienne, et puis ça dure encore quatre mille ans après. C'est le seul de tous les peuples de l'Antiquité à avoir survécu à cette période. Peut-être parce que c'était une petite minorité ; cela doit être plus facile qu'aux grands empires ou qu'aux ensembles qui ne reposent sur aucune identité véritable... Une faculté de résistance rudement éprouvée a forgé l'âme de ce peuple... » En outre, pour lui, les monothéismes, dont le christianisme, ne se comprenaient pas sans le peuple juif et pourraient encore moins se maintenir si le peuple juif venait à disparaître : « Dieu a autant besoin du peuple juif que le peuple juif de Dieu. Donc, si le peuple juif disparaissait, il jouerait un drôle de mauvais tour à son Dieu, qui aurait du mal à exister sans lui. Il le tient, en somme ; il tient Dieu. »

Il ne rencontra ses premiers interlocuteurs juifs que bien après avoir étudié la Bible et le judaïsme : en Charente, il n'y en avait pas. À son arrivée à Paris, il devint l'ami de Georges Dayan, Juif affirmé qui ne brillait pas par sa foi ; puis d'autres, dans l'armée et les camps de prisonniers, dont l'un, qui le marqua beaucoup : « Je me souviens de ce camarade qui est resté un ami à vie : Bernard Finifter. Dans le camp, on lui demanda de remplir une fiche où il était demandé : "Quelle est ta religion ?" Il répondit : "Je suis juif. Bon, ce n'est pas que je sois très religieux, mais je suis obligé de l'être, maintenant ; je ne peux pas laisser tomber. Je ne suis pas croyant, mais, puisqu'on me le demande, eh bien, je suis de religion juive..." Et dans l'Allemagne de Hitler, en 1941, il a écrit sur sa fiche : "Je suis de religion juive." C'était, je crois, la première fois qu'il s'en apercevait... »

Puis, au début de 1945 – après l'Occupation et la Résistance dont nous reparlerons –, Mitterrand accompagna le général Lewis pour l'ouverture des camps de Landsberg et de Dachau. Il a raconté cet épisode dans un témoignage bouleversant, publié dans un recueil de textes sur Robert Antelme, texte rare, fait de silences, de pudeur et de retenue : « Dachau... Un spectacle tragique et inoubliable [...] Les déportés sur la place centrale du camp, devant la grande baraque qui portait, en tuiles de couleurs différentes, les mots "*Arbeit macht frei*"... Et puis les mourants... Des morts qui servaient d'accoudoirs aux survivants... Les cadavres autour du camp... Les lieux d'exécution... Les fours crématoires qui continuaient de fonctionner... Les corps qui continuaient d'être enfournés dans les brasiers... Mais évitons cette description qui a été faite par d'autres. » Il ajouta plus tard : « Je savais qu'il y avait des camps. Mais je ne savais pas qu'il s'agissait d'extermination systématique. Je ne me représentais pas la réalité d'Auschwitz. Cette dimension-là m'était inconnue… »

À Dachau, par un incroyable hasard, il retrouva justement ce compagnon de son réseau de résistance arrêté en juin 1944, Robert Antelme, l'époux de Marguerite Duras, qu'il savait y être prisonnier. Il dit dans le même témoignage : « On circulait dans ce camp immense, témoins de scènes… Enjambant, dans une sorte de champ, de terrain vague, à l'intérieur du camp, des corps, beaucoup de morts et ceux qui mouraient, qu'on avait jetés là… Essayant de ne pas marcher sur… On a entendu une voix et quelqu'un qui a dit : "François !" […] Je ne savais pas qui avait appelé. On a fini par le repérer, mais nous ne l'avons pas reconnu. C'était Robert Antelme… Extraordinaire circuit ! Nous nous étions quittés en juin 1944 et c'est Bugeaud et moi qui le retrouvions ! J'ai immédiatement demandé au général Lewis l'autorisation de le ramener avec nous à Paris. Ce qu'il a refusé. Les consignes de l'administration étaient très strictes : il aurait pu avoir le typhus. Je suis donc rentré presque aussitôt à Paris. Je possédais un document qui m'autorisait à pénétrer dans les camps. On est aussitôt allés dans une imprimerie – on en avait un peu l'habitude – pour faire des faux. Une équipée composée de Jacques Bénet, Georges Beauchamp, Dionys Mascolo… Une voiture… Direction Dachau. » Et il ramena Robert Antelme, lequel s'en sortit et écrivit un chef-d'œuvre sur cette période, *L'Espèce humaine*.

Puis vint la découverte d'Israël, au lendemain de la guerre, avant même la création de l'État, à l'occasion de la demande de Juifs sortis des camps d'embarquer à Sète sur un bateau pour rejoindre la Palestine : c'était le *Président Warfield*, renommé l'*Exodus*. François Mitterrand était alors secrétaire d'État aux Anciens Combattants : « En 1947, je me souviens qu'avec Édouard Depreux [alors ministre de l'Intérieur et dirigeant de la gauche non communiste], nous avions été quelques-uns à demander, puis à obtenir de la France qu'elle pût se montrer plus généreuse que d'autres, et ne pas laisser l'errance se poursuivre. Mais, par fierté, courage ou insolence, les passagers de ce bateau dirent "Merci bien" et continuèrent leur route… »

Pendant toutes les années qui suivirent, il se rendit souvent en Israël, parfois en ma compagnie, y noua de vraies amitiés tant avec les dirigeants travaillistes israéliens, de Golda Meir à Shimon Peres, qu'avec les habitants d'un kibboutz où s'installa pour un temps un de ses deux fils.

Les preuves qu'il me donna ensuite de sa passion pour cette histoire et de sa solidarité avec cette cause furent innombrables : depuis nos fréquentes discussions sur les textes jusqu'à son comportement lors de ses déplacements en Israël, en passant par ses réactions à toutes les manifestations d'antisémitisme.

Passant l'été 1980 à Jérusalem pour achever la rédaction d'un essai dans la résidence de Mishkenot Shaananim, que le maire de la ville mettait à la disposition de quelques écrivains et artistes du monde entier, je reçus là-bas un appel de François Mitterrand : « Je vous envie d'être sur le toit du monde, là où souffle le meilleur de l'esprit humain. J'aimerais écrire là, à Jérusalem. C'est un des lieux qui éveillent en moi toute une série d'aspirations. Tout y est intensité mystique : tous les peuples de cette région, à travers les siècles et les siècles, ont été brûlés par la foi. »

Le 3 octobre de la même année 1980, un vendredi soir, une voiture piégée explosa devant la synagogue bondée de la rue Copernic ; elle fit quatre morts et vingt-deux blessés. François Mitterrand était en vol, rentrant d'un voyage à la Réunion. À son arrivée, le lendemain matin, je l'appelai pour l'informer que j'allais pour ma part me rendre à l'office célébré dans cette synagogue. Il me répondit : « Venez me chercher, on ira ensemble. » Il fut ce matin-là, dans la synagogue bondée, la seule personnalité politique d'importance avec Simone Veil. Durant l'office, particulièrement intense, il resta un long moment les yeux fermés. Je suis convaincu que, ce jour-là, il pria.

Lorsqu'il devint président, les soutiens qu'il apporta à diverses causes juives furent aussi nombreux que variés. À la différence de son prédécesseur et en opposition frontale avec le Quai d'Orsay, il continua de soutenir les *refuzniks*, comme il l'avait fait dans l'opposition, et ne manqua pas une occasion de demander qu'on les laissât sortir de l'URSS. Par son insistance, il obtint plusieurs libérations fameuses, dont celle de Nathan Chtcharanski. Seul chef d'État à l'avoir jamais fait, il déjeuna chez le grand rabbin de France René-Samuel Sirat, avec qui il noua une relation personnelle qu'il n'eut avec aucun des représentants des autres cultes. Et quand Claude Lanzmann vint me demander de l'aider à réunir le financement nécessaire à son projet de film, *Shoah*, François Mitterrand se passionna pour l'aventure cinématographique, il en comprit la portée et se tint régulièrement informé de son état d'avancement. Quand il vit le film, il en parla longuement et souvent : « C'est un témoignage fondamental. Il montre bien que tout homme est potentiellement un monstre. Tous, nous pouvons devenir des bourreaux. Il suffit d'un petit déclic, d'une rencontre, d'une bêtise. » Il fut un peu plus tard indigné du projet de l'épiscopat polonais, approuvé par le Vatican, de faire installer un carmel dans l'enceinte d'Auschwitz : « C'est un acte grossier, du terrorisme mental... » Et il le fit savoir.

De ses rencontres avec maints représentants du peuple juif il tira une admiration globale, inconditionnelle, même, à son égard, qu'il exprima jusqu'à la fin de sa vie : « Les Juifs ont une forme de caractère, d'intelligence... Probablement le côté aigu, chercheur... Les Charentais, eux, sont plus lents. Moi, je suis lent, mes parents étaient lents, ils sont comme ça, quoi... Je ne veux pas faire de typologie raciale – je ne dis pas raciste, mais raciale – mais il y a effectivement certaines qualités que l'on trouve plus souvent chez les Juifs que chez d'autres. » Il voyait ce peuple composé de gens d'avant-garde, porteur d'un message particulier, unique, essentiel pour l'humanité. Et il en voulait beaucoup à ceux de ses amis d'origine juive qui non seulement n'étudiaient pas les textes, mais ne se reconnaissaient plus comme juifs. Il me dit un jour de l'un d'eux : « Je ne le comprends pas. Pourquoi se mutile-t-il ainsi ? Il doit croire qu'il ne serait pas à la hauteur. »

Le « lobby » juif

Tous ces traits lui firent une réputation d'« ami des Juifs », voire de « prosioniste », qui inquiéta le Quai d'Orsay et nombre de dirigeants arabes. Pour autant, son action dans l'opposition comme à l'Élysée ne pouvait évidemment satisfaire les inconditionnels de la politique du gouvernement d'Israël. Il s'irritait en particulier de ne pouvoir défendre le droit des Palestiniens à un État sans être aussitôt taxé à son tour, par de tout petits groupes, d'antisémitisme. Il disait alors en généralisant, avec mauvaise foi : « Les Juifs me détestent », et il parla même parfois avec colère d'un « lobby » juif.

Après son voyage en Israël de mars 1982, il fut fâché de voir s'exprimer ces accusations, émanant de milieux juifs extrêmement marginaux. En septembre de la même année, il fut particulièrement blessé par les cris d'hostilité qui l'accueillirent rue des Rosiers après l'attentat qui avait fait six morts et vingt-deux blessés : « C'est très injuste, mais je les comprends... » En septembre 1988, lorsque la rencontre à Strasbourg entre Yasser Arafat et Roland Dumas, alors ministre des Affaires étrangères, suscita scandale et polémiques, François Mitterrand, ulcéré, s'en plaignit en Conseil des ministres : « Encore ces lobbies et ces agents d'Israël qui prétendent faire la loi à Paris ! Arafat n'est pas un inconnu. Tous les ministres des Affaires étrangères, depuis Sauvagnargues, sont allés le voir à Tunis. J'ai moi-même déjeuné avec lui au Caire il y a quinze ans. Le Premier ministre, M. Rocard, l'a rencontré. Et il serait devenu tout à coup scandaleux de le voir ? Nous ne sommes pas israéliens ! La France n'est pas à la merci d'un froncement de sourcils d'un certain nombre d'agents d'Israël ou de différentes associations. Elle doit préserver sa capacité de dialogue. Ne soyons pas effrayés par la peur de perdre quelques voix aux prochaines élections. Il n'y a au contraire que comme cela qu'on en gagne ! »

En avril 1989, il me reparla de ces « lobbies », quand certains dirigeants de la communauté juive française protestèrent contre l'annonce de sa prochaine rencontre – première du genre pour un chef d'État occidental – avec Yasser Arafat : « La mobilisation des communautés juives est active, véhémente. Les responsables, qui sont en général des hommes raisonnables, publient des textes excessifs parce qu'ils sont fortement poussés par leur base. La décision de recevoir Arafat était difficile à prendre, mais il fallait le faire. On fait ce que l'on croit ; l'Histoire jugera. »

Il lui fut même reproché d'avoir « interdit », durant son second septennat, l'accès de l'Élysée à l'ambassadeur d'Israël. Ce qui était pour une fois parfaitement exact : seul du corps diplomatique, ce diplomate avait pris publiquement parti pour Jacques Chirac au moment des élections présidentielles de 1988. Là encore, François Mitterrand avait dénoncé un « lobby » à combattre. Il employa à nouveau le mot au dernier jour de son séjour à l'Élysée, lors d'un ultime petit déjeuner avec Jean d'Ormesson (qui m'appela en le quittant pour me le rapporter). Il était alors outré par les accusations d'antisémitisme portées contre lui, révolté d'avoir été présenté comme ayant frayé avec la Collaboration, déçu que tant de ses amis ne l'aient pas défendu…

Une terre, deux États

François Mitterrand fut sans aucun doute le premier chef d'État occidental à comprendre que la paix au Moyen-Orient passait par une négociation directe entre les parties ; et l'un des premiers à admettre qu'il était de l'intérêt d'Israël de voir naître à ses côtés un État palestinien libre, pacifique et démocratique, reconnaissant à l'État hébreu des frontières sûres avec lequel construire un avenir commun. Il se tint à cette ligne tout au long de sa présidence.

En 1978, il fut le seul homme politique français d'envergure à approuver les accords de Camp David organisant la paix d'Israël avec l'Égypte, alors que les autres États de la région y dénonçaient une rupture du front commun anti-israélien. En 1981, la quatrième des 110 propositions du candidat François Mitterrand posait comme objectif la « paix au Moyen-Orient par la garantie d'Israël dans des frontières sûres et reconnues ; le droit du peuple palestinien à disposer d'une patrie ; l'unité du Liban ».

Devenu président, il se trouva confronté à un Quai d'Orsay hostile à sa politique, déterminé à privilégier l'alliance arabe et à perpétuer l'hostilité des présidents précédents envers Israël. Un Quai d'Orsay qui, au matin de la tragédie du Drakkar à Beyrouth, ira même jusqu'à oser recommander au président de refuser les services de spécialistes israéliens du déblaiement qui auraient pu sauver des vies…

Dès le lendemain de son élection en mai 1981, le président, contre son ministre des Affaires étrangères, Claude Cheysson, et contre les « services », proposa à Israël de rendre inoffensive la centrale nucléaire irakienne de Tammouz (décidée par la France sous le premier gouvernement Chirac), en remplaçant l'uranium enrichi par un combustible militairement inutilisable, dit « caramel ». Israël refusa et, quelques semaines plus tard, le 7 juin 1981, détruisit la centrale. Un ingénieur français fut tué lors du raid. En guise de représailles, François Mitterrand repoussa son départ pour Israël dont il aurait pourtant voulu qu'il fût son premier déplacement à l'étranger. Puis il ne protesta que mollement en Conseil des ministres : « Bien qu'il y ait entre l'Irak et Israël un état latent de belligérance, il n'est pas acceptable qu'un pays, quelle que soit la qualité de sa cause, règle ses contentieux par une intervention armée – contraire, à l'évidence, au droit international […]. Bien entendu, je comprendrais l'affaire autrement s'il était démontré qu'il y avait danger réel et proche pour Israël en raison d'un détournement éventuel par l'Irak de la technologie nucléaire à des fins militaires […]. Lorsque nous demandons condamnation au Conseil de sécurité après l'affaire de Tammouz, nous condamnons le raid, pas Israël. Nous critiquons l'action des dirigeants, nous ne demandons pas de sanction contre le peuple. Et nous restons disponibles pour tout accord amiable, pour tout règlement pacifique, pour tout ce qui contribuera à de bonnes relations avec Israël dans le respect des grands principes... » Il pouvait difficilement faire montre de plus de compréhension !

Lors du premier sommet européen auquel il participa – à Luxembourg, en juin 1981 –, il écarta (contre l'avis d'un Quai d'Orsay scandalisé qu'un président pût se mêler de diplomatie) la déclaration d'un précédent sommet réuni à Venise qui condamnait toutes les négociations bilatérales entre Israël et ses voisins, en particulier celles de Camp David. À la même époque, il expliqua à la propriétaire du *Washington Post*, Kathy Graham : « Tout peuple a droit à une patrie. Mais tant que l'OLP déniera aussi au peuple israélien le droit à une patrie, elle s'exposera à voir ses propres revendications repoussées. Il faut qu'Israéliens et Palestiniens discutent un jour autour de la table. De même que les Israéliens ont eu la sagesse de négocier directement avec l'Égypte, il faudra qu'ils discutent avec d'autres et, un jour, avec les Palestiniens. »

Dès son accession au pouvoir, il fit porter des lettres aux dirigeants arabes, envoya des émissaires à Riyad et en d'autres capitales arabes pour prôner à la fois la « justice pour les peuples » (ce qui visait les Palestiniens) et la « sécurité pour les États » (ce qui visait Israël). Devant les protestations que ses déclarations provoquaient dans un camp ou dans l'autre selon ce que chacun en retenait, il eut vite compris qu'il convenait de mesurer précautionneusement ses paroles : « Dans ce petit canton du monde, chaque pierre cache un serpent. Inutile de les soulever inconsidérément [...]. Tout mot favorable aux Arabes est tiré dans un sens hostile à Israël ; toute manifestation de solidarité à l'égard d'Israël est considérée comme une trahison envers les Arabes. Ce n'est pas d'un double langage que nous souffrons, mais de notre volonté de tenir un langage unique. »

Sans le moindre double langage, il exprima, à l'occasion de ses premiers rendez-vous avec des chefs d'État arabes, son soutien à l'existence d'Israël. Il expliqua ainsi au roi Khaled d'Arabie saoudite, son premier visiteur originaire de la région, qu'« Israël a le droit à l'existence dans des frontières sûres et garanties », tout en se déclarant prêt à « reconnaître l'aspiration du peuple palestinien à une patrie ». Ce qu'il répéta ensuite au roi Fahd : « Il n'est pas question pour la France de perdre l'amitié d'Israël. » Un peu plus tard, il déclara même, en Conseil des ministres : « Si j'étais israélien, je ne renoncerais pas à la Judée et à la Samarie, pas plus qu'à Jérusalem... Ce peuple est l'un des rares peuples anciens à n'avoir jamais voulu d'autre territoire que le sien… C'est d'ailleurs ce qui, à mon avis, marque les limites de certaines tentatives actuelles, très imprudentes… Chaque fois que j'ai vu Israël hors de ses frontières naturelles, de ses terres historiques : sur le Golan, au Liban ou au Sinaï, cela s'est révélé une faute historique. La situation de l'Israël contemporain est ambiguë, puisque la plupart des terres où il se trouve appartiennent bien à l'histoire juive, mais que le cœur de leur histoire ne leur est pas reconnu par la société internationale, c'est-à-dire Jérusalem, le royaume de Juda et une bonne partie de l'ancien royaume d'Israël. Lorsque Begin décrète que le Golan fait partie d'Israël, c'est une erreur, une erreur qui sera payée… Toutes les erreurs sont toujours payées ! » Il ne devait plus bouger de cette position alors iconoclaste mais aujourd'hui communément admise.

Le Premier ministre israélien de l'époque, Menahem Begin, ne s'y trompa pas et, dès ses premières lettres, l'appela « le très cher ami d'Israël ». Même lorsque ce Premier ministre choqua, à Paris, au début de 1982, en déclarant que « la France ferait mieux de s'occuper de la Corse que d'Israël », François Mitterrand le défendit en Conseil des ministres par une déclaration dessinant sa politique sur le sujet : « La réplique de Begin ne m'a pas choqué. Après tout, la Corse n'est française que depuis 1768, c'est tout de même plus récent qu'Abraham ! Les territoires occupés ne sont pas tous de même nature. On peut distinguer entre ceux qui sont considérés comme historiquement dévolus par un contrat entre un peuple et son Dieu : la Samarie et la Judée, c'est-à-dire la quasi-totalité de la Cisjordanie ; mais il se trouve qu'ils sont surtout peuplés d'Arabes. Puis il y a les autres territoires qui n'ont jamais appartenu aux Juifs : le Golan, le Sinaï… Ceux-ci, c'est de la conquête pure et simple, ils n'ont aucun caractère sacré, ils ne font pas partie du contrat entre le peuple élu et son Dieu. La Cisjordanie a des frontières fixées depuis la Seconde Guerre mondiale et qui ne sont pas très commodes pour l'État hébreu ; on peut comprendre qu'Israël ne puisse laisser certains de ses territoires sous le feu de l'ennemi. J'ai moi-même parcouru la route qui longe la frontière ; s'il y avait négociation, les négociateurs pourraient rectifier légèrement le tracé de ces frontières. De même faudrait-il trouver un statut particulier pour Jérusalem, mais qui ne soit pas la validation de l'occupation. Les Juifs y ont un droit depuis trois mille ans, mais c'est une ville à 95 % arabe. »

Quelques jours plus tard, à la fin de l'hiver 1982, il arriva à Jérusalem pour le premier voyage officiel d'un chef d'État français en Israël, voyage dont le Quai d'Orsay avait recommandé jusqu'au bout le report. (François Mitterrand avait rejeté ces requêtes : « Ne me demandez plus d'attendre une "bonne date". Quand on doit faire les choses, la bonne date, c'est toujours maintenant ! »)

Comme toujours, il ne travailla qu'au tout dernier moment le discours, très attendu, qu'il devait prononcer devant le Parlement israélien. Il passa même toute la nuit, dans sa suite de l'hôtel King David, avec Claude Cheysson et moi, à le réécrire. Ce travail fut comme une formidable partie de ping-pong au cours de laquelle les arguments, le choix des mots justes, l'analyse des réactions à attendre capitale par capitale nous occupèrent de longues heures. À l'aube, une phrase nous prit près d'une heure de mise au point : celle où, comme il le faisait toujours, François Mitterrand abordait le problème le plus difficile – en l'occurrence, le sort des Palestiniens – de manière interrogative et prudente, en prononçant le nom, honni en Israël, de l'organisation palestinienne : « Comment l'OLP, par exemple, qui parle au nom des combattants, peut-elle espérer s'asseoir à la table des négociations tant qu'elle déniera le principal à Israël, qui est le droit d'exister et les moyens de sa sécurité ? Le dialogue suppose que chaque partie puisse aller jusqu'au bout de son droit, ce qui, pour les Palestiniens comme pour les autres, peut, le moment venu, signifier un État... » Et puis : « Je ne sais s'il y a une réponse acceptable par tous au problème palestinien. Mais nul doute qu'il y a un problème, et que, non résolu, il pèsera d'un poids tragique et durable sur cette région du monde. »

Sitôt après le discours de François Mitterrand, le Premier ministre israélien, Menahem Begin, représentant de la droite la plus dure, bondit à la tribune pour lui répondre que « le principal obstacle à l'amitié profonde de la France et d'Israël est le soutien de la France au principe d'un État palestinien ».

Au mois de juin suivant, l'entrée des forces israéliennes à Beyrouth, dont Begin ne l'avait pas prévenu, fâcha le président : « Avec Begin, on ne pourra rien faire ! Il veut le Grand Israël. Je le comprends, mais aucune paix n'est possible sur ces bases. » Il fut révolté quand le triomphe des ennemis libanais des Palestiniens entraîna, sous les yeux de soldats israéliens passifs, le massacre, par les phalanges chrétiennes, de réfugiés palestiniens dans les camps de Sabra et Chatila. Longtemps persuadé que ce massacre avait été le fait de militaires israéliens, François Mitterrand en fut à la fois choqué et envahi de remords : « Sommes-nous responsables par notre refus d'être à Beyrouth à ce moment ? Si nous avions été là pendant les massacres, cela aurait été pire, car nous n'aurions pu sortir de notre zone pour les empêcher, et nous aurions été considérés comme responsables ! » Il approuva l'idée d'une commission d'enquête internationale, convaincu qu'elle allait établir la culpabilité d'Israël. Pourtant, quand Claude Cheysson, son ministre des Affaires étrangères, lui fit remarquer que « la France n'a encore rien dit jusqu'ici sur la responsabilité et la culpabilité dans cette affaire », il répondit : « Il n'y a pas urgence. » Et quand le même ministre suggéra que le porte-parole du Quai d'Orsay s'exprimât à ce propos, c'est-à-dire dénonçât Israël, le président s'irrita : « Non, je n'ai pas confiance en ce que dit ce porte-parole ! »

Malgré cette blessure qui resta à jamais ouverte, il répéta au président syrien Hafez el-Assad, en novembre 1984, à Damas : « La France a de bonnes relations avec Israël, ce qui ne veut pas dire qu'elle approuve toutes les actions entreprises par ce pays... Mais vous comprendrez fort bien qu'un ami ne puisse être votre ami que s'il garde sa liberté de jugement, et si, croyant vous servir en même temps qu'il convient de servir la paix, il vous dit ce qu'il pense plutôt que le contraire... »

Il ne voyait pourtant aucun rôle pour la France au Moyen-Orient. Pour lui, cette région (qu'il préférait pour sa part appeler « Proche-Orient ») ne faisait pas partie du pré carré de la France, limité à l'Afrique : « La France n'est pas, ne peut pas être, dans cette région, un arbitre, pas un médiateur, pas non plus un négociateur. » Il répondit donc négativement quand Marocains et Israéliens lui proposèrent en grand secret d'être l'hôte et le témoin de leurs premiers pourparlers : « Je ne veux pas, comme président de la République française, sembler dicter un chemin. Il appartient aux protagonistes de le faire. Je me suis aperçu que, chaque fois que je m'étais hasardé sur ce terrain, les gens étaient blessés et disaient : "Mais cela ne vous regarde pas !" » Il aurait, en revanche, accepté volontiers d'être l'hôte de réunions entre Israéliens et Palestiniens, alors encore impossibles...

Quand, vers 1985, les relations entre les belligérants parurent bloquées et que les Israéliens échouèrent à faire surgir, par des élections libres, une autre élite palestinienne que l'OLP, François Mitterrand chercha – en vain – à provoquer la réunion d'une conférence internationale à l'ONU, qui aurait pu assigner un rôle central à la France. « Il faudra sans doute des années pour y parvenir, mais le principe de la conférence internationale doit être posé. J'aurais préféré des négociations directes, mais ça ne marchera pas. La conférence internationale permettra d'organiser entre Israéliens et Palestiniens des conversations bilatérales qui pourront se dérouler à l'abri des indiscrétions. Il faudra exprimer clairement notre position et, si nécessaire, avec brutalité. »

En mai 1989, à George Bush qui lui demandait à Kennebunkport : « Vous qui connaissez cette région, pourquoi êtes-vous sceptique sur les chances de paix? », il répondit : « Parce que Shamir [le successeur de Begin] considère les élections dans les territoires comme une fin et non comme un début. Pour Israël, le problème est d'ailleurs tragique, car la Cisjordanie est la terre la plus sacrée du peuple juif. » « Le drame, précisait-il souvent en privé, c'est qu'Israël est en Palestine, et la Palestine en Israël!... »

Le 13 septembre 1993, il fut ravi, comme tout le monde, d'apprendre que, ainsi qu'il l'avait toujours pronostiqué, c'était par des négociations directes et secrètes, menées à Oslo entre Israéliens et Palestiniens, qu'un pas immense avait été accompli vers la paix. Peres, Rabin et Arafat venaient de réaliser exactement ce que François Mitterrand avait été longtemps le seul, en Occident, à souhaiter et prévoir : des accords bilatéraux sans intervention des Grands.

En 1994, sous le gouvernement Balladur, la reconnaissance des deux belligérants l'un par l'autre étant acquise, il leva l'embargo sur les livraisons d'armes à Israël, imposé en 1967, avant la guerre de Six-Jours, par le général de Gaulle.

Le soutien aux Palestiniens

En même temps qu'il soutenait Israël, François Mitterrand était sensible à la cause palestinienne et désireux de soutenir l'OLP, dès lors qu'elle renoncerait au terrorisme et reconnaîtrait l'existence d'Israël. Après la tragédie de Sabra et Chatila, il ajouta à cette stratégie d'équilibre politique une dimension humanitaire qu'il fut le seul au monde, avec les Grecs, à mettre en œuvre. Il aida ainsi les combattants palestiniens, persécutés au Liban après y avoir régné en maîtres, à quitter dignement ce pays. Il accepta d'abord d'organiser l'échange de six prisonniers israéliens détenus au Liban contre 1 124 Palestiniens détenus en Israël. Puis, quand l'OLP, coincée par le siège de Beyrouth, demanda à la France d'accueillir dans ses hôpitaux

« des blessés palestiniens », il accepta. Il écrivit, en marge d'une note d'un collaborateur qui proposait de ne recevoir que les « blessés civils », et non les « blessés militaires » : « Pourquoi cette distinction entre civils et militaires ? Ils sont tous, à nos yeux, redevenus civils. Ne la posons pas, et accueillons un nombre raisonnable de blessés. » La France aida à leur départ à bord d'un bateau grec.

Un an plus tard, quand Yasser Arafat, alors à Tripoli, au Liban, où il était assiégé par l'armée syrienne, demanda à François Mitterrand de l'aider à fuir, Claude Cheysson proposa d'envoyer un navire de la marine nationale le chercher. Inquiet de voir engager notre armée dans le conflit, j'interrogeai le président : « Ne pourrait-on pas trouver un bateau neutre, grec, par exemple, comme après le siège de Beyrouth, l'an dernier ? À moins que le bateau ne soit civil... » François Mitterrand balaya mon argument : « Sauver les personnes échappe à tout calcul. » Après cette évacuation, extraordinairement difficile et qu'il suivit heure par heure, Arafat lui écrivit : « J'adresse mes remerciements à la France dont la prise de position a une portée considérable non seulement pour le sort des combattants de Tripoli et pour l'OLP, mais pour l'avenir du peuple palestinien lui-même. Le peuple français méritait déjà le nom de peuple ami du peuple palestinien ; nous lui donnons désormais celui de peuple frère. »

La France réussit ainsi le tour de force d'être, sans double langage, le seul pays ami des deux belligérants.

En novembre 1988, face à l'enlisement de la situation, François Mitterrand songea à reconnaître l'État palestinien, puis il y posa des conditions qu'il précisa en Conseil des ministres : « La première, la plus importante, est l'adhésion aux résolutions de l'ONU. [...] Évidemment, le fait de choisir Jérusalem comme capitale est une agression caractérisée contre Israël. Il faut que la ville soit sous statut international. Par ailleurs, il y a un problème juridique. Nous ne pouvons normalement reconnaître un État qui ne dispose pas d'un territoire, sans quoi nous aurions déjà reconnu maints États plus sympathiques que celui de l'OLP... »

En mai 1989, juste avant que ne se fassent entendre les premiers craquements annonçant en Europe de l'Est la dislocation de l'Empire soviétique, il obtint d'Arafat, en échange de sa réception à Paris, qu'il déclare « caduque » la charte de l'OLP visant encore explicitement la destruction d'Israël.

Eut lieu alors la première rencontre d'un dirigeant occidental avec le chef palestinien, à laquelle j'assistai avec les interprètes.

L'atmosphère fut très intense et très émouvante. Arafat commença par un long exposé – pendant lequel il ne me quitta pas des yeux – sur son amitié à l'égard du peuple juif, puis il exposa sa thèse : un État palestinien avec Jérusalem pour capitale, couvrant au moins les territoires occupés. François Mitterrand répondit : « Je suis content de vous voir à Paris... Nous n'accepterons pas que les Palestiniens soient victimes de tous les coups. Vous avez le droit d'aimer votre patrie et de la servir. [...] En 1947, nous avons reconnu l'État d'Israël et nous sommes restés fidèles à cela. Cet État existe. C'est pourquoi je vous le demande, déclarez clairement : 1) les résolutions de l'ONU sont valables; 2) si la paix s'installe, les dispositions de la charte appartiennent au passé. Dites cela clairement ! Les Israéliens seront encore hostiles, mais vous aurez pour vous l'opinion internationale et celle de l'Europe. [...] Israël veut – c'est bien normal – se fabriquer des interlocuteurs. Israël demande des garanties sérieuses, mais, si vous les donnez, il sera très difficile à Israël de les refuser. Il faut discuter des conditions des élections après en avoir retenu le principe. Je suis sûr qu'Israël les acceptera. »

Bien plus tard, après Oslo, le président de l'OLP, enfin installé en Palestine, me reçut un soir à dîner dans son nouveau quartier général de Gaza où j'étais venu le rejoindre après avoir déjeuné, le même jour, à Jérusalem, chez le Premier ministre israélien, Shimon Peres. Devant tous ses officiers réunis autour de lui pour la rupture du jeûne du ramadan, Arafat expliqua que le président Mitterrand lui avait sauvé trois fois la vie et raconta comment sa visite à Paris, au printemps 1989, et la révision de la charte de l'OLP, qui en avait découlé, avaient ouvert la porte aux accords d'Oslo.

Contenir l'Irak

Depuis 1974, la France soutenait l'Irak en lui envoyant même plus d'armes que ne le faisait l'URSS. En échange, l'Irak devint notre second fournisseur en pétrole et notre premier débiteur. Lorsque la guerre contre l'Iran fit rage, François Mitterrand maintint l'engagement de ses prédécesseurs. En novembre 1982, à Assouan, il expliqua cette politique en déclarant : « Il ne faut pas que l'équilibre multiséculaire entre Arabes et Persans soit rompu. » À l'été 1983, en traînant les pieds, il accepta même la proposition du Quai d'Orsay, de la Défense et de Dassault de prêter aux Irakiens cinq Super-Étendard, appareils essentiels pour leur défense ; ces avions appartenant à l'armée française, la France, au regard des règles du droit international, se retrouvait coupable de cobelligérance. L'Iran, en passe d'emporter la victoire, considéra alors notre pays comme une puissance ennemie et l'hodjatoleslam Sadegh Khalkhali, député de Qom, s'en prit à François Mitterrand en ces termes : « C'est lui qui met le feu au Liban et déverse les bombes sur la population musulmane avec l'aide d'Israël. Personne n'osait aller en Israël embrasser Begin, mais il l'a fait avec arrogance. Nous allons montrer que sa place est dans une île, car il mourra là où Napoléon est mort ! » Et l'Iran, directement ou indirectement, nous le fit payer, on l'a vu, en fomentant des attentats sur notre sol.

Pour François Mitterrand, la défense de l'Irak s'arrêtait à ses frontières. Il s'agissait de maintenir un équilibre, pas d'organiser des conquêtes. Quand, le 1er août 1990, se croyant peut-être autorisé à le faire par les Américains, l'Irak attaqua le Koweït, François Mitterrand condamna sur-le-champ cette invasion en maugréant contre ses services secrets qui n'avaient rien vu venir : « C'est à se demander pourquoi on les paie ! »

En deux jours, les 3 et 4 août 1990, une résolution fut votée par tous les membres permanents du Conseil de sécurité, y compris les Chinois et les Soviétiques, exigeant le retrait immédiat et inconditionnel des troupes irakiennes du Koweït. François Mitterrand n'eut aucun complexe à s'allier aux Américains pour menacer Bagdad de représailles : « Saddam Hussein bénéficie de deux leviers psychologiques importants vis-à-vis du monde arabe : d'abord il donne l'impression qu'il lutte contre Israël ; ensuite, il lutte contre des familles et des dynasties déconsidérées. » Quand Roland Dumas remarqua fort justement en Conseil des ministres : « Ce conflit fait bien l'affaire des Américains et d'Israël qui voient confirmer leurs analyses sur le rôle de l'Irak », François Mitterrand rétorqua : « Eh bien, ils avaient sans doute raison !... »

Cette condamnation de Bagdad aidait aussi à maintenir la France dans son statut de grande puissance, si essentiel au même moment, on l'a vu, en Europe. François Mitterrand me confia : « Si la France ne participait pas à cette alliance contre l'Irak, elle serait moralement, militairement et diplomatiquement discréditée sur le terrain européen au moment même où se jouent son crédit et son rôle à venir. » Le président français était cependant doublement embarrassé : d'une part, si guerre il y avait, l'Irak la ferait contre les alliés avec des armes françaises ; d'autre part, ce conflit risquait de dégénérer en cette déflagration nucléaire ou chimique qu'il redoutait depuis toujours, non plus cette fois par l'intervention d'une URSS à l'agonie, mais par un coup de folie de Saddam attaquant les Kurdes ou les Israéliens.

Le 14 septembre 1990, la Grande-Bretagne envoya une brigade blindée en Arabie saoudite. Le même jour, quand des militaires irakiens violèrent l'immunité diplomatique de la résidence de l'ambassadeur français à Bagdad, le président français se décida à envoyer des troupes dans la région : « C'est inacceptable ! Ça, c'est la guerre ! Ils nous cherchent ? Ils vont me trouver ! » Le 18, il précisa les conditions de l'implantation de forces françaises en Arabie saoudite tout en continuant, avec Roland Dumas, de tenter de convaincre Saddam Hussein de se retirer et en envoyant des émissaires expliquer la position française dans les capitales arabo-islamiques (« une affaire de droit, pas une croisade ! »).

Quand il perçut que la guerre était inévitable, il redouta que l'opinion la refuse et s'adressa régulièrement au pays. (Il regrettait alors de ne pas l'avoir fait au moment de la chute du mur de Berlin, voyant que s'installait l'idée qu'il avait été hostile à la réunification.)

Il n'ignorait pas que cette guerre pour la libération du Koweït déboucherait sur une tentative américaine d'en finir avec le régime irakien : « Bush est pour l'affrontement. Avec un objectif supérieur : l'élimination de Saddam Hussein. Il est conforté par l'opinion américaine qui le suit sur ce terrain. N'en déplaise à certains, la logique de paix s'éloigne chaque jour davantage. On voit mal Gorbatchev, entièrement mobilisé sur son front intérieur, s'opposer à une initiative américaine contre Saddam Hussein. Avec les États-Unis, la France n'a que des divergences de méthode. Nous préférons suivre les résolutions de l'ONU plutôt que les précéder. Mais nous faisons preuve de la même détermination : si nous tolérons ce qui vient de se passer dans le Golfe, demain nous verrons des petits pays imiter l'Irak. Dès qu'un État aura vingt chars de plus que son voisin, il tentera de l'envahir. Il faut être très ferme, cette fois, pour ne pas avoir à se retrouver plus tard dans une situation on ne peut plus fâcheuse. » Toujours cette même obsession, planétaire, de ne pas laisser remettre en cause les frontières existantes.

Un ultimatum fut adressé à Saddam par la coalition, fixant au 15 janvier 1991 la date limite pour son retrait. Après bien des tergiversations, François Mitterrand obtint des Américains qu'ils s'engagent à ne pas tenter de prendre Bagdad si les Irakiens se retiraient du Koweït. Mais, à ceux qui lui proposaient de jouer un rôle de médiateur, il rétorqua : « Je ne veux pas envoyer de message ni direct ni indirect à Saddam Hussein, car la France est dans une situation délicate à cause de notre appui et de nos ventes d'armes passées à l'Irak. Je ne veux pas que l'on pense que la France joue un double jeu. »

Quand Saddam posa des conditions pour se retirer du Koweït, François Mitterrand les rejeta, comme les Américains : « Cela ne le mènera à rien de poser des conditions. Il sera forcé de reculer. »

Les Américains avaient désormais une telle confiance en son jugement que James Baker, secrétaire d'État, vint à Paris, le 8 janvier 1991, pour lui soumettre un projet de lettre que Bush entendait adresser à Saddam Hussein. Le président français obtint qu'elle soit un peu moins menaçante en supprimant un paragraphe évoquant la « destruction de l'Irak », mais il ne réussit pas à convaincre les Américains de surseoir quelque peu à l'ultimatum (en considérant que la promesse de partir valait début de départ) ni à organiser, après le retrait de l'Irak, une conférence internationale sur la région (c'est-à-dire sur la question palestinienne). Il expliqua, le lendemain, en Conseil des ministres : « La position française est difficile à tenir. Émettre un avis différent des États-Unis, c'est, pour les fanatiques de la guerre, donner un avantage à Saddam Hussein ; et, pour les fanatiques de la paix, ce n'est jamais assez. En tout cas, si le conflit se déclare, ce ne devra pas être pour faire tout et n'importe quoi. »

Quarante-huit heures plus tard, prenant acte de l'imminence de la guerre, il convoqua un Conseil restreint pour fixer les conditions de l'engagement militaire de la France : « Ce sera sous le commandement d'un Américain, puisque les États-Unis représentent la principale force. Je ne veux pas convoquer le Parlement avant la fin de l'ultimatum, et je ne veux pas engager un seul soldat sans avoir obtenu l'aval parlementaire. Il faut réfléchir au problème des appelés qui servent dans la marine. Il faut réfléchir aussi au poids des images : en cas de guerre, il y a un risque de choc psychologique, même si ce n'est pas la guerre mondiale. Et nous risquons également d'avoir le terrorisme. Mais le terrorisme n'a jamais empêché une nation résolue de poursuivre son objectif. Est-ce que les Irakiens demanderont une trêve au bout de quelques jours ? Ce n'est pas sûr. Est-ce que nous devrons l'accepter ? Ce n'est pas absolument évident, parce que nos armées sont exposées. Enfin, on verra bien. Nos forces iront en Irak parce que c'est techniquement, militairement nécessaire pour libérer le Koweït [...]. Je ne pense pas que l'armée irakienne soit dans un état matériel et moral aussi bon que ce qu'on en dit. Mais je peux me tromper. Il y a des troupes d'élite, mais elles ne se trouvent pas partout. Si c'est possible, il ne faut pas écraser l'Irak sous les bombes, mais cela dépendra de sa résistance militaire et morale. Pour ce qui est de notre aviation, j'exclus sa participation à des raids massifs sur l'Irak. Ce n'est pas notre objectif et ce n'est pas dans nos moyens. »

À ce moment, François Mitterrand était convaincu que Saddam utiliserait toutes ses armes et tenterait d'attirer Israël dans la guerre pour en faire un conflit nucléaire. Le 14 janvier (après avoir reçu un appel de Kadhafi, qui lui avait dit : « Il y a assez de gens fous, il faut que les gens sages comme vous et moi fassent entendre la voix de la raison ! »), il reçut l'ambassadeur d'Irak, Al Hachimi, pour un entretien tragique et solennel où il tenta une ultime fois de transmettre un message visant à faire céder Saddam : « Certains sont tentés d'interpréter rigoureusement la date de l'ultimatum. D'autres accepteraient un engagement et un début de retrait, avec un calendrier programmé. C'est notre position. [...] Si le président Saddam Hussein veut lancer un signe favorable, s'il accepte cette éventualité, nous passerons notre journée de demain à prendre d'autres initiatives. Vous êtes un patriote irakien. Je n'arrive pas à croire que, face à la perspective d'une guerre, il y ait la moindre hésitation à avoir. L'Irak est un pays qui a été l'ami de la France, avec lequel nous ne souhaitons pas de rupture. » Puis il assura le diplomate que, quoi qu'il arrivât, sa famille et lui seraient protégés. Saddam refusait toujours.

Le 16, François Mitterrand déclara devant le Parlement européen : « Je le dis avec regret mais détermination : le recours à la force armée pour contraindre l'Irak à évacuer le Koweït est désormais légitime. » Et il rédigea lui-même, dans la nuit, un long message au Parlement : « Au terme du délai fixé, il nous faut constater, ce matin 16 janvier, qu'aucune réponse conforme à l'attente des peuples attachés à la défense de la paix, dans le respect du droit, n'a été donnée par les dirigeants irakiens. L'heure est donc venue pour nous, comme pour tout pays responsable et garant des règles sur lesquelles reposent l'équilibre et les principes dont nous nous réclamons. Je le dis avec regret mais détermination : le recours à la force armée pour contraindre l'Irak à évacuer le Koweït est désormais légitime. [...] Le peuple français, qui en connaît le prix, hait la guerre. Mais il n'y a en lui aucune faiblesse pour ceux que Jean Jaurès appelait les "fauteurs de conflits". »

Voyant la France emprunter cette route, le ministre de la Défense, Jean-Pierre Chevènement, hostile à l'intervention militaire, démissionna. Pierre Joxe le remplaça et céda l'Intérieur à Philippe Marchand, député socialiste de Charente.

La guerre du Koweït commença par des bombardements aériens. L'obsession de François Mitterrand fut d'éviter qu'elle ne dérape dans un conflit de type nucléaire ou chimique. Bagdad fut bombardée. Des puits de pétrole furent incendiés. Des missiles irakiens tombèrent sur Israël comme sur les pays du Golfe. Le 22 février, avec l'accord de Paris, George Bush rejeta un dernier plan de compromis soviétique et donna à Saddam vingt-quatre heures pour commencer à évacuer le Koweït, sous peine de bombardements plus sévères encore et d'une menace de renversement de son propre régime.

Après avoir tenté d'ultimes manœuvres, Saddam céda le 26 et s'engagea à appliquer les résolutions 662 (reconnaissant que l'annexion du Koweït n'avait aucun fondement juridique) à 674 (organisant les réparations financières). Les opérations cessèrent le 28 février. La guerre du Golfe avait duré quarante-deux jours et donné lieu à plus de 106 000 raids aériens. L'offensive terrestre n'avait duré que cent heures ; 3 008 chars irakiens sur 4 200 avaient été détruits ; 29 des 42 divisions irakiennes avaient été anéanties. La coalition avait fait plus de 50 000 prisonniers de guerre. On dénombrait de 150 000 à 200 000 morts du côté irakien ; 58 Américains, 93 membres des forces arabes, 14 Britanniques et 2 Français étaient morts ; 300 Américains, 43 Arabes, 10 Britanniques et 27 Français avaient été blessés.

Cette guerre marqua le début d'une autre ère : juste après la chute du mur de Berlin, la guerre froide Est/Ouest se trouvait remplacée par une guerre chaude entre l'Occident – dont faisait désormais partie la Russie – et le Sud – dont une partie des terres d'Islam.

François Mitterrand comprit qu'on entrait dans un monde nouveau. Pour lui, cette nouvelle guerre Nord/Sud allait être longue : « Les pays pauvres feront tout pour attaquer l'Occident, pour se venger de toutes les humiliations subies. Il faudra être capable de ne pas avoir peur pour résister au terrorisme, de rester unis pour qu'ils ne puissent pas utiliser l'un d'entre nous contre les autres, de régler le problème palestinien tout en défendant Israël pour qu'ils n'aient pas ce prétexte. Et il faudra surtout les aider à sortir de la misère, qui nourrit la violence et provoque des guerres. Nos peuples, même s'ils gagnent, y perdent leur âme. »

Car la guerre, il l'avait vécue de près.

Vichy, Pétain, Bousquet

Comment, au terme d'un tel récit, expliquer que se pose encore la question des rapports de François Mitterrand avec le judaïsme et avec Israël ? Comment expliquer que certains le suspectèrent – voire le suspectent encore – d'avoir été antisémite et d'avoir collaboré à la destruction du peuple juif ? Parce que son rôle pendant la Seconde Guerre mondiale ne fut pas exactement celui dont il avait toujours fait état et que ce mensonge a fait peser, pour certains, une sorte d'incertitude sur ce qu'il y fit vraiment.

Dans le premier chapitre de ce livre, j'ai rapporté qu'il m'avait raconté, en 1974, son entrée dans la Résistance, en janvier 1942, juste après son évasion d'Allemagne. Depuis cette confidence, il me confirma souvent ce récit, le nourrissant de nombreux détails pittoresques sur les conditions de son passage – sans transition – des camps de prisonniers à la Résistance, sans jamais mentionner un séjour à Vichy autrement que comme un détour, parfois admis, de quelques semaines par la capitale de l'État français afin de s'y faire enrôler dans un commode réseau d'anciens prisonniers de guerre, nécessaire à l'établissement de ses faux papiers. Jamais rien d'autre. Jamais rien, non plus, sur la nature de son rôle dans la Résistance en 1942, dont il semblait n'avoir retenu que le fait que vrais héros et vrais lâches n'étaient pas forcément ceux dont l'Histoire avait gardé le souvenir. Il évoquait plus volontiers son expérience de prisonnier en 1941 (où il avait appris la méfiance des hommes échangeant tabac et cigarettes par-dessus un mur) et ses activités de résistant à partir de novembre 1943 quand, sous le pseudonyme de Morland, il partit clandestinement pour Alger, y rencontra de Gaulle, avec lequel il ne s'entendit guère et qui aurait cherché à lui interdire de rentrer en France pour confier la direction de son mouvement de résistance à l'un de ses neveux, Michel Cailliau.

François Mitterrand me conta aussi souvent la façon dont, à son retour à Paris en janvier 1944 – après une escale à Marrakech (chez Joséphine Baker) et une autre à Londres (chez le colonel Passy) –, il avait failli se faire arrêter, gare Montparnasse (en revenant de Londres par bateau puis par train), par un gendarme français qui avait ouvert sa valise. Il le raconta aussi à de très nombreux autres témoins, en particulier à Edgar Morin, membre de son réseau : « J'étais revenu avec un très mince bagage, et pour cause – tout le bagage qui nous était confié lorsqu'on revenait d'Angleterre en France pendant la guerre : un flacon d'alcool, un revolver, une boule de cyanure –, et j'avais en plus acheté à Londres un imperméable que j'avais posé sur ces différents objets à l'intérieur de la mallette, et puis quelques cigarettes... » Quand le gendarme découvrit le revolver, il le regarda droit dans les yeux et, après un long silence, lui fit signe de passer. François Mitterrand se cacha alors chez Marguerite Antelme (Marguerite Duras) et chez son adjoint Roger-Patrice Pelat, amoureux de Christine Gouze, laquelle lui présenta sa jeune sœur, Danielle. En juin 1944, il faillit être pris dans une souricière où furent arrêtés Robert Antelme et quelques autres membres de son réseau. « Ce jour-là, il y eut toute une série d'arrestations des nôtres par la Gestapo dans des lieux tenus secrets. Ces arrestations, naturellement, étaient dues à une dénonciation, à une filière qui avait été remontée. » Marguerite Duras raconte, dans *La Douleur*, comment les nazis cherchèrent alors, en vain, à remonter jusqu'à son chef de réseau, François Morland.

Puis, il me raconta comment, quand arriva le moment de la Libération de Paris, il s'empara d'un ministère, les armes à la main, et se trouva avec Jacques Chaban-Delmas derrière le général de Gaulle au balcon de l'Hôtel de Ville. En août 1944, il fut ensuite nommé, raconte-t-il dans cette même conversation avec Edgar Morin et Dionys Mascolo, dans « un bizarre gouvernement qui n'a pas porté ce nom, mais qui a été chargé par le général de Gaulle, à partir d'Alger, d'incarner la légalité. Quinze personnes sous l'autorité d'Alexandre Parodi. J'ai fait partie de ces quinze désignés précisément par le général de Gaulle. C'est nous, d'ailleurs, qui avons accueilli de Gaulle et avons participé au premier Conseil des ministres de la France libérée, au ministère de la Défense, rue Saint-Dominique. Là, [le Général] m'a accueilli par un "Encore vous !" Cela a duré quinze jours, juste le temps pour de Gaulle de reconstituer un vrai gouvernement avec deux des nôtres, issus de ces quinze, et un fort lot de ceux qui faisaient partie du Comité de libération, plus quelques personnalités comme Bidault et Teitgen. C'est donc un bref épisode, mais important. À peine cette fonction a-t-elle cessé que le général de Gaulle m'a fait demander d'accompagner le général Lewis pour participer, au nom de la France, à l'ouverture de quelques camps. C'est ainsi que nous sommes allés à Landsberg, où il n'y avait aucun survivant ».

Cette version se révéla en partie mensongère, et pas seulement par omission, sur la période 1942-1943. Il avait sans doute fini par y croire lui-même ; au point que, de longues années plus tard, il continuait de la répéter en public. Ainsi, dans une conférence de presse passée étonnamment inaperçue, en date du lundi 21 décembre 1989, à l'université Karl-Marx de Leipzig, lors de son voyage si contesté en Allemagne de l'Est, il déclara encore : « Bien entendu, lorsque je me suis retrouvé en France occupée par les Allemands, à la fin de 1941, au mois de décembre, dans un pays coupé en deux – je sais ce que c'est ! –, je ne pouvais choisir que le combat. Je suis allé, en France, dans toutes les provinces ; je suis allé un moment en Angleterre ; je suis allé un moment en Algérie. Je suis revenu ensuite en France, au début de 1944, et j'ai vu les grandes phases de la guerre… »

Pas un mot sur son passage dans l'administration de Vichy, sauf si l'on admet qu'il l'incluait dans son allusion énigmatique à sa tournée dans « toutes les provinces » ! Ce fut à son honneur, là encore, que de ne pas s'opposer à ce que je cite cette déclaration de 1989 dans le troisième tome de *Verbatim*, paru en octobre 1995, alors qu'il venait lui-même de reconnaître que la vérité était tout autre. Car, pendant toutes ces années passées à ses côtés, je n'imaginais pas qu'il avait pu avoir le moindre lien avec l'administration de Vichy.

Quelques incidents auraient pourtant dû m'alerter.

D'abord, un jour du printemps 1977 où il me convia à déjeuner. Je m'attendais à le retrouver seul, puisque nous avions à préparer un discours qu'il devait prononcer à l'Assemblée. En arrivant rue de Bièvre, sa secrétaire, Marie-Claire Papegay, m'annonça qu'il m'attendait dans un restaurant voisin, boulevard Saint-Germain, le Dodin-Bouffant. Je m'étonnai : les restaurants n'étaient pas pour lui des lieux où converser sérieusement. Je l'y trouvai attablé à la terrasse avec une dizaine de personnes de son âge. Je reconnus quelques grands noms de la Résistance, dont Henri Frenay, chef du mouvement Combat, auxquels s'étaient joints Jean-Paul Martin, que je pensais alors n'être qu'un ex-collaborateur de François Mitterrand sous la IVe République, et un homme de forte carrure, vêtu de noir, portant de grosses lunettes, bougon, auquel chacun semblait s'adresser avec respect. Ce déjeuner est encore aujourd'hui tellement gravé dans ma mémoire que je pourrais en donner le plan de table. À la fin du repas – où il ne fut question que de souvenirs de la IVe République –, François Mitterrand me demanda de le raccompagner rue de Bièvre. En faisant quelques pas sur le boulevard, il évoqua la personnalité de chacun des convives. Il m'expliqua que Jean-Paul Martin avait été le directeur de cabinet du chef de la police de Vichy avant de devenir le sien sous la IVe République. Je sursautai. Un homme de Vichy à sa table ? Il poursuivit : l'homme en noir s'appelait René Bousquet. Son nom ne me disait rien. Il précisa : « C'était un sous-préfet avant guerre, devenu célèbre pour avoir sauvé un enfant en train de se noyer dans le Tarn en crue. Il a été ensuite le secrétaire général – c'est-à-dire le ministre – de la police de Vichy. » Je m'arrêtai net, blêmis et lui lançai, pétrifié : « Vous m'avez invité à déjeuner avec le secrétaire général de la police de Vichy ? » Sans paraître remarquer mon trouble, François Mitterrand poursuivit son chemin tout en m'expliquant : « Il nous communiquait, par l'intermédiaire de Jean-Paul Martin, des renseignements fort utiles pour nos réseaux de Résistance. Il a été ensuite arrêté par les Allemands, puis jugé à la Libération et acquitté. Il a même été rétabli dans ses décorations. Devais-je être plus exigeant que les juges de cette époque qui n'étaient pas des tendres ? Et puis, c'était une période très compliquée… » J'étais glacé. Après un silence, il ajouta : « Bousquet a sauvé la vie à tous ceux qui étaient assis aujourd'hui autour de cette table. Que feriez-vous pour quelqu'un qui vous a sauvé la vie ? Il est impossible de comprendre cette époque si on ne l'a pas vécue. Ne cherchez pas, vous n'y arriverez pas. Je me demande d'ailleurs si, un jour, la véritable histoire de la Résistance – ou plutôt des deux Résistances, celle de l'intérieur et celle de l'extérieur – pourra être racontée. Il y faudra peut-être encore une autre génération. »

Nous en restâmes là. Je pensais alors que Bousquet, dont je vérifiai alors la biographie abominable, n'était rien de plus pour lui que l'invité fortuit d'un déjeuner d'anciens. Jamais il ne me fit part du rôle considérable joué par ce sinistre personnage dans sa propre carrière politique et en particulier de l'aide financière qu'il lui apporta, notamment en 1965, contre de Gaulle…

Quand, dans le numéro de *L'Express* du 28 octobre 1978, la responsabilité de Bousquet dans la rafle du Vel' d'Hiv' fut révélée par son acolyte, Darquier de Pellepoix, j'en parlai à François Mitterrand qui m'assura qu'il ne le reverrait plus. Je n'appris que bien plus tard qu'il l'avait revu, au contraire, et à plusieurs reprises.

D'autres choses encore m'étonnèrent par la suite dans ses récits de guerre. D'abord, la façon dont il parlait de son désir de s'évader d'Allemagne sans spécialement le lier à une volonté de revanche contre l'Allemagne ou encore moins à une horreur du nazisme :

« J'ai failli ne pas partir, au mois de mars 1941, parce que j'avais reçu, quelques jours avant, et pour la première fois, un colis de ma famille dans lequel il y avait une paire de magnifiques brodequins, de très belles chaussures. Comme elles étaient toutes neuves, je ne pouvais les emporter avec moi, je ne pouvais les mettre et marcher avec, elles auraient tout de suite été repérables. »

Je fus même souvent surpris de son absence d'indignation quand il parlait du nazisme et de la Collaboration. Et même quand il montrait une étrange sympathie pour les principaux protagonistes de Vichy. Par exemple, lors d'un déjeuner à l'Élysée avec Françoise Sagan, Maria Pacôme et François-Marie Banier, il évoqua Pierre Laval pour prendre sa défense avec quelque chose comme de l'admiration : « Il était, parmi le personnel politique de l'avant-guerre, le seul, avec Léon Blum et André Tardieu, à avoir une véritable stature. Mais son manque de convictions et sa trop grande confiance en soi l'ont perdu. » Songeait-il à sa propre histoire ? Dans le silence éberlué qui suivit cette épitaphe, il poursuivit à mi-voix : « Et puis il a été entraîné. Il y a des moments dans la vie où les événements se précipitent sur vous comme si des murailles se refermaient : le héros essaie d'empêcher que les deux côtés se rejoignent, il meurt écrasé. Les autres essaient de trouver un passage... » Qui était ce héros qui « mourait écrasé » ? Laval ? Celui qui souhaitait la victoire de l'Allemagne était-il un « héros écrasé » ? Les résistants étaient quoi, alors ? Ceux qui essayaient de « trouver un passage » ? Évidemment non. Laval n'était pas un héros écrasé, et les résistants n'étaient pas des gens qui s'enfuient pour trouver un passage.

Un peu plus tard, il expliqua même devant témoins que le pacte germano-soviétique avait été un « pas positif » ! Je sursautai : un pas positif, l'accord entre les nazis et les Soviétiques ? Décidément, tout ce qui pouvait conduire à maintenir la paix, même au prix de la lâcheté, semblait trouver grâce à ses yeux.

Puis, quand un jour de 1986, le chancelier Kohl s'inquiéta du sort de Rudolf Hess, emprisonné depuis quarante ans à la prison de Spandau, à Berlin, François Mitterrand l'approuva : « C'est un châtiment un peu inhumain [...]. Cet homme a pris tous les risques des deux côtés. Sa tentative [d'évasion en Angleterre] est tout à fait étonnante. Vous savez, j'ai vu Hess. J'ai assisté à une séance du procès de Nuremberg. C'était grotesque de voir, devant les juges déguisés comme au spectacle, ces accusés dont les noms avaient rempli d'horreur l'univers. Des gens terribles, certes, mais certains l'étaient peut-être moins. Et, au milieu de tous, Hess paraissait tout à fait étranger. Lors des interruptions de séance, ils discutaient entre eux. Hess ne fréquentait pas les autres et restait tout seul dans un coin. » Ensuite la conversation roula sur Göring. François Mitterrand le qualifia de manière insolite : « Ce n'était pas un idéologue, c'était un aventurier. » Un « aventurier », le chef de la machine nazie ?

Dans le texte, cité plus haut, où il raconte sa découverte de Dachau, on trouve aussi cette singulière façon de commencer la description du camp de la mort par les malheurs des... gardiens allemands ! « Un spectacle tragique et inoubliable. Cette première heure de libération. Les soldats allemands pourchassés, abattus. Ceux qui attendaient leur sort... Que leur sort fût décidé... » Et cette façon brutale, dans le même texte, de conclure une brève description de l'horreur enfin embrassée du regard par : « Mais évitons cette description qui a été faite par d'autres. » Comme gêné de s'y attarder. Je mis cela au compte de sa pudeur : il détestait s'étendre sur ses sentiments personnels, et plus encore sur ses émotions.

De fait, il ne s'indignait jamais explicitement de la monstruosité hitlérienne. Comme si les Allemands n'avaient rien à se reprocher de particulier dans cette guerre. Ainsi, dans la soirée du 21 octobre 1987, après une visite à Aix-la-Chapelle, lors d'un dîner offert par les autorités du land dans le magnifique château de Herrenhausen, il improvisa un long panorama des relations franco-allemandes au XXe siècle. J'attendais au moins une remarque sur le nazisme. Elle ne vint pas. Bien au contraire : « Je me souviens, alors que je venais d'être arrêté après une évasion manquée, j'étais entouré de quelques soldats qui m'amenaient à nouveau en prison. Une vieille dame allemande a écarté les soldats, m'a donné du pain et une saucisse. C'était au mois d'avril 1941 ; elle m'a dit : "Monsieur, j'espère que cela vous fera aimer l'Allemagne." » François Mitterrand continua, à mon grand scandale : « Je dois dire que beaucoup de faits m'ont permis d'aimer l'Allemagne tout en accomplissant mon devoir à l'égard de mon propre pays [...]. Dans cette Allemagne où j'ai vécu les quelques événements que je vous racontais, j'étais étonné de rencontrer des Allemands qui ne correspondaient pas au schéma que je m'étais fait d'eux dans ma jeunesse. Je me disais : "Mais les Allemands ne nous détestent pas !" Il doit bien y avoir quelques Allemands qui ont vécu la même expérience et qui ont découvert que les Français ne les détestaient pas. » Je tournai la tête vers Roland Dumas, invité, assis à côté de moi, et lui murmurai que la phrase « les Allemands ne nous détestent pas » (et non pas « des » Allemands) ressemblait furieusement aux discours qu'on tenait à Vichy dans les années noires. Dumas, le si subtil ministre, si fidèle et si lucide à la fois, fils de résistant fusillé et courageux combattant des libertés, me répondit à voix basse : « Tu ne peux pas comprendre. C'est comme ça. D'ailleurs, de Gaulle pensait pareil. » Et, quand je lui murmurai en réponse : « Ah ? Je croyais que nous n'étions pas gaullistes ! », il sourit et me fit signe d'écouter la suite. François Mitterrand conclut : « Il fallait donc changer le cours des choses. Passer par-dessus les deuils, les blessures de toutes sortes, les ruptures... » Et les monstruosités, il fallait aussi « passer par-dessus » ?

Pas un mot, donc, sur le nazisme. Pas un mot, pas une allusion non plus sur ces milliers de soldats allemands, issus du contingent, qui massacrèrent les enfants en les photographiant, ni sur ceux qui tiraient à la mitrailleuse, en riant, sur des vieillards, ni sur les cheminots qui conduisaient en sifflotant les convois vers les camps de la mort. Ce soir-là, en rentrant à l'hôtel, je notai dans mon journal : « Ce discours sonne à mes yeux comme une justification de la Collaboration. Pas un mot sur la spécificité du nazisme, sur le caractère spécifique de la lutte pour la démocratie. Pas un mot pour différencier la Première Guerre mondiale de la Seconde, comme chez Céline. Maladresse ? Volonté de ne pas indisposer nos hôtes ? »

François Mitterrand relut la transcription de ses propos, en avril 1995, sur les épreuves du tome II de *Verbatim*, alors que la polémique sur son rôle pendant la guerre faisait rage depuis quelque sept mois. Il ne réagit pas : il continuait de penser exactement la même chose.

Il traita d'ailleurs du même sujet, et de la même façon, en faisant la même impasse sur le nazisme, dans sa conférence de presse déjà citée du 21 décembre 1989, à Leipzig : « Au lendemain de cette guerre, je suis allé en République fédérale ; dès 1945, j'ai vu l'effroyable désastre des villes, Francfort, Nuremberg et les autres, réduites à rien. Vraiment, la guerre était abominable et, de part et d'autre, nous nous sommes détruits follement. » En réponse à une question, il ajouta une phrase à mon avis plus terrible encore que toutes les autres en ce qu'elle semblait impliquer une complète banalisation de l'idéologie hitlérienne : « Les idéologies sont saines : il faut bien avoir des idées. Il est même bon d'avoir un corps de doctrine pour s'expliquer le monde, expliquer le rôle des individus dans une société, la relation entre l'État et le citoyen. Chacun selon sa préférence. Mais, quand on veut imposer son idéologie aux autres, on commet un crime contre l'esprit, et c'était cela, le fascisme et le nazisme. »

Ce jour-là – je n'étais pas du voyage –, je notai dans mon journal : « L'abomination du nazisme se serait donc réduite, selon lui, à imposer sa doctrine aux autres ? Ses concepts mêmes ne seraient donc pas condamnables en soi ? Comme ceux de toute idéologie, ils seraient "sains" ? Le nazisme ne serait pas un corps de doctrine monstrueux en soi, indépendamment de la force utilisée pour l'imposer ? [...] Comment peut-il développer un tel contresens ? »

Il y avait enfin son refus opiniâtre de condamner publiquement l'action du gouvernement de Vichy. Lorsque, à plusieurs reprises, oralement depuis son élection puis par écrit, à Paris, puis de Londres, je lui conseillai de reconnaître la culpabilité de la France dans la Collaboration, je me heurtai à un refus irrité. Pour lui comme pour de Gaulle, la République n'avait pas à s'excuser pour des actes commis par un « régime de fait ». En ces années noires, la France n'était pas à Vichy. Par ailleurs, m'expliquait-il, s'excuser eût été rouvrir des blessures, mettre au ban de la nation ceux que les tribunaux avaient déjà jugés. Il fallait tourner la page, ne pas diviser sans cesse et toujours les Français... Mais alors, l'interrogeai-je, pourquoi accepter de les diviser en classes sociales, opposer riches et pauvres, capital et travail ? « Ce n'est pas la même chose, me répondit-il d'un haussement d'épaules, les classes sont toujours là, pas les nazis. »

Mon étonnement s'accrut encore lorsque, en janvier 1993, il ne réagit pas en relisant ligne à ligne, la plume à la main, les épreuves du premier tome de *Verbatim* pour me donner son imprimatur. Je m'attendais qu'il sursautât en lisant, dans le portrait que je traçais de lui : « Il n'a retenu de la guerre que l'occasion de brûler les étapes. Il déteste la Résistance de Londres et d'Alger qui symbolise pour lui une revanche de Paris. Il lui préfère celle de la province, qu'incarnent Jean Moulin, Berty Albrecht et Henri Frenay. Fasciné par le destin du peuple juif, furieusement anti-hitlérien, il ne porte sur le génocide qu'un regard distant : ce n'est pour lui qu'un fait de guerre, pas une monstruosité de la nature humaine. » Sa réaction fut seulement : « Ah bon ? Vous trouvez ? »

À l'époque, je n'attachai guère d'importance à tout cela. Je n'avais pas cru non plus à ce que laissaient entendre, sans preuves, quelques biographes trop polémiques et hostiles pour être pris au sérieux là-dessus. Il m'affirmait être entré dans la Résistance sitôt après son évasion. Cela me suffisait.

Et puis la foudre...

Un jour de la fin de l'été 1994, le président des Éditions Fayard, Claude Durand, m'annonça que, dans ses recherches pour un livre sur la jeunesse de François Mitterrand, Pierre Péan avait retrouvé une photo de ce dernier en compagnie du maréchal Pétain. Pierre Péan avait aussi réuni les preuves que François Mitterrand avait travaillé activement pour l'État français pendant l'année 1942 et une partie de l'année 1943. L'auteur, me dit Claude Durand, n'avait pas d'indice sérieux d'un double jeu entre Collaboration et Résistance avant l'automne 1942, sauf un contact à la Pentecôte et surtout rien de sérieux avant qu'il ne quitte Vichy, au printemps 1943. Dix-huit mois à Vichy dans l'appareil pétainiste ! Sur le coup, je refusai d'y croire et me plongeai dans l'ouvrage dans les jours précédant sa sortie en librairie. Pierre Péan racontait que, grâce à des amis évoluant dans les milieux maréchalistes, l'évadé François Mitterrand avait vite trouvé un emploi à Vichy, à la Documentation générale du directoire de la Légion des combattants. En juin 1942, il avait été chargé des rapports avec la presse au Commissariat au reclassement des prisonniers et avait travaillé sous les ordres de Maurice Pinot, qui avait rang de ministre. Aucune activité infamante, certes, mais il avait été au cœur du système collaborationniste et s'était aligné sur Laval et Pétain. Au point même que le jeudi 15 octobre 1942, à 17 heures, il avait été reçu à l'hôtel du Parc par le maréchal, qui le félicita pour son action en faveur des prisonniers. Il sollicita et reçut la francisque. Il s'éloigna ensuite du régime de Pétain et le quitta, au printemps 1943, pour organiser un réseau d'anciens prisonniers, conservant des relations étroites avec Jean-Paul Martin, directeur de cabinet de la police, lui-même principal collaborateur de René Bousquet. De Bousquet, il disait à Péan : « C'était un homme d'une carrure exceptionnelle. Je l'ai trouvé plutôt sympathique, direct, presque brutal. Je le voyais avec plaisir. » Sur la question de savoir s'il connaissait le sort que Vichy réservait aux Juifs, je tombai sur cette phrase, qui me laissa anéanti : « Je ne suivais pas la législation du moment ni les mesures prises. » Et puis ce mensonge encore sur son rôle dans la Résistance : ce n'est pas *contre* de Gaulle, mais au contraire *à sa demande* qu'il prit la tête du mouvement des prisonniers à Alger en décembre 1943.

Je n'arrivais pas à croire ce que je lisais. Tout y était si différent de ce que je croyais savoir ! De ce dont nous avions si souvent parlé ensemble ! Je téléphonai au président, que j'avais beaucoup vu après sa deuxième intervention chirurgicale de juillet, dont il sera question au chapitre suivant : « Ce n'est pas possible, lui affirmai-je, Péan s'est sûrement trompé. Il dit n'importe quoi : vous auriez passé dix-huit mois dans l'administration de Vichy ? C'est absurde ! » La réponse vint, d'une voix douce et fatiguée : « Mais pas du tout. Je l'ai longuement vu avant qu'il n'écrive cela. Et ce qu'il écrit est parfaitement exact. En quoi cela peut-il vous gêner ? Cette période était compliquée, je vous l'ai toujours dit. » J'ai raccroché, au bord des larmes. Je n'avais pas encore compris que son mal, très avancé, le plaçait déjà loin, très loin de tout cela ; que tout lui était devenu indifférent, y compris l'avis de ses amis les plus proches.

Une phrase me vint aussitôt à l'esprit : « J'ai été le collaborateur d'un collabo ! » Et mille autres questions m'assaillirent. Bousquet, rencontré à déjeuner avec lui dix-sept ans plus tôt, c'était donc à Vichy qu'il l'avait connu ? Dînait-il au Chantecler avec les dirigeants pétainistes ? Ne s'était-il occupé que de prisonniers ? Avait-il participé à quoi que ce soit avec les Allemands ? Pour quels services rendus avait-il reçu la francisque ? Comment pouvait-il prétendre qu'il ne savait pas, à Vichy, ce que les gens de l'hôtel du Parc, où il avait ses entrées, faisaient des Juifs ?

J'écrivis une lettre à Pierre Péan qui résumait parfaitement mon état d'esprit de l'époque. La voici dans son intégralité : « Cher Pierre. Merci de votre livre, qui m'a anéanti. Sa rigueur, son exigence, la prudence dans le choix des mots sont admirables. J'ai découvert un homme que je ne connaissais pas. Les confidences qu'il m'avait faites sur ces sujets (et qui sont pour l'essentiel dans *Verbatim*) sont si loin de la vérité, par omission, pour l'essentiel ! Pour moi, c'est comme un deuil. Un peu comme celui que j'ai vécu avec la disparition de l'Algérie française. Non que j'approuvais la colonisation. Mais c'était mon enfance qui, brusquement, cessait d'exister. Plus de lieu où se recueillir. Eh bien, là, c'est pareil : François Mitterrand est comme un décor habité par d'autres figurants. J'imagine que la France l'est aussi. Nous avons rêvé l'histoire de France avec des tas de figurants glorieux. Grâce à vous, sans passion, le travail de deuil peut commencer. »

Commença alors pour moi une période très pénible. Beaucoup, en son nom, me demandèrent de le soutenir publiquement. Je refusai. Pourquoi l'aurais-je défendu contre mes propres sentiments ? Beaucoup d'autres me suggérèrent de l'attaquer. Je ne le fis pas davantage. Puis, à la demande du *Monde*, je rédigeai contre lui un article assassin que je n'envoyai pas au journal, pensant qu'il devait bien avoir eu des raisons d'agir ainsi, et j'attendis qu'il me les donnât. Je lui téléphonai, lui écrivis même pour lui suggérer de s'expliquer en décrivant mieux l'ambiguïté de la période, en citant le rôle – complice – de Couve de Murville, ou celui – ignoble – de Papon, tous deux collaborant étroitement avec Vichy avant de rejoindre de Gaulle qui les accueillit les bras ouverts. Il ne le fit pas, se murant dans un silence hautain : ceux qui l'aimaient devaient le soutenir en confiance, sans lui réclamer d'explications. Beaucoup le firent. Je m'en abstins. Le silence me paraissait la seule attitude possible.

En avril 1995, quelques semaines avant de quitter la présidence, François Mitterrand me convia à assister à l'inauguration du nouveau bâtiment de la Bibliothèque nationale de France, auquel il tenait tant. J'y allai pour constater combien le projet était éloigné de mon idée d'origine. Là, à bout de forces, il me prit à part pour me demander de venir le voir le lendemain à l'Élysée.

Nous passâmes un très long moment ensemble quelques jours avant le premier tour de l'élection présidentielle. Je venais de lui envoyer le manuscrit du tome II de *Verbatim* qui contenait de nombreuses critiques sur son attitude envers l'Allemagne ; je pensais qu'il me demanderait de les supprimer et qu'il me parlerait de mon silence à son endroit après la publication du livre de Péan. Rien de cela : nous parlâmes longuement de sa maladie, qui l'épuisait, de la situation politique, qui l'exaspérait. Nous parlâmes du deuxième tome de mon livre qu'il avait lu en détail, comme le premier ; il en approuva le contenu, prononça à son sujet des mots très aimables tout en me demandant de supprimer deux lettres échangées avec Jacques Chirac, d'un ton très violent en effet. Rien d'autre. Nous parlâmes ensuite des élections présidentielles à venir. Il était encore convaincu de l'élection d'Édouard Balladur, même si celui-ci l'avait déçu. Il me dit, pour la première fois, préférer l'élection de Jacques Chirac à toute autre. Enfin, comme en passant, il ajouta : « Je viens de traverser une période terrible. On m'a traité d'antisémite. Vous vous rendez compte ? Ce serait m'abaisser que de répondre. On a voulu faire croire que j'ai accompagné les enfants vers Auschwitz. On a dit n'importe quoi. On a menti. Je ne me suis occupé que de prisonniers. Quiconque ne l'a pas vécue ne sait rien de cette époque. Ceux qui parlent ainsi de moi sont des charognards. » La fatigue l'empêcha de m'en dire plus. Et m'interdit de lui répondre.

Un héros tombé de son socle

Quelques jours plus tard, le 8 mai 1995, dernier jour de son mandat, son discours à Berlin, pour le cinquantième anniversaire de la fin de la Seconde Guerre mondiale, fut l'occasion de notre seule polémique publique. Il y proclama qu'il « admirait le courage de tous les combattants pendant la guerre, y compris celui des soldats allemands ». Le lendemain matin, interrogé à France Inter sur cette phrase, je répondis que les seuls soldats allemands dont j'admirais le courage étaient ceux qui avaient déserté. Il me téléphona avec véhémence : « Comment pouvez-vous dire ça ? Ils n'étaient pas tous nazis, les soldats allemands ! Ils étaient comme nous, pris dans la tempête. Vous croyez qu'on pouvait déserter comme ça ? Vous n'avez pas connu cette période, vous ne pouvez pas la comprendre. »

Pour lui, l'union des Français passait par l'oubli de la Collaboration, et l'union des Européens passait par l'oubli de la culpabilité allemande. En conséquence, la France ne devait rien faire qui pût désigner *a posteriori* l'Allemagne comme l'auteur d'une monstruosité, mais seulement la considérer comme une victime parmi d'autres des horreurs de la guerre.

Un personnage différent de celui à qui j'avais consacré une partie de ma vie, et grâce auquel j'avais pu servir la France, se dessinait. Mon héros n'était pas parfait. Il n'était pas de la trempe des personnages de légende. La statue était tombée de son socle.

Après un long moment de déception et de révolte, j'ai réfléchi, étudié, discuté avec d'ultimes témoins. Mon opinion s'est précisée. Il m'avait menti, certes, mais il n'avait prêté la main à aucun acte criminel de Vichy ; il n'avait jamais adhéré non plus à son idéologie. Il lui avait même fallu une exceptionnelle lucidité et beaucoup de courage pour s'extraire, à Vichy, du conformisme ambiant, de l'antisémitisme dominant, de l'admiration générale portée à Laval et à Pétain. Beaucoup plus vite que bien d'autres, il était devenu, à vingt-six ans, un résistant plein de bravoure à un moment où cet engagement ne se faisait pas encore par opportunisme.

Je découvris que, comme lui, bon nombre de résistants n'avaient pas connu une trajectoire rectiligne. Si d'aucuns, comme Jean Moulin, Pierre Brossolette et tant d'autres plus obscurs, de la MOI (Main-d'œuvre immigrée) au réseau du musée de l'Homme, avaient été des héros dès le premier jour, bien d'autres avaient été successivement collabos et résistants ; d'autres encore avaient été simultanément vichystes et gaullistes, par opportunisme ou, parfois, parce qu'ils pensaient, en agissant de la sorte, sauver ce qui pouvait l'être.

François Mitterrand n'avait pas été non plus le seul, ni le premier, à argumenter en faveur de l'oubli. Avant lui tous ses prédécesseurs, et de Gaulle le premier, avaient fait à juste titre de la réconciliation franco-allemande l'axe de la politique étrangère de la France, quitte à gommer des souvenirs gênants.

J'aurais préféré que, sur ce sujet comme sur tant d'autres – de la peine de mort à la décentralisation –, il fût en avance sur son temps. Il n'était là qu'à l'image d'hommes d'une génération qui avait encore du mal à admettre la différence de nature entre la Première Guerre mondiale et la Seconde, à distinguer l'Allemagne du Kaiser de celle de Hitler. Comme si, pour jeter un voile sur la France de la Collaboration, ils estimaient qu'il valait mieux oublier tout ce que la Seconde Guerre mondiale avait eu de spécifique, et la considérer simplement comme aussi absurde que la Première, en renvoyant dos à dos, comme en 1918, les combattants des deux camps pour préparer la réconciliation des Français entre eux et celle des Français avec les Allemands sans avoir à passer par un inconfortable examen de conscience.

Parmi ceux de ses contemporains qui étaient, là-dessus, du même avis que lui, il n'y avait pas que des gens qui, comme lui, s'étaient compromis avec Vichy. Nombre de résistants de la première heure ne voyaient dans leur propre attitude qu'une opposition naturelle à l'envahisseur de leur pays, sans y voir la bataille de la morale universelle contre l'ennemi de l'humanité. Même chez le général de Gaulle, on ne trouve que peu de remarques sur la spécificité de cette troisième guerre franco-allemande ; en particulier, aucune dénonciation du génocide en marche dont il connut pourtant très tôt l'essentiel ; seulement de timides déclarations sur les « illégalités » commises par Vichy contre les Juifs français. Pas un mot contre les persécutions qui frappaient les Juifs non français et les autres victimes du racisme fasciste et nazi. Il fallut d'ailleurs attendre un an – un an !... – après le débarquement américain en Afrique du Nord, pour que de Gaulle rende aux Juifs d'Algérie leurs droits de citoyens, qui leur avaient été confisqués par Vichy en 1940.

Au-delà des cas de François Mitterrand et de Charles de Gaulle, cette faculté de faire illusion avait été très utile à la France. Son aptitude à faire croire au reste du monde qu'elle avait dans son ensemble résisté, malgré quelques dirigeants félons, lui avait permis de se faire admettre comme l'un des vainqueurs de la guerre, d'obtenir une zone d'occupation en Allemagne, d'avoir un siège permanent au Conseil de sécurité de l'ONU et de faire partie des fondateurs du FMI. Extraordinaire réussite diplomatique à mettre à l'actif, entre autres, du général de Gaulle et de Pierre Mendès France. Le Général eut ensuite besoin de fonctionnaires d'autant plus zélés qu'ils avaient beaucoup à se faire pardonner : ce fut le cas, entre autres, d'un Maurice Couve de Murville, négociateur vichyssois du pillage allemand, ou d'un Maurice Papon, co-acteur du génocide, dont le Général savait tout et dont il fit ses ministres.

Enfin, certains Juifs de France, revenus des camps et craignant sans doute d'être perçus comme les miroirs intolérables d'une lâcheté nationale, choisirent de jouer les Sganarelle plutôt que de se dresser en statues du Commandeur.

François Mitterrand participa de cette conspiration du silence. Pour des raisons à la fois personnelles et politiques, il mentit sur lui-même et sur la France.

J'aurais tant souhaité qu'il fût différent, qu'il résistât dès la première heure de son évasion et que ce fût lui qui prononçât le discours que Jacques Chirac osa faire dès son élection, le 16 juillet 1995, lors du cinquante-troisième anniversaire de la rafle du Vel' d'Hiv' :

« Ces heures noires souillent à jamais notre histoire et sont une injure à notre passé et à nos traditions. Oui, la folie criminelle de l'occupant a été secondée par des Français, par l'État français [...]. La France, patrie des Lumières et des droits de l'homme, terre d'accueil et d'asile, la France, ce jour-là, accomplissait l'irréparable. Manquant à sa parole, elle livrait ses protégés à leurs bourreaux. [...] Nous conservons à leur égard une dette imprescriptible. [...] Il y a les erreurs commises, il y a les fautes, il y a une faute collective... »

François Mitterrand n'a rien dit de cela. Il n'avait rien commis non plus de déshonorant. Malgré l'ampleur de la déception qu'il me causa en déboulonnant lui-même sa propre statue, il m'aida à admettre que la vie d'un homme, aussi grand soit-il, ne saurait être exempte de faiblesse. Et que savoir affronter ses propres manques est, pour chacun de nous, une forme de grandeur.

Peut-être est-ce là, justement, l'ultime message que François Mitterrand voulut laisser aux Français qu'il aimait tant, en acceptant, juste avant de partir, de regarder en face son propre passé : soyez vous-même quoi qu'il vous en coûte.

CHAPITRE VII

LA MALADIE, LE RIRE, LA FOI, LA MORT

Toute cette histoire est traversée – et s'explique en partie – par un très lourd secret que je fus l'un des seuls à connaître dès les premiers moments de sa présidence : François Mitterrand était gravement malade.

Avant son élection, il me semblait invulnérable. À le voir travailler dans la Nièvre, j'admirais sa capacité à tenir des réunions interminables tout en se levant le lendemain à la première heure. Pendant la campagne de 1974 (il avait déjà cinquante-huit ans), je le vis haranguer des foules à raison parfois de quatre meetings dans la même soirée. Il rentrait à Paris à une heure avancée pour repartir à l'aube sur les routes à bord de voitures inconfortables. À partir de 1977, j'eus l'occasion de juger de sa forme physique en jouant au tennis avec lui tous les mardis matin à 11 heures, en double, dans un garage de la rue Saint-Jacques. Il courait vite, ne lâchait aucune balle, aimait gagner. Et pas question de parler d'autre chose pendant la partie !

Un mardi de décembre 1980, sans raison apparente, il tomba lourdement sur le court. Il resta allongé et visiblement souffrait. Pendant que je l'aidai à se relever, il murmura : « Ça doit être ma sciatique qui reprend. » Je lui proposai d'appeler un médecin, une ambulance. Il protesta vigoureusement : « Rien, seulement un taxi. Et n'en dites rien, jamais, à personne. » Il arrêta le tennis. Je ne m'en inquiétai pas : sa candidature à l'élection présidentielle occupait toute notre énergie. Dans les mois qui suivirent, aucun signe de maladie ou de fatigue ne vint me rappeler cet incident ; épuisante, très exposée médiatiquement, la campagne se déroula sans encombre. L'élection puis l'été 1981 ne furent que travail dans les rires et l'euphorie.

En septembre, il me parut parfois fatigué, de mauvaise humeur. Il ne montait plus par l'escalier conduisant à son bureau mais empruntait toujours le petit ascenseur réservé au chef de l'État. Son voyage en Arabie saoudite à la fin du mois le laissa fatigué ; j'incriminai la chaleur.

Le 10 octobre 1981, il dut se rendre au Caire, aux obsèques du président Sadate. Pendant que nous attendions, debout pendant des heures, sous un soleil écrasant, dans une ambiance de fin du monde, au milieu d'une centaine de chefs d'État et de trois fois plus de gardes du corps, je remarquai qu'il se déplaçait avec difficulté. Il traînait la jambe, s'asseyait, demanda à se reposer dans une chambre d'hôtel avant de repartir. Cela ne lui ressemblait pas.

À la fin d'octobre, un voyage épuisant le conduisit d'abord à Yorktown, en Virginie, pour des cérémonies franco-américaines, puis au Mexique – à Mexico en visite d'État, ensuite à Cancún pour un sommet Nord-Sud. À Yorktown, je remarquai qu'il s'isolait souvent, quittant parfois une réunion en plein milieu pour aller se reposer. Je mis cela sur le compte du décalage horaire qui nous contraignit à veiller jusqu'à six heures du matin (heure de Paris). Avant de monter dans l'avion pour Mexico, je le vis grimacer, trébucher et s'enfermer pour un long conciliabule avec son médecin de famille qui l'avait suivi à l'Élysée, le docteur Claude Gubler.

À Cancún, il quitta une séance du sommet en pleine crise, pour se réfugier dans sa chambre ; je l'y rejoignis. Il ne se cachait plus : il souffrait ; j'osai lui en faire la remarque. Il me dit : « C'est encore ma sciatique. » Je lui demandai l'autorisation d'appeler un ami, le professeur Ady Steg, pour qu'il me recommande un bon rhumatologue.

Ady Steg était (est toujours) un personnage extraordinaire. Né en 1925 dans le ghetto de Veresky, village successivement hongrois, tchèque, russe et aujourd'hui ukrainien, il débarqua à Paris en 1932. Il survécut à la guerre, caché par des prêtres en Normandie, puis arrêté par des policiers français à Grenoble, libéré par des juges français à Lyon. Il devint un très grand urologue – chef de service à l'hôpital Cochin où il succéda au professeur Aboulker – en même temps qu'un exceptionnel théologien et le président de l'instance suprême de la communauté juive française, le CRIF.

Quand j'évoquai son nom devant le président, il sursauta : « Steg ? Je le connais. Il a fait un magnifique discours pour la remise du doctorat *honoris causa* de l'université de Jérusalem à Albert

Cohen. J'y étais. Et puis j'ai déjeuné avec lui, juste avant les élections. Il est passionnant. Il est président du CRIF, n'est-ce pas ? Et c'est aussi un bon médecin ? – Le meilleur, répondis-je. Il ne présentera qu'un défaut à vos yeux. – Lequel ? – Il a opéré de Gaulle de la prostate en 1964. – Il y a prescription ! Et vous croyez qu'on peut se fier à sa discrétion ? – Je m'en porte garant. – D'accord. Demandez-lui s'il connaît un très bon rhumatologue. »

À notre retour du Mexique, j'appelai Ady Steg, qui me conseilla un spécialiste dont je donnai le nom au président. Nul ne pouvait alors savoir que, par une extraordinaire coïncidence, Ady Steg allait, quelques jours plus tard, revenir dans sa vie par un autre circuit, pour ne plus jamais en sortir…

Lors des cérémonies du 11 novembre 1981 à l'arc de triomphe de l'Étoile, tout le monde se rendit compte que le président avait une certaine difficulté à marcher. Les rumeurs commencèrent à courir ; des journaux évoquèrent son teint cireux. On épilogua sur sa fatigue. On chuchota qu'il avait un cancer. Accueillant le cardinal Vilnet, président de la Conférence épiscopale, le président y fit lui-même allusion : « Vous voyez, monseigneur, mon cancer se porte bien ! »

Le 17 novembre, vers 19 heures, le président me fit venir dans son bureau. Il me parla d'une voix feutrée : « Les médecins m'ont annoncé que je serai mort avant la fin de l'année. Vous vous rendez compte ? Je viens d'être élu et je vais mourir. N'en parlez à personne. Prenez vos dispositions. Vous êtes le seul, avec Pierre Bérégovoy et André Rousselet, à savoir… » En souriant amèrement, il poursuivit : « Mes ennemis ont fini par m'avoir. Ils ont dû mettre des aiguilles dans une poupée à mon effigie ! »

J'appris beaucoup plus tard que le président, en rentrant de Cancún, avait subi des examens à l'hôpital du Val-de-Grâce ; les résultats avaient été très inquiétants. Les médecins militaires avaient conclu à un cancer de la prostate – le même mal que celui dont son père était mort – et recommandé de consulter un spécialiste. Or le plus grand à Paris n'était autre que… le professeur Steg ! Le docteur Gubler était allé le voir avec les résultats des examens du Val-de-Grâce. Le 16 novembre, le professeur était venu voir le président à l'Élysée et lui avait expliqué, avec tous les ménagements possibles, qu'il avait un cancer de la prostate déjà métastasé, avec de nombreuses tumeurs osseuses. Il avait refusé de lui communiquer un pronostic vital dont il n'avait fait part qu'au docteur Gubler : « Entre trois mois et trois ans. » Pas dupe du silence de ses médecins,

François Mitterrand avait tiré lui-même les conclusions et m'avait dit : « Je serai mort dans l'année. » Je repensai à l'incident du tennis en décembre 1980. Cela avait-il été un premier coup de semonce ? Était-il déjà malade avant l'élection de 1981 ?

Pierre Bérégovoy – à qui j'en parlai – et moi étions pétrifiés. Le président nous avait demandé de « prendre nos dispositions », mais nous n'avions pas la moindre idée de ce que cela pouvait vouloir dire. Que faire ? Rien, évidemment. Le président était intellectuellement en pleine forme, parfaitement capable de remplir sa fonction. Le reste était son secret. Nous n'en laissâmes rien transparaître, même entre nous, comme pour conjurer le sort. Je n'y croyais pas. Être à l'Élysée était pour moi l'aboutissement de dix ans d'action. Et, pour lui, de trente ans. L'idée de vivre une situation aussi romanesque, tragiquement romanesque, était hors de ma portée. Hors de mon imaginaire. J'ai donc vécu les semaines qui suivirent cette annonce comme un cauchemar, car chaque instant avec lui me confirmait qu'il allait mal. Chaque rendez-vous, dont un sommet à Londres, était une nouvelle occasion d'admirer sa maîtrise de la douleur.

Malgré notre silence, la rumeur continuait à se répandre. *Paris Match* révéla que François Mitterrand s'était rendu le 7 novembre au Val-de-Grâce : « Des témoins disent qu'il a le teint "jaune citron", qu'il marche avec difficulté, mais qu'il n'est pas nécessaire – à moins qu'il ne l'ait refusé – de le placer sur un brancard ou dans une chaise roulante. » L'Élysée démentit. Trois jours plus tard, *France-Soir* annonça en première page que François Mitterrand était soigné depuis plusieurs années à Villejuif pour un cancer.

Fin novembre, une amie journaliste politique au *Point*, qui passait pour l'une des mieux informées de Paris, me téléphona : « Je ne te demande pas confirmation, mais je t'annonce que nous savons sans le moindre doute que le président est actuellement hospitalisé dans le service de cancérologie de l'hôpital Léon-Bérard, à Lyon. Si tu l'as au téléphone, dis-lui que ce n'est plus la peine de se cacher ! » Je pus lui répondre : « Mais je vais le lui dire tout de suite : il est dans mon bureau ! » Il s'y trouvait, en effet, venu bavarder avec moi après une journée difficile. Je lui tendis le téléphone. Il écouta la journaliste puis répondit : « Vous direz à vos amis que je ne suis pas encore mort. » Puis il raccrocha. Un long silence s'installa entre nous. Il murmura : « Tout ça fonctionne comme une sorte de meurtre sacrificiel. Comme si on plantait des aiguilles dans ma photo. Ils finiront par m'avoir... Mais pas cette fois ! Je me battrai. J'ai commencé un traitement. Je vais gagner. »

Le 1er décembre, nous partîmes à l'aube pour un voyage exténuant à Alger qu'il n'avait pas voulu remettre. Je voyais bien que le docteur Gubler, infiniment dévoué, portait une mystérieuse valise et qu'un matériel considérable, véritable infirmerie de campagne, nous accompagnait. Gubler devait m'expliquer plus tard qu'il était nécessaire d'administrer à son patient un traitement par voie intraveineuse aux petites heures de la nuit, qu'il avait à sa disposition une coque de soutien au cas où le président aurait été victime d'une lésion de la colonne vertébrale, et qu'il disposait même de tous les moyens de procéder à une réanimation. Voyager dans ces conditions était une folie.

À partir de ce jour, sans jamais lui en parler, Pierre Bérégovoy et moi fîmes en sorte d'alléger son emploi du temps. Nous éliminâmes d'abord, en ce mois de décembre 1981, tout voyage à l'étranger. Il s'en rendit compte et nous laissa faire. Nous épiions chacun de ses gestes, chacune de ses attitudes. Nos proches nous trouvaient étonnamment tristes pour des gens en charge de missions si exaltantes. Nous n'en parlâmes pas au docteur Gubler, qui sut pourtant, par François Mitterrand, que j'étais dans le secret, et l'indiqua dans son livre.

Pierre et moi étions comme saisis par un sentiment de particulière urgence : faire vite pour qu'au moins, comme un défi à sa mort, soit lancé le maximum de ce qu'il avait voulu. Il était notamment obnubilé par l'ouverture du chantier du Louvre et la mise en œuvre des grandes lois sociales et de la décentralisation. En ce mois de décembre 1981, il travaillait de plus en plus tard, comme pour vivre pleinement ses derniers instants. Pierre Mauroy me dit un jour : « Pourquoi va-t-il aussi vite ? Il a le temps ! Ce n'est pas la peine de tout bâcler… »

Malgré un bulletin de santé anodin et mensonger publié en décembre 1981, les rumeurs continuaient de courir. Il présenta ses vœux aux Français le 31 décembre, juste avant d'apprendre qu'il réagissait fort bien au traitement qu'avait prescrit le professeur Steg. Et puis… Rien. Plus rien ne se passa.

À partir du Nouvel An, il piaffait. Nous réussîmes encore à ne pas le faire voyager en janvier et février, puis il décida de partir, début mars 1982, en Terre sainte. C'était un déplacement de trois jours, avec un programme qu'il voulut très chargé, malgré notre opposition. Me traversa l'esprit qu'il avait décidé de s'y rendre pour y mourir. Pendant tout le déplacement, j'observai son attitude :

impénétrable. Il était vivant, solide, comme soucieux de tester la limite de ses forces. Nous travaillâmes même (je l'ai raconté au chapitre précédent), toute la première nuit, Claude Cheysson, lui et moi, à son discours à la Knesset. Le deuxième soir, je lui proposai de se rendre avec moi au Mur des lamentations et au Saint-Sépulcre. Il me dit : « Ce n'est pas possible. Vous-même, n'y allez pas. Ce serait ressenti comme une provocation par les Arabes. Pourtant, j'aurais bien aimé y aller... » Malgré son interdiction, je m'y rendis.

À peine rentrés d'Israël, nous repartîmes le 12 mars pour un voyage éclair à Washington. Il y rencontra le président américain et lui parla du prochain G7 à Versailles et de nos livraisons d'armes au Nicaragua (qu'il avait décidé d'interrompre). À Paris, les bonnes âmes affirmaient dans les dîners en ville qu'il y était allé pour consulter un cancérologue. La presse s'en fit l'écho. Il en était furieux.

À notre retour à Paris, je le trouvai beaucoup mieux. Mais comment lui en parler ? Je ne pouvais tout de même pas lui demander pourquoi il n'était pas encore mort !

Puis il repartit pour un tour du monde qui nous mena d'abord au Japon, puis au Canada, suivi d'un voyage épuisant en Afrique, juste avant le sommet de Versailles. Il était de nouveau en pleine forme. Je n'y comprenais plus rien.

Quelques mois plus tard, à la fin d'un après-midi de septembre 1982, alors que nous faisions, comme tous les soirs, le point sur la journée écoulée (la crise monétaire était de nouveau là), je me risquai, pour en avoir le cœur net, à lui proposer de se remettre au tennis. Il me répondit en souriant : « Non, c'est trop violent; je ne peux pas. » Je tentai une autre piste : « Et le golf? J'ai beaucoup joué quand j'étais très jeune, et puis j'ai laissé tomber. Ça me prenait trop de temps. Mais là, je viens de m'y remettre cet été au Maroc. C'est vraiment bien. Ça permet de marcher sans trop se fatiguer. Vous avez joué, vous aussi, je crois ? On pourrait essayer de jouer ensemble de temps en temps ? » À ma grande surprise, il me répondit : « Très bonne idée. Je n'y ai pas joué non plus depuis des années. Ça me fera du bien de marcher. Je vais vérifier si je peux, et j'arrangerai cela. »

L'hiver passa sans qu'il m'en reparlât. Un vendredi d'avril 1983, une fois la crise monétaire passée, il me lança : « Vous êtes libre pour faire neuf trous, lundi matin ? »

Ce fut le premier d'une longue série. Un nouveau rituel s'installa. Quoi qu'il se passât en France ou dans le monde (même les lundis qui suivirent le premier et le second tour de l'élection présidentielle de 1988), nous jouions au golf tous les lundis matin à Saint-Cloud, puis également tous les jeudis matin à Saint-Germain. Neuf trous. Deux heures. Il se précipitait sur le parcours dès sa descente de voiture, détestait perdre et s'énervait sur les greens. André Rousselet, qui fut notre merveilleux compagnon dans toutes ces promenades, faisait avec lui un concours d'autodérision permanent. C'était on ne peut plus gai. Cela dura dix ans.

La presse, toujours bien intentionnée, raconta alors que j'avais découvert le golf cette année-là pour ne pas quitter d'une semelle François Mitterrand qui aurait pris l'initiative de s'y remettre. La vérité, que je n'ai pas souhaité révéler jusqu'à aujourd'hui pour ne pas évoquer l'ancienneté de sa maladie, est, on le voit, bien différente...

Le premier lundi de cette longue série, dans la voiture qui nous conduisait à Saint-Cloud, je me risquai, pour la première fois depuis qu'il m'avait annoncé sa mort prochaine, à lui demander de ses nouvelles. Comprenant fort bien où je voulais en venir, il me répondit : « Les médecins sont des imbéciles, ils se sont trompés. Je n'ai pas de cancer. »

Je l'ai cru, évidemment. Et je pense que lui aussi, à un certain moment, a voulu le croire. De fait, le professeur Steg lui avait expliqué que la maladie avait régressé et qu'il avait désormais la « prostate d'un homme de son âge ».

Pendant ces années, la presse et les « gens bien informés » continuèrent de débattre de sa santé. Puis la rumeur s'atténua. Les bulletins médicaux, toujours aussi vides, avaient cessé, pour moi, d'être mensongers. Aucun indice ne me conduisait en tout cas à penser qu'il était encore malade. Il travaillait, voyageait, sans précaution particulière ; seuls des cachets qu'il prenait tous les jours me rappelaient ce à quoi il avait échappé.

Au cours de ces mêmes années, il eut une attitude très libre à l'égard de la mort. D'abord il se moquait ouvertement des menaces d'attentats contre lui. En juin 1982, juste avant le sommet du G7, il voulut se rendre à Versailles dans un coin du jardin que les services secrets américains nous disaient savoir être sous la menace d'une batterie de missiles terroristes. Nous allâmes nous y promener. Naturellement, il n'y avait rien. À l'automne 1983, il s'envola pour Beyrouth avec une parfaite sérénité, semblant défier la mort. Le 14 juillet 1985, il exigea qu'on ne changeât rien à la cérémonie prévue sur les Champs-Élysées, malgré les indices très précis de l'envoi sur la tribune officielle d'un avion miniature télécommandé chargé d'explosifs. Des indices extrêmement concordants. Il ne voulut rien savoir des précautions particulières qui furent prises alors : tireurs d'élite, brouillages radio, et bien d'autres choses... La mort lui faisait l'effet d'un adversaire devenu sans importance.

Parfois, il lâchait quelques remarques qui m'intriguaient et me rappelaient l'ambiance lugubre des premiers mois : « Je ne veux pas mourir à l'Élysée. » Ou encore : « Dans ma famille, on meurt très jeune. Je ne dépasserai pas les soixante-dix ans... Et si je les dépasse, je mourrai un jour de façon inattendue, par surprise. » Ou encore : « Soixante-treize ans. Je veux arriver à soixante-treize ans ! Mais je n'y arriverai pas. » L'âge de la mort de son père. Puis : « Vous croyez ce que disent les médecins, vous ? » Chacun de ses anniversaires était pour lui comme une bonne surprise : « Une victoire sur le temps. J'ai le sentiment d'avoir gagné une petite bataille contre un ennemi imaginaire qui, de toute façon, gagnera la guerre. [...] Quand on est jeune, on croit que la mort, ça n'arrive qu'aux autres. C'est lorsqu'on est cerné par elle qu'on se rend compte que la vie a passé pour soi aussi. »

Pendant toutes ces années, la mort – la sienne, celle des autres – a fait partie de ses sujets de conversation favoris. Comme à d'autres, il me raconta la façon dont il avait découvert la mort « avec celle d'un camarade de collège, Alphonse, un peu plus âgé que moi, par hydrocution. Je n'ai pas assisté à la noyade, mais j'étais là quand on l'a sorti. Je suis allé aux obsèques avec d'autres camarades de classe. Ça me frappa beaucoup ». Il me parla aussi souvent, comme à d'autres, de l'agonie de ses proches : « Dès que la mort de ma grand-mère a été annoncée, je ne l'ai pas quittée. J'étais là, pétrifié, assis dans un fauteuil. Je me remplissais les yeux de son image. J'aurais eu l'impression de la trahir si je m'en étais allé. J'avais du mal à exprimer mon chagrin. [...] J'avais encore plus de chagrin quand je pensais qu'un jour j'en aurais moins. » Puis de celle de sa mère en 1936, à cinquante-six ans : « Ma mère a mis deux ans à mourir ; allongée un an, puis inconsciente pendant trois semaines. Il n'y a pas eu de "moment" de la mort. » Enfin celle de son père, à soixante-treize ans, en 1946 : « Mon père a mis aussi longtemps à mourir. On se relayait auprès de lui avec mes frères et sœurs. »

S'il pensait que les nations ne survivent qu'en oubliant leur passé, il estimait essentiel, au contraire, de se remémorer chacun de ses proches ; et il organisait leur souvenir : « Je pense qu'il faut être fidèle à *ses* morts. Je m'en suis souvent fait le serment à moi-même : qu'il ne se passe pas un jour sans que je me souvienne. J'ai tenu ces serments. [...] Chaque jour, je pense à *mes* morts. »

Penser aux autres était aussi pour lui une façon de préparer les autres à penser à lui : « Penser aux gens qu'on a aimés, c'est assurer, pour son temps de vie, leur survie, en attendant que d'autres le fassent pour soi. C'est comme un devoir. Je me vois en gardien à la porte d'une forteresse. Gardien de la mémoire, gardien du souvenir. J'ai toujours eu le sentiment d'être le tombeau du souvenir. » Étranges et morbides formules : « tombeau du souvenir », « gardien de la mémoire »...

Il posa un jour sur son bureau – puis sur la cheminée placée derrière lui – une photo de la tombe de ses parents à Jarnac. Parfois il me disait : « C'est là que je veux aller. » Il le répéta à quelques intimes, dont Pierre Bergé à qui il confia, un jour d'excursion à Solutré, qu'il adorait le Morvan, mais qu'il souhaitait, pour son dernier voyage, rejoindre ses parents en Charente.

En 1986, à la mort de Coluche, qui l'affecta beaucoup, il me dit l'absurdité de ce quasi-suicide (« Se suicider, c'est si triste ! C'est une impulsion qui aurait pu disparaître dix minutes plus tard ») et me répéta, un peu irrité par la peine qui me submergeait : « Pleurer sur les autres est une façon de pleurer sur soi. Ceux qui sont partis emportent une partie de vous que personne ne vous rendra. »

Lorsque, cette année-là, il dépassa les soixante-dix ans, l'âge limite qu'il s'était accordé, il décida de se représenter sans en parler à ses médecins. Avoir des projets était, pour lui, la meilleure façon de conjurer le mal : puisqu'il avait choisi d'être candidat pour sept ans de plus, il ne pouvait risquer quoi que ce soit. Il traversa avec une incroyable pugnacité les élections de 1988. Pas un journaliste ne vit en lui un malade, et le sujet ne fut même pas abordé pendant la campagne. Il me dit, le soir de sa réélection : « J'espère tenir jusqu'à la fin de mon mandat, à soixante-dix-neuf ans. Je ne veux pas mourir à la tâche. » Puis il reprit son programme à un rythme d'enfer : le bicentenaire, le G7 sous présidence française, la réunification allemande, la guerre du Golfe exigèrent de lui le déploiement d'une énergie exceptionnelle. Et il l'avait. Le projet de Grande Bibliothèque lui servait de sablier : la maquette qu'il fit installer dans son bureau lui permettait de mesurer le temps qui restait avant son inauguration, fixée pour le dernier mois de son mandat. Rien n'aurait pu l'empêcher d'y assister.

Deux ruses face à la mort : le rire et la foi

Toute sa vie François Mitterrand aima rire et faire rire. Je suis convaincu que son sens de l'humour l'aida à traverser cette maladie en installant une distance entre lui et la douleur. D'abord, en grand parlementaire, il avait l'art des phrases assassines qui le faisaient s'esclaffer lui-même. Certaines me font rire encore. Quand, en 1981, Giscard présenta sa candidature, Mitterrand lança dans un meeting : « On attendait plutôt qu'il nous présente ses excuses ! » Quand le patron de la DGSE démissionna en 1982, il lâcha en guise d'épitaphe : « Lors de notre première entrevue, j'avais dit à M. Marion que nous finirions le septennat ensemble. Tout bien réfléchi, je reste ! » Quand, en 1984, la visite du général polonais Jaruzelski à Paris provoqua l'indignation de son Premier ministre, il grogna : « Si je ne devais recevoir que des parangons de vertu, j'aurais beaucoup de temps libre. » Enfin, quand Jacques Chirac, dans leur débat télévisé de 1988, sortit un grand nombre de statistiques, il raconta à quelques amis, en sortant : « J'ai bien cru, à un moment, qu'il voulait me placer une assurance… »

Le rire et l'humour furent pour beaucoup dans la distance avec laquelle il affronta la mort. Elle était un sujet de plaisanteries en même temps que de méditation.

Il croyait en une forme de transcendance, abstraite, sereine, dégagée de toute appartenance. Quand je lui demandais s'il croyait en l'existence de Dieu, il me répondait qu'il admettait l'idée d'un principe ordonnant toute chose, sans pour autant croire en une religion particulière ni verser dans le mysticisme. « La foi n'est pas rationnelle. Il est tout à fait possible de croire en Dieu et en la science en même temps. La libération politique et scientifique de l'homme est tout à fait compatible avec la foi. »

Sa foi n'était pas que philosophique, elle était aussi faite de relations directes avec la transcendance : je l'ai surpris, les yeux clos, comme en prière, dans plusieurs des lieux sacrés que nous visitâmes. Cette attitude, déjà entraperçue en 1980 dans la synagogue de la rue Copernic, je la retrouvai en avril 1982 dans un temple shintoïste de Kyoto où il avait été reçu par un vieux grand maître Hayashi – un homme de cent dix ans – devant une sorte d'autel de méditation ; j'étais avec lui et nous y restâmes seuls, silencieux, avec le moine, pendant de longues minutes ; François Mitterrand avait fermé les yeux, comme s'il priait, sous le regard intense du grand maître. De même à Vézelay, ce lieu qu'il aimait par-dessus tout, un jour que nous y étions avec le chancelier Kohl, je l'ai vu fermer longuement les yeux, près du pilier où se trouve le bas-relief du meunier. Et aussi, en décembre 1988, dans la magnifique cathédrale Sainte-Sophie de Kiev, conçue pour rivaliser avec celle de Constantinople, où il me confia admettre l'idée de s'adresser à certains moments à une transcendance. Un autre jour, il reconnut même à demi-mot, devant moi, qu'il lui arrivait de prier : « Je crois qu'on a besoin de prières, c'est-à-dire de rechercher une communication par la pensée avec quelque chose de plus haut [...]. Pour prendre un exemple simpliste, en voyant la manière dont les ondes portent le son et l'image, on peut se demander pourquoi elles ne porteraient pas aussi une très grande intensité de pensée [...]. Il m'arrive de prier dans le vrai sens du terme, pas au sens étroit. Je ne me pose pas en homme plus détaché de son sort qu'il ne l'est. » Et il ajouta, avec une grande pudeur : « Il faudrait vraiment beaucoup de vanité pour prétendre conduire toute sa vie en ne comptant que sur ses propres forces. »

Nous parlions très souvent du jugement dernier, du paradis et de l'enfer. C'était d'étranges conversations, parce qu'il ne revenait jamais sur sa maladie, et qu'en fait il y pensait sans cesse. Et il savait que je savais qu'il y pensait. Il n'aimait pas l'idée de disparaître dans un néant, même divin. Il ne croyait pas, pour autant, en un retour au jardin d'Éden. Il me dit un jour : « Ce que je peux espérer de mieux, c'est de revoir ma mère. Vous savez, en 1981, c'est la chose qui m'a consolé quand j'ai cru mourir : j'allais la retrouver. Ça viendra bien assez tôt. »

Cette croyance en l'au-delà n'était connue que d'un petit nombre de ses proches. À l'occasion ses derniers vœux présidentiels, le 31 décembre 1994, il tint à la faire connaître à tous les Français. En découvrant son texte, plusieurs de ses collaborateurs lui conseillèrent de supprimer cette phrase, qu'il maintint : « Je crois aux forces de l'esprit et je ne vous quitterai pas. »

Il le répéta le soir de son dernier réveillon à Latche, en décembre 1995, en disant à Jack Lang, avec cette grande économie de mots qui le caractérisait à la fin de sa vie : « J'ai résolu la question philosophique. »

La mort

Un jour de novembre 1991, il vint me voir à Londres et s'adressa en termes fort aimables au conseil d'administration de la Banque. Une fois terminée cette visite, comme nous l'avions fait si souvent à

Paris, nous traversâmes la ville à pied, de la City jusqu'à Kensington en passant devant Buckingham Palace et en parcourant Hyde Park. Après que nous eûmes évoqué la préparation de Maastricht, la déception que lui causait l'action d'Édith Cresson – « Elle est formidable, mais elle est incapable de contenir ses ennemis. Et ils sont trop nombreux » –, il me parla de la mort : « Je ne finirai peut-être pas... Je n'ai pas envie de revivre une cohabitation. C'est trop dur. » Puis il lâcha simplement : « Vous savez, les douleurs d'il y a longtemps, elles reviennent un peu. Vous ne connaîtriez pas un bon médecin contre la douleur ? » Je lui parlai d'un excellent praticien, spécialiste de la douleur et acupuncteur, qu'il consulta sans rien lui confier de ses antécédents. D'autres figures médicales apparurent et disparurent. Certains psychanalystes prétendirent, escrocs parmi d'autres, l'avoir couché sur leur divan.

Puis, lors de mes visites à Paris, il recommença à me parler d'une « maladie » et de sa fin prochaine ; comme s'il espérait m'entendre me récrier et juger sa forme excellente. De fait, les analyses étaient sans appel : le cancer était revenu.

Pendant l'été 1992, l'évolution du mal s'accéléra ; il fallut l'opérer d'urgence. Il tenta de résister : « Je ne veux pas qu'on me charcute. Cela ne fera que disséminer plus encore le mal. Et puis j'ai du travail, je ne peux pas m'absenter comme ça ! » Il dut s'y résigner, n'obtenant du professeur Steg, qui le suivait depuis dix ans dans le plus grand secret, que le droit de n'être opéré qu'au lendemain du débat télévisé sur Maastricht avec Philippe Séguin, le 10 septembre 1992. En sortant du studio, il partit dîner en famille. À dix heures du soir, il rentra en grand secret à Cochin où il fut opéré par le seul Steg. Le professeur Debré, chef du service, ne fut prévenu qu'à la dernière seconde de la présence d'un illustre patient dans son service et ne participa pas à l'acte chirurgical. Un bulletin de santé signé par le professeur Steg parla d'un cancer, mais nul ne sut alors qu'il s'agissait d'une récidive.

J'étais moi-même encore si persuadé que 1981 n'avait été qu'une fausse alerte que j'avais laissé, dans le manuscrit de *Verbatim*, le récit de ce qui s'était alors passé : il était temps, à mon avis, de raconter cette erreur médicale. Quand François Mitterrand lut les épreuves, en mars 1993, il ne me demanda pas lui-même de supprimer ce passage, mais il me le fit savoir par un tiers, comme en passant : « Tu crois que ça vaut la peine de revenir sur ces vieilles histoires ? »

L'intervention n'interrompit pas la dissémination de la maladie. En mai 1993, il me dit : « Je crois finalement que ma maladie ne m'a jamais quitté. Elle était là. Elle m'a laissé agir. Et puis elle revient. Elle prend son temps. Elle sait qu'elle a gagné. » Nous reparlâmes longuement, ce jour-là, du paradis et de l'enfer. Et puis de sa mère. Au lendemain d'une seconde opération par le même chirurgien, dans le même service de l'hôpital Cochin, le 18 juillet 1994, il me demanda de passer le voir à l'hôpital. Je le trouvai détendu, serein. En sortant de sa chambre ce jour-là, confronté à une nuée de caméras, je compris que la maladie, qui ne l'avait sans doute jamais quitté, permettait de relire tout autrement la totalité de son action.

S'il avait voulu aller si vite à l'automne 1981, c'est parce qu'il ne pensait pas vivre au-delà de quelques mois. S'il avait ensuite géré avec optimisme toutes les crises de 1982 et 1983, c'est parce que la vie était à nouveau là, divine surprise, et que rien ne relevait plus de la tragédie. S'il s'était représenté en 1988 sans projet particulier, c'est parce qu'il pensait que l'Élysée, d'une certaine façon, l'avait protégé et même guéri. S'il avait refusé de se choisir un successeur ou un héritier, c'est parce que tout héritier, qu'il le veuille ou non, incarne la mort. S'il disait : « Je ne veux pas mourir à l'Élysée », c'était pour signifier par là, en fait : « Je ne peux pas mourir à l'Élysée. Donc, je dois y rester le plus longtemps possible. » Et s'il s'était mis en retrait du pouvoir après 1993, c'était autant à cause de sa maladie qu'à cause de sa haine de la droite et de sa rage de devoir cohabiter avec elle. Si, au terme de sa maladie et à la fin de son deuxième mandat, il refusa de se défendre contre les accusations de collaboration, c'est parce que tout cela lui semblait désormais dérisoire. Un jour de février 1995, alors que les attaques contre lui fusaient de toutes parts, il me dit, très amer : « Certains auraient sans doute préféré que je meure en 1981. Et rien que pour leur faire de la peine, je suis content d'être là. »

Quand il quitta l'Élysée, en mai 1995, il ne pensa qu'à lui et à sa trace dans la mémoire des autres. Il s'efforça de regarder la mort en face. À cet adversaire qui aurait raison de lui, il avait imposé son calendrier : quinze ans de vie gagnés contre tous les pronostics. Ce fut, comme il le dit lui-même alors, « un combat honorable ».

L'appartement qu'il choisit, rue Frédéric-Le-Play, près du Champ-de-Mars, fut l'antichambre de cette mort, lieu neutre, sans lien avec aucune de ses vies d'avant. Ne jamais choisir. Toujours rester libre. Jusqu'à la fin.

Pendant neuf mois, il prépara son départ et reçut quelques-uns de ses amis. Pas tous. Pas moi. Il était trop malade pour accepter la moindre remise en question. Les « bons jours », il allait marcher dans les rues avoisinantes, adorant que les gens l'arrêtent dans la rue et lui disent simplement merci. Il était loin, me disait-il au téléphone, détaché, et il souffrait énormément. Le soir du dernier réveillon à Latche, il confia à Jack Lang : « Je souffre. C'est comme si j'avais la Gestapo en moi. »

Le 8 janvier 1996, à bout de forces, il choisit d'aller au-devant de sa mort, au-delà de la douleur et du néant, vers ce qu'il espérait être le sourire de la liberté.

Les citations de François Mitterrand contenues dans ce livre sont issues de mes notes personnelles (dont une partie, la moins confidentielle, m'avait déjà servi à la rédaction des trois tomes de *Verbatim* et d'*Europe(s)*, pour quatre citations, du livre de Guy Sitbon *Le Cas Attali*, Grasset, 1995, et, pour trois autres, du livre collectif *Robert Antelme, textes inédits*, Gallimard, 2000. Peu de gens peuvent encore témoigner de la véracité de tous ces propos. J'ai pu trouver confirmation de certains d'entre eux dans les excellents ouvrages écrits par deux proches du président : Gilles Ménage, *L'Œil du pouvoir*, tome I, *Les affaires de l'État, 1981-1986*, Fayard, 1999 ; tome 3, *Face au terrorisme moyen-oriental, 1981-1986*, Fayard, 2001 ; et Hubert Védrine, *Les Mondes de François Mitterrand : à l'Élysée, 1981-1995*, Fayard, 1996. Aussi dans les documents publiés par l'Institut François-Mitterrand, *François Mitterrand, les années du changement, 1981-1984*, actes du colloque « Changer la vie » organisé les 14, 15, 16 janvier 1999, directeurs de publication Serge Berstein, Pierre Milza et Jean-Louis Bianco, Perrin, 2001, et dans les travaux de deux de ses récents biographes : Pierre Péan, *Une jeunesse française : François Mitterrand, 1934-1947*, Fayard, 1994, et Tilo Schabert, *Mitterrand et la réunification allemande : une histoire secrète (1981-1995)*, Grasset, 2005.

TABLE DES MATIÈRES

DU MÊME AUTEUR

Essais

Analyse économique de la vie politique, PUF, 1973.
Modèles politiques, PUF, 1974.
L'Anti-économique (avec Marc Guillaume), PUF, 1975.
La Parole et l'Outil, PUF, 1976.
Bruits. Économie politique de la musique, PUF, 1977, nouvelle édition, Fayard, 2000.
La Nouvelle Économie française, Flammarion, 1978.
L'Ordre cannibale. Vie et mort de la médecine, Grasset, 1979.
Les Trois Mondes, Fayard, 1981.
Histoires du Temps, Fayard, 1982.
La Figure de Fraser, Fayard, 1984.
Au propre et au figuré. Histoire de la propriété, Fayard, 1988.
Lignes d'horizon, Fayard, 1990.
1492, Fayard, 1991.
Économie de l'Apocalypse, Fayard, 1994.
Chemins de sagesse : traité du labyrinthe, Fayard, 1996.
Fraternités, Fayard, 1999.
La Voie humaine, Fayard, 2000.
Les Juifs, le Monde et l'Argent, Fayard, 2002.
L'Homme nomade, Fayard, 2003.
Foi et Raison – Averroès, Maïmonide, Thomas d'Aquin, Bibliothèque nationale de France, 2004.
Une brève histoire de l'avenir, Fayard, 2006 (nouvelle édition, 2009).
La Crise, et après ?, Fayard, 2008.
Le Sens des choses, avec Stéphanie Bonvicini et 32 auteurs, Robert Laffont, 2009.
Survivre aux crises, Fayard, 2009.
Tous ruinés dans dix ans ? Dette publique, la dernière chance, Fayard, 2010.
Demain, qui gouvernera le monde ?, Fayard, 2011.
Candidats, répondez !, Fayard, 2012.
La Consolation, avec Stéphanie Bonvicini et 18 auteurs, Naïve, 2012.

Dictionnaires

Dictionnaire du XXIe siècle, Fayard, 1998.
Dictionnaire amoureux du judaïsme, Plon/Fayard, 2009.

Romans

La Vie éternelle, roman, Fayard, 1989.
Le Premier Jour après moi, Fayard, 1990.
Il viendra, Fayard, 1994.
Au-delà de nulle part, Fayard, 1997.
La Femme du menteur, Fayard, 1999.
Nouv'elles, Fayard, 2002.
La Confrérie des Éveillés, Fayard, 2004.

Biographies

Siegmund Warburg, un homme d'influence, Fayard, 1985.
Blaise Pascal ou le Génie français, Fayard, 2000.
Karl Marx ou l'Esprit du monde, Fayard, 2005.
Phares. 24 destins, Fayard, 2010.
Diderot ou le Bonheur de penser, Fayard, 2012.

Théâtre
Les Portes du Ciel, Fayard, 1999.
Du cristal à la fumée, Fayard, 2008.

Contes pour enfants
Manuel, l'enfant-rêve (ill. par Philippe Druillet), Stock, 1995.

Mémoires
Verbatim I, Fayard, 1993.
Europe(s), Fayard, 1994.
Verbatim II, Fayard, 1995.
Verbatim III, Fayard, 1995.
C'était François Mitterrand, Fayard, 2005.

Rapports
Pour un modèle européen d'enseignement supérieur, Stock, 1998.
L'Avenir du travail, Fayard/Institut Manpower, 2007.
300 décisions pour changer la France, rapport de la Commission pour la libération de la croissance française, XO/La Documentation française, 2008.
Paris et la Mer. La Seine est Capitale, Fayard, 2010.
Une ambition pour dix ans, rapport de la Commission pour la libération de la croissance française, XO/La Documentation française, 2010.

Beaux-livres
Mémoire de sabliers, collections, mode d'emploi, Éditions de l'Amateur, 1997.
Amours. Histoires des relations entre les hommes et les femmes, avec Stéphanie Bonvicini, Fayard, 2007.